房地产经营管理丛书

FANGDICHAN JINRONG

房地产金融

（第二版）

李　菁◎主　编
林江鹏　李　娟◎副主编

首都经济贸易大学出版社
Capital University of Economics and Business Press
·北　京·

图书在版编目（CIP）数据

房地产金融/李菁主编. --2 版. --北京:首都经济贸易大学出版社,2018.7

ISBN 978 -7 -5638 -2765 -7

Ⅰ.①房… Ⅱ.①李… Ⅲ.①房地产金融 Ⅳ.①F293.338

中国版本图书馆 CIP 数据核字(2018)第 031704 号

房地产金融（第 2 版）

李　菁　主编

林江鹏　李　娟　副主编

责任编辑　彭伽佳

封面设计　砚祥志远·激光照排 TEL: 010-65976003

出版发行　首都经济贸易大学出版社

地　　址　北京市朝阳区红庙（邮编 100026）

电　　话　(010)65976483　65065761　65071505(传真)

网　　址　http://www.sjmcb.com

E - mail　publish @ cueb.edu.cn

经　　销　全国新华书店

照　　排　北京砚祥志远激光照排技术有限公司

印　　刷　北京九州迅驰传媒文化有限公司

开　　本　710 毫米×1000 毫米　1/16

字　　数　383 千字

印　　张　21.75

版　　次　2014 年 11 月第 1 版　**2018 年 7 月第 2 版**
2022 年 7 月总第 3 次印刷

书　　号　ISBN 978 -7 -5638 -2765 -7

定　　价　39.00 元

图书印装若有质量问题，本社负责调换

前 言

随着我国国民经济快速增长、城市化迅猛推进以及住房制度的不断完善，我国房地产业也持续高速发展。2016 年，我国 GDP 总额为 744 127 亿元，其中，房地产业绝对额达 102 581 亿元，占 GDP 总额的 13.78%。房地产业的健康稳步发展离不开金融的支持，房地产业投资周期长、投资规模大、资产流动性弱、风险较为集中等特点使房地产业对资金的依赖度远高于其他行业，从土地开发到商品房销售的整个业务链都离不开资金的融通，缺乏适度充分的金融支持，房地产业难以正常发展。由于我国经济发展水平长期落后于西方发达国家，房地产金融的发展也相对较缓。1998 年以前，我国房地产金融以银行信贷支持房地产开发为主，1998 年以后，个人住房消费信贷逐渐兴起，其他各类房地产金融产品不断推陈出新，房地产金融领域的创新也越来越频繁。同时，2008 年美国"次贷危机"的爆发，使房地产金融及其风险控制与防范也备受关注。目前，我国逐步形成了以银行信贷为主，股权、债券、融资、信托为辅的房地产金融格局，市场不断发展、完善。融资市场以初级市场为主体，二级市场仍在试点探索阶段。

本书系统全面地介绍了房地产金融的基础知识和基本理论，大量参阅近年来房地产金融理论及实践层面的相关资料，反映了房地产金融的最新研究成果与发展态势。在内容安排上，全书共 12 章，分别为房地产金融概论、房地产金融基础知识、房地产金融市场、房地产抵押贷款、房地产证券化、房地产投资信托基金、房地产项目融资、房地产融资租赁、房地产金融调控、住房公积金制度、房地产保险制度和房地产金融风险管理。同时，为便于教学及学生课前课后自学、复习，每章都附有基本的学习目标与关键词，还精心设计了复习题及相关案例。

本书可作为普通高等院校房地产经营管理、工程管理、土地资源管理等专业的教学用书，对房地产行业和金融业相关从业人员也具有极大的参考价值。当然，作为一个新兴命题，房地产金融的理论与实务均处在动态完善过程中，加之编者水平有限，书中难免存在疏误之处，真诚希望广大读者对本书的不足与缺点批评指正。编者今后将不断更新资料，进行更深层次的研究，对本教材进行修订与完善。

感谢谭术魁教授、卢新海教授的大力支持和指导，感谢匡兵、欧良锋、肖燕玲三位硕士研究生在本教材撰写过程中所做的大量基础性工作。

编者

目录

房 地 产 金 融

CONENTS

DI YI 第一章 ZHANG 房地产金融概论

房 地 产 金 融

【本章学习目标】

1. 掌握房地产金融的内涵与作用；
2. 掌握房地产业与金融业的辩证关系；
3. 了解国外房地产金融的发展及机构设置；
4. 了解我国房地产金融的发展历程及现状。

【关键词】

房地产金融；房地产与金融业；国内外房地产金融发展

第一节　房地产及房地产金融概述

房地产金融是房地产的“发动机”。“在发达国家，房地产金融已经成为国内金融的主要业务，在金融体系中占据了极其重要的地位，一般占信贷总量的40%左右，甚至更高。”①了解房地产、房地产金融的基础知识以及两者相互依存、相互发展的辩证关系，为全面掌握房地产金融理论和技术奠定了基础，也有利于对房地产金融的发展趋势做系统分析。

一、房地产的含义与分类

房地产又称不动产，一般译为Real Estate或Real Property。Real Estate是指土地及附着在土地上的房屋和构筑物；而Real Property是指Real Estate及其附带的各种权益，包括所有权以及与此相关的占有权、支配权、使用权和收益

---

① 董藩、王家庭：《房地产金融》，东北财经大学出版社2009年版。

权等。

目前，国内外房地产学术界对房地产的定义并不统一。美国学者丹尼斯·J. 麦肯齐(Dennis J. Mckenzie)和理查德· M. 贝兹(Richard M. Betts)认为，房地产是指土地及附着于土地上或附属于土地以及法律规定不可移动的所有建筑物。房地产的所有者拥有一系列权利，包括使用权、占有权、排他权和处置权。然而这些权利不是绝对的，它们可以被私人的限制和政府的规定及法律合法地加以修正。总之，房地产或不动产就是土地及其改进物，以及土地与其改进物相联系的各种权利。① 日本《民法》第 86 条规定："土地及其定着物为不动产。"中国台湾地区《民法》第 66 条规定："称不动产者，谓土地及其定着物。""不动产之产出物，尚未分离者，为该不动产之部分。"中国香港一般将房地产称为"物业"，中国香港的李宗锷先生对物业的解释为："物业是单元性地产，一住宅单位是一物业，一工厂楼宇是一物业，一农庄也是物业。故物业可大可小，大物业可分割为小物业。"②清华大学张红教授认为："房地产是指土地及其定着在土地之上的建筑物、构筑物及其他附属物的总称。"③建筑物是指人工建筑而成，主要有建筑材料、建筑构配件和相关设备(如给排水、卫生、燃气、照明、空调、电梯、通信、防灾设备等)组成的整体物，包括房屋和构筑物两大类。其中，房屋是指能够遮风挡雨并供人们居住、工作、娱乐、储藏物品、纪念或进行其他活动的空间场所。房屋一般由各种主要构件组成，如基础、墙、门、窗、柱、梁和屋顶等。构筑物是指房屋以外的建筑物，人们一般不直接在内进行生产和生活活动，如烟囱、水塔、水井、道路、隧道、桥梁和水坝等。

从房地产的物质形态来看，一般分为两部分。基础部分是土地，最根本的部分是房屋。土地可以独立存在，形成永久性的独立物体，但是没有土地，房屋就不能独立存在。一般来说，房地产是房产和地产的统一体，指的是土地和土地上永久性建筑物及其衍生的各种权利。其中，房产即房屋财产，包括住宅、生产、营业、行政及其他专业用房等；地产，即土地财产，是指土地(含水面、海域)及其上下一定的空间，包括地下的各种基础设施、地面道路等，是房地产的核心。

房地产可按照不同标准进行分类。从用途来看，房地产可以分为住宅房地产(包括普通住宅、公寓、别墅等)、办公房地产(写字楼)、商业房地产(包括

---

① 丹尼斯·J. 麦肯齐，理查德·M. 贝兹：《房地产经济学》，张友仁译，经济科学出版社 2003 年版。

② 王文群：《房地产经济学》，经济管理出版社 2003 年版。

③ 张红：《房地产经济学》，清华大学出版社 2006 年版。

商场、酒店、餐馆、娱乐场所等)、工业房地产(包括重工业房地产、轻工业房地产、仓储房地产等)、旅游房地产(包括旅游景点地产、旅游商务地产、旅游度假地产和旅游住宅地产等)和其他特殊用途房地产(包括寺庙、飞机场、加油站、高尔夫球场等)等。从性质来看,房地产可以分为资源性房地产和资产性房地产。首先,房地产作为资源,是生活和生产中不可缺少的重要生产要素,由于此时人们更注重房地产的使用价值,所以通常会用空间量来衡量资源性房地产的数量。此外,房地产作为一种资产,具有价值,是家庭和国家财富的组成部分,也是资本市场中的重要投资对象;资产性房地产资产量的大小通常用货币价值来体现。从投资方面来看,目前居住房地产(通常称为住宅地产)的投资占全部房地产投资的比重非常大,加上商业房地产的投资,两者占全部房地产投资的80%以上。

表1-1 1997—2015年房地产投资用途结构 单位:亿元

年份	全国房地产开发投资总额	住宅房地产	办公房地产	商业房地产	其他
1997年	3 178	1 539	389	426	824
1998年	3 614	2 082	434	476	623
1999年	4 103	2 639	339	484	642
2000年	4 984	3 312	298	580	794
2001年	6 344	4 217	308	755	1 064
2002年	7 791	5 228	381	934	1 249
2003年	10 154	6 777	508	1 302	1 566
2004年	13 158	8 837	652	1 724	1 945
2005年	15 909	10 861	763	2 040	2 246
2006年	19 423	13 638	928	2 354	2 503
2007年	25 289	18 005	1 035	2 786	3 463
2008年	31 203	22 441	1 167	3 355	4 241
2009年	36 242	25 614	1 377	4 181	5 070
2010年	48 259	34 026	1 807	5 648	6 777
2011年	61 740	44 308	2 544	7 330	7 558
2012年	71 804	49 374	3 367	9 312	9 751
2013年	86 013	58 951	4 652	11 945	10 465
2014年	95 036	64 352	5 641	14 346	10 696
2015年	95 979	64 595	6 210	14 607	10 566

数据来源:《中国统计年鉴(1998—2016)》。

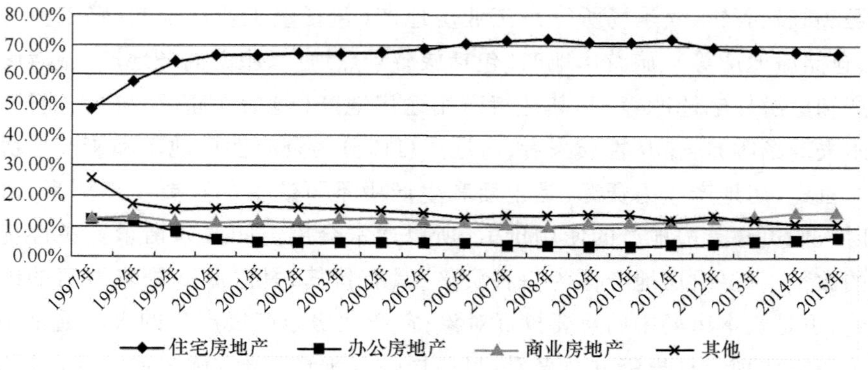

图 1-1　1997—2015 年房地产类型投资比重

从表 1-1 和图 1-1 可以看出，1997—2015 年，我国房地产开发投资额逐年增加。从用途分类来看，住宅房地产是我国房地产开发总投资的主体，住宅房地产投资额占房地产投资总额的比重自 2006 年超过 70% 后便一直维持在这一水平；办公房地产所占比重从 1997 年开始逐年降低，从 2011 年起才有小幅回升，但整体比重仍然较小；商业房地产投资额占比一直维持在 10% ~ 14% 之间，是除住宅房地产外，房地产开发投资的一个重要领域。在投资总额中，住宅、办公楼、商业房地产之间比例结构趋于合理并稳定。

二、房地产业与金融业的关系

房地产业是从事房地产开发、经营、管理和服务活动的机构与组织的总称。刘洪玉教授根据联合国国际标准产业分类（International Standand Industrial Classification of All Economic Activities，ISIC）和北美产业分类体系（North American Industry Classfication System，NAICS）对房地产业进行了分类，概括了房地产业包含的经济活动内容[①]：①房地产开发（不包括可能涉及的建筑活动）；②房地产买卖、租赁和经营；③房地产中介活动（经纪、代理、估价、托管服务、物业管理等）；④房地产管理（相关政府部门、行业管理等）。金融是指货币资金的融通，包括与货币流通和信用有关的一切经济活动。金融的基本职能是为经济的运行筹集和分配资金，它通过金融市场或金融中介直接或间接地将资金从供给方转移给需求方。

房地产业与金融业均属于第三产业，随着我国经济的发展和新型城镇化进程的加快，传统的住房制度和金融体系正在发生根本性的变革，房地产业与

① 刘洪玉、郑思齐、许宪春："房地产业所包含经济活动的分类体系和增加值估算"，《统计研究》，2003 年第 8 期，第 24 ~ 27 页。

金融业的交互关系也日益显现。

(一)房地产天然具有金融属性①

所谓金融属性,就其本质而言,至少包含两层意思:一是金融产品说,即具备金融产品的特性,包括流动性、收益性和价格波动性;二是金融功能说,即进行人群、地域以及期限上的资源再配置。房产的特殊性在于与它不可分割的土地的特殊性。与其他生产要素相比,土地资源的特殊性在于:一是短期供给弹性小;二是对人类社会的不可或缺性。从历史上看,人类社会从来没有完全解决其成员的住房问题,即便是地广人稀的美国、加拿大、澳大利亚等,已开发并建立起完善基础配套设施的土地资源(熟地)也较为稀缺。因此,房地产自古以来就是价值储备的一种手段,有类似黄金的功能。因此,土地天然具有金融属性,土地价格波动幅度比房屋大得多。从这个意义上说,土地的金融属性又是房产金融属性的根源。

(二)房地产业的发展需要金融业的介入和支持

首先,房地产开发与经营需要以金融为后盾。与其他一般性物质生产部门不同,任何一个房地产开发项目,从取得土地使用权、土地开发、批租到建筑安装,每一个环节都需要占用大量资金,且产品生产和经营周期都较长,具有一定的时滞性。在这一过程中,若没有规范的金融机构以及完善的金融市场参与,舍弃财务杠杆的巨大作用,仅仅依赖于开发商本身的自有资金积累,根本不可能保证资金的连续投入,甚至可能会导致企业因资金周转困难而引发内部财务危机。《2016年国民经济和社会发展统计公报》显示,2016年,我国房地产开发总投资额102 581亿元,其中,住宅投资68 704亿元,房屋施工面积758 975万平方米,商品房销售面积157 349万平方米。在资金来源方面,国内贷款总额为21 512亿元,约占房地产总投资的15%。

其次,居民的住房消费需要金融业的支持。近年来,随着房价的不断攀升,房价过高、房价涨幅快于收入涨幅等说法不绝于耳,为此,自2003年我国房地产调控政策开始实施以来,始终把稳定房价作为调控目标。2011年起,原国务院总理温家宝更是频繁提及要让"房价合理回归"。2017年,习近平总书记在十九大报告中也提到:"坚持房子是用来住的、不是用来炒的定位,加快建立多主体供给、多渠道保障、租购并举的住房制度,让全体人民住有所居。"日

① 葛瑛、王慧娟:"房地产金融属性的表现及经济含义:以美国房地产市场为例",《上海金融》,2011。

前，上海易居房地产研究院发布了《全国35个大中城市房价收入比[①]排行榜》，数据显示，2015年，全国35个大中城市房价收入比平均值为8.7，有11个城市房价收入比高于该均值。深圳位列首位，房价收入比高达23.2，厦门以15.3紧随其后，北京以14.5超越上海的14，居榜单第三名。以深圳新建商品住房成交均价3.34万元/米^2[②]计算，一户年收入20万元的三口之家要购买建筑面积100平方米的住房，需要购房款334万元，如果不考虑房价上涨、通货膨胀等因素的影响，至少也需要近16年的时间才能购得此房。由金融机构发放个人住房消费信贷，能够缩短购房者资金积累的时间，提前购得房屋，有效解决目前普通居民一次性付款承受能力弱的问题，实现房地产的流通和消费，进而推动房地产业的良性循环。中国人民银行公布的数据显示，2016年，我国全年新增房地产贷款5.67万亿元，其中，个人购房贷款全年增加4.96万亿元，在全部新增房地产贷款中的占比高达87.48%。

最后，房地产的发展过程不仅需要金融机构提供资金融通，还需要其他金融手段的服务。金融业除了以融资方式支持房地产业外，还可以运用多种金融工具，通过办理结算、信托、保险等业务，支持房地产的开发，促进房地产的流通与消费。

（三）房地产行业的发展推动了金融行业的发展

首先，金融业的发展需要在房地产领域安排资产业务。房地产业跨越投资、生产、流通、消费等诸多领域，不但资金需求量大、资金占用时间长，而且房地产业的发展与国家的经济发展和相关金融政策息息相关。金融业的稳步发展需要实行多元化的资产战略，将房地产业列为自己的服务对象，客观上扩大了贷款范围，在房地产领域安排和发展金融服务为金融服务增加了新的内容，体现了金融业经营管理的资产分散化原则。

其次，房地产流通和消费领域的变化促使金融结算工具创新。随着金融业介入房地产领域的范围逐渐扩大，采用住房抵押贷款方式购买商品房已经成为购房者的首选方式。房款结算方式已经从原始的现金方式转变为刷卡和支票结算方式。另外，随着银行卡业务的不断扩展和完善，采用信用卡来分期付款、分期还款的自动转账支付系统已经推广开来，同时，客户可以利用网络银行来办理每月的还款业务，这些都是金融服务工具不断完善与创新的结果。

---

① 房价收入比是指房屋总价与居民家庭年收入的比值，不同机构可能采用不同的统计指标和不同的计算方法，本书采用的数据皆来自国家统计局官方数据。

② 数据来自深圳市2015年房地产统计数据。

最后，房地产业的发展为金融业提供了更好的发展平台。伴随着房地产市场的繁荣发展和房地产业专业化程度的不断提高，与房地产金融直接相关的配套服务业将更加精细化，如价值评估服务、投资咨询服务、商业战略与规划服务、理财服务等，已作为金融的中介业务，为房地产企业、房地产消费者、各类金融机构提供了所需的专业服务，为其发展提供了后劲支持。

三、房地产金融的内涵

金融，简单地说，就是资金的融通，主要涉及资金使用权的转移，其产品包括银行、基金、保险、证券和信托等领域，是资源有效配置的途径之一。房地产金融最早起源于罗马帝国时期。最初房地产贷款中使用的工具被称为“fiducia”，该工具要求房地产的法定所有权由贷款人持有，借款人履行了贷款合同中的义务，fiducia 要求贷款人将房地产所有权返还给原始所有人（借款人）。后来人们又创立了“pigus”和“hypotheca”。在 pigus 这种工具中，借款人保留了房地产所有权，只是在借款人被“怀疑有违约可能性”时，贷款人有权取得房地产所有权。hypotheca 含有抵押物的意思，与 pigus 不同的是，它仅在借款人发生实际违约的情况下，贷款人才能取得房地产的所有权。后来德国人和英国人分别创立了“gage”和“mortgage”两种工具。

罗马帝国没落之后，德国文化风靡欧洲，房地产抵押工具称为“gage”，是指作为履行合同担保的存放物，类似于今天当铺的业务，是一种活的抵押物。在这种工具中，抵押物是房地产时，这种安排就无法实现。这种情况下，gage 要求在借款人违约时贷款人能够取得房地产的所有权，但不能在 gage 之外寻求补偿，即借款人拥有一项履行义务或向贷款人出售房地产的选择权，一项卖权。1066 年，诺曼底公爵威廉一世征服英国后，法国人将德国式的 gage 体系引入了英国，对涉及没有被实际转移的抵押不动产贷款，称为“死约”（gage），由于法语中表示死约的词为 mort，因而便被称为 mort gage 或 mortgage，并一直沿用至今。

经过几百年的发展，房地产金融在今天已经是一个很广泛的概念。美国经济学家特瑞斯 · M. 克劳瑞特（Terrence M · Clauretie）和 G. 斯泰西 · 西蒙（G. Stacy Sirmans）认为，房地产金融是一个涉及领域较广的类别，研究范围包括为开发或购置房地产而转移货币和信贷的机构、市场和工具。房地产金融研究的范围包括以下这些内容：①所有者自用住房；②出租住房；③住房租约条款；④住房评估；⑤住房（抵押）贷款；⑥住房销售和交易；⑦住房经纪学；⑧住房交易场所；⑨住房抵押贷款估价；⑩商用地产；⑪商用房地产贷款交易市场;⑫商用房地产贷款估价;⑬商用房地产投资;⑭房地产投资组合;⑮房地产税收问题;⑯法律和房地产信贷。①

我国目前对房地产金融比较统一的认识是,房地产金融是指围绕房地产开发、流通和消费过程而展开的资金筹集、融通、结算或清算,并提供风险担保或保险及相关金融服务的一系列金融活动,是房地产业与金融业密切结合的产物。房地产金融的基本任务是综合运用多种金融工具和金融方式筹集和融通资金,促进房地产发展过程中资金的良性循环,保证房地产的顺利开发、流通和消费,保障房地产各项活动的正常运营。房地产金融的业务主要集中在房地产信贷、房地产证券和房地产保险三个方面,包括吸收房地产存款,开办住房储蓄,办理房地产抵押贷款、个人住房贷款,房地产贷款与住房公积金的结算与清算,从事房地产投资、信托、保险、典当和货币结算以及代理房地产有价证券的发行和交易,房地产保险,房地产金融风险的规避与防范等。随着实践的发展,许多有关房地产金融的业务还在不断地被创造出来。

我国现阶段的房地产金融是随着经济体制改革的深化,特别是市场经济的发展而逐渐发展起来的。房地产金融作为整个金融业务的组成部分,已经在房屋与土地的开发、经营等方面发挥出越来越大的作用,有力地支持了房地产业和城市建设的发展。由于房地产金融结合了房地产的属性,使其有了区别于一般金融业务的特点。首先,房地产金融融资期限长。一方面,由于房地产开发建设周期长,且中间夹杂着各种不确定因素,从而导致对资金的占用时间较长;另一方面,个人取得住房抵押贷款进行消费时,由于个人在一定时间内偿还能力有限,从而导致贷款的偿还期限一般都较长。其次,房地产金融资金数额大,受国家政策影响显著,不论是从事房地产开发建设的企业,还是进行住房消费的个人,投资房地产涉及的金额巨大,尤其是房地产开发企业,从土地的取得到房地产产品投入市场,其间所涉及的土地取得成本、建筑安装成本、销售费用及相关税金等数额较大,单靠自有资金很难解决,因而需要大笔融资。同时,由于房地产的健康发展与否直接关系到社会的安定团结,国家对房地产市场极为重视,通过各种政策和手段规范房地产金融业的发展,以保障房地产市场与社会的稳定。最后,房地产金融的杠杆效应显著。房地产作为投资品,具有较强的保值、增值特性,金融机构往往因债权安全可靠而乐于向房地产资金需求者提供资金支持。随着金融体系的不断完善及金融工具的不断创新,房地产企业或个人只需要以较少的首付资金即可获得较多的借入资

① 特瑞斯·M. 克劳瑞特,G. 斯泰西·西蒙:《房地产金融原理与实践》,王晓霞、汪涵等译,中国人民大学出版社 2012 年版。

金，杠杆效应显著，有力地推动了房地产业与金融业的发展。

四、房地产金融的作用

随着我国城镇住房制度改革和新型城镇化进程的不断深入，房地产金融在促进房地产开发资金良性循环、推动房地产业和金融业持续稳定健康发展方面发挥了巨大作用。

第一，发展房地产金融，推动房地产业的快速发展。房地产业的特点决定了房地产生产、流通、消费的各个环节都需要注入大量资金，金融业可以充分发挥自身的职能，支持房地产业的发展。一方面，利用金融机构的资金融通功能，合理掌握社会资金运行过程中的时间差、地区差、行业差，灵活地调度资金，把暂时闲置的资金用于再生产过程，以补充再生产过程中对资金的需求，保证房地产开发资金投入和产出的良性循环，使再生产过程不致中断。另一方面，金融机构可以聚集社会闲散资金，集零为整，如把居民用于买房的储蓄资金和企事业单位的建房基金集中起来，及时让渡给消费者购买住房。由此可见，房地产产业资本与金融资本的有效结合能够为房地产业提供大量的投资，从而推动房地产业的发展。

第二，发展房地产金融，促进金融业的繁荣。房地产业的各种特性决定了它是金融业天然的合作伙伴，是金融业较为理想的投资对象。首先，房地产是以土地、房屋等不动产作为开发经营对象，不动产的实体财富与保值增值特点使其成为最佳的抵押物之一。房地产金融机构的贷款一般都以房地产为抵押，贷款额度一般为房地产价值的60% ~70%，若到期后贷款本息不能收回，金融机构就有权处置被抵押的房地产，所获价值足以偿付应归还的贷款本息。因此，金融机构对贷款的偿还有更强的掌控能力，从而大大降低了金融机构资本的风险程度。其次，房地产具有保值增值特性，其价值不仅不会随着时间的推移而减少，反而会随着人类文明的进步、工商服务业的发达而逐渐增加。因此，金融业投资房地产领域可以取得稳定和巨额的收益，加上贷款所得利息，整个投资回报数额将相当巨大。

第三，发展房地产金融，提升居民的消费能力。近年来，随着我国城镇化水平的不断提高、居民收入水平的增加以及消费观念的变化，房屋除了传统意义上的“居所”之外，更成为老百姓热衷投资的商品，整个住房市场一片繁荣，导致房价上涨较快且保持高位运行。日益膨胀的居民住宅消费需求必然导致稳定的住房投资，从而构成房地产金融增长的坚实基础。从我国目前房地产金融的发展情况来看，未来相当长一段时间内，商业银行信贷在住宅融资中仍占有较大的份额，是住宅融资的主要工具，而日益发展的证券化金融工具也将成为住宅融资的有益补充，大大丰富和完善了住宅融资的渠道和手段。房地产金融利用杠杆效应，大幅减轻了居民的购房压力，提升其消费能力。

但是，从金融深化理论来看，房地产金融业务的发展对经济增长的作用是双向的，既有积极的一面，也可能带来消极影响。

房地产金融的发展对经济增长的消极影响主要表现在两个方面：一是消费信贷会改变居民的储蓄行为。新增长理论认为，储蓄是推动经济增长的一个重要因素，因为储蓄率可以影响资本增长率，进而影响产出增长率。房地产投资资金的增长意味着流动性约束的放松，这会降低居民的储蓄意愿，不利于经济增长。二是房地产金融改变了生产率。流动性约束会改变资源配置方式，提高资本边际生产效率，从而加快经济增长速度。房地产金融的增长放松了流动性约束，使投资向房地产业及建筑业聚集，相应地减少了工业经济的投资，容易导致实体经济萎缩，虚拟经济泡沫，降低了劳动生产率，对经济增长产生不利影响。

第二节　国外房地产金融发展经验

1769 年，在德国的西里西亚省诞生了世界上第一家土地开发银行，由此拉开了房地产金融发展的序幕。房地产金融作为经济学的一个分支，是房地产业与金融业紧密结合的产物，但直到 20 世纪 30 年代在美国建立起类似商业银行管理体制的住房金融体制，现代意义上的房地产金融才在世界范围内得到稳定发展。经过不断的发展，欧美发达国家结合本国经济社会发展的实际，创造了各具特色的房地产金融体系与房地产金融市场。本节选取目前国际上具有代表性的三种房地产金融模式（美国的住房抵押贷款模式、德国的住房储蓄合同贷款模式和新加坡的住房公积金模式）的发展情况进行介绍，以期对我国房地产金融的发展有所借鉴。

一、美国房地产金融的发展

美国是世界上房地产金融体系最健全、市场最发达、品种最丰富的国家，同时也是世界上最早开展住房抵押贷款业务的国家。美国通过其众多的金融机构，以抵押贷款的方式为房地产的资金需求提供保障，以实现“全体居民有足够住宅”的目标。具体而言，美国房地产金融的发展主要包括以下几方面的内容。

（一）政府干预，组织健全

房地产金融市场是少数几个美国政府进行干预的领域之一，这也是其房地产金融市场成功的关键。美国政府干预房地产金融市场的主要方式是扶持组建一系列政府管辖的金融机构，既包括银行，也包括一些非银行金融机构，比如，联邦国民抵押协会和政府国民抵押协会等二级住房抵押市场[①]上的中介机构，它们与银行一起为居民住房抵押提供贷款和担保。

自从1831年第一家储蓄与贷款协会在宾夕法尼亚州成立以来，美国本土共有接近5 000家储蓄与贷款协会。这些协会都是在联邦政府或者州政府的支持下成立并接受政府监管的金融机构，其主营业务就是储蓄和房地产抵押贷款业务。在经历了20世纪中期的辉煌之后，20世纪70年代末，美国的储蓄与贷款协会几乎都陷入了重重危机之中，布什总统宣布对储蓄和贷款协会进行紧急接管，美国人民为此背上了高达几千亿美元的债务。而作为非银行金融机构的抵押银行，主要为房地产开发商和购房者提供贷款，人寿保险公司将投保人的投保基金和退休金筹集起来用于商业房地产的中长期贷款。

1930年，美国政府成立退伍军人管理局（Veterans Administration，VA），其本意是为退伍军人办理退伍津贴，之后，美国议会通过法案，允许其为符合条件的退伍军人提供贷款担保，以帮助他们取得住房贷款。有了退伍军人管理局的担保，退伍军人将得到银行完全的担保且无须交付其他诸如定金等费用。1934年，美国政府成立联邦住房管理局（Federal Housing Administration，FHA），这是美国住房与出售发展部的部属机构，其主要职责是为符合条件的美国公民和长期在美国的永久居民提供抵押贷款担保，如果借款人违约，它们将承担贷款发放机构的损失。

此外，美国政府还建立了一批在二级住房市场上活动的中介机构，如联邦住房抵押贷款公司（Federal Home Loan Mortgage Corporation，FHLMC）、联邦国民抵押贷款协会（Federal National Mortgage Association，FNMA）和政府国民抵押贷款协会（Government National Mortgage Association，GNMA）。联邦住房抵押贷款公司（FHLMC）由美国政府于1970年设立，负责收购由联邦住房储蓄和贷款保险公司或其他政府机构保险保证的贷款，后来扩大到私人机构保险或保

① 美国住房抵押市场主要分为两层——初级市场和二级市场。初级市场是住房抵押银行将住房作为抵押担保而发放抵押贷款的市场；二级市场则是指住房抵押银行或金融机构将抵押贷款进行"再包装"，通过发行有价证券的形式投放到市场中，转移住房抵押贷款的债权。在初级市场上，美国的金融机构对贷款申请者进行严格的审查，包括个人信用、贷款审批、资产评估到最后签约放款的每一个环节；而在二级市场上，美国政府直接设立了多家二级市场的金融机构来对二级市场进行调控，政府的积极干预在一定程度上弥补了二级市场的缺陷，保证了二级市场的良好发展。

证的抵押贷款。联邦国民抵押贷款协会(FNMA)于1938年成立,其前身是华盛顿国民抵押协会(National Mortgage Association of Washington),成立后其主要职责是在二级金融市场买卖抵押贷款,为政府项目提供资金,并在二级市场上管理政府债券等。1968年,联邦国民抵押贷款协会分为两个部分:一个是政府国民抵押协会[也称Ginnie Mae(家利美)],这是一个政府机构,受联邦住房与城市发展部(Department of Housing and Urban Development)管辖,并受到美国财政部的监管,其主要资金来源于政府财政、自筹资金和提供抵押担保所获得的担保费,其主要职责是为政府项目提供资金,在二级市场上买入政府机构在一级市场上的抵押贷款,并为符合要求的抵押债券提供担保。由于家利美是政府机构,其信用等级非常高。另一个仍用联邦国民抵押贷款协会的名称[也称Fannie Mae(房利美)],但是其性质却是以赢利为目的的私营股份制公司,它在二级市场上也发行债券。2008年9月,由于受到次贷危机的波及,美国政府出于救市考虑,宣布接管家利美和房利美。政府国民抵押贷款协会(GNMA)成立于1968年,该机构既不购买抵押贷款,也不发行证券,只是充当政府机构的委托人和保证人,支持联邦住房管理商(FHA)和退伍军人管理商(VA)的贷款市场,为政府金融机构的活动提供了便利条件。

(二)法律完善,运行规范

1929—1933年世界经济危机之后,为解决信贷业危机,保证房地产业的健康发展,美国国会于1932年7月通过了《房屋贷款银行法》(*Home Loan Bank Act*)。根据该法,美国建立了12个联邦住宅贷款银行,由联邦住宅贷款银行局(Federal Home Loan Bank Board,FHLBB)管辖,其任务是为储蓄与贷款协会融通资金,以增强它们的清偿能力,使储蓄与贷款协会能为购房者提供长期、固定的低利率贷款。以1932年《房屋贷款银行法》的实施为标志,美国政府开始实施鼓励和扶持房地产抵押贷款业务发展的政策。根据1934年颁布的《国家房屋法》(*National Housing Act*)建立"互助抵押贷款保险基金",专门对房地产抵押贷款承担保险。从1968年开始,联邦政府先后制定了《跨州土地销售信息完全披露法》(*Interstate Land Sales Full Disclosure Act*,1968)、《消费者信贷保护法》[也称《贷款事实法》,即通常所说的Z条例(*Regulation Z*)]、《房地产交割程序法》(*Real Estate Settlement Procedures Act*)等一系列房地产法规。这些法规规定,房地产开发商和提供贷款的金融机构必须向购房者书面提供有关地块、总融资费用、年利率、还款周期、每周期的还款额、到期日及其他可能发生的费用等信息,且必须在政府相关的管理机构备案,这一系列法律条文的制定为规范美国房地产金融的发展奠定了坚实的基础。

（三）完备的二级市场

二级市场的运作使一级市场有了长期稳定的资金来源。在美国，从事二级市场交易的机构主要有三个，分别是联邦国民抵押贷款协会、联邦住宅抵押贷款公司和政府国民抵押贷款协会。20世纪80年代以来，随着直接融资方式运作的抵押银行逐步占据主导地位，房地产抵押贷款证券化种类越来越多，在美国房地产金融市场中占有的市场份额不断上升。目前，美国共有住房抵押贷款转手证券、多档抵押贷款转手证券、非机构担保多档抵押贷款转手证券、商业房地产抵押贷款支持证券、资产支持证券和债务抵押债券6大类。此外，为了维护个人房地产抵押贷款业务，美国政府设立了具有政府性质的信用保险机构，专门为个人申请住房贷款提供经济担保或保险。住房贷款债权证券化后，美国政府及各保险机构又及时对该类证券及其发行主体进行较为全面的信用担保，同时制定各种法规来防范金融机构在开展房地产抵押贷款及其证券化过程中存在的众多风险。正是有了如此健全、完善的住房贷款证券保险制度，以住房贷款权为基础的证券资产风险也得到最大程度的合理控制，住房贷款证券的发行和交易才得以顺利展开。

二、德国房地产金融的发展

德国奉行社会型市场经济，主张将市场嵌入社会之中，该思想主张的是在住房领域中不实行经济决定论，实行经济和社会共同决定论，提倡“被管理的市场”。当这一特点运用于房地产金融领域时，便形成了德国独特的房地产金融制度。德国政府把房地产市场的发展归结为满足公众的住房需求，通过制定规划、出台土地指导价、制定法律和完善税收杠杆等方式来调节房地产市场供求，抑制房地产资产泡沫，从而维护整个房地产金融市场的均衡稳定。

（一）体系完整，机构庞大

德国房地产金融推行的是标准的契约储蓄型制度。该制度最大的特点就是依靠大量的储蓄者投入资金形成一个庞大的互助型金融体，该金融体脱离于资本市场和利率独立运行，并进行封闭式管理和单一资金来源融资。它是以中央银行为核心，国有、私营、合作银行并存的多渠道融资体系，将存款系统、抵押银行系统和配贷储蓄系统都综合在一起。德国存款系统业务广泛，其中，德国储蓄银行占个人储蓄存款总额的50%。抵押银行提供长期抵押贷款，按固定利率发行抵押债券筹措资金。抵押银行发放的长期住房贷款约占各种银行机构发放长期贷款总额的30%。[①] 配贷储蓄系统是指参加者按照合同储存一定数量金额以后，就得到了取得贷款的权利，贷款金额相当于存款金额，存款和贷款利率都低于市场利率水平。

参与德国房地产金融业务的有建房储蓄机构（住房储蓄银行）、抵押银行、商业银行、保险公司等，其中主要的有住房储蓄银行、抵押银行和建房互助储蓄信贷社，它们占全国房地产金融业务的60%以上。建房互助储蓄信贷社在政府建立基金的帮助下，依靠契约储蓄融通了大量的资金，在住宅产业的发展中发挥了相当重要的作用。

根据李世宏（2011）的研究，德国提供住房融资的机构主要分为两大类：第一类是综合性银行，主要包括私人银行、储蓄银行和合作银行；第二类是专业性银行，包括抵押银行与建房信贷协会。统计数据显示，截至2016年12月，从数量来看，德国共有1 711家银行，其中，商业银行共263家，政策性银行合计1 448家，政策性银行数量占比超过了80%；从资产规模来看，德国银行业合计资产规模为78 362.6亿欧元，其中，商业银行资产规模为31 701.7亿欧元，政策性银行资产规模为46 660.9亿欧元，政策性银行资产规模占比超过了60%。政策性银行的具体类型包括州地方银行、储蓄银行、信用合作社、抵押贷款银行、建筑和贷款协会和特定银行。[②]

（二）储贷结合的住房金融体制

我们可以从以下五个方面来解释储贷结合的住房金融体制。一是用途唯一，专款专用。德国住房储蓄银行的资金来源于居民住房储蓄、银行间融资、国家资金等，而所得资金仅能为参加住房储蓄居民发放购房、建房贷款。二是先存后贷，存贷结合。德国居民要得到住房储蓄银行的购房贷款，必须在该银行存足相应的款项。按规定，居民要先与银行签订住房储蓄合同，按月在银行存款，当存款额达到储蓄合同金额的50%之后，住房储蓄银行把合同金额付给储户，其中，存款额和贷款额各占50%。德国银行将此称为“配贷”。贷款每月按固定金额偿付，一般为合同金额的0.6%。“配贷”机制的推行有效降低了借款人的信用风险。三是固定利率。与英国和美国等不同，德国住房抵押贷款大部分实行固定利率，特别是5年及5年以上的中长期贷款，70%均实行固定利率。一般情况下，存款利率为3%，贷款利率为5%，存、贷款利差为2%，同时，贷款利率低于其他同期贷款利率水平。四是发放奖金，实行奖励。德国政府通过向储蓄者发放住房储蓄奖金的方式鼓励民众参与住房储蓄，包

---

① 孙翠兰：《房地产金融：比较与借鉴》，吉林人民出版社2001年版。

② 数据来源：Wind资讯。

括住房奖励储蓄金、雇员储蓄奖金和职工资产积累奖励等，使更多中低收入者从中受益。五是政府与市场紧密结合。德国住房储蓄银行成立于1924年，主要是为解决居民的住房问题。信用合作社是典型的民间合作互助组织，而建房储蓄信贷社、住房贷款协会和建筑协会既有公营的，也有私营的，与社会联系较为紧密。

（三）完备的法律体系

德国住宅法规主要有《民法典》《租金调节法》《住宅所有权法》等专业法规。《民法典》规定了地产权所有者与其他公民相关权利的准则，即作为"物权"的私法准则。其内容包括住宅法规中的一般规定、债权与债务的确定与解除，地产权的总则、占有、所有权的获得与丧失等。《租金调节法》和《住宅所有权法》是对《民法典》一般规定的细化和补充，对当事者和行政管理者的权利、义务和责任做了进一步的规定。

此外，德国《住房储蓄银行法》规定，只有住房储蓄银行才能够办理住房储蓄，国家对居民储蓄的唯一奖励（即住房储蓄奖金）只能通过参加住房储蓄才能享受，这一规定充分调动了居民参加住房储蓄的主动性。在资金运用上，《住房储蓄银行法》规定，住房储蓄资金只能用于与住房建设有关的项目，如以居住为目的的房屋建设和改造，为居住区建设的水、暖、电等配套设施等。法律还规定了银行把储户存款存到其他银行的限额，限制银行将储户存款用于风险交易，有效保障了住房储蓄资金被全部用于居民住房建设。健全的法律体系对规范住房、建房、租房等起到了重要作用，有利于稳定房地产金融市场，打击房地产投机行为。

（四）潘德布雷夫债券

西方国家的房贷证券化二级市场主要分为两类：一类以美国房贷抵押证券（Mortgage Backed Security，MBS）为代表，一类以欧洲国家的全担保债券（Covered Bond，CB）为代表。德国进行住房建设和公共事业建设融资重要手段的潘德布雷夫债券在房地产金融二级市场中发挥着重要作用，具体可分为两种。Offentliche Pfandbrief（亦被称为"公共"的 Pfandbrief），是由贷予公共部门各个法人的贷款全额进行担保的债券；而 Hypothe Ken Pfandbrief（抵押Pfandbrief），是由任定与商业抵押贷款全额担保的，其贷款抵押资产价值比率不得超过60%。潘德布雷夫债券与目前业内熟知的美式资产支持证券（Asset Backed Securities）和房地产抵押贷款支持证券（Mortgage Backed Security）等资产证券化产品在运行机制上有较大区别。潘德布雷夫债券的证券化操作并未将其作为银行表外业务处理，而是包含在资产负债表内，这样的设计使该债券不会被用于规避银行资本监管和转移信用风险，使银行必须重视资产的质量和安全。此外，德国政府对潘德布雷夫债券进行了专门立法，统一监管，严格限定合格资产的范围，要求资产池质量，设定发行机构信用等级，规定风险隔离措施等，严格依法对其监管。由于政府是通过立法的形式对金融市场进行干预，所以潘德布雷夫债券的安全程度几乎可以与国债媲美。

德国政府非常重视房地产金融支持体系的建设，其中，对房地产市场价格的管控独具特色。在德国，各类房地产价格并不是完全由市场决定，而是由独立的地产评估师评估并确定“基准价格”，这一基准价格具有法律效力，市场价格在基准价格的合理区间内波动。评估师对评估结果负责，追溯期为30年。每一处出售（或）出租房产的价格及房屋基本情况都要在网上公开，每一笔交易都是由交易双方通过各自的律师和房地产中介机构合作完成。律师负责银行按揭、房屋保险、税费交纳等手续，银行负责确保资金的交割和安全，各机构责任清晰。①

三、新加坡房地产金融的发展

由于新加坡在自治时住房形势不容乐观，人民和社会都面临着严重的屋慌，因而新加坡政府在建国之初就把“全民都拥有让他们引以为豪的住房”定为目标，住房问题是新加坡建国以后高度重视的问题。新加坡的住房金融具有以下特点。

（一）独特的组屋制度

新加坡住房制度的核心就是“组屋制度”。“组屋”（HDB Flats）由政府投资兴建，统一规定价格，以低价出售或出租给中低收入家庭使用。② 新加坡建屋发展局（Housing Development Board，HDB）统计数据显示，截至2016年年底，新加坡住房自有率高达90.2%，约82%的人口住进了政府建造的房屋。

新加坡建屋发展局对申请组屋的条件有明确的规定，申请人必须符合以下四条规定才可以申请：第一，申请人必须是新加坡公民（Singapore Citizen）。第二，申请人绝无私有住宅。第三，申请人收入符合要求。申请人以小家庭为单位进行申请的，家庭月收入总和需在8 000新元以内；如果申请人是以大家庭为单位申请的，家庭月收入总和需在12 000新元以内。第四，确保申请人没有自有财产。政府为了使中低收入家庭都能够住到组屋里，进行了大量的补

---

① 陈红梅、黄石松：“借鉴德国经验　创新房地产金融政策　促进住房消费”，《国际金融》，2009年第7期，第56～60页。

② C. Pugh: *Housing and Development in Singapore*, Contemporary Southeast Asia, vol. 6, pp. 275～307.

贴。当组屋使用者的条件得到改善，不符合当前所享有的条件，必须立刻腾出所居住的组屋，否则违法，情节严重者还将受到法律的严格制裁。

（二）完备的中央公积金制度

新加坡解决住房问题的核心政策是中央公积金制度（Central Provident Fund Act），中央公积金为组屋建设提供了大量的住房资金。新加坡政府起初制定中央公积金制度是为了帮助雇员解决养老和医疗保健问题而采取的强制储蓄方式。中央公积金有三种用途，每个参加者共有普通户头、保健储蓄户头和特别户头三种。占职工薪金收入40%的公积金中，4%存入特别户头，留作晚年养老之用，年满55岁的职工一次性支付，或从60岁开始每月支付不少于230新元。公积金的6%存入储蓄户头，用于医疗保险，从而使职工能够支付自己及家人的医疗费用和卫生保健费用。公积金的30%存入普通户头，可用于购房、获准的投资、保险、教育和转拨款项，供填补父母退休户头。中央公积金局主要负责公积金的存取业务，职工调动工作时可以向中央公积金局提出调动申请，公积金存取业务不会受影响。[①] 对年满21岁的公民，不拥有其他产业，家庭收入标准在1 500新元以下，购买组屋的申请者可以提取公积金的50%作为购房首付款。[②] 据新加坡中央公积金局2016年的统计数据，2013—2016年，使用中央公积金购买组屋与购买商品房的比例保持在67%以上。

（三）完善的法律制度

自1955年起，新加坡颁布了一系列住房保障法律并付诸实施，为住房发展机构在筹集资金、获得土地、分配组屋等方面提供了强有力的法律保障（详见表1-2）。

表1-2　新加坡主要住房法律制度

颁布时间	法律名称	法律内容
1955年	《中央公积金法》（*Central Provident Fund Act*）	明确规定了中央公积金机构的职能，公积金的提取和使用等
1960年	《住房发展法》（*Housing Development Act*）	决定同年2月成立建屋发展局（HDB），作为组屋的开发、运营及分配管理机构

① 郭伟伟：《亚洲国家和地区社会保障制度研究》，中央编译出版社2011年版。

② Norman Flynn：Home Ownership and Equity of HDB Households，Department of Statistics，Ministry of Trade & Industry，Repubic of Singapore，2003.

续表

颁布时间	法律名称	法律内容
1968 年	《中央公积金修改法令》(*Central Provident Fund Revision Act*)	拓展公积金的应用范围,规定公积金用于医疗、养老范围以外,还可以作为组屋建设投资和住房消费信贷的主要资金来源
1981 年	《中央公积金修正案》(*Central Provident Fund Revision Act*)	在全国实行强制性住房保险计划,组屋拥有者在丧失偿还抵押贷款能力的情况下,由中央公积金局负责清偿尚欠的余款。具体操作方式为对公积金储蓄做一次性的折减

第三节　我国房地产金融的变迁与现状

一、我国房地产金融的变迁

回顾我国房地产金融的发展历程,对了解我国房地产金融的现状、展望其未来发展趋势具有重要意义。以我国金融体系构建及其业务变化为依据,结合我国房地产发展及住房制度改革的实际情况,可以将我国房地产金融的发展历程分为以下几个阶段。

(一)停滞阶段(1978 年以前)

中国房地产金融发展历史悠久。早在 1840 年鸦片战争以后,房地产金融业务就伴随房地产业相继在上海、天津、汉口等城市萌芽。当时,各殖民主义国家纷纷到中国开设洋行,成立房地产公司,依仗特权牟取暴利。第一次世界大战以后,中国民族资本主义工商业得到发展,相继成立了多家商业银行,并开始以投资、抵押、信托等形式参与房地产业。1914 年,国民党政府仿效日本成立了劝业银行,它是全国性的不动产金融机构。1915 年成立中国实业银行,向农业、盐业等发放以不动产做抵押的长期贷款。1935 年组建中国农业银行,设有专门办理土地金融业务的土地金融处。1942 年 3 月,《中国农业银行房地产债权法》颁布后,其房地产金融处可以按规定发行债券。当时房地产金融的发展除了政府银行外,一些商业银行和外商房地产企业在房地产资金的融通过程中也起到了重要作用,如当时的"北四行"(盐业银行、金城银行、中南银行和大陆银行的合称)合办的四行储蓄会在上海投资建造国际饭店大厦,该大厦成为当时远东第一大厦。1907 年,浙江兴业银行成立。23 年后,浙江兴业银行正式成立信托部，其业务有自造房屋用以出卖、出租和办理房地产抵押款等。除了银行直接投资房地产以外，房地产抵押贷款业务在当时也比较普遍。

中华人民共和国成立后，中国实行计划经济体制，金融业参与房地产的经营业务被限制在很小的范围内，很长一段时间内都处于萎缩、停滞状态。虽然1953年9月成立了中国人民建设银行（后改称"中国建设银行"），专门负责住房建设资金管理，但银行实际上只负责财政资金的拨放，不负责资金的筹集，更不直接投资房地产项目。

房地产金融是金融业与房地产业融合发展的产物，由于改革开放以前我国并没有系统的房地产业，真正意义上的房地产金融独立业务并不存在，这一阶段的房地产金融并不是严格意义上的房地产金融。

（二）复苏与初步发展阶段（1979—1990年）

1978年，随着十一届三中全会的顺利召开，我国开始了全面的经济体制改革，房地产业、住房制度、投资体制和金融体制开始了一系列重大改革。住房商品化概念被提出，金融体制和城镇住房金融也迎来了新的发展机遇。1979年，中央决定将基本建设投资由财政拨款改为银行贷款，这标志着中国房地产金融业的诞生。1981年，中国建设银行总行投资组建了中国房屋开发公司，用经济办法经营包括住宅、中小型旅游宾馆、综合性业务楼和公共建筑等在内的房地产项目。1982年起，中国建设银行作为商业银行的试点银行，开始为购建房者提供购房贷款业务，在发展传统储蓄业务的基础上大力发展房地产金融业务。1984年，国务院颁布了《关于改革建筑业和基本建设管理体制若干问题的暂行规定》，要求发展房地产业，推行住宅商品化，指出各地应组建房地产综合开发公司，对城市建设实行综合开发，城市房地产综合开发公司所需周转资金由中国建设银行供应。按照国务院的要求，中国建设银行于1985年将其当年开始发放的土地开发和商品房贷款单列计划，把支持房地产开发、推行房屋商品化作为一项主要业务进行开拓。1986年，以提租补贴为特征的住房改革在烟台、蚌埠等城市试点，为配合提租发券的改革，办好相应的结算和住宅贷款等工作，实现多渠道、多层次筹集和融通住房资金的目的，烟台和蚌埠两市于1987年开始组建住房储蓄银行，烟台和蚌埠两家住房储蓄银行相继成立，并负责当地的房改金融业务。1988年，国务院在《关于印发全国城镇分期分批推行住房制度改革实施方案的通知》中指出："住房制度改革，要广泛而有效地筹集和融通资金，建立一套科学结算办法，金融体制必须进行相应的配套改革。"同年，中国第一个通过拍卖购土地、通过按揭贷款购房，真正完全意义上的商品房小区——东晓花园在深圳竣工，当时售价为660元/米^2。[①] 1988年起，中国工商银行、中国建设银行等专业银行在总行、管理行和经办行均设立了房地产信贷部，大力发展住房信贷业务，此举也促进了我国房地产保险、代理和信托等中介服务机构的产生与发展。在这一阶段，房地产业面临的主要问题是资金短缺、供给不足，但金融制度的改革有力地支持了房地产投资，我国以银行为主导的房地产金融体系开始确立，房地产业与金融业的相互渗透已经达到了一定的程度，我国房地产金融市场初步形成，并逐步走向成熟。

（三）全面推进阶段（1991—1997年）

国务院1991年出台的《关于积极稳妥地进行城镇住房制度改革的通知》《关于全面推进城镇住房制度改革的意见》中提出了采取出售公房等多种形式推进房改（即住房制度改革），改进住房金融体制，明确提出建立和推行住房公积金制度，发展房地产金融业务。同年，上海市借鉴新加坡的经验，按照“住房委员会决策、住房公积金管理中心运作、银行专户管理、财政监督”的原则，率先建立了住房公积金制度。中国建设银行也在全国率先提供与住房公积金配套的金融服务。1992年后，房地产业开始成为我国经济发展的一大热点，房地产开发投资高速增长，并持续至1993年上半年。1994年，中国人民银行印发的《商业银行自营性住房贷款管理暂行规定》《政策性住房信贷业务管理暂行规定》等一系列文件，标志着我国基本确立了自营性和政策性住房信贷业务兼有的住房信贷体系。1997年，中央金融工作会议取消了对我国商业银行贷款规模的管理，之后又出台了存款准备金政策和住房贷款政策，对房地产融资进行调整。到1997年年底，31个省、自治区、直辖市，36个大中城市，213个地级城市均已建立了住房公积金制度。全国住房公积金累计归集额超过800亿元。由于此阶段明确提出了鼓励和支持各级金融机构开展经营性商品房贷款业务的改革举措，单位购建房贷款和商业银行房地产开发贷款得到了较快发展，但此阶段个人购买商品房比例较低，银行个人住房贷款的市场不大。

（四）规范发展阶段（1998—2002年）

1998年，亚洲金融危机爆发，全球经济增长速度放缓，房地产业由于具有产业关联度大、带动面广等特点，被寄予“推动经济增长”的期望。国家为此做出了调整结构、扩大内需的重大决策，明确提出启动住宅消费、把住宅建设培育为国民经济新的增长点。国务院《关于进一步深化住房制度改革，加快住房

---

① “改革开放30年中国房地产金融大事记”，《中国城市经济》，2008年第4期，第37页。

建设的通知》提出，从 1998 年下半年开始，停止住房实物分配，逐步实行住房分配货币化。按照中央的部署，中国人民银行先后出台《关于加大住房信贷投入，支持住房建设与消费通知》《个人住房贷款管理办法》等文件，对个人住房贷款的相关条件做了详细规定，要求商业银行积极调整贷款结构，支持房地产建设。在政府的引导下，我国商业银行积极开展房地产金融业务。1998—2002 年，我国房地产开发投资额占全社会固定资产投资的比重始终保持在 13%以上，2002 年甚至达到了 17.90%。[①] 在此阶段，各商业银行积极开展房地产金融业务，房地产业进入供销两旺、价格平稳的良性发展轨道，有力地支持了国民经济的平稳、高速运行。

（五）加快发展及风险累积阶段（2003—2007 年）

2003 年，国务院颁发了《关于促进房地产市场持续健康发展的通知》，确立了中国房地产业发展的长期目标和长期任务。自此以后，中国的房地产金融开始走上规范、健康、高速的发展之路。[②] 2004 年 9 月 2 日，中国银行业监督管理委员会公布并开始实施的《商业银行房地产贷款风险管理指引》对土地储备贷款、房地产开发贷款、个人住房贷款、商业用房贷款等进行了明确的原则性指导。2007 年 8 月，次贷危机在美国全面爆发，并最终演变为金融风暴席卷全球，作为全球经济重要组成部分的中国也不能幸免，经济发展受到较为强烈的冲击，经济增长速度下降明显。2007 年，我国 GDP 增长率为 11.4%，2008 年回落至 9.0%，房地产市场的发展也出现疲软迹象，房地产投资明显下降，商品房销售面积萎缩，房价持续下跌。

（六）综合调控阶段（2008—2009 年）

金融危机后，作为拉动我国经济增长三驾马车之一的出口也受到国际经济形势的严重影响，政府需要增加投资、拉动消费来激发经济活力，促进经济发展，因此提出投资总额达 4 万亿元的经济振兴计划。房地产业作为国民经济的支柱产业之一，关联度高，带动性强，为推动国民经济的持续快速发展发挥了重要的作用。政府希望发挥房地产业的联动效应来推动整个产业链的全面发展。

2008 年 12 月，国务院办公厅出台 131 号文件，释放出明显的救市信号，加大公共住房的建设力度，鼓励居民消费贷款，并对居民购买二套房的贷款政策进行了松绑。2009 年 1 月，四大国有银行同时宣布居民购房享受七折的贷款

---

① 数据来源：《中国统计年鉴（1999—2003 年）》

② 杨绍萍、宋佐军、李向峰：“房地产金融改革开放三十年回顾”，《中国房地产金融》，2009 年第 1 期，第 3 ~5 页。

优惠利率。2009 年 12 月 7 日的中央经济工作会议上，房地产业多年来第一次不再被当做支柱产业来描述。14 日，原国务院总理温家宝主持召开国务院常务会议，就促进房地产市场健康发展提出增加供给、抑制投机、加强监管、推进保障房建设四大举措。

(七)抑制高房价阶段(2010—2014 年)

2009 年开始，我国房地产市场在国家利好政策的带动下迅速走出 2008 年的低谷，以惊人的“V”字势头猛烈上涨。2009 年全年，商品房成交量同比增长 43.6%，商品房均价同比增幅达 23.2%。

面对飞涨的房价和保民生的巨大压力，2010 年年初，国家开始实施被称为“史上最严厉”的房地产调控政策，要求各地政府合理制定和公布房价控制目标，并出台具体的限购范围和标准，明确要求各直辖市、计划单列市、省会城市必须加入限购。此后，我国房地产调控政策的行政干预色彩继续加重，限购、限贷、限价政策逐步细化升级。2010 年 1 月，国务院发布《关于促进房地产市场平稳健康发展的通知》(简称“国十一条”)，从我国房地产市场的稳定健康发展和保障性安居工程建设两个方面进行了综合调整。

2011 年 1 月，原国务院总理温家宝主持召开国务院常务会议，确定《国务院办公厅关于进一步做好房地产市场调控工作有关问题的通知》(简称“新国八条”)，在进一步提高二套房首付比例和贷款利率的同时，首次在全国范围内提出限购政策。2011 年 12 月 10 日至 12 日在北京召开的中央经济工作会议明确提出要坚持房地产调控政策不动摇，促进房价合理回归，加快普通商品住房建设，扩大有效供给，促进房地产市场健康发展。12 月 23 日，原住建部部长姜伟新发表讲话，强调要继续坚持房地产调控不动摇，促进房地产市场健康发展。这表明，中央 2012 年会继续坚定不移地对房地产进行调控，促使房价合理回归。2013 年 2 月 20 日，国务院发布《关于国务院常务会议研究部署加强房地产市场调控的通知》(简称“国五条”)，要求各地“按同一要求完善限购措施”。

(八)差别化调控阶段(2014 年至今)

2014 年，房地产开启分类调控，实行差别化信贷政策，并加大房地产金融的支持力度。当年的 3 月 5 日，李克强总理在政府工作报告中提出：“针对不同城市情况分类调控，增加中小套型商品房和共有产权住房供应，抑制投机投资性需求，促进房地产市场持续健康发展。”

1. 大中城市抑制高房价。2014 年 5 月 12 日，中国人民银行副行长刘士余主持召开住房金融服务专题座谈会，研究落实差别化住房信贷政策，改进住房金融服务有关工作,并对进一步改善住房金融服务工作提出五项要求(简称“央五条”),优先满足首次购房贷款需求。9 月 30 日,中国人民银行、中国银监会联合下发《关于进一步做好住房金融服务工作的通知》(简称“9·30 房贷新政”),提出加大对保障房金的融支持、支持居民合理的住房贷款需求、增强金融机构个人住房贷款的投放能力、支持房地产的合理融资需求等多项政策。

2015 年,政府加快培育住房租赁市场,放宽提取住房公积金支付房租的条件,缓解住房需求,建立租购并举的合理住房制度。1 月 14 日,住建部发布《关于加快培育和发展住房租赁市场的指导意见》,明确提出多管齐下发展住房租赁市场,鼓励 REITs 试点,多来源增加住房租赁市场资金供给。1 月 28 日,住建部、财政部和中国人民银行联合对外发布《关于放宽提取住房公积金支付房租条件的通知》,提出放宽提取住房公积金支付房租条件,进一步加大对租赁市场的支持力度。3 月,全国人民代表大会和中国人民政治协商会议(以下简称“两会”)提出要稳定住房消费,积极鼓励住房需求。

2016 年,加快培育和发展住房租赁市场,下半年多地重启限购限贷,大中城市房地产调控从紧。5 月 1 日,营业税改增值税试点范围扩大到房地产业,涉及“个人二手房交易。”6 月 3 日,国务院发布《关于加快培育和发展住房租赁市场的若干意见》,主张支持住房租赁消费,促进住房租赁市场的发展。9 月 6 日,住建部发布方案表示要完善房地产宏观调控,坚持分类调控、因城施策。9 月 30 日到 10 月 8 日,21 个城市相继出台新的楼市调控政策,多地重启限购限贷。11 月 8 日,楼市调控再落子,国家发展改革委和住房城乡建设部发文规范住房明码标价。12 月 16 日,中央经济工作会议指出要落实地方政府主体责任,房价上涨压力大的城市合理增加土地供应,提高住宅用地比例。

2017 年,两会工作报告指出,房地产市场的三项重点工作是:加强房地产市场分类调控、因城施策去库存、坚持住房居住属性。1 月 10 日,住建部、财政部印发《关于做好城镇住房保障家庭租赁补贴工作的指导意见》,明确租赁补贴具体政策,加快租购并举住房制度建设。2 月 14 日,中国证券投资基金业协会发布《证券期货经营机构私募资产管理计划备案管理规范第 4 号》,对私募资产管理计划投资热点城市普通住宅地产项目、向房地产开发企业提供融资用于支付土地出让价款或补充流动资金等五种行为进行规范。4 月 10 日,银监会关于银行业风险防控工作的指导意见提出,要分类实施房地产信贷调控,强化房地产风险管控,加强房地产押品管理。在因城施策的导向下,各地政府深化房地产政策调控,多城市楼市政策调控密集出台,继限购、限贷后,部分城市开启“限售”模式,抑制短期投机需求,稳定市场预期。截至 2017 年 11 月底，已有超百城发布150余次楼市调控政策，热点城市不断限购、限贷、限价、限售、限商。

2. 小城市（镇）去库存。2014年6月下旬，呼和浩特发文取消限购，除北京、上海等主要城市外，全国40多个城市相继取消或者大幅度松绑限购，为去库存创造了良好的条件。

2015年，政府持续放宽房贷标准，进一步完善住房信贷差异化，中国人民银行多次降息，习近平总书记提出要进一步化解房地产库存。3月30日，中国人民银行、住建部、银监会联合发布的“330”政策明确降低商贷二套房首付比例，鼓励改善性住房需求，同时也降低了公积金购买首套房的首付比例。8月31日，住建部、财政部、中国人民银行发布《关于调整住房公积金个人住房贷款购房最低首付款比例的通知》（简称“831”政策），明确对拥有一套住房并已结清相应购房贷款的居民家庭，公积金最低首付款比例降至20%。9月30日，中国人民银行、中国银行业监督管理委员会发布《关于进一步完善差别化住房信贷政策有关问题的通知》（简称新“930”政策），指出在不实施“限购”措施的城市，商贷首套房最低首付比例降至25%。同时，中国人民银行年内5次降息，利率降至历史低点，第五次降息，5年以上长贷利率降至4.9%，5年以上公积金贷款利率降至3.25%。11月10日，习近平总书记主持召开中央财经领导小组第十一次会议时强调，要化解房地产库存，促进房地产业持续发展。

2016年，调整个人住房贷款和银行利率，政府强调要有序消化房地产库存。2月2日，中国人民银行、银监会发布《关于调整个人住房贷款政策有关问题的通知》，对个人住房贷款首付比例进行调整，指出在不实施“限购”措施的城市，居民家庭首次购买普通住房的商业性个人住房贷款，原则上最低首付款比例为25%，各地可向下浮动5个百分点；对实施“限购”措施的城市，个人住房贷款政策按原规定执行。2月29日，中国人民银行宣布自2016年3月1日起，普遍下调金融机构人民币存款准备金率0.5个百分点。4月29日，中共中央政治局召开会议强调有序消化房地产库存，注重解决区域性、结构性问题，实行差别化的调控政策。

2017年1月6日，中国人民银行强调要因城施策，继续落实差别化住房信贷政策。3月5日，李克强总理在政府工作报告中提出，目前三四线城市房地产库存仍然较多，要支持居民自住和进城人员购房需求。

我国房地产的发展正如习近平总书记在十九大报告中提出的那样，“坚持房子是用来住的、不是用来炒的定位，加快建立多主体供给、多渠道保障、租购并举的住房制度，让全体人民住有所居”。对此，住建部、国土部、中国人民银行三部门提出，要坚持调控目标不动摇，力度不放松，不能有任何“喘口气、歇歇脚”的念头，同时，防范化解房地产风险。目前，北京、上海已积极发展共有产权住房；多个热点城市也已推出发展住房租赁市场的具体举措；对商品房销售价格的全国范围检查正在进行，服务与监管并行，以确保房地产市场平稳健康发展，促进住有所居目标的实现。

二、我国房地产金融发展现状

我国房地产金融虽然起步较晚，但发展十分迅速。房地产业和金融业的联系日益紧密，金融体系对房地产业的支持力度不断增强。

（一）房地产金融机构多元化

随着我国金融体制改革的不断推进、国有银行股份制改革的深入和中小银行的蓬勃发展，再加上金融业全面开放后大量涌入的外资银行，我国从事房地产金融的机构日趋多元化，各种性质的金融机构纷纷开始兼营或专营房地产金融业务。当前，我国从事房地产金融业务的机构主要包括：四大国有商业银行、全国性或区域性股份制商业银行、城市商业银行、农村商业银行和部分农村信用合作社的房地产信贷部门；两家房地产专业性股份制银行——烟台住房储蓄银行和蚌埠住房储蓄银行根据当地政府的授权，负责集中统一管理和运筹住宅基金，专门服务于房改；住房合作社，作为在政府和单位资助下由社员自愿组织的非营利性合作组织，自 1986 年在上海创办了第一家“新欣住宅合作社”以来，先后在上海、北京、沈阳、武汉等 20 多个城市设立了各种形式的住房合作社；公积金管理中心，自 1991 上海开始试行住房公积金制度以来，全国绝大多数城市都已建立起住房公积金制度，公积金管理中心作为整个公积金制度的管理核心、核算主体和信息枢纽，处于十分重要地位，负责公积金的归集和使用，并指定具体的银行来承办公积金存贷款业务。另外，为商业银行房地产贷款提供保险的商业性保险公司、为促进住房二级市场的流动性而设立的旨在提供个人抵押贷款担保的置业担保公司也逐步发展壮大，部分外资银行也开始提供房地产贷款业务。目前，一个以国内商业银行为主体、其他金融机构为补充的房地产金融服务体系基本形成，为促进我国房地产金融的快速发展提供了金融支持。

（二）房地产业的金融支持力度增强

房地产业的快速发展与金融机构的资金支持是密不可分的，进入 21 世纪以来，我国商业银行对房地产的支持由过去的只对房地产开发企业贷款支持转变为对投资和销售两个方面的贷款支持，银行信贷已成为支撑房地产业快速发展的重要力量(如表1－3和表1－4所示)。

表1－3　我国五大国有银行房地产信贷投放整体情况(2015—2016)

单位:百万,%

	2015年			2016年		
	贷款总额	房地产业贷款	房地产业贷款占比	贷款总额	房地产业贷款	房地产业贷款占比
中国工商银行	6 901 088	427 306	6.2	6 912 537	426 999	6.2
中国农业银行	5 378 404	526 408	9.8	5 368 250	449 687	8.4
中国银行	8 094 961	——	——	8 772 151	——	——
中国建设银行	10 485 140	449 334	4.29	11 757 032	342 531	2.91
交通银行	3 722 006	227 061	6.1	4 102 959	20 411	4.97

数据来源:根据各银行2016年年度报告整理而来。

2015年,随着房地产行业调控的深入,房地产业贷款占金融机构贷款的比重有所降低。2015年,中国农业银行房地产业贷款占贷款总额比重为9.8%,2016年降至8.4%,中国建设银行则由4.29%降至2.91%,交通银行由6.1%降至4.97%,也有所回落。应该看到,尽管房地产业贷款比重有所降低,但在各银行中仍然占据一定的比重。

表1－4　我国部分商业银行个人住房信贷投放情况(2015—2016)

单位:百万

	2015年			2016年		
	个人贷款	个人住房贷款	个人消费贷款	个人贷款	个人住房贷款	个人消费贷款
中国建设银行	3 466 810	2 773 895	55 427	4 338 349	3 585 647	75 039
中国农业银行	2 727 890	1 927 048	184 907	3 340 879	2 559 983	153 261
中国工商银行	3 541 862	2 516 196	311 075	4 196 169	3 237 427	247 020

数据来源:根据各银行2016年年度报告整理而来。

中国人民银行货币政策分析小组各年度发布的《中国货币政策执行报告》显示,2015年,我国个人住房贷款余额为131 000亿元,同比增长23.9%,较上年末高6.3个百分点;截至2016年年末,我国个人住房贷款余额为18 000亿元,同比增长38.1%;2016年,新增房地产贷款57 000万亿元,同比多增20 000亿元,占各项贷款新增额的44.8%。从表1－4可知,自2015年以来,商业银行个人住房贷款一直都是个人贷款的重头。

（三）房地产金融创新工具不断丰富

为了更好地服务于房地产金融，提高融资效率，降低金融风险，我国银行业关于房地产金融的金融创新层出不穷。到目前为止，我国已基本开展了包括住房抵押贷款、个人公积金、住房储蓄业务、各种类型的房地产开发贷款、房屋典权、典当以及其他房地产金融形式［如回租、回购、贷款合作、物业维修基金（即专项维修资金）、反抵押贷款、资产担保贷款］在内的金融创新服务。特别值得一提的是，随着2003年6月中国人民银行银行《关于进一步加强房地产信贷业务管理的通知》（121号文件）的颁布实施，房地产信托已成为当前我国房地产业最为活跃的融资方式之一。2003年，投向房地产领域的信托产品达37只，总计35亿元，2004年突破110亿元，2005年共发行房地产信托121只，募集资金总计157.27亿元，增幅达42.97%，而到2006年三季度，有39家信托公司发行并公布了155只信托基金，实际募集资金总计166.8亿元，超过2005年全年的规模。信托业协会公布的数据显示，截至2017年三季度末，信托业投向房地产领域的资金信托余额为2.07万亿元，占比10.01%，比二季度末增长近1个百分点，这也是2015年以来信托资产投向房地产领域占比首次超过10%。层出不穷的房地产金融创新工具为我国房地产业的快速发展提供了有力支持。

复习思考题

1. 简述房地产金融的特征
2. 简述房地产金融的作用。
3. 结合我国当前房地产发展的现状，探讨金融业对推动我国房地产业发展的重要作用。
4. 国外房地产金融在哪些方面比我国先进？国外的经验对我国开展房地产金融有哪些启示？

【案例分析】

金地瞄准商业地产和房地产金融

金地（集团）股份有限公司（以下简称“金地集团”）于2011年3月18日发布的年报表明，2010年，金地集团实现销售额283亿元，同比增长34%；归属上市公司股东净利润达到27亿元，同比增长52%；总资产达到728亿元，同比增长31%，净资产收益率提升至16.55%。

在住宅地产市场受到严厉调控的同时，房地产金融、商业地产等新的业务模块发展迅速。在金地集团新的发展战略中，这两块业务的发展也被提到了更为重要的位置。在房地产金融领域，金地集团已走在了行业前端。

2010 年，金地集团与瑞银合作的房地产美元基金完成了第二期募集，基金规模达到 2 亿美元。据了解，该基金目前正在最终募集签约阶段，预计整个基金募集规模在 3 亿美元左右。金地集团董事长凌克表示，未来 5 年，金地房地产基金业务将实现突破性的发展。金地集团将继续发起设立由稳盛基金募集和管理的美元基金和人民币基金，通过资产管理业务开拓新的盈利源泉，重点加强基金的募集能力，提高融资能力和独立投资能力。

“房地产金融不仅拓宽了金地的融资渠道，还将成为公司新的业务增长点”，凌克对此寄予了厚望：“希望稳盛投资在 3 年内成长为管理百亿资产规模、有强大产品开发销售能力、依照国际化标准运作、市场领先的基金管理公司。”

与此同时，金地集团在 2011 年也将在商业地产领域实现突破。年报信息显示，金地集团已成立商业地产公司，金地目前的商业资产，如北京金地中心、西安和岗厦的商业项目等也将交由商业公司开发和运营。

凌克表示，未来 5 年，商业地产开发也将成为金地集团重要的业务板块，与房地产金融一起成为支撑金地集团未来腾飞的重要两翼。一方面，商业地产会与住宅地产形成良好联动，通过商业经营对土地价值的拉升来提高住宅产品的溢价水平；另一方面，商业地产将通过资本平台的整合来获得更高的投资回报。

（摘自《北京商报》，2011 年 3 月 24 日，第 A04 版。）

问题：根据上述材料，结合我国房地产金融的发展历程及本章介绍的基本知识，深入分析房地产业与金融业的关系。

DI ER 第二章 ZHANG 房地产金融基础知识

【本章学习目标】

1. 了解货币的起源、发展及货币的本质；

2. 了解信用的基本概念、主要特征、经济功能及常见的信用工具；

3. 了解金融的概念及金融体系的构成；

4. 了解资本结构与财务杠杆基本理论，了解我国房地产业财务杠杆利用情况；

5. 掌握资金运动的计算方法。

【关键词】

货币；信用；资本结构；财务杠杆；资金时间价值

第一节　货币、信用与金融

一、货币与货币流通

(一)货币的起源与发展

货币是商品交换发展的自然结果，是商品交换长期发展过程中分离出来的特殊商品。原始社会后期，由于社会生产力的发展，在原始公社之间出现了最初的实物交换。随着生产力的进一步发展，商品交换逐渐变成经常的行为。但是，直接的物物交换中常会出现商品转让的困难，必然要求有一个一般等价物作为交换媒介。当一般等价物逐渐固定在特定种类的商品上时，它就定型化为货币。

货币的“祖先”脱胎于一般的商品，某些一般的商品由于其特殊的性能，适合用作交易媒介，于是就摇身一变成了商品家族的新贵——货币。比如，贝壳、龟壳、布帛、可可豆、鲸鱼牙，甚至玉米等，这些物体都曾在不同时代的某些地区充当过货币。后来用金属，如金、银、铜、铁等取代了实物货币，在金属货币之后诞生了纸币，也就是所谓的信用货币。

中国北宋年间已有大量用纸印制的货币——“交子”，成为经济生活中重要的流通和支付手段。元代则在全国范围内实行纸钞流通的制度，其中具有代表性的是忽必烈在位时发行的“中统元宝钞”。银行券是随着资本主义银行的发展而首先在欧洲出现于流通中的一种用纸印刷的货币。最初，一般商业银行都可以发行银行券，发行银行券的银行保证随时可按面额兑付金币、银币。到了19世纪，在工业化国家中，纸币的发行权逐渐集中于中央银行。19世纪末20世纪初，在银行券广泛流通的同时，贵金属铸币的流通数量日益减少，表现出纸制钞票的流通终将取代铸币流通的趋势。

近年来，一些新的货币形式正在出现，比如现在流行的电子货币。电子货币无影无形，它依托金融电子化网络，以电子计算机技术和通信技术为手段，以电子数据形式储存在计算机系统中，通过计算机网络系统，以电子信息传递的形式实现货币流通和支付的功能。银行卡就是我们常见的电子货币载体之一。电子货币的产生是货币史上的一次飞跃。现在，电子货币已经广泛渗透到现代生活中，它在完成交易支付时比纸币更加便利和快捷。使用电子货币，可以存款取款；可以代替现金实现转账支付，直接用于消费结算；也可以向银行办理消费信贷。此外，与纸币相比，电子货币更不易被伪造，使用起来更加安全、便利。

（二）货币的本质

美国著名经济学家萨缪尔森（Paul A. Samuecson）在其名著《经济学》（*Economics*）一书中有关货币的章节中引用了金·哈伯特（M. King Hubbent）的一句名言：在一万人中，只有一人懂得通货问题，而我们每天都碰到它。由此看来，货币貌似简单，实际上却极其复杂。

关于货币的本质，在西方货币学说史上曾存在两种不同的观点：一是货币金属论，二是货币名目论。货币金属论者从货币的价值尺度、储藏手段和世界货币职能出发，认为货币与贵金属等同，货币必须具有金属内容和实质价值，货币的价值取决于贵金属的价值。货币名目论者从货币的流通手段和支付手段职能出发，否定货币的实质价值，认为货币只是一种符号，一种名目上的存在。货币金属论是货币金、银本位制的产物，随着20世纪初金本位制度的崩溃，其影响力日益减弱。目前，在西方货币学说中占统治地位的是货币名目论，这从西方经济学教科书对货币的定义中可见一斑。美国著名经济学家弗雷德里克·S. 米什金（Frederic S. Mishkin）所著的《货币金融学》（*The Economics of Money, Banking& Financial Markets*）一书将货币定义为："货币或货币供给是任何在商品或劳务的支付或在偿还债务时被普遍接受的东西。"①

在我国经济学界，有关货币本质的争论也是由来已久。早在20世纪50年代，我国学术界就货币的本质、人民币是否是黄金的符号等问题展开过热烈的讨论。改革开放后，这一基本问题又被重新提起，并进行了较为深入的探讨。综观我国学术界的讨论，无论"货币的本质是一般等价物"的观点，还是"货币的本质是一种特殊或一般商品"的观点，都离不开货币本身具有价值这一基本的论断，实际上两者并无多大的区别。作为货币本质观的直接应用，在人民币的价值基础问题上曾出现过"金观点"与"非金观点"的对立。"金观点"认为，人民币是黄金的价值符号，人民币的价值基础是黄金；"非金观点"则认为，人民币不是黄金的价值符号，与黄金没有任何联系，人民币直接代表一定的价值量。无论哪一种观点，都承认货币是与价值相联系的，货币或通过黄金或不通过黄金代表着一定的价值。

（三）货币流通及规律

凡是商品生产者要使自己的生产能继续进行下去，必须把自己的劳动产品作为商品卖出去，通过与货币交换，买回自己所需的商品，以实现使用价值的交换。

货币流通是指货币在商品流通过程中不断地离开起点，从一个商品所有者手里转到另一个商品所有者手里的运动。它是商品流通所引起的货币的独立运动形式。货币流通与商品流通的关系是形式与内容的关系，即商品流通是货币流通的基础，货币流通是商品流通的表现形式。

货币流通规律就是在一定期间内，流通领域所需要的货币量得以决定的规律。其公式是：

一定时期内流通中所需要的货币量 = 商品价格总额 ÷ 货币流通次数（货币流通速度）

因此，第一，金属货币充当流通手段的流通规律可以表述为：一方面，流通中所需要的货币量同商品价格总额成正比，即商品的价格总额越大，需要的货币量就越多，反之就少。另一方面，流通中所需要的货币量同货币流通速度成反比，即货币流通速度越快，流通中需要的货币量越少；反之，流通中需要的货币量越多。

---

① 弗雷德里克·S. 米什金：《货币金融学》，郑艳文、荆国勇译，中国人民大学出版社2011年版，第52~53页。

第二，纸币是由国家发行、强制使用的价值符号。纸币的流通规律以金属货币的流通规律为基础，只能从纸币作为金的代表这种关系中产生。马克思说："这一规律简单说来就是：纸币的发行限于它象征地代表的金（或银）的实际流通的数量。"流通中的纸币量必须和它所代表的流通中必要的金属货币量相一致，才能具有金属货币同等的购买力。如果纸币发行量过多，超过了它所代表的流通中所需要的金属货币量，那就必然使纸币贬值，从而物价上涨，出现通货膨胀。

二、信用与信用工具

（一）信用的产生与发展

在我们的日常生活中，"信用"一词有信任、相信、恪守诺言的意思。作为经济学意义上的信用，是指以一定的经济标的物为内容、以借贷为特征的经济行为。信用是一种借贷行为，是以偿还和支付利息为条件的价值运动的特殊形式，体现着一定的经济关系。所谓借贷行为，是指商品或货币所有者把一定数量的商品或货币暂时赊销或贷放给需求者使用，借贷双方约定期限，由借用者到期偿还原价值并付给一定数额的利息。在借贷过程中，借贷双方所构成的债权债务关系体现着一定的社会生产关系。

信用是与商品货币经济相联系的一个范畴。商品交换和私有制的出现是信用产生的基础。商品货币关系的发展，特别是货币支付职能的发展，是信用赖以存在和发展的前提。最早的信用是实物信用。随着生产力的进一步发展，出现了以货币为媒介的商品流通，于是产生了货币借贷，产生了利息。信用的产生与发展必须以货币支付职能的发展为前提。信用关系产生以后，随着商品经济的发展而发展，随着社会生产方式或经营方式的改变而改变，从最初的高利贷信用（以取得高额利息为特征的借贷活动）、资本主义信用（表现为借贷资本的运动形式）到社会主义信用，无论是内容还是形式方面，都有很大的变化。目前，银行信用、商业信用、国家信用、国际信用、消费信用、民间信用等多种信用关系、多种信用工具融资的格局在我国已经初步形成。

（二）信用的特征

第一，信用是有条件的借贷行为。在商品货币经济条件下，人们根据等价交换原则，考虑自身利益，出现了以偿还和支付利息为条件的借贷行为。只有这种借贷行为才是信用。

第二，信用是价值运动的特殊形式。由信用方式所引起的价值运动采取特殊形式：商品或货币所有权没有发生转移，只是使用权发生变化，借者到期还本付息，贷者的商品或货币获得增值。

第三，信用反映了不同的社会生产关系。信用总是由债权人和债务人双方构成。信用表面上是一种价值运动，而实质上反映了债权人和债务人之间的经济关系。这种经济关系在不同的经济形态下反映着不同的经济内容。

（三）信用的经济功能

信用是商品经济发展到一定阶段的产物，而信用的产生和发展又推动了商品经济的迅速发展。信用的经济功能主要表现在五个方面：

第一，调节配置资源。通过信用，可以使资金从盈余单位流向赤字单位，解决资金分布不平衡的问题，提高整个社会资源配置的效率，使经济部门协调发展。

第二，扩大生产规模。通过信用，可以把社会上一切闲置资金集中起来转化为资本，从而大规模地迅速扩大资本量。

第三，节约流通时间。在信用基础上产生的非现金结算可以减少现金的流通量和流通费用。信用结算手段的不断更新换代加速了商品流转，缩短了流通时间，减少了流通占用和流通消耗。

第四，提高消费总效用。信用可以把节余型家庭的一部分货币收入通过储蓄的形式聚集起来，再通过消费信贷的形式分配给赤字家庭，赤字家庭一段时间后再把消费权归还给节余型家庭。

第五，促进一定生产方式的形成与发展。生产总是在一定的生产方式下进行的，生产力的性质决定了信用的性质。

（四）信用工具

信用工具又称金融工具，是以书面形式发行和流通，借以保证债务人义务和债权人权利的书面凭证。信用工具种类繁多，按照不同的标准有不同的分类。信用工具一般采取以下两种分类方法：第一，按照融资方式，可以分为直接信用工具和间接信用工具。直接信用工具是指非金融机构为筹集资金直接在市场上发行或签署的各种信用凭证，如商业票据、股票、公司债券、公债、国库券、抵押契约、借款合同等。这些信用工具是用来在金融市场上直接进行借贷或交易的。间接信用工具是指银行和其他金融机构所发行或签署的各种信用凭证，比如钞票、存款单、银行票据、银行发出的大额可转让存单、保险公司发出的保险单、通过信托投资公司发出的各种基金等。这些信用工具是由融资单位通过银行和其他金融机构融资而产生的。第二，按照融资时间，可以划分为短期信用工具和长期信用工具。短期信用工具又称货币市场上的信用工具，比如本票、汇票、支票、大额定期存单、银行承兑汇票、短期政府公债等。长期信用工具又称资本市场的信用工具，如中长期政府公债、股票等。

三、金融与金融体系

在现代社会中，“金融”一词频繁地出现在我们的生活中。金融常常被人形象地比喻为经济的血脉，是指货币流通、信用活动以及与之相联系的经济活动的总称。广义的金融泛指包括金融机构、金融工具和金融市场等一切与货币信用相关的经济活动。狭义的金融专指信用货币的融通。从事金融活动的机构主要有商业银行、证券公司和保险公司，以这些金融机构为基础形成的银行业、证券业、保险业并称为金融业的“三驾马车”。现代金融由金融对象、金融方式、金融机构、金融市场、金融制度和金融调控机制等要素构成，各要素以信用工具为载体，并通过信用工具的交易在金融市场中发挥作用。同时，金融又是国家宏观经济调控的主渠道，金融制度和调控机制是国家经济制度的重要组成部分。

（一）金融资产与金融工具（交易对象）

金融资产（Financial Assets）是一种未来收益的索取权，通常以凭证、收据或其他法律文件表示，由货币的贷放而产生。发行或出售金融资产可使发行人或转让者获得资金，购买并持有金融资产可能给购买者和持有人带来未来收益。金融资产是实现资金融通的工具，所以金融资产又是金融工具。

（二）金融机构（交易中介）

金融机构（Financial Institution）又称金融中介机构，其基本功能就是在间接融资过程中作为连接资金需求者与资金盈余者的桥梁，促使资金从盈余者流向需求者，实现金融资源的重新配置。

金融机构作为交易中介，一方面通过发行自己的金融资产（存单、债券和股票）来筹集资金，另一方面又通过提供贷款或购买债券、股票向资金需求者提供资金。

（三）金融市场（交易场所）

金融市场（Financial Market）有广义和狭义之分。狭义的金融市场是指金融资产交易的场所。早期的金融市场为有形市场。随着现代电子通信技术和网络技术的迅速发展，现代金融市场正在向无形市场方向发展。广义的金融市场泛指金融资产的供求关系、交易活动和组织管理等活动的总和。金融市场的发育程度直接影响着金融体系功能的发挥，因此，其发育程度也是一国金融体系发育程度的重要标志。

（四）金融制度（交易规则）

金融制度（Financial System）是指有关金融活动、组织安排、监督管理及其创新的一系列在社会上通行或被社会采纳的习惯、道德、戒律和法规等构成的规则集合，是与金融市场、金融组织和金融活动相关的各种规则的总和。金融制度是金融运行的行为规范和制度保障。

第二节　资本结构与财务杠杆理论

一、资本结构理论

资本结构问题一直是金融领域一个古老而永恒的主题，人们对资本结构有着不同的认识。资本结构的概念有狭义和广义之分。狭义的资本结构一般来说是指公司长期资本中债务资本与权益资本的构成及其比例关系，通常是指公司总债务资本与所有者权益资本的比例关系或公司总债务资本与总资产的比例关系。广义的资本结构是指所有资本的构成及其比例关系，不仅包括负债与资产的构成比例关系，也包括债务结构和股权结构。良好的资本结构是公司生存与发展的基石，也是公司能适应激烈的市场竞争并实现最大价值的关键所在。房地产业属于资金密集、业务周期长、受宏观经济和政策调控影响较大的行业，资本结构的优化程度直接影响着房地产业的生命力。

（一）古典资本结构理论

1952 年，美国经济学家大卫·杜兰特（David Durand）在美国国家经济研究局（National Bureau of Economic Research，NBER）召开的企业理财研究学术会议上提交了一篇名为《企业债务和股东权益成本：趋势和计量问题》的学术论文，他将资本结构理论划分为三种类型：净收益理论（Net Income Theory，NI）、净营业收益理论（Net Operating Income Theory，NOI）和介于两者之间的折中理论（Eclectic Theory）。①

净收益理论认为，利用债务可以降低企业的综合资金成本，从而提高企业的市场价值，所以企业应该尽可能利用负债融资优化其资本结构。这是早期资本结构理论中的一个极端理论，它有两个基本假设：①假设企业债务增加时，其自有资金成本和负债成本均保持不变；②假设财务杠杆的提高不会增加企业的风险。净收益理论说明了企业负债经营的必要性，它考虑了财务杠杆的正面作用，但忽视了债务带来的财务风险和负债的其他不利影响。

---

① D. Durand. *Cost of Debt and Equity Found for Business*: *Trends and Problems of Measuerment.* In National Bureau of Economic Researeh, Conference on Reaseach on Business Finnance, NewYork 1952, pp. 215 ~247.

净营业收益理论认为，资本结构与企业价值无关，决定企业价值高低的关键要素是企业的净营业收益。如果企业增加成本较低的债务资金，即使债务成本本身不变，但由于加大了企业的风险，导致权益资金成本上升。这一升一降相互抵消，企业的加权平均资金成本仍保持不变。这是另一种极端的资本结构理论观点，这种观点虽然认识到了债权资金比例的变动会产生财务风险，也可能影响公司的股权资金成本率，但实际上公司的加权平均资金成本不可能是一个常数。公司净营业收益的确会影响公司价值，但公司价值不仅取决于公司净营业收益的多少。

折中理论是介于净收益理论和净营业收益理论之间的一种理论。其主要观点是，公司价值随着财务杠杆的提高呈现出先升后降的趋势，因此存在一个最优的资本结构，使公司价值达到最大，最优的负债比率即为使负债融资的边际成本等于股权融资的边际成本的负债比率。

（二）现代资本结构理论

现代资本结构理论的产生是以 MM 理论的提出为标志的。1958 年 6 月，诺贝尔经济学奖获得者、美国经济学家莫迪格里安尼（Franco Modigliani）和米勒（Merfon H. Miller）在《美国经济评论》第 48 卷上发表题为《资金成本、公司财务和投资理论》①的论文，他们从企业投资决策的角度引入了融资的因素，在完美资本市场假设前提下提出了著名的资本结构与企业价值无关论，奠定了现代资本结构理论的基石。正如瑞典皇家科学院（The Royal Swedish Academy of Science）拉格纳·本策尔（Ragnar Benzell）教授（1985）在诺贝尔经济学奖颁奖大会上所说："仅在莫迪格里安尼和米勒提出他们的定义以后，在这个领域才出现了比较严格的理论成果。莫迪格里安尼和米勒把财务政策放在财务——市场均衡理论中考虑，为在此领域中继续进行研究工作提供了一般性指南。"

1. MM 理论。在无税收、资本可以自由流通、充分竞争、预期报酬率相同、证券价格相同、完全信息、利率一致、高度完善和均衡的资本市场等一系列假定之下，MM 理论提出了两个重要命题：

命题Ⅰ：无论企业有无债权资本，其价值（普通股资本与长期债权资本的市场价值之和）等于公司所有资产的预期收益额按适合该公司风险等级的必要报酬率予以折现。其中，企业资产的预期收益额相当于企业扣除利息、税收之前的预期盈利，即息税前利润，企业风险等级相适应的必要报酬率相当于企

---

① Franco Modigliani，Merton H. Miller：*The Cost of Capital，Corporation Finance and the Theory of Investment*. American Economic Review 48，1958：261～275.

业的加权资金成本率。

命题Ⅱ:利用财务杠杆的公司,其股权资金成本率随着筹资额的增加而提高。因为便宜的债务给公司带来的财务杠杆利益会因股权资金成本率的上升而抵消,所以,公司的价值与其资本结构无关。在没有企业和个人所得税的情况下,任何企业的价值,不论其有无负债,都等于经营利润除以适用于其风险等级的收益率。风险相同的企业,其价值不受有无负债及负债程度的影响。

2. 修正的MM定理。不考虑公司税的MM定理的逻辑推理过程非常严谨,但其结论在实践中遇到了严峻的挑战。为了解决这一问题,1963年6月,莫迪格里安尼与米勒又在《美国经济评论》上发表了题为《公司所得税和资本成本一个修正》的论文,对原有定理进行了修正。他们在原来的分析框架下引入了企业所得税的影响因素,得出了与前述MM定理相反的结论:由于企业所得税的存在,权益资本成本上升的速度要慢于通过负债而获得资本成本优势,即通过负债能够使企业的综合资本成本降低,因此,企业的负债率越高,企业的价值越大。[1]

3. MM理论的发展——权衡理论。20世纪60年代末,资本结构理论沿着MM定理的假设条件向两个方向发展,形成了两大派别:一个学派研究各类税收差异对企业负债水平的影响,形成了“税差学派”;另一学派研究破产成本、财务危机成本以及后来提出的代理成本对资本结构的影响,形成了“破产成本主义”。20世纪70年代中期,罗比切克(Robichek,1967)和梅耶斯(Myers,1984)、斯科特(Scott,1976)等人在这两大学派的基础上提出了权衡理论(Trade - off Theory)。该理论认为,企业最优资本结构的确定是负债融资的税收利益与破产成本两者之间的权衡,企业存在最优资本结构。以迪安吉罗(De Angelo)和马苏里斯(Masulis)(1980)等为代表的后权衡学派又将负债成本从破产成本进一步扩展到代理成本、财务困境成本和非负债税收利益损失等方面。权衡理论在MM理论的基础上将资本结构的研究向前推进了一步,为现代企业资本结构研究提供了一种新思路。

(三)新资本结构理论

新资本结构理论不是简单地沿袭旧资本结构理论的套路,而是试图通过信息不对称理论中的“信号”“动机”“激励”等概念,从企业“内部因素”来展开对资本结构问题的分析,将资本结构的权衡难题转化为制度设计问题,从而给资本结构理论问题开辟了一个新的研究方向。

---

① Franco Modiglian, Merton H. Miller: *Corporate Z Come Takes and the Cost of Capital: A Correction.* The American Econerric Review, Vol. 53, No. 3(Jan, 1963), pp. 433 ~ 443.

1. 代理成本理论。1976 年,詹森(Jensen)和梅克林(Meckling)在一篇题为《公司理论:管理行为、代理成本与私有权结构》的论文中率先提出了用代理成本观点来研究资本结构问题。[①] 詹森和梅克林将企业的代理成本定义为:为设计、监督和约束利益冲突的代理人之间的一组契约所必须付出的成本,加上执行契约时成本超过利益所造成的剩余损失。后来,法玛(Fama)和詹森(Jensen)在《所有权与控制权的分离》一文中又将代理成本的定义加上"代理成本也包括由于完全强制执行契约的成本超过利益所造成的产出价值的损失"[②]。

代理理论认为,由于管理层与股东及债权人之间信息不对称问题的存在,管理层掌握着信息优势,容易产生道德风险,从私人利益出发,从而投资净现值小于零的项目。对管理层来说,公司规模的扩大一方面意味着管理层可控制资源的增加和个人能力的展示,另一方面,投资风险可以转嫁给最终承担者——股东和债权人,这意味着管理层只需承担部分成本就可享受额外的投资收益。因此,管理层更倾向于将公司的自由现金流进行投资,导致过度投资行为。

2. 财务契约论。财务契约理论是代理成本理论的延续。按照财务契约理论的观点,企业实际上是一系列契约的组合,股东和债权人之间有强烈的利益冲突。史密斯(Smith)和华纳(Warner)在《论财务契约:债券契约分析》一文中认为,债权人与股东之间的冲突来源主要有四种:股利支付、资产置换、权益稀释和次级投资。资本市场的参与者当然知道这些冲突,理性的投资者知道,一旦债券发行后,股东就会想方设法增加自己的利益。投资者完全洞察股东的动机,他们必然只愿支付较低的价格,以反映他们对股东行为的重新估量。[③]

3. 啄食顺序理论。史都华·麦尔斯(Stewart C. Myers)在 1984 年最早提出了啄食顺序理论。该理论认为,企业在资本结构选择时会按照风险因素进行啄食顺序选择。由于信息不对称理论的客观存在,企业并不是完全的啄食顺序。企业偏好于首先通过内部融资来解决资金缺口问题,而尽量避免采用发行股票或风险债券的形式来取得资金。但在内部融资无法满足需要时,企业也需要通过外部融资的形式来解决资金不足的问题,但企业会确定一个目

---

① Michael C. Jensen, William H. Meckling. *Theory of the Firm: Managerial Behavior, Agency Costs and Ownership Structure.* Journal of Finanical Economics, October 1976, U. 3, No. 4. pp. 305 ~ 306.

② Eugene F. Fama, Michael C. Jensen: *Separation of Ownership and Control.* Journal of Law and Economics, June, 1983, Vol. 26, No. 2. pp. 301 – 325.

③ C. W. Smith Jr., J. B. Warner: *An Financial Contracting: An Analysis of Bond Covenants.* Journal of Finanicial Economics, Jan. 1979, Vol. 7, No. 2. pp. 117 ~ 161.

标股利来确保外部融资的安全。同时,外部融资也会进行啄食顺序选择,一般会首先通过债务融资解决,其次才是股权融资。

二、财务杠杆理论

(一)财务杠杆概念及计量方法

美国学者伯格汉姆(E. F. Brighman)和加潘斯基(L. C. Gapenski)在《美国中级财务管理》(*Intermediate Financial Management*)一书中指出,财务杠杆是指债务资金在全部资金中的比重。财务杠杆的产生是由于在企业全部资金中应该有一部分是债务性资金。财务杠杆不具有刚性,可以选择。[①] 美国学者范霍恩(James C. VanHome)与瓦霍维奇(John M. Wachowicz Jr)在《现代企业财务管理》(*Fundamentals of Financial Management*)一书中将财务杠杆表述为"企业对固定融资成本的使用",认为企业财务杠杆是由于固定融资成本——尤其是债务利息的存在产生的。[②]

本书将财务杠杆定义为投资项目融资时利用债务的程度。一方面,在企业发展过程中,合理地使用财务杠杆可以加快企业的发展速度,迅速壮大企业的规模,实现企业做大做强的发展目标。但财务杠杆是一把双刃剑,过高的财务杠杆往往是一个发展状态良好的企业在市场环境骤变时难以逾越的鸿沟,稍有不慎,就有可能导致企业的倒闭破产。因此,财务杠杆这种杠杆效应使企业在确定合理的财务杠杆比例时往往面临着两难的选择。使用适当,是企业发展壮大的加速器;使用不当,则是导致企业迅速倒闭破产的重要推手。

财务杠杆计量的主要指标是财务杠杆系数,它是指普通股每股收益的变动率相当于息税前利润变动率的倍数[③],其计算公式为:

$$DFL = \frac{\Delta EPS/EPS}{\Delta EBIT/EBIT} = \frac{EBIT}{EBIT - I}$$

式中:DFL 为财务杠杆系数;

ΔEPS 为普通股每股收益变动额;

EPS 为变动前的普通股每股收益;

$\Delta EBIT$ 为息税前利润变动额;

---

① 尤金·柏格汉姆、路易斯·加潘斯基:《美国中级财务管理》,天津商学院 MBA 班编译,中国展望出版社 1990 年版。

② 詹姆斯·C. 范霍恩、小约翰.M. 瓦霍维奇:《现代企业财务管理》,郭浩译,经济科学出版社 2002 年版。

③ 财政部会计资格评价中心编:《财务管理》,中国财政经济出版社 2007 年版,第 223 ~ 224,239 ~ 243,383 ~ 385 页。

$EBIT$ 为变动前的息税前利润；

I 为利息。

上述公式还可以推导为：

$$DFL = \frac{EBIT}{EBIT - I - \dfrac{D}{1-r}}$$

式中：I 为债务利息；

D 为优先股股息；

r 为企业所得税税率。

通常情况下，上市公司普遍不发行优先股，即 $D=0$，则该公式简化为：

$$DFL = \frac{EBIT}{EBIT - I}$$

通过对以上财务杠杆系数计算公式的分析可知：

1. 财务杠杆系数的大小取决于利息费用和息税前利润两个因素。在利息费用保持不变的情况下，息税前利润越高，财务杠杆系数越低，企业面临的财务风险就越低。可见，息税前利润与财务杠杆系数成反比关系。当息税前利润固定不变时，利息费用越高，财务杠杆系数越高，企业面临的财务风险也就越高，也就是说，利息费用与财务杠杆系数成正比关系。

2. 当 $EBIT<0$ 时，$0<DFL<1$，此时企业处于亏损状态，但财务杠杆作用依然存在，息税前利润的增加仍然会带动每股盈余的增加。但是，企业由于亏损导致债务的本息无力偿还，此时的首要任务应是采取相应措施控制或降低财务风险。

3. 当 $0<EBIT<I$ 时，$DFL<0$；当 $I<EBIT<2I$ 时，$DFL>2$。我们把 $DFL<0$ 和 $DFL>2$ 称为高风险经营区或高敏感经营区，此时企业处于亏损或微利状态，到期无力偿还债务本息的可能性较大，财务风险较高。当 $EBIT \to I$ 时，$DFL \to \infty$，即企业的税前利润越趋近于零，财务杠杆系数越大，企业所面临的财务风险越高。

4. 当 $EBIT \geqslant 2I$ 时，$1<DFL \leqslant 2$。其中，当 $EBIT=2I$ 时，$DFL=2$，此时财务杠杆的效应较明显。但是，随着 $EBIT$ 逐渐增大，DFL 逐渐变小，当 $EBIT \to \infty$ 时，$DFL \to 1$。也就是说，息税前利润越大，财务杠杆的效用越不明显，企业到期无力偿还本息的可能性越小，所面临的财务风险也就越低。因此，我们把 $EBIT \geqslant 2I$ 时，$1<DFL \leqslant 2$ 这一范围称为安全的财务杠杆效应区间。

5. 根据以上分析可知，在企业正常赢利的情况下，DFL 通常大于 1，也就是说，息税前利润的增长能够引起每股盈余成倍地增长，而当息税前利润呈负增长时，通常会引发每股盈余加倍降低。

(二)财务杠杆与资本结构的关系

根据财务杠杆的作用原理及财务杠杆的计算依据,当企业存在负债融资时,财务杠杆就会存在且发挥一定的效用。企业经营资金的来源不同,造成了企业资金结构的差异化,随着企业不断地变化资金来源组合,也不断地间接调整了企业财务杠杆的水平。

影响企业负债比例选择的因素众多,除市场金融环境、企业竞争因素、企业规模等外部直观因素外,还包括企业现金流状况、融资成本、经理人经营的"代理成本"、企业"破产机制"、企业控制权配置等内部因素。由于负债融资与财务杠杆的客观关联性,财务杠杆水平同样也受到上述因素的直接影响。例如,负债融资可以相对增加经理人的持股份额,出于对债务偿还的考虑,职业经理人会更加努力地工作,从而达到降低代理成本的效果,同时,财务杠杆比例的增加也会抑制经理人的过度投资行为,降低企业风险。除此之外,破产机制的存在使企业的控制权从股东转移到债权人成为可能,所以,不同负债水平的选择就意味着不同治理结构的选择以及不同财务杠杆水平的选择。

财务杠杆水平是企业负债水平的直接反映,且财务杠杆效应产生的直接原因是企业资本结构中负债比例的选择对权益资本利润率的影响,而这里讨论的资本结构主要为负债与权益资本组成,因此,负债比例选择就成了资本结构的核心问题。

(三)我国房地产业财务杠杆利用情况

同其他行业相比,房地产业属于资金密集型行业,其项目的开发和建设往往需要巨大且较长期的资金,这就使房地产企业必须平衡现金流的变动,其流入与流出都需要严格的关注,以抵抗流动性的风险。

表 2-1 显示的是 2006—2015 年我国各行业资产负债率情况,从中可以看出房地产公司的资产负债率一直居高不下,整体资产负债率绝对值始终高于 60%,财务杠杆水平非常高。

表 2-1　2006—2015 年各行业资产负债率情况　　单位:%

年份 行业名称	2006 年	2007 年	2008 年	2009 年	2010 年	2011 年	2012 年	2013 年	2014 年	2015 年
煤炭开采和洗选业	61.97	62.87	61.04	61.15	59.80	60.19	58.85	64.40	67.06	70.41
石油和天然气开采业	36.80	38.69	39.06	45.21	43.08	47.77	44.88	44.59	44.47	45.20

续表

年份 行业名称	2006年	2007年	2008年	2009年	2010年	2011年	2012年	2013年	2014年	2015年
黑色金属矿采选业	41.63	41.01	40.69	45.65	49.36	53.85	52.40	56.50	58.31	58.83
有色金属矿采选业	50.34	49.81	47.53	48.96	49.09	51.25	49.60	54.28	57.78	58.81
非金属矿采选业	59.68	56.33	52.51	52.68	44.55	46.58	40.33	53.34	47.00	45.63
农副食品加工业	64.08	64.17	65.54	61.74	65.93	71.04	44.86	71.53	69.07	68.60
食品制造业	60.89	54.93	63.20	62.17	64.44	62.33	42.71	55.67	56.42	53.08
饮料制造业	45.41	45.92	42.61	40.71	42.48	42.96	46.45	38.77	35.18	34.34
烟草制品业	30.77	24.66	23.35	23.73	23.88	24.00	88.17	25.01	21.28	25.26
纺织业	66.79	67.11	67.87	62.24	63.21	62.08	57.55	62.94	60.92	59.11
纺织服装、鞋、帽制造业	63.79	65.93	64.65	67.56	63.82	64.81	53.05	57.62	51.25	46.24
皮革、皮毛、羽毛（绒）及其制造业	69.62	67.08	43.22	68.55	46.08	37.24	51.02	40.81	46.66	40.96
木材加工及木、藤、棕、草制品业	66.56	66.08	64.04	63.45	65.06	62.15	41.83	70.50	70.27	99.67
家具制造业	57.03	68.54	58.00	64.19	64.22	57.73	52.31	57.01	60.50	106.12
造纸及纸制品业	65.49	62.57	59.82	68.50	60.60	63.19	56.27	62.91	66.88	106.31
印刷业和记录媒介复制业	48.62	47.41	41.57	39.61	39.22	38.85	54.89	34.99	34.20	97.74
文教、工美、体育和娱乐用品制造业	47.94	48.01	50.58	51.53	49.64	49.82	56.02	59.21	59.06	99.75
石油加工、炼焦及核燃料加工业	51.71	51.63	58.88	61.03	57.15	59.58	73.16	61.80	62.46	101.07

续表

年份 行业名称	2006 年	2007 年	2008 年	2009 年	2010 年	2011 年	2012 年	2013 年	2014 年	2015 年
化学原料及化学制品制造业	54.10	53.23	55.47	58.23	58.49	60.25	52.51	64.12	67.56	105.36
医药制造业	51.81	49.17	46.89	47.64	45.70	45.63	44.58	46.49	46.13	99.23
化学纤维制造业	52.60	49.65	56.34	57.62	57.32	61.74	66.88	62.63	58.47	93.36
橡胶和塑料制品业	67.75	68.93	69.32	66.65	65.77	64.79	51.88	61.99	59.65	96.23
非金属矿物制品业	58.34	61.81	61.52	60.91	60.23	59.98	51.03	62.18	63.22	101.67
黑色金属冶炼及压延加工业	58.58	59.81	62.22	62.62	65.50	67.27	62.86	68.85	68.71	99.80
有色金属冶炼及压延加工业	64.36	58.35	58.34	61.19	62.65	64.21	63.45	67.19	68.21	101.52
金属制品业	63.62	61.21	58.77	60.27	59.90	60.67	53.63	60.25	61.03	59.71
通用设备制造业	69.33	66.44	69.74	68.27	66.00	66.01	51.55	58.21	64.84	66.11
专用设备制造业	68.15	66.17	67.54	67.50	63.11	62.53	50.96	67.95	65.59	67.43
交通运输设备制造业	61.58	63.42	63.02	64.61	65.31	63.77	62.27			
电气机械及器材制造业	68.35	69.49	63.57	68.62	68.04	68.46	54.24	69.83	70.29	70.89
计算机、通信及其他电子设备制造业	57.85	57.38	59.26	54.82	54.82	55.40	48.46	57.96	58.88	60.16
仪器仪表制造业	60.33	57.94	48.64	51.46	51.70	49.30	51.21	53.57	55.43	103.47
其他制造业	66.64	69.07	71.59	66.75	62.64	68.30	49.76	69.24	68.30	98.64
废弃资源综合利用业	83.67	57.70	64.10	62.32	70.35	71.65	61.21	69.54	68.51	98.52

续表

年份 行业名称	2006年	2007年	2008年	2009年	2010年	2011年	2012年	2013年	2014年	2015年
电力、热力生产和供应业	56.28	57.26	63.61	64.34	65.72	66.39	64.57	66.14	64.80	97.97
燃气生产和供应业	52.15	57.79	55.96	70.48	56.29	57.60	54.30	58.90	55.88	94.87
水的生产和供应业	46.93	48.52	50.85	51.99	52.61	52.79	60.84	55.70	57.49	55.67
房地产开发经营行业	74.10	74.40	72.30	73.50	74.50	75.40	75.20	76.00	77.00	77.70

数据来源:《中国统计年鉴》(2007—2016)。

国务院发展研究中心企业研究所、清华大学房地产研究所和中国指数研究院三家研究机构共同组成的“中国房地产TOP10研究组”发布的《2016年中国房地产上市公司TOP10研究报告》[①]显示,截至2015年年末,沪深、内地在港上市房地产公司的资产负债率均值分别为66.33%和72.91%,分别同比上升1.07和2.81个百分点。用剔除预收账款后的有效负债率进一步考察房地产上市公司的负债状况:沪深上市房地产公司有效负债率均值为53.66%,同比上升0.33个百分点;大陆在港上市房地产公司的有效负债率均值为59.06%,较上一年下降0.69个百分点,实际负债情况得到改善。

从货币资金与短期及一年到期借款的比率这一指标值来看,2015年,沪深与中国内地在港上市房地产公司该指标均值分别为1.43和1.66,较2014年分别上升0.39和0.34;速动比率分别为0.69、0.70,较2014年分别上升0.24和0.09。由此可见,房地产上市公司的短期偿债能力也有所提升。

第三节 资金的时间价值

一、基本概念

(一)资金时间价值的内涵

资金时间价值(Time Value of Money)是经济学中的一个重要概念,也是经

① 研究对象主要包括137家沪深上市房地产公司和52家大陆在港上市房地产公司。

济动态分析法的一个重要理论依据，它是指同样数额的资金在不同时间点上具有不同的价值。

马克思的劳动价值论认为，一切价值都是劳动创造的，忍欲、等待、对货币资金的主观评价以及货币资金本身都不会增加价值。资金之所以具有时间价值，源于其在再生产过程中的运动和转化，是资金所有者让渡资金使用权而参与社会财富分配的一种形式：①从社会再生产的过程来讲，对投资者或生产者，其当前拥有的资金能够立即用于投资并在将来获取利润，而将来才可取得的资金则无法用于当前的投资，因此也就无法得到相应的收益。正是由于资金作为生产的基本要素进入生产和流通领域所产生的利润，使资金具有了时间价值。②从流通的角度来讲，对消费者或出资者，其拥有的资金一旦用于投资，就不能再用于现期消费。消费的推迟是一种福利损失，资金的时间价值体现了对牺牲现期消费的损失所应做出的必要补偿。

资金的时间价值是商品经济中的普通现象，在商品经济条件下，即使不存在通货膨胀，等量资金在不同时点上的价值量也不相等。今天的 100 元钱和将来的 100 元钱不等值，前者要比后者的经济价值大。比如，若银行的存款利率为 5%，将今天的 100 元钱存入银行，一年后便成为 105 元，可见，经过一年的时间，这 100 元钱发生了 5 元的增值，今天的 100 元钱和一年后的 105 元等值。但如果将货币资金储藏起来不用，不论多长时间，金额都不会发生变化，而如果将这 100 元钱投入再生产，也会带来一定程度的利润增值。货币资金这种经历一定时间的投资和再投资而增加的价值就是资金时间价值的循环模式（如图 2－1 所示）。

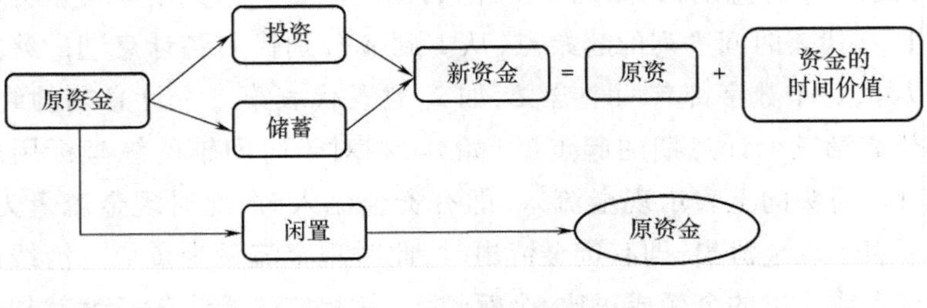

图 2－1　资金的时间价值

在判断某经济活动的经济效果时，如果该项目持续时间较长，就必须考虑资金的时间价值。特别是在房地产业和建筑业中，工程项目应用的资金数额大、时间长，如果不考虑资金的时间价值，就不能得到正确的结果。并且由上文可知，资金时间价值的表现形式是利息形式和利润形式。

（二）现金流量图

1. 现金流量。现金流量（Cash Flow）是指拟建的房地产项目在整个项目计算期内各个时点上实际所发生的现金流入、现金流出以及流入与流出的差额（又称为净现金流量）。现金流量一般以计息期（年、季、月等）为时间计量单位，用现金流量图或现金流量表表示。

2. 现金流量图（Cash Flow Chart）。从资金的时间价值概念可以知道，一定数额的资金必须注明其发生的时间，才能确切表达其准确的价值。在房地产投资分析中，为了简单明了地反映房地产投资项目的投资额、运营成本、收益等的大小以及所对应的时间，我们可以用一个数轴图形来表示各现金流入（Cash Inflow）和现金流出（Cash Outflow）与相应时间的对应关系。这一数轴图形就称为现金流量图（如图 2－2 所示）。

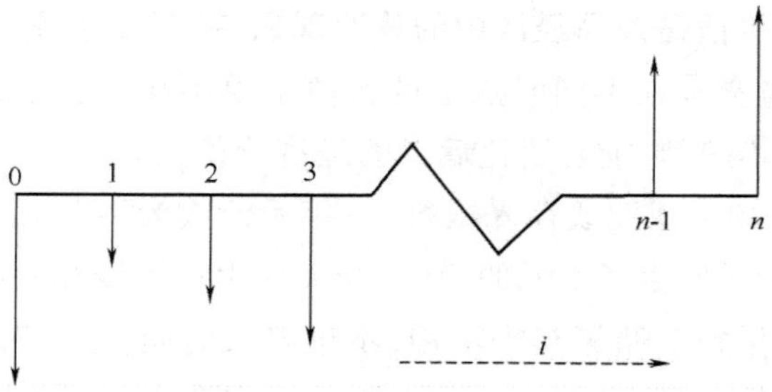

图 2－2　现金流量图

在图 2－2 中，横轴称为时间轴，表示一个从 0 开始到 n 的时间序列，每一个刻度表示一个计息期，比如说按年计息，则时间轴上的刻度单位就为年。在时间轴上，0 代表时间序列的起始点，从 1 到 n 分别代表各计息期的终点。除 0 和 n 以外，每个数字都有两个含义，如 2，它既代表第二个计息期的终点（结束），又代表第三个计息期的起点（开始）。相对于时间轴的纵坐标用来描述现金流量。箭头向上表示现金流入，即有资金流入时，此时现金流量为正值；箭头向下表示现金流出，即有资金流出时，此时现金流量为负值。箭线的长度与现金流入或流出的金额成正比，金额越大，其相应的箭线的长度就越长。由此可见，现金流量图是描述现金流量作为时间函数的图形，它表示资金在不同时间点流入与流出的情况。现金流量图包括三大要素：大小、方向和时间点。其中，大小表示资金数额，方向表示项目的现金流入或流出，时间点表示现金流入或流出所发生的时间。

（三）利率及计息周期

单位时间内增加的利息与原金额之比称为利率（Interest Rate）。

$$利率 = \frac{单位时间增加的利息}{原金额} \times 100\% \quad (2-1)$$

用以表示利率的时间单位称为计息周期(Interest Period)。计息周期可以是年、季度、月等,通常采用的时间单位为年。

(四)现值及终值

现值(Present Value)表示在现金流量图中0点的投资数额或投资项目的现金流量折算到0点时的价值。

终值(Final Value or Future Value)表示资金发生在某一特定时间序列终点上的价值,是指期初投入或产出的资金转换为计算期末的期终值,即期末本利和的价值。

(五)年金与等值

年金(Annuity)是指各年等额收入或支付的金额,通常以等额序列表示,即在某一特定时间序列期内,每隔相同时间其收支的金额相等。

等值(Equivalence)是指在特定利率条件下,在不同时点的两笔绝对值不相等的资金具有相同的价值。

二、相关计算公式

(一)计息方式

众所周知,如果从银行贷款,每年必须负担一定百分比的利息。如果是用自有资金去投资,就等于牺牲了运用这笔钱进行其他投资的机会,因而造成机会成本。通常将伴随着这种资金筹措所应负担的利息或某种运用机会的损失额称为资本化成本,其利率称为资本的利率。

利息是衡量资金时间价值的绝对尺度,是资金时间价值最直观的表现。计算资金时间价值的方法主要是计算利息的方法。利息通常根据利率来计算。利息有单利和复利两种,计息期可按一年或不同于一年的计息周期计算。

1. 单利计息。单利(Simple Interest)是指利息与时间呈线性关系,即只对本金计算利息,而对每期本金所产生的利息不再计算利息,从而使每期的利息固定不变。如果用 P 表示本金的数额,n 表示计息的周期数,i 表示单利的利率,I_n表示利息数额,则有:

$$I_n = P \times n \times i \quad (2-2)$$

其本利和公式为:

$$F = P(1 + i \times n) \quad (2-3)$$

式中:F 为第 n 期末的本利和。

2. 复利计息。复利(Compound Interest)计息是在单利计息的基础上发展起来的，它克服了单利计息的缺点，其基本思想是：将前一期的本金和利息之和（本利和）作为下一期的本金来计算下一期的利息，即借款人在每个计息期末并不支付利息，而将该期利息转为下一期的本金，下期再按本利和的总额计息，也就是俗称的“利滚利”。其特点是不但本金产生利息，而且利息的部分也产生利息。复利利息计算公式为：

$$I_n = F_{n-1} \times i \tag{2-4}$$

式中：F_{n-1} 为第 $n-1$ 期期末的本利和。

其本利和的计算公式为：

$$F = P(1+i)^n \tag{2-5}$$

【例 2-1】 现有一笔资金 1 000 元，如果进行银行的定期储蓄存款，期限为 5 年，年利率 6%，求本利和。

【解】 按单利法计算：

$$F = 1\,000 \times (1 + 5 \times 6\%) = 1\,300(\text{元})$$

按复利法计算：

$$F = 1\,000 \times (1 + 6\%)^5 = 1\,338.23(\text{元})$$

单利法虽然考虑了资金的时间价值，但仅是对本金而言，并没有考虑每期所得利息再进入社会再生产过程从而实现增值的可能性，这不符合资金运动的实际情况，在应用上有一定的局限性。

同一笔资金 1 000 元，i、n 相同，用复利法计息比单利法要多出 38.23 元，这个差额所反映的就是利息的资金时间价值。复利计息较单利计息更加符合资金在社会再生产过程中运动的实际状况，完全体现了资金的时间价值，因而本书中除特别说明外，利率均指复利。

（二）资金等值计算

由于利息是资金时间价值的主要表示形式，因此，对资金等值计算来讲，其方法与采用复利法计算利息的方法完全相同，即以年复利率计息，按年进行支付。下面简单介绍一些常用的计算公式。

根据支付方式和等值换算点的不同，资金等值计算公式可分为两类：一次支付类型和等额支付类型。

1. 一次支付类型。一次支付又称整付（Single Payment），是指所分析的系统的现金流量，无论是资金流入还是资金流出，均在某一个时点上一次发生。它又包括两个计算公式。一次支付终值复利公式和一次支付现金复利公式。

（1）一次支付终值复利公式。如果有一项资金 P，按年利率 i 进行投资，n 年后本利和应该是多少？解决此类问题的公式称为一次支付终值复利公式，其形式为：

$$F = P(1+i)^n \quad (2-6)$$

式(2－6)表示在利率为 i、计息期数为 n 的条件下，终值 F 和现值 P 之间的等值关系。一次支付终值公式的现金流量图如图 2－3 所示。

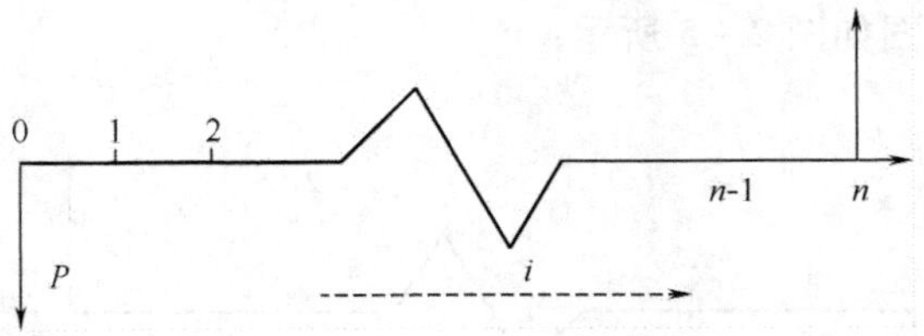

图 2－3　一次支付终值公式的现金流量图

式(2－6)中的 $(1+i)^n$ 又称为终值系数，记为 $(F/P,i,n)$。

这样，式(2－6)又可以写成：

$$F = P(F/P,i,n) \quad (2-7)$$

在实际应用中，为计算方便，我们按照不同利率(i)和计息期(n)分别计算出$(Hi)^n$的值，排列成一个表，称为终值系数表。计算时，根据 i 和 n 的值，查表得出终值系数，然后与 P 相乘，即可求出 F 值。

【例 2－2】　某房地产企业 2008 年年初向银行借款 800 万元用于扩大生产，后因发展需要，于 2010 年年初再次向银行借款 1 000 万元，两笔资金均要在 2013 年年底偿还，已知年利率为 12%，到期时企业应归还银行多少钱？

【解】　这是一个已知现值求终值的问题，运用一次支付终值公式将这两笔存款分别折算到 2013 年年末，再相加即得。其现金流量图如图 2－4 所示。

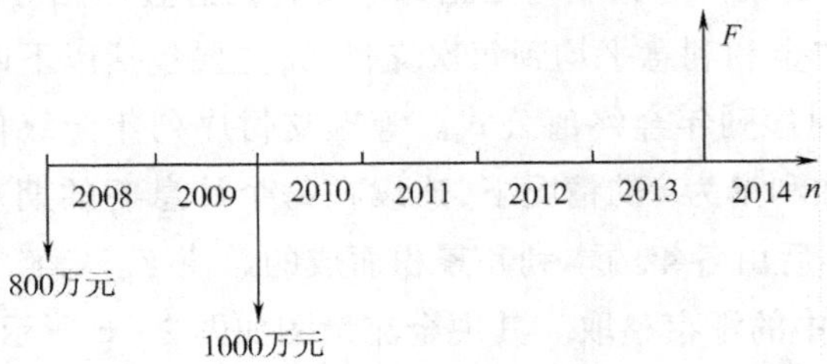

图 2－4　某房地产企业现金流量图

$$F_1 = 800 \times (1+12\%)^6 = 1\ 579.06(\text{万元})$$

$$F_2 = 1\ 000 \times (1+12\%)^4 = 1\ 573.52(\text{万元})$$

$$F = F_1 + F_2 = 1\ 579.06 + 1\ 573.52 = 3\ 152.58(\text{万元})$$

即到期时企业应归还银行 3 152.58 万元。

(2)一次支付现金复利公式。如果我们希望在 n 年后得到一笔资金 F,在年利率为 i 的情况下,现在应该投资多少？这时我们用到的公式称为一次支付现值公式,其形式为：

$$P = F(1+i)^{-n} \tag{2-8}$$

其现金流量图如图 2－5 所示：

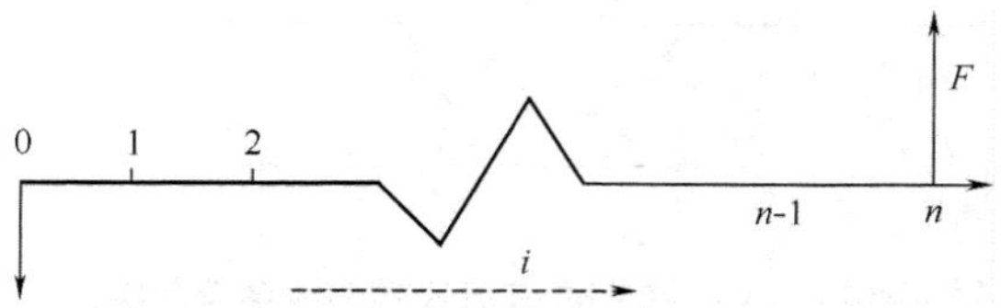

图 2－5　一次支付现金复利公式现金流量图

在式(2－8)中,$(1+i)^{-n}$ 称为现值系数,记为 $(P/F,i,n)$。它与终值系数 $(F/P,i,n)$ 互为倒数,可通过查表求得。因此式(2－8)又可写为：

$$P = F(P/F,i,n) \tag{2-9}$$

【例 2－3】　某房地产公司现准备进行一项商品房项目的开发,预计 5 年后可完工,可获得收益 1 600 万元,若年利率为 12%,请问这笔收益现在的价值是多少？

$$P = F(1+i)^{-n} = F(P/F,i,n)$$
$$= 1\,600 \times (1+12\%)^{-5}$$
$$= 1\,600 \times 0.567\,4 = 907.88(\text{万元})$$

即这笔收益现在的价值为 907.88 万元。

2. 等额支付类型。等额支付是指每次支付的总金额相等。总金额包含本息,它是把总的本金和利息平均到每次支付的,主要包括以下四个基本公式：

(1)等额支付序列年金终值公式。等额支付序列年金终值公式是指在一个时间序列中,在利率为 i 的情况下,连续在每个计息期的期末支付一笔等额的资金 A,求 n 年后由各年的本利和累积而成的总值 F。等额支付序列年金类似我们平时储蓄中的零存整取。其现金流量图如图 2－6 所示。

其计算公式为：

$$F = A[(1+i)^n - 1] \div i \tag{2-10}$$

式(2－10)中的“$[(1+i)^n - 1] \div i$”称为年金终值系数,记为 $(F/A,i,n)$。因此式(2－10)又可写为：

$$F = A(F/A,i,n) \tag{2-11}$$

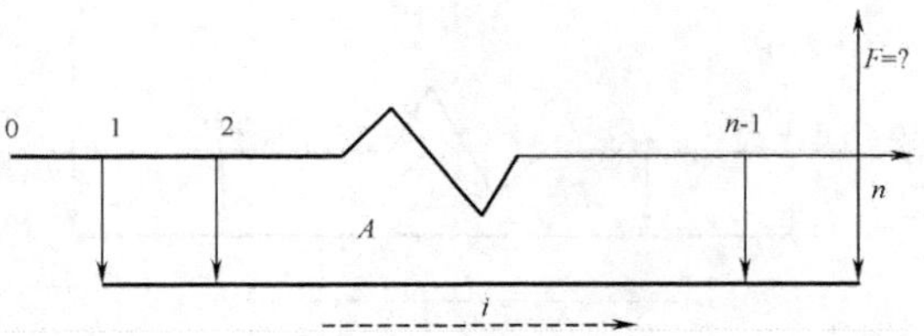

图 2-6　等额支付序列年金终值公式现金流量图

【例 2-4】 某人从第一年年末开始，每年存款 5 000 元，共存 5 年，利率为 6%，问 5 年后共可取出多少钱？

【解】 这是一个已知年金求终值的问题，其现金流量如图 2-7 所示。

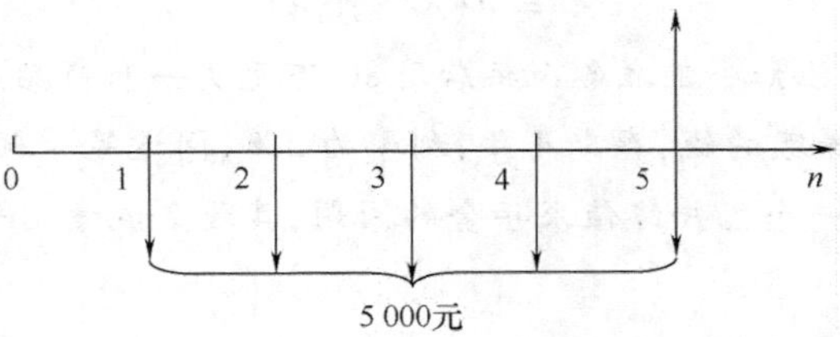

图 2-7　已知年金求终值的现金流量图

$$F = 5\,000 \times [(1+6\%)^5 - 1] \div 6\% = 28\,185.46(\text{元})$$

即 5 年后共可取 28 185.46 元。

附：式(2-10)的推导过程如下：

由图 2-6 根据一次支付终值公式(2-6)可得：

$$F = A + A(1+i) + A(1+i)^2 + \cdots + A(1+i)^{n-1} \quad ①$$

上式两边同时乘以 $(1+i)$ 则有

$$F(1+i) = A(1+i) + A(1+i)^2 + A(1+i)^3 + \cdots + A(1+i)^n \quad ②$$

②-①得

$$F(1+i) - F = A(1+i)^n - A$$

即 $F = A[(1+i)^n - 1] \div i$

(2)偿债基金公式。为筹集未来 n 年后需要的一笔偿债资金，在利率为 i 的情况下，求每个计息期末等额存储的金额。偿债基金类似于我们日常商业活动中的分期付款业务，其现金流量图如图 2-8 所示。其计算公式可根据式(2-10)推导得出：

$$A = F \times \frac{i}{(1+i)^n - 1} \quad (2-12)$$

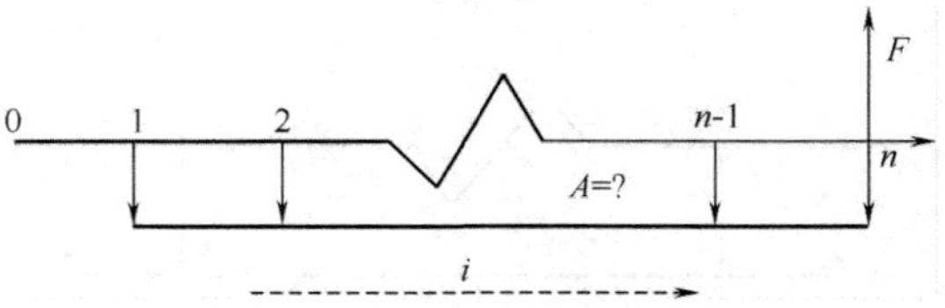

图 2-8 偿债基金公式现金流量图

式(2-12)中的“$\frac{i}{(1+i)^n-1}$”称为偿债基金系数，记为 $(A/F,i,n)$，它与年金终值系数 $(F/A,i,n)$ 互为倒数。

式(2-12)又可写为：

$$A = F(A/F,i,n) \tag{2-13}$$

【例 2-5】 已知小王准备 4 年后用 80 万元买一套商品房，若从现在起每年年末存入银行等额的钱，存期 4 年，利率为 5%，问这笔等额的钱是多少？

【解】 这是一个已知终值求年金的问题，其现金流量图如图 2-9 所示：

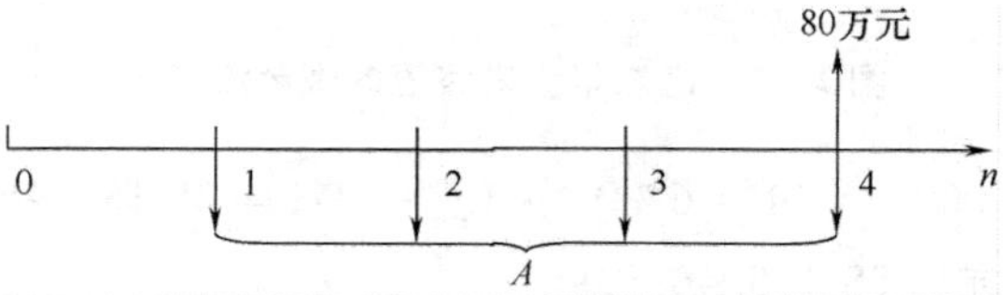

图 2-9 已知终值求年金现金流量图

根据式(2-12)及式(2-13)可得：

$$A = F\frac{i}{(1+i)^n-1} = F(A/F,i,n)$$

$$= 80 \times (A/F,5\%,4) = 80 \times 0.2320 = 18.56(\text{万元})$$

即小王每年年末应存入银行 18.56 万元。

(3)资金回收公式。起初一次投资数额为 P，欲在 n 年内将投资全部收回，则在利率为 i 的情况下，求每年应等额回收资金。其现金流量图如图 2-10 所示：

资金回收公式可根据偿债基金公式和一次支付终值公式来推导，即：

$$A = F\frac{i}{(1+i)^n-1} = \frac{Pi(1+i)^n}{(1+i)^n-1} \tag{2-14}$$

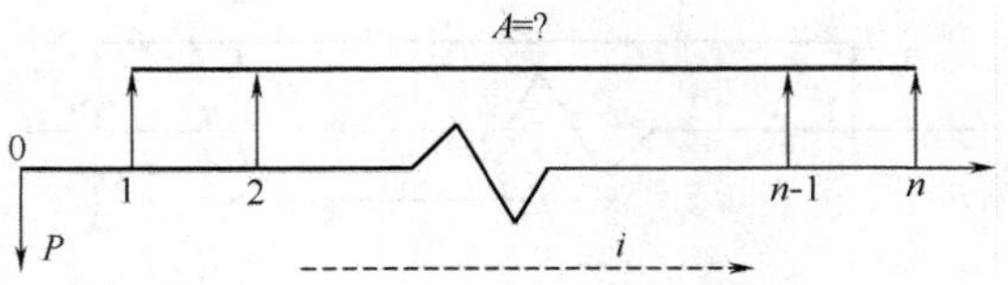

图 2－10　资金回收公式现金流量图

式(2－14)中的“$\frac{i(1+i)^n}{(1+i)^n-1}$”称为资金回收系数,记为$(A/P,i,n)$。因此资金回收式(2－14)又可写为:

$$A = P(A/P,i,n) \qquad (2-15)$$

资金回收系数是一个重要的系数,它的含义是对应于工程项目的单位初始投资在项目寿命期内至少应该回收的金额。在工程项目经济分析中,如果对应于单位初始投资的每年实际回收金额小于相应的资金回收金额,就表示在给定利率 i 的条件下,在项目的寿命期内不可能将全部投资收回。

【例 2－6】 某房地产开发公司从银行贷款 100 万元,利率为 6%,每年年末等额还款,10 年还清。在还款 4 次后,打算在第 5 年末一次性还清,问第 5 年末应一次性还款多少钱?

【解】 已知 P,i,n,运用等额支付投资回收公式求 A,还 4 次后,尚有第 5 年末开始的 6 年未还,将这些未还的等额 A 都折到第 5 年年末,即是一次性的还款 F,其现金流量图见 2－11。

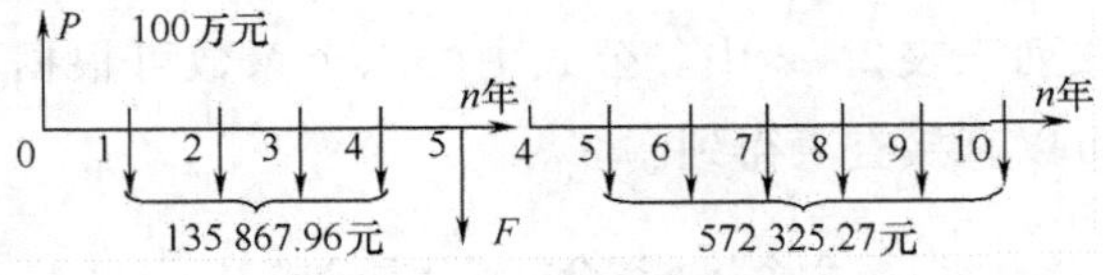

图 2－11　前 4 年还款及还款 4 年后的现金流量图

$$A = 1\,000\,000 \times 6\% \times (1+6\%)^{10} \div [(1+6\%)^{10}-1] = 135\,867.96(元)$$

$$P_6 = 135\,867.96 \times [(1+6\%)^5-1] \div [6\% \times (1+6\%)^5]$$
$$= 572\,325.27(元)$$

$$F = A + P_6 = 135\,867.96 + 572\,325.27 = 708\,193.23(元)$$

(4)年金现值公式。在 n 年内每年等额收支一笔资金 A,在利率为 i 的情况下,求此等额年金收支的现值总额,其现金流量图如图 2－12 所示。其计算公式可表示为:

$$P = \frac{A[(1+i)^n-1]}{i(1+i)^n} \qquad (2-16)$$

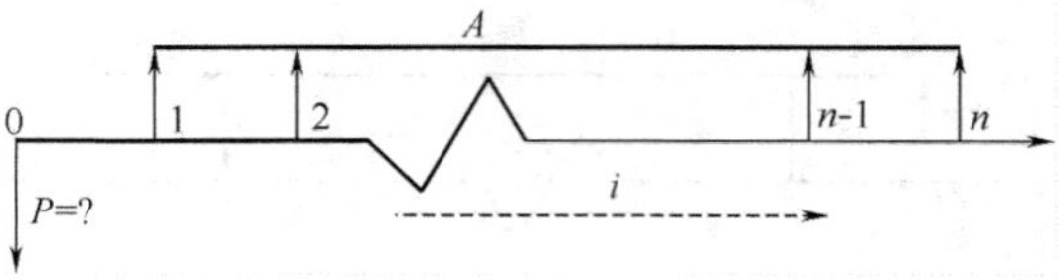

图 2－12　年金现值公式现金流量图

式(2－16)中，$\frac{[(1+i)^n-1]}{i(1+i)^n}$ 称为年金现值系数，它恰好是资金回收系数的倒数，记为 $(P/A,i,n)$ 。因此式(2－16)又可写为

$$P = A(P/A,i,n) \tag{2-17}$$

【例 2－7】 现有一项基金，小王欲从现在开始的 20 年间，每年年末从基金中提取 10 000 元，若年利率为 7%，问今年年初小王应一次性存入多少钱？

【解】 这是一个已知年金求现值的问题，其现金流量图如图 2－13 所示：

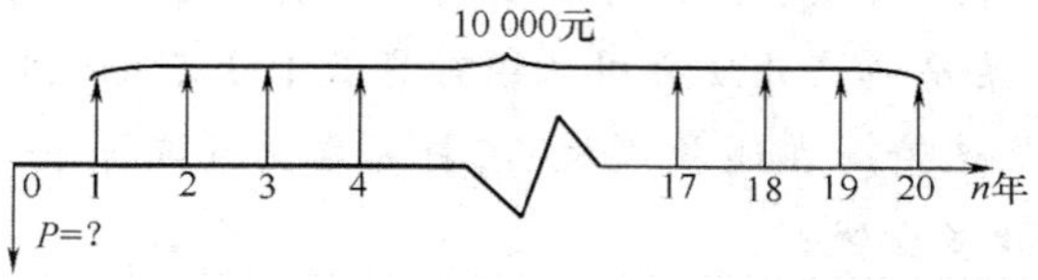

图 2－13　已知年金求现值现金流量图

$P = 10\ 000 \times [(1+7\%)^{20}-1] \div [7\% \times (1+7\%)^{20}] = 105\ 940.14$(元)

以上介绍的六个基本公式在工程经济分析中经常用到。为便于理解和查阅，将这六个公式列于表 2－2 中。公式中的六个系数可根据不同的 i 值和 n 值进行计算，也可以直接查表得到。

表 2－2　　六个基本资金等值计算公式

	已知项	欲求项	系数符号	公式
一次支付终值	P	F	$(F/P, i, n)$	$F = P(1+i)^n$
一次支付现值	F	P	$(P/F, i, n)$	$P = F(1+i)^{-n}$
等额支付序列终值	A	F	$(F/A, i, n)$	$F = \frac{A[(1+i)^n-1]}{i}$
偿债基金	F	A	$(A/F, i, n)$	$A = \frac{Fi}{(1+i)^n-1}$
资金回收	P	A	$(A/P, i, n)$	$A = \frac{Pi(1+i)^n}{(1+i)^n-1}$
年金现值	A	P	$(P/A, i, n)$	$P = \frac{A[(1+i)^n-1]}{i(1+i)^n}$

复习思考题

1. 简述金融体系的构成要素。

2. 某人准备在3年后用100万元购买一套商品房，若从现在起每年年末存入银行等额的钱，存期3年，利率为4%，这笔等额的钱是多少？如果是在第一年年初一次性存入一笔钱用于3年后买房，则应存多少？

3. 小王准备购买一套商品房，开发商提出了3种付款方案：

(1)从现在起，每年年初支付20万元，连续支付10次，共200万元；

(2)从第5年开始，每年年末支付26万元，连续支付10次，共260万元；

(3)从第5年开始，每年年初支付25万元，连续支付10次，共250万元。

若资金成本率为5%，则小王应该选择哪种方案？

4. 甲房地产公司将原价30万元的设备以融资租赁方式租给乙房地产公司，租期5年，每半年付租金3.2万元，满5年后，设备的所有权归乙房地产公司。

要求：(1)如果乙房地产公司自行向银行借款购此设备，银行贷款年利率为6%，试判断乙房地产公司是租设备好还是借款买设备好？

(2)若中介人要向甲房地产公司索取佣金9 768元，其余条件不变，甲房地产公司的筹资成本为6%，每期初租金不能超过3万元，租期至少要多少期，甲房地产公司才肯出租？

【案例分析】

个人房贷利率提高

2012年1月1日起，部分涉及民生的法规规章正式施行，将给市民生活带来一定影响，特别是房贷利率调整。2011年，央行在2月9日、4月6日和7月7日3次加息，这意味着大多数贷款者将从2012年1月1日起按新利率还贷了，"月供族"将要背负更重的利息负担。

按照新利率，到底"月供族"要多还多少？按年初6.40%的基准利率计算，办理100万元的贷款，期限20年，采取等额本息还款方式，那么，月供需7 397元，20年需支付利息总额为77.53万元；若按新利率7.05%计算，月供需7 783元，支付利息总额86.79万元。即每月将多还利息386元，共需多付利息9.27万元。2012年怎么向银行贷款更加划算呢？业内人士表示还是公积金贷款划算。目前公积金贷款利率为4.9%，商业贷款的利率为7.05%，相差2.15个百分点。

目前房价有所下降，对资金实力强的全额购房市民是一个入手的好机会，毕竟房价已低下高傲的头颅。但如果是打算贷款购房的月供族，则需要仔细斟酌，因为虽然房价的确有所下降，但首付和利率都涨到历史高峰，房贷成本已相当高，下降的房价部分能不能冲抵这些增加的成本部分仍是个疑问。

（资料来源：《广州日报》，2012－01－02，第 A1 版。）

问题：结合案例材料及本章介绍的基础知识，试分析：

1. 利率在房地产金融市场中的杠杆作用。
2. 利率波动对房地产交易的影响。

DI SANZHANG 第三章 房地产金融市场

房　地　产　金　融

【本章学习目标】

1. 了解房地产金融市场的基础知识(含义、分类、特点及构成要素);
2. 掌握房地产资本市场融资的主要知识(融资方式、融资情况);
3. 了解房地产金融衍生品市场的发展情况;
4. 掌握我国房地产金融衍生品市场发展的机遇与挑战。

【关键词】

房地产金融市场;上市融资;债券融资;金融衍生品

第一节　房地产金融市场及其构成

一、房地产金融市场的含义与分类

房地产金融市场是指房地产资金供求双方运用金融工具进行各类房地产资金交易的总和,其业务以吸收房地产业存款、建立住房储蓄、审批发放贷款等为主,同时包括房地产投资、信托、保险、典当和货币资金结算以及有价证券的发行与交易等。

房地产金融市场作为金融市场与房地产市场的重要组成部分,按照不同的标准可以分为以下几类。

(一)货币市场与资本市场

房地产金融市场根据融资期限的不同,可以分为房地产货币市场(Money Market)与房地产资本市场(Capital Market)。

房地产货币市场是指交易期限在一年以内的短期金融工具交易所形成的

供求关系及其运行机制的总和。这些金融工具一般包括国库券、商业票据、银行承兑汇票、回购协议、可转让定期存单票据、货币市场基金等。根据这些金融工具的不同类别,可以把房地产货币市场分为同业拆借交易市场、票据市场、回购市场、大额可转让定期存单市场等若干子市场。房地产货币市场能够将资金的需求者与供给者有机联系起来,汇集闲置资金,促进资金的流动与供需平衡,提高资金的使用效率。

房地产资本市场是指一年期以上金融工具交易的市场,它既包括股票市场、一年期以上的国债和企业债券市场,同时也包括一年期以上的中长期信贷市场。房地产市场和资本市场是两个有着巨大能力和巨大需求的市场,二者相互促进,相互发展,正如香港地产代理监管局委员陈友正博士 2005 年在泛珠三角区域房地产业交流促进博览会上结合香港实际情况所做的总结:房地产市场为资本市场的投资活动提供了基础,而资本市场为房地产市场的融资活动提供了解决方法。

(二)一级市场与二级市场

按市场层次划分,房地产金融市场可以分为一级市场(Primary Market/New Issue Market)和二级市场(Secondary Market)。房地产金融一级市场又叫初级市场,是房地产融资活动的初始市场,主要包括金融机构对房地产资金需求者的各种信贷业务、新房地产证券上市交易等。房地产信贷业务种类繁多,根据房地产开发环节的不同,可以分为土地开发贷款、建筑贷款、个人购买住宅贷款等。房地产信贷资金运用主要是各项贷款、委托贷款、购买债券等。在一级市场上,借款人通过房地产金融中介机构或直接从资本市场进行资金融通。

房地产金融二级市场是为适应房地产信用资金的流动性,均衡各金融机构的存贷结构而产生的,是房地产金融市场的核心部分,主要是指房地产融资工具的再交易和再流通市场,包括房地产金融中介机构将持有的房地产贷款直接出售或以证券形式转让给二级市场机构的交易及房地产有价证券的再转让交易。二级市场上的大部分交易是在银行之间进行的。

(三)房产金融市场与地产金融市场

根据房地产金融服务对象的不同,可以将房地产金融市场分为房产金融市场和地产金融市场。

房产金融市场是指银行及其他非银行金融机构为房屋再生产所进行资金融通的市场,住宅金融市场是其重要的组成部分。地产金融市场是指以土地做抵押物而向金融机构获得资金信贷的交易活动关系的总和,包括农地金融和市地金融。地产金融市场一般以债券化的方式开展业务，具有债权可靠、利息率低、还贷期长、运作安全的特点，是银行比较乐意从事的业务。房产金融市场和地产金融市场并不是截然分立的，二者有着紧密的联系，它们相互影响、相互作用，共同构成了完整的房地产金融市场。

此外，根据经营性质的不同，可以将房地产金融市场分为政策性房地产金融市场和商业性房地产金融市场，前者是指专门进行政策性房地产金融活动的市场，后者则是指按照以赢利为目的的商业原则进行房地产资金交易活动的市场。按照融资工具的不同，可以将房地产金融市场分为房地产借贷市场、房地产抵押贷款市场、房地产证券市场、房地产保险市场等。

二、房地产金融市场的特点

（一）对担保的依赖性

房地产金融属于长期信用，金融机构一般会要求借款人提供担保。目前房地产金融市场中比较常见的担保方式是设定抵押权①。对房地产开发单位来说，金融机构会要求企业提供房地产抵押或者第三方担保，而就个人而言，借款人也需要提供所购住房作为贷款的抵押品。

（二）政府适度干预性

一般而言，当经济发展状态良好，居民收入水平稳定，房地产需求扩大，会加速房地产投资，进而活跃房地产金融市场；而当经济出现衰退时，房地产投资会相应减少，金融市场也会相对低迷。异常活跃或低迷的房地产金融市场都不利于经济社会发展，需要政府或其他机构在特定时间内采取有效措施，使两者达到平衡。如2008年受美国“次贷危机”的影响，我国房屋竣工面积出现了负增长，中国人民银行便执行量化宽松的货币政策，刺激投资。

在住房金融方面，政府适度干预性这一特征表现得尤为明显。住房作为一项重大的民生问题，具有商品和社会保障双重属性，任何一个国家和地区都不会对住房问题采取完全放任的态度，政府通过制定完善的住房政策、法规和法律，对住房抵押贷款实施贴息与担保等措施，逐步建立合理而稳定的住房金融市场。

（三）区域性

作为房地产金融业务主要基础的房产或地产抵押品，具有地区性和非移动性，房地产开发建设后只能满足特定范围区域的使用，并且不同区域的房地

① 抵押权是抵押权人对抵押财产享有的优先受偿权，即债务人或第三人以不转移占有的财产作为债权清偿的担保，当债务人不能履行债务时，债权人拥有从抵押财产拍卖或变卖的价款中优先受偿的权利。

产具有不同的价格与投资价值，其供给与需求的矛盾也存在差异，从而需要各区域制定不同的政策来规范市场的运行，缓解供需矛盾。

三、房地产金融市场的构成要素

房地产金融市场主要由下列基本要素组成。

（一）资金供需主体

房地产金融市场的主体主要是资金的供给者与需求者，即房地产金融市场上资金商品的买卖双方，这是房地产金融市场最基本的要素，主要包括个人和家庭、企业及特定的政府部门，如公积金管理中心。个人和家庭通过参加住房储蓄存款或购买房地产金融市场上的各类有价证券而成为房地产金融市场的资金供给者，或者为了购、建、修住房向房地产金融机构申请贷款而成为资金的需求者。同样，企业将生产经营过程中暂时闲置的资金存入房地产金融机构或购买各种房地产有价证券，从而成为资金的供给者，或者为了开发、购买房地产向银行申请贷款以及在金融市场上发行股票或债券而成为资金的需求者。住房公积金管理中心通过合法的手段与途径，归集与使用缴存职工的住房公积金而成为资金的需求者，在为缴存者办理住房公积金贷款时，则成为资金的供给者。

（二）中介机构

中介机构是指在房地产资金融通过程中，处于资金供给者和资金需求者环节之间的相关主体（机构），主要包括资产评估、信用评估、风险评估、金融担保、法律咨询等专业化的中介服务机构。这些中介机构能够为房地产交易提供专业、快捷和高效的服务，这样的分工能够有效降低交易成本，为市场提供必需的公共信息，为所有市场参与者提供必要的风险规避和决策支持服务，减少信息不对称带来的金融风险。

（三）金融工具

房地产金融市场的金融工具是指可以在房地产金融市场上与货币相交易的各种金融契约。与一般商品买卖不同，资金交易必须借助金融契约的形式，如商业票据、房地产金融债券、房地产抵押债券、房地产企业和房地产金融机构所发行的股票，以及未到期的住房存款单和住房抵押贷款契约等，这些都是可以用于交易的金融工具。除此之外，住房与商业抵押贷款证券化等金融衍生产品也是房地产金融市场金融工具的重要组成部分。

（四）监管机构

公共监管理论认为，金融业是外部效应和信息不对称性均十分突出的公共行业，因而需要政府管制。房地产行业作为高风险与高回报的行业，与金融业联系紧密，其运行需要政府与金融机构的双重监管。政府监管部门应该综合运用行政、经济、法律等手段，通过一定的组织形式，在房地产开发、投资、消费、流通等环节中进行独立控制和管理。金融机构内部要设立特定的监管部门，监督自身的经营行为，完善贷款审核程序和借贷标准，科学指导资产证券化业务的开展，多方位加强风险监测和评估，提高预警能力，从而确保我国房地产金融市场的安全运行和国民经济的持续健康发展。

以北京市为例，北京市经济发展居全国前列，房地产投资空间大、风险突出，北京市房地产金融监管体系包括银监会、证监会、中国人民银行营业管理部、中国信托业协会、北京市土地整理储备中心、北京市住房和城乡建设委员会等，这些监督管理机构通过各自的官方网站及时公布相关政策法规，披露土地和房屋交易情况，并监督企业和从业人员的行为，以此规范房地产金融市场的运行，有效防范金融风险。

（五）市场运行规则

市场规则是指在经济运行过程中，进入市场的市场主体应当共同遵守的行为规范。完善的房地产金融市场需要具体的规则与法律做保障。房地产资金筹集、借贷等环节在一定程度上会影响房地产金融市场的运行效率与效益，完善的市场运行规则能够明确个人、房地产企业以及银行在信贷中的义务和责任，保证相关主体能按照规则进行操作，促进房地产金融市场的有序进行。市场运行规则主要包括进出规则、竞争规则、交易规则及仲裁规则四类。进出规则主要是对市场主体的进入及退出行为进行审查，规范市场主体的经营规模与范围；竞争规则是指国家依法确立的维护市场主体之间公平竞争的规则，通过竞争规则来保证各市场主体平等地享有市场上的资金；交易规则主要用来规范市场交易方式与市场行为；仲裁规则可以协调和解决市场主体在交易过程中产生的矛盾与纠纷。

第二节　房地产融资模式

房地产融资模式是指为支持房地产的开发建设，促进房地产的流通及消费，运用多种方式为房地产的生产、再生产及销售筹集与融通资金的金融活动，包括房地产开发经营资金的融通和房地产消费资金的融通两个方面。① 融资行为对房地产企业资本结构和企业价值具有重大影响。我国房地产金融市

① Richard Imperiale: *Real Estate Investment Trusts: New Strategies for Portfolio Management*, New York, 2002.

场在政府、企业、机构投资者、商业银行和个人的共同参与下，运行日益规范，并且从房地产业的供给和需求两个方面逐步拓宽筹资渠道，已形成一定规模。从目前的情况来看，我国房地产融资渠道是以银行信贷间接融资为主，企业资本市场股权融资和债券直接融资为辅，并且不断衍生出新的融资工具，如房地产证券化、房地产投资信托基金等，由于本书后面专门对银行信贷、房地产证券化等相关知识已做较为详细的阐述，故本节主要介绍企业上市融资（股权融资中的重要组成部分）与债券融资两种直接融资方式。

一、上市融资

上市融资主要是指股票融资，即股份有限公司向全社会发行的股票经股票交易所批准后，在交易所公开挂牌交易进行融资的法律行为。对公司来说，上市意味着从非公众公司转为公众公司、从信息非透明转为要接受各方利益的监督、股本从非流通转为流通等。从理论上讲，房地产企业通过上市可以筹集到永久使用的巨额资金，改善企业的资本结构，是房地产的最佳融资途径。在西方发达国家的资本市场中，上市已成为房地产企业实现资本运营的重要手段和融资方式。我国房地产企业通过上市募集资金始于 20 世纪 90 年代。1990 年 12 月 1 日，深圳证券交易所正式成立，万科 A 股于 1991 年 1 月 29 日在该所上市，是我国第一家成功上市的房地产企业。随后，兴业房产、新黄浦、金丰投资等陆续在证券交易所挂牌上市。从 1995 年开始，为防止产生房地产泡沫，政府对房地产市场进行宏观调控，中国证券监督管理委员会（简称“证管会”）暂停审批房地产企业上市的申请，至此开始了长达 5 年的对房地产企业上市的禁令。2000 年，股权分置改革拉开序幕，《上市公司证券发行管理办法》宣告解禁再融资，上市又成为房地产企业获取资金来源的一种方式，但之后上市的房地产企业都是国有控股，民营房地产企业的上市之路举步维艰。表 3－1 反映的是 1991 年以来，我国房地产企业通过上市进行融资的基本情况。

表 3－1　1991—2016 年我国房地产企业上市融资简况

1991 年	万科在深圳证券交易所发行 A 股
1992 年	中国海外发展有限公司于香港联交所上市，首开中资企业以香港本地业务资产直接上市之先河，在资本市场与社会上反响强烈
1993 年	万科在深圳证券交易所发行 B 股。 招商地产在深圳证券交易所成功上市。 6 月，中国证监会宣布暂停审批房地产公司上市申请

续表

1994 年	泛海建设在深圳证券交易所挂牌上市。公司始终坚持平等对待每一位投资者、供应商和合作伙伴的原则，被誉为"最具投资价值地产上市公司"及"最佳投资者关系上市公司"
1995—2000 年	政府对房地产市场进行宏观调控，对房地产企业上市进行限制。仅有阳光股份等少数几家企业以其他主营业务上市或借壳上市。 2000 年 3 月，中国证监会发布了《关于发布〈中国证监会股票发行核准程序〉通知》，标志着我国股票发行体制开始由审批制向核准制转变
2001 年	1 月，中国证监会发布全面取消房地产公司上市的限制性规定，房地产企业 IPO 之路重启。 金地集团在上海证券交易所公开发行人民币普通 A 股，成为 1993 年以来首批房地产上市公司之一。 3 月，我国股票发行核准制正式启动
2002 年	栖霞建设于上海证券交易所公开发行股票，是股市核准制下国内第一家地产上市公司。2006 年，公司股票进入上证 180 指数和上证红利指数。2008 年，公司股票入选上证公司治理指数，2012 年为公司上市 10 周年
2003 年	首创置业成功在香港上市，公司以系列化、标准化的产品线不断进行异地复制扩张，综合实力居国内领先地位
2005 年	中国海外发展有限公司成为首次获得穆迪和标准普尔"投资级"评级的国内房地产企业
2006 年	保利地产正式登陆上海证券交易所进行交易。上市后的保利地产在资金实力、产品布局、品牌影响力等多方面获得极大提升。 北辰实业发行 A 股，并在上海证券交易所挂牌上市，成为第一家 A + H 股房地产类上市公司
2007 年	鑫苑（中国）顺利在纽约证券交易所上市，成为亚洲首家在美国纽约证券交易所上市的专业房地产开发公司，同时实现了河南企业在美国主板证券市场上零的突破。 中国海外发展有限公司正式纳入为香港恒生指数成分股
2008 年	北辰实业承建的奥林匹克公园国家会议中心和奥运媒体村受到国内外一致称赞，为北京奥运会的成功举办做出了巨大贡献
2009 年	宝龙地产正式在港股主板挂牌，成为赴港"商业地产第一股"。作为中国领先的城市综合体运营商，宝龙地产在各大城市建造的宝龙城市广场均成为当地的地标性建筑。 恒大地产正式在香港联交所挂牌上市，当日股票收盘价较发行价溢价 34.28%，创下 705 亿港元总市值的记录，位居十大活跃港股第一名，并成为在港市值最大的内地民营房地产企业

2010 年	万科实现销售额 1 086 亿元，成为内地首个销售额突破千亿的房地产公司。 恒大地产累计成功发债 27.5 亿美元，创造了中国房地产企业全球发债的最大规模纪录
2011 年	金科股份、华夏幸福、宋都股份、银亿股份借壳成功上市，成为借壳上市审批关闸前最后一批借壳成功上市的房地产企业
2012 年	万科、绿地、保利三家房地产企业销售额超过千亿，千亿以上的超大型房地产企业个数增加。 旭辉集团和新城发展在香港证券市场上市
2013 年	从 2012 年 11 月开始，中国境内 A 股市场新股发行暂停长达一年多，因此，中国企业海外上市活跃，共有 66 家企业在海外 5 个市场上市。 2013 年 11 月 30 日，证监会公布了《关于进一步推进新股发行体制改革的意见》，表明自 2012 年 11 月 2 日暂停的境内新股发行即将迎来重启
2014 年	保利、碧桂园回笼现金均突破千亿，销售回款率分别达到 86.0%、82.1%，龙湖、华润等企业的销售回款率在 90% 左右。 2014 年，新国九条首次提出“鼓励上市公司建立市值管理制度”，着力推动包括上市房地产企业在内的上市企业的市值管理制度建设
2015 年	上市房地产企业通过分拆具有竞争力的新业务上市，实现独立核算、高度市场化运作，中海所属的中海物业在香港上市，万科、保利地产、碧桂园等上市企业也纷纷计划分拆物业管理等业务独立上市，提升物业管理业务的估值。 碧桂园年内通过债券发行获得的现金流入共计 151 亿元，年末货币资金/短期及一年到期借款较上年提升 0.33，短期偿债能力的到较大提升
2016 年	房地产企业积极创新，将智能、舒适、健康等元素植入房地产产品，推出高端系列产品，其中，万科的翡翠系列产品 2016 年销售额超 240 亿元，有力地提升了企业销售业绩。 保利推出全生命周期居住系列产品，入市 5 个项目销售额平均在 10 亿以上，成为重点业绩贡献项目

资料来源：根据搜房产业网相关资料整理而成。

企业上市的途径从本质上可以分为直接上市(Initial Public Offerings, IPO)①和间接上市(Indirect Listip)两种,其中,间接上市称为买壳②或借壳上市。直接上市与间接上市的最大区别是前者直接将企业资产拿到资本市场进行估值并融资,而后者是先获得上市公司股权,然后再注入企业资产,融到资金会有一定时间跨度。另外,直接上市和间接上市在操作程序上完全相反。

(一)直接上市

直接上市,也叫首发上市,是指企业按照拟上市地点的标准与要求,通过保荐人推荐、辅导,直接在证券市场首次融资并挂牌的上市方式。2002 年,我国房地产上市公司只有 80 余家(包括 11 家中国内地在港上市房地产公司)。其后 10 多年来,房地产上市公司如雨后春笋般,到 2015 年年底,中国房地产上市公司已上升到 180 多家(包括 137 家沪深上市房地产公司和 52 家中国内地在港上市房地产公司)。上海、深圳两大证券交易所始终是房地产企业上市的主要选择,房地产上市公司数量已占沪深上市公司总数的 4% 左右;而 52 家中国内地在港上市房地产企业已占港交所全部房地产企业的一半以上。此外,还有少部分房地产企业在新加坡、美国、欧洲等地进行境外 IPO 上市,包括在美国上市的鑫苑、在新加坡上市的仁恒置地等。③

目前,我国房地产直接上市融资有以下两种方式:国内上市融资与境外上市融资。国内上市融资是指房地产企业设立股份有限公司,直接在国内主板 A 股(或 B 股)④上市融资。中国证监会《进一步加强股票首次发行上市有关工作的通知》规定:“自 2004 年 1 月 1 日起,除国有企业整体改制、有限责任公司整体变更和国务院批准豁免的情况外,股份公司必须设立满 3 年后才能申请首发上市;同时,为使发行人最近 3 年盈利具有可比性,要求发行人的业务、管理层最近 3 年不能发生重大变化,实际控制人未发生变更。”实际上,大多数房地产企业难以达到此项要求,特别是房地产企业的盈利状况,由于房地产企业经营的特殊性,房地产项目从开发到竣工验收往往需要两三年时间,房地产项目的预售额在项目完工前不可算作企业利润,使房地产企业难以达到上市

---

① 直接上市指首次公开发行股票,主要是与买壳上市(已上市公司)、退市后再上市及增发股票等区分开。

② 买壳上市是指一些非上市公司通过收购一些业绩较差、筹资能力较弱的上市公司,剥离被收购上市公司的不良资产或其他资产,注入自己的优质资产或其他资产,形成新的主营业务,从而实现该公司间接上市的目的。

③ 中国指数院:《中国房地产上市公司十年发展报告》。

④ A 股是指人民币普通股票,它是由我国境内的公司发行,供境内机构、组织或个人(不含港、澳、台投资者)以人民币认购和交易的普通股股票;B 股是指人民币特种股票,它是以人民币标明面值,以外币认购和买卖,在境内(上海、深圳)证券交易所上市交易的股票。

的要求。房地产企业直接上市需要经过漫长的道路，通过一系列手续和严格的审批程序，发行上市还需要一年的辅导期，而且常常受到国家政策的影响，因此，有意直接上市的房地产企业需要客观评估自身实力以确定是否有条件直接发行上市，并做好充分的硬件准备和思想准备，保证有足够的承受能力应对监管压力，还要有较高的企业信息透明度。

境外上市融资是指中国的企业法人通过在中国香港首次发行股票（简称H股），或者在纽约首次发行股票（简称N股），或者在新加坡首次发行股票（简称S股）等形式直接在境外上市融资。与国内上市相比，虽然境外上市融资成本较A股上市高，但再融资成本低、灵活性强，因此吸引了很多中资房地产企业到境外上市。但房地产行业的地域性、产品的异质化较强，这使中国房地产企业在境外上市企业中所占的比例很少，中国房地产股向来也不是境外证券市场的热点。中国内地房地产企业境外上市地点主要是中国香港和新加坡。根据中国指数研究院2013年5月8日发布的《房地产上市公司融资状况分析》报告，2012年四季度，中国内地房地产企业瞄准香港资本市场逐渐转好的时机，通过IPO进入香港资本市场开拓融资渠道。2012年11月，旭辉控股凭借刚需主流产品的定位获得投资者青睐，完成首次发行，募集资金约15.3亿港元，成为2012年以来首家登陆中国香港资本市场的内地房企。同期，新城发展以其多元化产品战略和出色的区域运营效率成功在港上市，募集资金20.56亿港元。2013年1月，金轮天地则凭借其独特的“地铁+商住”概念得到香港投资者的追捧，募集资金7.56亿港元。2015年以来，中海所属的中海物业在香港上市，万科、保利地产、碧桂园等企业也纷纷计划分拆物业管理等业务独立上市，提升物业管理业务的估值。

（二）间接上市——买（借）壳上市

一般而言，直接上市可以从容化解金融风险，降低企业融资成本，改善企业资本结构。但是很多房地产企业因为自身原因和外在严格条件的限制，直接上市非常困难。尤其我国房地产企业很大一部分为民营企业，规模小，融资渠道单一。对这些民营房地产企业来说，根本达不到直接上市的严格条件，所以它们一般采取“曲线上市”，即买（借）壳上市的办法。买壳上市和借壳上市是目前很多房地产企业充分利用上市资源的两种资产重组形式。

“壳”是指上市公司的上市资格。由于一些上市公司机制转换不彻底，经营管理不善，业绩表现不尽如人意，丧失了在资本市场上进一步筹集资金的能力，长此以往，这种公司便成为资本市场上的“壳”资源。买壳上市就是指一些非上市公司通过收购一些业绩较差、筹资能力弱化的上市公司，剥离被收购上市公司的不良资产或其他资产，注入自己的优质资产或其他资产，形成新的主营业务，从而实现该公司间接上市的目的。借壳上市则是指未上市的母公司（集团公司）通过将主要资产注入上市的子公司中来实现母公司的上市。母公司通过加强对子公司的经营管理，改善其经营业绩，推动子公司的业绩与股价同步上升，使子公司获取配股权或发行新股募集资金的资格，然后进行再生产，最终实现企业资源的优化配置和母公司的长期发展目标。与借壳上市略有不同，买壳上市可分为“买壳、借壳”两步，首先是买壳，非上市公司通过股票二级市场或内部协议转让的方式获得上市公司的控股权，然后进行资产转让交易，这一过程主要是指上市公司反向收购非上市公司有发展潜力和有很强获利能力的优质资产，即非上市公司将自己的有关业务和资产注入上市公司中去。“借壳上市”时必须考虑融资成本及上市公司正常运转所需的总成本，这些内容主要包括：收购价格、原有资产、职工与股东安置等。

根据张红和殷红（2007）的研究，在考虑上市公司是否能成为壳资源时，可通过下列几个因素来判断：股本结构与股本规模、股票市场价格、经营业绩、财务结构、资产质量和公司成长性（如表3－2所示）。

表3－2 理想的壳公司标准

序号	项目	标准
1	股本结构与股本规模	公司总股本在5 000万至7 000万股之间 股权结构较分散，相对控股公司的股权占总股本比例较小，最好在50%以内；或者国有股、法人股的股份占绝大多数，股权相对集中
2	股票市场价格	股权一般为该股市场的均价，最好在10～15元左右
3	经营业绩	净资产收益率在10%以上
4	财务结构	资产负债率在45%以下
5	资产质量	每股净资产在2元以上
6	公司成长性	主营业务收入增长率在25%以上； 利润总额增长率在20%以上

资料来源：张红、殷红编著：《房地产金融学》，清华大学出版社2007年版。

2009年年初，国内拟上市房地产企业掀起借壳狂潮，希望通过借壳上市驶入资本市场的快车道。2009年全年，房地产企业借壳数量达30余起。①表3－3反映的是2009年我国内地房地产企业在中国香港上市与借壳上市

① 世联地产：《2009年全国房地产市场年报》之企业篇。

简况。

表 3－3　2009 年中国内地房地产企业香港上市与借壳上市案例(部分)

企业简称	融资额度(亿港元)	借壳主体	壳公司
	99.0	金科集团	ST 东源
宝龙集团	21.8	海航置业	ST 筑信
恒大地产	近 60.0	华夏幸福	*ST 国祥
明发集团	20.8	万方地产	*ST 中辽
龙湖地产	82.0	顺发恒业	*ST 兰宝
花样年	15.5	中润集团	*ST 东泰
佳兆业	超 30.0	嘉凯城	*ST 亚华

2010 年“新国十条”①发布后,证监会暂停了房地产企业的上市、再融资及并购重组。随后的 2011 年,证监会只核准了三家房地产公司的借壳上市申请,分别是当年 4 月 19 日,北京新华联置地有限公司借壳 S*ST 圣方;5 月 12 日,银亿控股重组 S*ST 兰光;以及 5 月 27 日,ST 东源以新增 9.08 亿股吸收合并金科集团。随后的时间里,除了三湘股份这一特殊个案以外,A 股市场再也没有房地产公司借壳上市。

2012 年 5 月,招商地产通过香港全资子公司瑞嘉投资以 1.99 亿港元的对价收购香港主板上市公司东力控股 70.18% 的股权,成为内地房地产企业赴港买壳的首个成功案例。随后,万科、金地集团分别收购香港南联地产和星狮地产,成为绝对控制人,实现在香港上市。

2014 年 3 月 19 日,中茵股份、天保基建发布公告,其非公开发行 A 股股票申请获得证监会通过。自 2010 年证监会暂停地产类公司再融资,由此正式开闸。2015 年 1 月 16 日,证监会发布《证监会调整上市公司再融资、并购重组涉及房地产业务监管政策》,对房地产企业合法合规核查进行了调整。2015 年 3 月 20 日,四川房地产企业蓝光地产借壳“迪康药业”成功上市,“迪康药业”随后也正式更名为“蓝光发展”,成为 2015 年地产开闸第一股。2015 年 8 月 18 日,绿地集团在上海证券交易所大厅举行股票上市仪式,A 股上市公司金丰投资更名为绿地控股,绿地集团资产实现整体上市。

2016 年 9 月 8 日,证监会修订《上市公司重大资产重组管理办法》,重组上

① 2010 年 4 月 17 日,国务院为了坚决遏制部分城市房价过快上涨,发布《国务院关于坚决遏制部分城市房价过快上涨的通知》,简称“新国十条”。

市的审核条件相较于之前更加严格，大大提高了重组上市通过审核的难度。从 2016 年下半年开始，国家也陆续出台了若干更为严厉的房地产宏观调控政策。2017 年 7 月，证监会年中监管座谈会强调严把发审质量关。目前，伴随着房地产调控政策，房地产企业借壳上市较为困难。

二、债券融资

（一）我国房地产企业债券融资现状

房地产债券融资方式起于 20 世纪 90 年代，是指债务人为了筹集资金，按照法定程序向社会发行，并承诺按约定利率和固定日期支付利息、归还本金的书面凭证，其融资工具主要包括公司债券、企业短期融资券和中期票据三种。1992 年，海南经济特区的开发商根据《企业债券管理暂行条例》发行了"万国投资券""伯乐投资券""富岛投资券"，总额 1.5 亿元。同年 9 月，北京远华房地产发行了 2 900 万元、利率为 10.1%、为期 3.5 年的房地产企业债券，这属于资产负债表内的房地产企业债券。1993—1998 年上半年，因违约风险过高，国家对企业债券（尤其是房地产企业债券）的发行实行严格的政策限制，房地产企业没有公开发行房地产债券的权力。1998 年以后，国家开始解禁，政策限制逐步放松，房地产企业重新恢复了债券发行，如深圳振兴集团股份有限公司为翠海花园项目发行的"1998 深振业债券"、北京首创发行的用于北京市 6 个居民小区的商品房建设的"首创债券"等。到 2003 年年底，在房地产开发企业（单位）资金来源中，债券融资规模为 5 460 万元，虽然较前几年规模有所增加，但是在资金总额中所占比例仍然非常小。①

2004 年，《国务院关于推进资本市场改革开放和稳定发展的若干意见》出台，指出要积极稳妥地发展债券市场。在严格控制风险的基础上，鼓励符合条件的企业通过发行公司债券筹集资金，改变债券融资发展相对滞后的状况，丰富债券市场品种，促进资本市场协调发展。2005 年 5 月 24 日，中国人民银行发布《短期融资债券管理办法》②，标志着短期融资券正式开闸。证监会于 2007 年 8 月颁布《公司债券发行试点办法》，公司债券开始走向市场。短期融资券和公司债券的面世给企业融资带来了一股暖流，也惠及资金密集型的房地产业。然而，公司债券是只适用于上市公司的债券融资方式，短期融资券融

---

① 数据来源：《中国统计年鉴 2004》。

② 在我国，短期融资券是指企业依照《银行间债券市场非金融企业债务融资工具管理办法》的条件和程序在银行间债券市场发行和交易，并约定在一定期限内还本付息的有价证券。短期融资券是企业筹措短期（一年以内）资金的直接融资方式。

得资金的期限较短,难以与房地产业的长开发周期相匹配,二者难以成为房地产业主要的资金来源。2008 年 4 月 9 日,中国人民银行发布了《银行间债券市场非金融企业债务融资工具管理办法》,从此废除了之前发布的《短期融资券管理办法》,一周后,中国银行间市场交易商协会发布了“三规则,四指引”①的自律规则,对发行短期融资券与中期票据的注册做了相关规定,同时也对短期融资券和中期票据的发行和披露做了规定,使债券融资越来越市场化,更多的房地产企业将有机会参与到债券市场中进行融资。2014 年 4 月 24 日,发改委发布《企业债券簿记建档发行业务指引(暂行)》,对整个企业债的发行过程进行了规范,压缩并且杜绝了企业债发行过程中的寻租空间,并明确参与人不得进行不正当利益输送,破坏市场秩序。

2015 年 1 月,证监会推出了《公司债发行与交易管理办法》,正式实施公司债新政,房地产企业发行公司债的准入门槛大幅度降低。在其后的两年时间内,房地产行业公司债的发行规模迎来大爆发,如图 3－1 所示。Wind 数据显示,2015 年 5 月—2016 年 8 月,房地产企业发行的交易所公司债总量已达 11 085 亿元,约为银行间市场地产公司债(中票、PPN 等)发行规模的 5 倍。

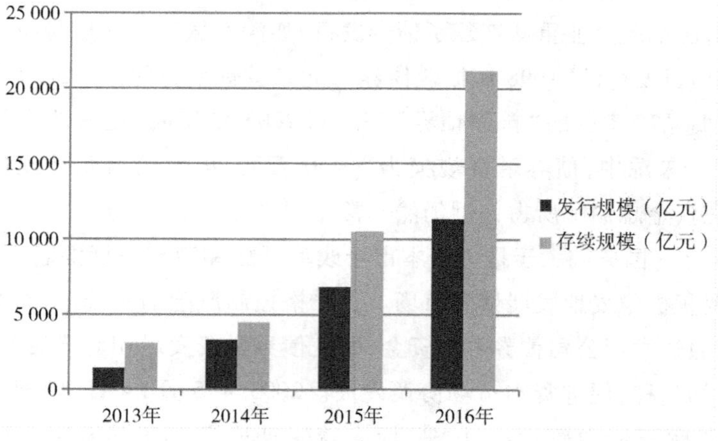

图 3－1　2013—2016 房地产行业债券发行及存续规模

2016 年,房地产行业共有 390 家企业发行债券 1 116 只,总规模 11 303. 61

① 三项规则分别是《银行间债券市场非金融企业债务融资工具注册规则》《银行间债券市场非金融企业债务融资工具信息披露规则》《银行间债券市场非金融企业债务融资工具中介服务规则》;四项指引分别是《银行间债券市场非金融企业债务融资工具募集说明书指引》《银行间债券市场非金融企业债务融资工具尽职调查指引》《银行间债券市场非金融企业短期融资券业务指引》《银行间债券市场非金融企业中期票据业务指引》。

亿元，对比2015年债券发行数量及规模，分别增长84.8%与69.9%，其中，公司债作为房地产企业最主要的发债类别，占据了总发行规模的72%。存续债券数量2 031只，规模合计21 188.19亿元。

（二）我国房地产企业债券融资中存在的问题

现有的《中华人民共和国公司法》对发行债券主体企业的资产负债率、资本金和担保条件等都有着严格的要求与限制，使我国房地产企业债券余额占整个债券市场的比例非常小，发展过程中仍存在一些问题。

1. 房地产企业信用等级较低。债券能否成功发行的关键因素是企业的资信状况。目前，我国房地产企业的信用评级主要以企业未来赢利能力和现金流量分析为核心，着力考察企业的偿债能力及偿债意愿。而我国房地产企业普遍存在资金实力不足的问题，资金大部分来源于银行贷款，资产负债率很高（见表3－4），这便决定了我国房地产企业不易取得较高的资信等级，导致投资者对房地产发债主体的信任度不高，从而无法将投资者手中的闲散资金以债券融资方式聚集起来，增加了债券发行的难度。

表3－4　2004—2015年全国房地产企业资产负债情况　单位：亿元

年份	资产总计	负债总计	所有者权益	资产负债率（%）
2004年	61 789.19	45 783.63	16 005.56	74.1
2005年	72 193.64	52 520.71	19 672.93	72.7
2006年	88 397.99	65 476.67	22 921.32	74.1
2007年	111 078.20	82 680.23	28 397.97	74.4
2008年	144 833.55	104 782.31	40 051.24	72.3
2009年	170 184.24	125 042.73	45 141.51	73.5
2010年	224 467.14	167 297.41	57 170.12	74.5
2011年	284 359.44	214 469.96	69 889.73	75.4
2012年	351 858.65	264 597.55	87 261.10	75.2
2013年	425 243.89	323 228.24	102 015.65	76.0
2014年	498 749.92	384 095.53	114 654.40	77.0
2015年	551 968.06	428 729.90	123 238.16	77.7

数据来源：国家统计局：《中国统计年鉴2016》。

2. 房地产债券品种单一。美国房地产企业发行的债券大多都是20～30年期的长期债券，且品种丰富，包括可赎回、可转换、带认股权证、浮动利率、零息以及高风险债券等，并且创新机制也相当完善。2002年以来，我国发行的房地产债券大都是5~8年期，固定利率，到期一次还本付息，尽管这是出于项目开发周期考虑，但是对投资者而言，并没有可以选择的投资品种，而且到期会给企业造成较大的偿债压力，也不利于企业规避风险。

3. 房地产中介市场不完善。我国房地产行业存在严重的信息不对称问题，投资者很难获得企业的详细信息，逆向选择风险很大。若中介机构不完善，会增加房地产企业债券融资的信息成本、契约成本、监督成本和约束成本等，无法将单个、分散投资者的闲散资金有效集中起来，从而导致债券融资活动的失败。另外，按照我国的相关规定，企业发行的房地产债券总量应该纳入国家信贷计划，并且融资活动要经政府有关部门批准后方可进行，如果中介市场不完善，当企业的经济实力与经营状况出现波动时，评级机构便无法对债券进行相应调整，从而增加了融资的风险。

（三）发展我国房地产企业债券融资的建议

与国外成熟的房地产融资模式相比，我国房地产融资模式一直在以一种不太协调的结构发展，尤其是资本市场的融资状况，股票与债券的发行比例严重失调。通过发行房地产企业债券，可以有效扩大融资渠道，减轻对银行贷款的过度依赖，并且能够有效避免扩大资本金后资本利润率大幅减少现象的发生。因此，鼓励发展房地产企业债券，对构建科学合理的房地产资本市场融资结构具有重要意义。

1. 对政府来说，发展我国房地产企业债券融资可做以下几个方面的改进工作：

（1）改革房地产债券融资审批制度。目前，我国政府对银行贷款之外的融资方式都会有相应的限制条件，对房地产债券融资的限制尤其大，发行债券的程序相当复杂，并且发行总量需要纳入国家信贷计划。因此，政府可考虑将现有的融资方式改为由房地产债券发行人根据自身和市场投资者的需求确定发行数量和定价方式，简化现有的审批制度，改多头审批为一家核准，改一次发行为监管机构一次核准，参考国际先进经验，按照市场化、规范化原则进一步改革和完善房地产企业债券市场监管体制，以此来提高工作效率。

（2）规范信用评估体系。由于缺乏统一的企业信用等级评估标准，不同的评级机构会对同一企业的信用等级评定出不同的结果，这不仅会对投资者的选择造成影响，也会严重影响企业债券的信誉。独立、客观、规范的信用评估体系可以最大限度地保障债券市场参与者各方的利益，对企业债券市场的发展具有巨大的促进作用。因此，评级机构应该由独立、公正的第三方担任，而不应该由政府有关部门设立，可引进具有国际信用等级的信用评级机构来我国开展业务，营造公平、诚信的竞争环境，切断目前我国信用评级机构与政府千丝万缕的联系，政府相关部门只负责对评级机构的运行加以监管。

(3)建立健全与企业债券相关的法律法规制度。我国目前约束企业债券行为的法律众多，包括《企业债券管理条例》《公司法》《证券法》等，各个法律条款对企业债券的规定并非完全一致，并且随着社会的不断发展与进步，部分条款并不能很好地满足企业债券现实发展的需要，因此，有必要对现有法律条款进行科学整合，以形成统一的法律约束条件，并且尽快制定符合现实发展情况的《企业债券管理条例》，保证房地产企业债券的规范有序发展。

2. 对房地产企业而言，发展我国房地产企业债券可做以下几个方面的工作：

(1)增强房地产企业的综合发展能力。不完善的公司治理结构会严重削弱上市公司利用债券融资的内在动力，房地产上市公司应该通过积极有效的项目组合和内部调整，建立符合债券市场要求的公司治理结构，提高管理水平，满足现代管理的需要。要建立规范、透明，并且能够真实反映企业经营状况的财务制度，定期向利益相关者提供全面准确的财务信息，扩大财务信息的披露范围，提高企业财务信息的透明度，树立良好的社会形象与口碑，增强企业的核心竞争力。

(2)创新房地产债券品种。创新是发展的强劲动力，房地产债券同样如此。发债企业可以对企业债券的期限结构进行再设计，根据自身对资金期限的不同需要制定相应的还债期限，改变目前债券期限单一的格局。另外，在品种设计上，应该考虑投资者需求的多样性，根据投资者的不同需求来设计债券品种，付息方式做到一次付息、贴息与按年、半年、季度付息等多种类型，期限上做到短、中、长期有效结合，品种齐全，结构合理，增加投资者选择的余地。

随着我国债券市场的不断发展与完善，房地产企业债券将成为房地产企业融资的一种新的主要融资方式，这也是解决企业资金短缺、优化企业融资结构的必然选择。

第三节　房地产金融衍生品市场

一、金融衍生品

金融衍生品也称为金融衍生工具、金融派生品等，在国际上亦有 Financial Derivative、Derivative Security 等多种叫法，国内外经济组织金融监管机构以及学术界对其内涵和外延从不同的角度进行了描述和概括，但并未形成统一、权威的界定。1999 年，国际证监会组织（International Organization of Securities Commissions，简称 IOSCO）和巴塞尔银行监管委员会（Basel Committee on Banking Supewision，简称巴塞尔委员会）发布的《衍生产品风险管理准则》把金融衍生品定义为："……一种金融协议，其价值取决于一种或者多种基础资产或指数的价值。"①经济合作与发展组织（Organization for Economic Cooperation and Development，OECD，简称经合组织）认为，金融衍生交易是"一份合约或关于支付的交换协议，它的价值派生自基本资产或者利率、指数。其依赖的资产或者比率包括汇率、利率、股票以及其他指数。"②中国银行业监督管理委员会（以下简称"银监会"）颁布的《衍生产品风险管理准则》则把金融衍生品定义为一种金融合约，其价值取决于一种或多种基础资产或指数，合约的基本种类包括远期、期货、掉期和期权，还包括上述合约一种或者多种特征的结构化金融交易工具。③ 这个定义在借鉴巴塞尔委员会对金融衍生品定义的基础上，较好地诠释了金融衍生品的内涵和外延。

根据不同的标准，可以将金融衍生品分为不同的类型。按交易方法的不同，可以将金融衍生品分为远期、期权、期货和互换四类，这是一种比较常用的分类方法；根据交易场合的不同，可以将金融衍生品分为交易所内交易的衍生品和柜台交易的衍生品；按照派生出金融衍生品的基础资产的不同，又可将其划分为利率衍生工具、汇率衍生工具、股票衍生工具、指数衍生工具等。从微观方面来说，金融衍生品的功能主要包括规避风险、价格发现、套期保值及提高金融创新能力等。从宏观方面来说，金融衍生品在优化资源配置、降低国家总体的金融风险、吸纳社会闲置资金、有效增加市场的流动性及提高交易效率等方面具有很大作用。

二、房地产金融衍生品的发展

房地产金融衍生品是金融衍生工具与房地产业有效结合的产物。2005 年，英国柜台市场首次出现了全球第一款房地产金融衍生产品，标的为英国不动产投资智库（Investment Property Databank，IPD）商用不动产指数④，开启利用

---

① 国际清算银行：《巴塞尔银行监管委员会文献汇编》，中国金融出版社 1998 年版。

② 宁敏：《国际金融衍生交易法律问题研究》，中国政法大学出版社 2002 年版。

③ 顾功耘：《金融衍生品的法律规制》，北京大学出版社 2007 年版。

④ IPD 房地产指数系列包含 110 多个指数，为全世界 24 个市场提供基准服务，覆盖 16 个欧洲市场和 7 个非欧洲市场。IPD 指数的数据来源于直接拥有房地产的机构，不包括通过投资工具间接拥有的房地产，如房地产投资信托。

金融产品管理房地产市场风险的新纪元。2007 年 2 月,荷兰银行(ABN - AMRO BANK)和香港新鸿基集团以香港大学"香港岛住宅价格指数(HKU - HRPI)"作为相关资产,与 3 个月香港同业拆借率(HIBOR)的价格报酬互换,开创了亚洲房地产金融衍生产品市场的先河。

将金融衍生工具应用到房地产领域,投资者可以提高或降低在房地产市场的投资,交换投资组合的构成,而不需要买入或卖出真实的资产,有利于分散房地产市场的风险,保证投资者权益,但是如果对房地产金融衍生品的管理不规范,就会造成巨大影响,美国次级贷款就是一个典型的例子。

次级贷款作为房地产金融衍生品的一员,其诞生伊始曾被誉为"一项了不起的金融创新"。次级贷款的初衷是为没有充分财力支持的信用欠佳者实现置业购房的梦想。这类贷款通常在前几年每月按揭支付一定款额,利率固定而且很低,但是到一定时间后,还款利率相应升高,借款人还款压力剧增。然而在美国房地产市场发出的地产持续走高的信号中,放贷机构与那些信用等级较低、收入证明缺失、负债较重的借款者均对美国房地产市场有着美好的"愿景",并继续衍生出债务抵押债券(Collateralized Debt Obligation,CBD)、债务抵押债券平方、债务抵押债券立方等形式各样的金融产品。这样,次级贷款这一结构简单的债务链逐渐变得复杂,成为危险的"潘多拉魔盒",终于引发全球性的经济危机。

目前,我国房地产金融衍生品主要包括房地产期权——预售制度、房地产价格指数期货——住宅价格指数期货以及诚意金等类金融产品。房地产期权是市场经济条件下广泛存在的一种期货交易形式,其全称应该是"购买房地产的期权",是指房地产所有人在收取房地产潜在购买人一笔费用或按金后,潜在的买方与房地产所有人之间签订的一项合约。按照合约约定,房地产潜在购买人有权按规定的条款,在确定的时间、以指定价格购买所有人的房地产。如果潜在购买人在约定的时间内并不执行购买该房地产的权利,则该权利失效,于是房地产所有人在继续保有物业的同时还收获了一笔潜在购买人为期权支付的费用或按金。反之,若购买人执行了购买权,则房地产所有人会按期权条款,以期权协议中共同商定的价格卖给购买人。合约中往往还规定在期权最后被执行时,房地产潜在购买人为购买期权最初支付的费用或按金是否计入房地产购买价格中。2005 年 12 月 31 日,金融街控股以期权交易方式出售了处于期房阶段的 F2 部分物业,这也是金融街物业自开发以来首次推出的房地产期权产品。

房地产价格指数期货是与未来某个时点的住房价格指数挂钩的标准化合

约交易,是房地产市场主体规避住房价格风险的重要手段,2006 年 5 月,芝加哥期货交易所(Chicago Board of Trade,CBOT)引入了以标准普尔凯斯—希勒房价指数(S&P/Case - Schiller Home Price Index,CSI)[①]为标的的房地产价格指数期货和期权合约,这一指数被当作美国房地产市场波动的晴雨表。其他类金融衍生品,如 2009 年下半年在北京等地兴起的诚意金,与香港房产高峰期的炒楼花一样,其实质是短期房产看涨期权产品,购房者通过支付诚意金,获得未来优惠购买该楼盘的权利。比如,购房者向开发商一次性支付 30 万元,在购房时可以抵 50 万元,或者购买 20 万元的 VIP 卡,购房时可以享受 9 折优惠等。购房者之所以会发生这种认购行为,某种程度上说,与美国次级贷款中的借款者有相同的心理,觉得未来房价上涨程度一定会超过所支付诚意金的成本。

中国房地产市场曾被瑞银[②]描述为"已知宇宙中最重要的部门",随着我国房地产市场与金融市场的不断融合,房地产金融衍生品市场也开始逐步发展,但是与国外日趋成熟的房地产价格指数衍生品体系[③]相比,仍存在很大的差距。尤其房地产金融衍生品市场是建立在房地产经济实体基础之上的,关系到国计民生,关乎整个社会的健康发展。参照世界其他国家和地区房地产金融衍生品市场的发展经验,我国发展房地产金融衍生品市场存在以下一些机遇与挑战。

三、我国房地产金融衍生品市场发展的机遇

(一)房地产业自身的独特性

房地产行业是我国国民经济的支柱行业,产业关联性强,利益相关者众多。目前我国大部分房地产开发商自有资金严重不足,主要依赖于银行系统融资,这让银行系统承受着相当大的风险,美国"次贷危机"便是一个深刻的教训。房地产市场的波动情况会对以银行为代表的金融系统造成很大影响,房地产金融衍生品的出现能够在一定程度上缓解这一状况。对消费者来说,商

---

① 标准普尔凯斯—希勒住宅价格指数起源于卡尔斯·E. 凯斯(Karl E. Case)和罗伯特·J. 希勒(Robert J. Shiner)20 世纪 80 年代的研究,是美国住宅市场的领先测量,追踪全国住宅市场和 20 个都市区现存单一家庭住宅市场的价格变化。每月的 S&P/Case - Shiller 住宅价格指数采用重复交易数据,使用 3 个月住宅价格的移动平均得到。

② 国投瑞银基金管理有限公司是中国第一家外方持股比例达到最高上限(49%)的合资基金管理公司(公司前身为成立于 2002 年 6 月的中融基金管理有限公司)。

③ 目前,欧美市场上交易的房地产价格指数衍生品大体可分为远期合约、期货合约、期权合约、互换合约以及结构性票据。

品房价格不断攀升，且增幅远高于收入增加的幅度，大大提高了部分中低收入者进入的门槛，这在客观上也会促成房地产金融衍生品市场的构建，若消费者可以购买以房地产价格指数为标的的期货或期权，便可以分享房价上涨的收益。

(二)欧美国家房地产金融衍生品市场的成功经验

在芝加哥期货交易所(Chicago Board of Trade，CBOT)开始交易之后，2009年9月，欧洲期货交易所(The Eurex Deccfschland，Eurex)开始交易以英国IPD年度财产指数(IPD UK Annual Property Index)为标的的房地产价格指数期货。2012年2月，芝加哥期权交易所与期货交易所开始交易基于覆盖25个都市区的RPX综合指数①期货(RPXCP)，RPX综合指数每日更新一次，为市场提供了管理房地产价格风险的强大工具。这些房地产价格指数衍生品市场发展至今，效果非常好，为我国发展房地产价格指数衍生品提供了宝贵的经验，我们可以借鉴它们的成功经验，避免走太多弯路。

(三)国家政策支持

创新是发展永恒的动力。2012年被称为期货业的“丰收年”，中国金融期货交易所2月13日推出的国债期货仿真交易为国债期货的正式推出做了充足准备，而国债期货是规避利率风险的重要工具。2012年6月8日，中国证监会颁布了《期货公司资产管理业务试点办法(征求意见稿)》，允许国内期货公司以专户理财的方式从事资产管理业务，且投资范围几乎涵括了所有金融资产。期货公司成为我国投资范围最广的机构，这对我国期货市场的发展具有重要影响。2013年，证监会发布《关于期货公司风险资本准备计算标准的规定》，并从7月1日开始执行。2014年，证监会发布《关于进一步推进期货经营机构创新发展的意见》，指出了推进期货经营机构创新发展的基本原则，对我国期货经营结构的发展和创新起到了重要的指导作用；12月，证监会公布金融行业推荐性标准《证券期货业信息系统审计规范》。2015年，证监会审议通过《股票期权交易试点管理办法》。2016年，证监会公布金融行业推荐性标准《证券期货业信息系统托管基本要求》；5月，审议通过《证券期货投资者适当性管理办法》。金融期货的不断创新为我国房地产金融衍生品市场的发展创造了良好的环境。

尽管我国房地产金融衍生品市场的发展存在上述有利条件，但是也应该看到，作为房地产金融衍生品重要组成部分的房地产价格指数，其基础数据主

---

① RPX综合指数由雷达逻辑公司(Radar Logic Incorporated)编制，使用财产概率密度函数代表每平方英尺住宅价格的分布，是目前发布频率最高的住宅价格指数。

要来自于市场调查或地方统计局公布的官方数据，市场调查数据的真实性尚可，但地方统计局公布的官方数据主要是依据房地产开发公司掌握房地产价格的情况，这样容易降低数据的可信度，会在一定程度上影响房地产金融衍生品市场的发展进程。

复习思考题

1. 完善的房地产金融市场主要包括哪些内容？
2. 简述房地产直接上市融资与间接上市融资的区别。
3. 如何发展我国房地产企业债券？
4. 我国构建房地产金融衍生品市场具有哪些优势？

【案例分析】

我国房地产金融市场发展的现状及对策①

随着我国房地产业的蓬勃生长发展，房地产业与金融业之间的关系也越来越紧密，并在此基础上逐步形成了房地产金融体系，快速成长的房地产金融业同时也积极推动着房地产市场的健康持续的发展。在现代市场经济中，房地产业不得不通过市场关系来进行广泛而活跃的融资活动。房地产金融的本质是房地产金融资产投资活动以及与房地产投资和经营开发相关联的货币资金融流通活动，它的业务主要有房地产贷款和房地产资金融通。

房地产金融市场的基本组成要素比较复杂，但可以从四个方面进行简单的概括分类：首先是融资管理，这主要涵盖了国家法律法规的制定、金融方面的监管以及管理机构日常管理等方面；其次是融资的价格，即房地产金融市场的资金融通的价格，货币商品的时间价格即为利率，一般以利率为基础，然后让交易双方自主协定；然后是融资媒介，即在金融市场中进行买卖交易的时候，融资主体用来同货币等值交换的工具，一般主要以契约形式存在，各具千秋，品种众多，主要用于满足不同主体的需要；最后还有融资主体，主体一般为融资活动的参与者，其中既有资金融通的供给者，还涵盖了资金融通的需求者以及金融中介机构。

最近几年从整体趋势来看，我国房地产行业总体价格不断上升，经济泡沫化现象在房地产市场之中十分常见。总体来说，价格上升的原因来自很多不同的方面，比如像一些城市为了盲目开发大户型、高层、高档项目等经济利益

① 沈珏："我国房地产金融市场发展的现状及对策"，《当代经济》，2017。

较高的项目,而大大的减少了对经济适用住房的建设和投入,因此导致了国内房地产市场供求结构失衡的现状。

但究其原因,最主要的仍旧是房地产投机性购买。我国自从2016年下半年开始,政府便实施了大量政策措施其中像大力推行"房地产去库存化"等,以求实现对房地产行业的宏观调控,泡沫成分逐渐呈收缩趋势,房地产价格慢慢走向平稳和下跌。

问题:结合材料分析并讨论:

1. 我国房地产金融市场的现状如何?
2. 查阅资料,如何进一步完善我国的房地产金融市场?

【实训练习题】

实训内容:运用同花顺等股票软件收集10个房地产上市公司的基本财务信息,并探究其资金来源渠道和融资模式,重点了解房地产上市公司的股票发行、资金来源和融资模式。

实训目的:了解房地产资本市场的基本运作情况,更好地理解房地产金融市场的相关知识。

实训流程:

(1)学生分组,以小组为单位进行分工合作,通过网络搜集相关资料。

(2)各个小组自行整理收集的数据和材料,形成调查报告。

(3)小组汇报报告。

DI SI 第四章 ZHANG 房地产抵押贷款

房　地　产　金　融

【本章学习目标】

1. 掌握房抵押贷款的定义、种类及其基本运作程序；
2. 掌握住房反向抵押贷款的内涵与发展情况；
3. 掌握房地产开发贷款的内涵与操作流程；
4. 了解房地产开发贷款项目评估的主要内容。

【关键词】

住房抵押贷款；房地产开发贷款；项目评估

第一节　住房抵押贷款

一、住房抵押贷款的定义

住房抵押贷款(Residential Mortgage)，又称按揭贷款，是指购房者在购买住房时，以购房契约作为抵押向商业银行申请贷款，银行根据契约，向购房者提供占房屋总价值一定比例的资金用于购房款项，借款人根据规定，要分期向银行支付本息，直至全部偿清；若借款人在贷款到期时无法偿还款项，则银行可以取消借款人住房的赎回权，并依法处理该房产，以抵消剩余欠款。

住房抵押贷款起源于19世纪的英国，此项业务的开展使购房者在支付一笔较少的首期付款后就能购买价值较高的住房，大大减轻了购房者的压力。住房抵押贷款是目前世界上普遍采用的一种购房融资手段。1984年，国务院发布的《关于改革建筑业和基本建设管理体制若干问题的暂行规定》明确要求由中国人民建设银行[①]办理房地产信贷业务，由此拉开了我国银行资金介入房地产业的序幕。1985 年，中国建设银行深圳分行开始开展住房抵押贷款业务试点工作，标志着我国住房抵押贷款业务正式萌芽。然而，由于社会经济发展水平的限制，我国居民个人购房需求不高，对住房抵押贷款的引致性需求不足，因此在当时的条件下，住房抵押贷款业务在我国商业银行信贷业务中所占的份额很低，未能有效支持我国居民的住房消费。

1996 年，中国人民银行正式允许国有商业银行办理个人住房贷款业务。1997 年，央行颁布了《个人住房担保贷款管理试行办法》，开始了商业银行个人住房消费试点的推广工作。1998 年，国务院提出加快包括城镇住房体制在内的各项改革工作，发展住房消费信贷被作为改善居民消费环境、扩大内需的重要政策，同年 5 月，中国人民银行发布了《关于改进金融服务、支持国民经济发展的指导意见》，进一步加大住房贷款的投入，商业银行提高对住房贷款重要性的认识，同时发布了《个人住房贷款管理办法》，允许所有的商业银行开办个人住房抵押贷款业务。1998 年进行住房分配货币化改革后，我国居民的个人购房需求不断膨胀，对住房抵押贷款产生了巨额的派生需求，住房抵押贷款余额不断上涨，住房抵押贷款业务在我国得到了迅速的发展。图 4－1 反映的是 2007 年以来我国个人住房贷款余额的变化情况。从图 4－1 中可以看出，自 2007 年以来，我国个人住房贷款余额逐步上升，到 2016 年年末，全国主要金融机构（含外资）房地产贷款余额 26.7 万亿元，其中，个人住房贷款余额 19.14 万亿元，占总额的 71.69%。

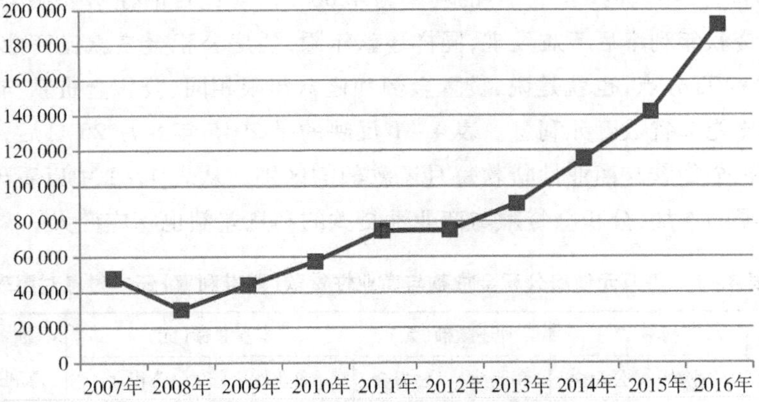

数据来源：中国人民银行各年度《中国货币政策执行报告》。

图 4－1　2007—2016 年我国个人住房贷款余额变化情况（单位：亿元）

① 即现在的中国建设银行。

二、住房抵押贷款的种类

(一)按贷款来源的分类

住房抵押贷款按照贷款来源不同,可以分为住房商业性贷款、住房公积金贷款和住房组合贷款三种形式。

住房商业性贷款是指借款人用其所购买的自用普通住房作为抵押或质押物,向中国人民银行批准设立的商业银行或住房储蓄银行申请的贷款,执行法定贷款利率。住房公积金贷款是指由住房公积金管理中心运用住房公积金,委托银行向购买、建造、翻建、大修自住住房的住房公积金缴存人和在职期间缴存住房公积金的离退休职工发放的贷款。① 住房公积金贷款一般由住房公积金贷款利率、贷款额度、贷款条件三个基本要素组成。住房组合贷款是指向缴存了住房公积金的借款人同时发放住房商业贷款和住房公积金贷款的贷款方式。若符合住房商业性贷款条件的借款人同时缴存了住房公积金,在其住房公积金贷款不足以支付购房款时,可以同时申请住房商业性贷款,这样可以在一定程度上解决中低收入人群的住房消费问题。根据《中国人民银行关于下调金融机构人民币贷款和存款基准利率并进一步推进利率市场化改革的通知》(银发〔2015〕265 号)的规定,从 2015 年 8 月 26 日起下调金融机构人民币贷款和存款基准利率,并进一步扩大存款利率浮动空间。个人住房公积金贷款利率②,五年期以上由 3.50% 下调至 3.25%,五年期以下(含五年)由 3.00% 下调至 2.75%。商业性贷款五年期以上利率为 5.15%,一年至五年(含五年)的利率为 5.00%,一年以内(含一年)的利率为 4.60%。对比目前住房公积金贷款与商业性贷款年利率后不难发现,同样还款年限,住房公积金贷款比商业性贷款低 1~2 个百分点,也就是说,贷款金额和还款年限相同,公积金贷款与商业性贷款相比能节省数万元利息。表 4-1 反映的是 2015 年 8 月 26 日后,每万元住房公积金贷款与商业性贷款每月还款额的区别。从表 4-1 中以看出,随着贷款期限的增加,公积金贷款与商业性贷款的利息差额也相应变大。

表 4-1 每万元住房公积金贷款与商业性贷款(基准利率)还本付息对照表

年限	年利率(%)		月还款额(元)		本息总额(元)		两种贷款总利差(元)
	商业性	公积金	商业性	公积金	商业性	公积金	
1	4.60	2.75	871.67	856.25	10 460.00	10 275.00	185.00

① 资料来源:《北京住房公积金贷款管理办法》。

② 指年利率,下同。

续表

年限	年利率(%)		月还款额(元)		本息总额(元)		两种贷款总利差(元)
	商业性	公积金	商业性	公积金	商业性	公积金	
2	5.00	2.75	438.71	428.71	10 529.04	10 289.04	240.00
3	5.00	2.75	299.71	289.71	10 789.56	10 429.56	360.00
4	5.00	2.75	230.29	220.24	11 053.92	10 571.52	482.40
5	5.00	2.75	188.71	178.58	11 322.60	10 714.80	607.80
6	5.15	3.25	161.75	153.06	11 646.00	11 020.32	625.68
7	5.15	3.25	142.04	133.26	11 931.36	11 193.84	737.52
8	5.15	3.25	127.31	118.43	12 221.76	11 369.28	852.48
9	5.15	3.25	115.90	106.92	12 517.20	11 547.36	969.84
10	5.15	3.25	106.80	97.72	12 816.00	11 726.40	1 089.60
11	5.15	3.25	99.39	90.21	13 119.48	11 907.72	1 211.76
12	5.15	3.25	93.24	83.96	13 426.56	12 090.24	1 336.32
13	5.15	3.25	88.07	78.68	13 738.92	12 274.08	1 464.84
14	5.15	3.25	83.66	74.17	14 054.88	12 460.56	1 594.32
15	5.15	3.25	79.86	70.27	14 374.80	12 648.60	1 726.20
16	5.15	3.25	76.56	66.86	14 699.52	12 837.12	1 862.40
17	5.15	3.25	73.67	63.87	15 028.68	13 029.48	1 999.20
18	5.15	3.25	71.12	61.21	15 361.92	13 221.36	2 140.56
19	5.15	3.25	68.85	58.84	15 697.80	13 415.52	2 282.28
20	5.15	3.25	66.83	56.72	16 039.20	13 612.80	2 426.40
21	5.15	3.25	65.01	54.80	16 382.52	13 809.60	2 572.92
22	5.15	3.25	63.38	53.07	16 732.32	14 010.48	2 721.84
23	5.15	3.25	61.90	51.49	17 084.40	14 211.24	2 873.16
24	5.15	3.25	60.56	50.05	17 441.28	14 414.40	3 026.88
25	5.15	3.25	59.34	48.73	17 802.00	14 619.00	3 183.00
26	5.15	3.25	58.22	47.52	18 164.64	14 826.24	3 338.40
27	5.15	3.25	57.20	46.40	18 532.80	15 033.60	3 499.20
28	5.15	3.25	56.26	45.37	18 903.36	15 244.32	3 659.04
29	5.15	3.25	55.40	44.41	19 279.20	15 454.68	3 824.52
30	5.15	3.25	54.60	43.52	19 656.00	15 667.20	3 988.80

公积金贷款和住房商业性贷款除了表 4 - 1 中反映的利率区别外,二者在

资金来源、贷款对象、贷款性质、贷款成数和贷款风险等方面也存在较大差异，详细情况见表 4－2。

表 4－2　我国住房公积金贷款与住房商业性贷款的区别①

不同点	住房公积金贷款	住房商业性贷款
资金来源	由单位与个人共同缴纳	商业银行吸收的各类存款
贷款对象	缴存人和在职职工	一切具有完全民事行为能力且符合银行规定的自然人
贷款性质	委托性个人住房贷款	商业银行自主发放的自营性贷款
贷款成数	最高贷款成数为实际购房值的 8 成，购房人首付压力较小	最高一般只能贷到实际购房费用或房屋价值的 7 成，购房人首付压力较大
贷款年限	最高可达 30 年	最高只有 20 年
贷款风险	由住房公积金管理机构承担各种风险	银行承担各类风险
其他限制条件	对房龄的限制较为灵活，房龄与贷款年限相加不超过 47 年即可（房屋结构砖混 47 年，钢混 57 年）；借款人年龄加借款年限不超过 70 年	超过 20 年以上的房屋贷款额度根据地段、等级情况而定；商业贷款借款人的年龄加上贷款年限必须小于 65 岁

（二）按还款方式的分类

从还款方式来看，住房抵押贷款可分为到期一次还本付息、等额本息还款、等额本金还款、等额递增还款和等额递减还款五种。②

到期一次还本付息适用于一年期内（含一年）的住房贷款，借款人在贷款到期后一次性归还本金和利息，而不是按月偿还本息。

等额本息还款和等额本金还款均采取利随本清的原则，随着剩余本金的逐月减少，利息也会相应减少。等额本息还款是指贷款人在贷款期内，每月以相同的额度偿还贷款本息。等额本金还款是指借款人每月等额偿还贷款本金，贷款利息随本金逐月递减的还款方式，借款人每期归还的本金等于贷款总额除以贷款期数。由于偿还本金的时间不同，等额本息还款与等额本金还款实际占用银行资金的时间也就不同。总体来说，在相同利率的情况下，等额本息还款要比等额本金还款支付更多的利息。假设一笔贷款总额是 10 万元，期

① 由于地域发展的差异性，各地对贷款、成数、贷款年限等限制条件的规定并不统一，本书是以北京市公积金贷款和北京市工商银行个人房贷管理办法的相关规定来表明两者的差异。

② 详细内容可参考本书第二章第三节（资金的时间价值）。

限为 30 年,年利率为 6%,要求按月分期偿还,则等额本息偿还与等额本金还款的具体情况如表 4 - 3 所示。

等额递增或等额递减还款是指每月按照固定数额增加或减少还贷金额的还款方法。等额递增还款方法较适用于收入正处于上升阶段的消费者,例如,事业处在上升阶段的白领阶层。而等额递减还款方法较适用于收入逐渐减少的消费者,如即将退休的消费者。

表 4 - 3 等额本金与等额本息还款 单位:元

期数(月)	月还款额		月付利息		月付本金		剩余本金	
	等额本息	等额本金	等额本息	等额本金	等额本息	等额本金	等额本息	等额本金
1	599.60	777.80	500.00	500.00	99.6	277.80	99 900.40	99 722.20
2	599.60	776.40	499.50	498.60	100.00	277.80	99 800.40	99 444.40
3	599.60	775.00	499.00	497.20	100.50	277.80	99 699.90	99 166.70
4	599.60	773.60	498.50	495.80	101.10	277.80	99 598.80	98 888.90
5	599.60	772.20	498.00	494.40	101.60	277.8	99 497.20	98 611.10
6	599.60	770.80	497.50	493.10	102.10	277.80	99 395.20	98 333.30
7	599.60	769.40	497.00	491.70	102.60	277.80	99 292.60	98 055.60
8	599.60	768.10	496.50	490.30	103.10	277.80	99 189.50	97 777.80
9	599.60	766.70	495.90	488.90	103.60	277.80	99 085.90	97 500.00
10	599.60	765.30	495.40	487.50	104.10	277.80	98 981.80	97 222.20
……								
60	599.60	695.80	465.90	418.10	133.60	277.80	93 054.40	83 611.10
……								
120	599.60	612.50	419.30	334.70	180.20	277.80	83 685.70	66 944.40
……								
180	599.60	529.20	356.50	251.40	243.10	277.80	71 048.80	50 277.80
……								
240	599.60	445.80	271.70	168.10	327.90	277.80	54 003.60	33 611.10
……								
300	599.60	362.50	157.30	84.70	442.30	277.80	31 012.10	16 944.40
……								
360	599.60	279.20	3.00	1.40	596.60	277.80	0	277.80

(三)按利率是否变动分类

根据利率是否变化,住房抵押贷款可分为固定利率等额偿还抵押贷款、固定利率递增(减)偿还抵押贷款、调整利率抵押贷款和滚动利率抵押贷款四类。

固定利率等额偿还抵押贷款是目前市场上应用最广泛的一种贷款方式，是一种在贷款合同规定的期限内，采用固定利率计算利息，每月偿还相同贷款额的还款方式，利息以复利形式计算。

固定利率递增(减)偿还抵押贷款会考虑借款人的实际情况，每月偿还的贷款额不等，主要分为递增和递减两种形式，使贷款期内借款人偿还的贷款额度与其支付能力相匹配，也使借款人实际还款负担相对均衡。

调整利率抵押贷款是指在整个贷款期间，住房抵押贷款的利率可定期随基准利率的变化而调整。按照我国《个人住房抵押贷款管理办法》的规定，个人住房抵押贷款在一年期以上的，遇法定利率调整，于下年年初开始，按相应利率档次执行新的利率规定。

滚动利率抵押贷款是指贷款利率会在合同规定的日期予以重新协商。对贷款机构而言，滚动利率抵押贷款实质上是向短期借款者提供长期借贷，期限的长短取决于借贷双方重新协商利率的频率。

(四)按抵押物不同分类

住房抵押贷款根据抵押物的不同，可以分为个人住房抵押贷款和商业用房抵押贷款。

个人住房抵押贷款是指个人为购买住房，以所购置的房地产作为抵押，按购房款的一定比率向金融机构申请借款，承诺在一定期限内按月偿还其所借款项的一种贷款形式。商业用房抵押贷款是指向贷款机构申请的，用自有(包括自行开发或收购所得)的商业用房①作为抵押物，并以该商业用房的经营收入和借款人其他合法收入作为还本付息来源的贷款。商业用房抵押贷款一般适用于借款人在经营期内的资金需求，但是必须按照法定程序进行，贷款用途不得违反国家有关规定。

此外，从担保方式来看，住房抵押贷款通常包括质押贷款、抵押贷款、保证贷款以及抵押(质押)与保证相结合贷款四种，其中较常见的是抵押贷款和抵押与保证相结合贷款，这两种贷款目前在个人住房抵押贷款中占有相当大的份额。

三、住房抵押贷款的运作程序

尽管各国(地区)住房抵押贷款在运作程序上各具特色，但本质上具有一

---

① 此处的商业用房是指已竣工验收并投入商业运营，经营管理比较规范、经营利润较为稳定、现金流量较为充裕、综合收益较好的商业营业用房和办公用房，包括写字楼、星级宾馆酒店、商场、综合商业设施等形式。

致性，一笔住房抵押贷款的运作程序通常包括以下几个方面的内容。

（一）住房抵押贷款的申请与受理

1. 住房抵押贷款的申请。提出申请是住房抵押贷款工作的第一步。在了解贷款银行的贷款政策后，贷款申请人根据贷款银行的要求填写贷款申请表，向贷款机构提出贷款申请。就我国目前的情况而言，一份完整的贷款申请表通常包含以下内容：主申请人的基本情况，如姓名、性别、现有住房性质、收入状况及负债情况；配偶的基本情况，如姓名、收入状况、是否是共同申请人；共同申请人的收入状况及受教育程度；申请借款的金额、用途、还款方式；抵押房屋的类别、担保方式、产权形式、原成本及现值等。表 4－4 是我国国内某商业银行个人房屋抵押贷款申请表样式（申请人填写部分）。

表 4－4　我国某商业银行个人住房贷款申请表

<table>
<tr><td rowspan="14">主申请人</td><td>姓名</td><td></td><td>性别</td><td>男□　女□</td><td>出生日期</td><td>年　月　日</td></tr>
<tr><td>证件名称</td><td colspan="5">1. 居民身份证□　2. 军人证□　3. 护照□　4. 港澳身份证□　5. 台湾回乡证□　6. 其他□</td></tr>
<tr><td>证件号码</td><td colspan="5"></td></tr>
<tr><td>现住址</td><td colspan="2"></td><td colspan="2">现住房屋建筑面积（m²）</td><td></td></tr>
<tr><td>现住房性质</td><td>1. 自有□　2. 共有□
3. 租赁□　4. 其他□</td><td>家庭住房套数</td><td></td><td>户籍所在地</td><td></td></tr>
<tr><td>通信地址</td><td colspan="3"></td><td>邮编</td><td></td></tr>
<tr><td>家庭电话</td><td></td><td>移动电话</td><td></td><td>电子信箱</td><td></td></tr>
<tr><td>受教育程度</td><td>1. 研究生或以上□　2. 大学本科□　3. 大学专科□　4. 中专或高中□　5. 初中或以下□</td><td>婚姻状况</td><td>1. 已婚□　2. 未婚□　3. 离异□　4. 丧偶□</td><td>健康状况</td><td></td></tr>
<tr><td>工作单位</td><td></td><td>单位地址</td><td colspan="3"></td></tr>
<tr><td>工作职务</td><td></td><td>单位电话</td><td></td><td>供养人数</td><td></td></tr>
<tr><td>单位性质</td><td colspan="5">1. 国家机关□　2. 工业交通□　3. 邮电通讯□　4. 商业贸易□　5. 房地产建筑□　6. 金融保险□　7. 水电气供应□　8. 科教文卫□　9. 部队系统□　10. 农林牧渔□　11. 社会服务□　12. 其他□</td></tr>
<tr><td>职业</td><td colspan="5">1. 管理人员□　2. 技术人员□　3. 职员□　4. 农民□　5. 军人□　6. 其他□　7. 无职业□</td></tr>
</table>

续表

<table>
<tr><td>主申请人</td><td>收入与债务情况</td><td colspan="6">主要收入来源：
1. □月薪（□我行代发工资　□他行代发工资　□现金　月均约　元）
2. □租金收入，月均约　　元
3. □经营收入，月均约　　元
4. □其他，月均约　　元
以上收入共计　　元
主要债务支出：
1. □偿还除本笔贷款之外的贷款，月均　　元
2. □其他债务支出，月均　　元
以上支出共计　　元</td></tr>
<tr><td rowspan="4">配偶</td><td>姓名</td><td></td><td>证件名称</td><td colspan="4">1. 居民身份证□　2. 军人证□　3. 护照□　4. 港澳身份证□　5. 台湾回乡证□　6. 其他□</td></tr>
<tr><td>证件号码</td><td colspan="6"></td></tr>
<tr><td>工作单位</td><td colspan="3"></td><td>联系电话</td><td colspan="2"></td></tr>
<tr><td>月均收入（元）</td><td></td><td colspan="2">是否共同申请人</td><td>是□</td><td colspan="2">否□</td></tr>
<tr><td rowspan="8">共同申请人</td><td>姓名</td><td></td><td>性别</td><td>男□　女□</td><td>与主申请人关系</td><td colspan="2">1. 亲属□
2. 非亲属□</td></tr>
<tr><td>证件名称</td><td colspan="6">1. 居民身份证□　2. 军人证□　3. 护照□　4. 港澳身份证□　5. 台湾回乡证□　6. 其他□</td></tr>
<tr><td>证件号码</td><td colspan="6"></td></tr>
<tr><td>受教育程度</td><td colspan="3">1. 研究生或以上□　2. 大学本科□　3. 大学专科□　4. 中专或高中□　5. 初中或以下□</td><td>工作单位</td><td colspan="2"></td></tr>
<tr><td>职业</td><td colspan="6">1. 管理人员□　2. 技术人员□　3. 职员□　4. 农民□　5. 军人□　6. 其他□　7. 无职业□</td></tr>
<tr><td>联系电话</td><td></td><td>移动电话</td><td></td><td>健康状况</td><td colspan="2"></td></tr>
<tr><td>月均收入（元）</td><td></td><td>现负债余额（元）</td><td></td><td>供养人数</td><td colspan="2"></td></tr>
<tr><td rowspan="2">被委托人</td><td>姓名</td><td></td><td>性别</td><td>男□　女□</td><td>与主申请人关系</td><td colspan="2">1. 亲属□
2. 非亲属□</td></tr>
<tr><td>证件名称</td><td colspan="6">1. 居民身份证□　2. 军人证□　3. 护照□　4. 港澳身份证□　5. 台湾回乡证□　6. 其他□</td></tr>
</table>

续表

被委托人	证件号码					
	通信地址			邮编		
申请借款情况	贷款金额（元）		借款用途	1. 购置一手住房□ 2. 购置二手住房□ 3. 个人自建房□		
	贷款期限（月）		首付款金额（元）		还款账号	
	还款方式	1. 按月等额本息还款法□ 2. 按月等本金还款法（按月计息）□ 3. 按周还款法□ 4. 随心还款法□ 5. 入住还款法□ 6 其他□				
	购置房屋地址	市（县）区（镇）路（街）号座（栋）号		房屋出售人		
	房屋现状	1. 期房□ 2. 初次交易现房□ 3. 多次交易现房□			房龄（年）	
	单价（元/米^2）		建筑面积（米^2）		房屋总价（元）	
担保资料	担保方式	1. 抵押□ 2. 质押□ 3. 阶段性保证□ 4. 抵押+阶段性保证□	抵（质）押方式	1. 普通抵（质）押□ 2. 最高额抵（质）押□		
	抵押房屋地址		房屋总价		评估价值	
	建筑面积		抵押房屋权属证书编号		抵押物可担保额度	
	房龄（年）					
	质物名称	1. 本行存款□ 2. 国债□ 3. 人寿保险单□ 4. 他行定期存款单□ 5. 开放式基金□ 6. 个人外汇买卖基金□ 7. 黄金□ 8. 个人理财产品□ 9. 其他□		质物总价（元）		
	保证人		联系电话		月均收入（元）	
	证件名称	1. 居民身份证□ 2. 军人证□ 3. 护照□ 4. 港澳身份证□ 5. 台湾回乡证□ 6. 其他□				
	证件号码					
	单位名称			通信地址		

贷款申请表是金融机构了解申请人基本信息和需求的重要途径，一般而言，收入较高、工作稳定的借款人在获得贷款时有较大优势，而家庭不稳定或者负担过重的申请人则恰好相反。我国商业银行除了要求借款人提供贷款申请表外，还需要提供以下文件：①借款人身份证明（居民身份证及其他有效居留证件等）；②借款人收入证明；有效住房契约、合同意向书；③抵押物清单、所有权或使用权证书及有处分权人同意抵押的证明；④贷款人要求提供的其他文件或资料等。而国外对贷款申请基本文件的要求非常严格，如日本银行贷

款除了要求提供借款人个人的证明材料外，还需要提供土地相关的证明文件，如土地登记簿及附图、土地测量图表，房屋相关证明文件，包括房屋登记簿、房屋配置图、房屋平面图、房屋费用估算表。

2. 住房抵押贷款申请的受理。贷款机构在受理借款人的申请材料后，对申请材料进行初步审核，主要包括以下几个方面的内容：①借款人必须具有完全民事行为能力；②借款人必须支付一定的首期房款，并存入开发商的售房款专用账户；③贷款年限加上借款人年龄一般不超过国家法定退休年龄，联名购买的以年长者计算；④借款人有稳定的职业和经济收入，有偿还贷款本息的能力；⑤借款人购买商品房的价格应当与当时、当地、同类物业的市场价格水平相符；⑥审查借款人的抵押物是否足额有效，抵押物共有人是否出具同意抵押的合法文件。①

（二）住房抵押贷款的审查

对贷款进行审查是住房抵押贷款的核心环节，关系到贷款能否安全运行，是防范信贷风险的关键。住房抵押贷款的审查首先是对申请资料合规性与真实性的检查，这是贷款审查的基础工作。合规是指审查借款人提供的材料是否与抵押贷款的要求相关，是否符合金融机构的有关规定。其次是对借款人的资信进行评估，它是以借款人信用资料、财务资料等为依托，通过分析借款人的信用状况以及个人收入水平、工作前景、家庭资产负债情况和储蓄情况等，对借款人的还款意愿与还款能力做出科学判断，进而做出是否给予借款人贷款的决定。

（三）协商贷款条件

住房抵押贷款一般包含以下标准条件：

1. 贷款用途。贷款机构一般要求借款人的贷款专款用于购买自住住房，部分银行也允许购买出租、投资等用途的住房。《中国人民银行个人住房贷款管理办法》《中国建设银行个人住房贷款办法》《中国工商银行个人住房担保贷款管理试行办法》等文件中的个人住房贷款均指向借款人发放用于购买自用普通住房的贷款。

2. 贷款对象和条件。根据信贷机构自身的信贷政策，明确贷款对象的范围，并对借款人应该具备的条件做出具体规定，如身份要求、信用状况要求、收入要求等。

3. 贷款期限与利率。《中国人民银行个人住房贷款管理办法》规定，贷款

① 殷红、张卫东：《房地产金融》，首都经济贸易大学出版社 2002 年版。

人应根据实际情况合理确定贷款期限,但最长不得超过 20 年,并且要提供可选择的贷款利率及计算方式。

4. 贷款额度。《中国工商银行个人住房贷款管理办法》规定,贷款人发放贷款的数额不得高于房地产估价机构评估的拟购买住房的价值或实际购房费用的 70%(以较低额为准);住房公积金贷款的数额不得超过借款人家庭成员退休年龄内所交纳住房公积金数额的 2 倍。

5. 贷款方式。贷款方式是指贷款机构以借款人或者第三人提供的符合规定条件的财产作为抵押物而向借款人发放贷款的方式。

6. 贷款偿还方式。贷款偿还方式包括还款方式的选择与改变、还款交付形式、逾期还款及不良贷款处理等规定。

7. 合同的变更和终止。《中国工商银行个人住房贷款管理办法》规定,借款合同需要变更的,应当由借贷双方协商同意,并依法签订变更协议;有担保合同的,应事先征得担保人同意,协议未达成之前,原借款合同继续有效;借款人按合同规定偿还全部贷款本息后,贷款人应在 30 日内将用于担保的抵押物或质物退还抵押人或出质人,借款合同随即终止。

(四)签订贷款合同,发放贷款

借款人各项条件达到贷款机构的要求后,双方就可以签订贷款合同,发放贷款。贷款合同的主要工作有:按协商的贷款条件起草和签订贷款合同,落实抵押贷款担保措施,办理付款与还款业务,贷款文件的整理归档等。

我国商业银行办理个人住房贷款发放手续的具体操作步骤如下:①信贷人员通知借款人正式签订个人住房借款合同;②按合同规定,向借款人代收、代缴印花税;③将借款人房屋的相关证明、抵押登记证明等交贷款机构收押保管,并向借款人出具收条;④由借款人购买相关保险,并明确银行为第一受益人,保险单正本由银行代为保管,贷款未偿清之前不得中断保险;⑤与借款人签订委托转账付款授权书,授权银行以代扣方式从借款人指定账户上扣收贷款本息;⑥发放贷款,将贷款转入售房单位的账户,通知借款人按时还款。[①]

(五)贷后管理

贷后管理是银行的日常信贷管理工作,涉及银行信贷资产的安全程度。根据《中国工商银行个人住房贷款贷后管理办法》的规定,贷后管理是指贷款发放后到收回期间内贷款日常管理、贷款档案管理及其他有关贷款管理。

1. 贷后检查。贷款发放后,主管信贷员要及时向管户信贷员办理贷款档

---

① 殷红、张卫东:《房地产金融》,首都经济贸易大学出版社 2002 年版。

案移交手续，并介绍借款人的有关情况，定期对贷款进行检查。检查内容主要包括：

(1)借款人依合同约定归还贷款本息的情况；

(2)借款人有无骗取银行信用的行为；

(3)借款人品行、职业、收入和住所等影响还款能力的因素变化情况；

(4)保证人保证资格和保证能力变化情况；

(5)抵(质)押物保管及其价值变化情况；

(6)期房项目工程进度、抵押预登记和正式登记落实情况；

(7)有关合同及相关资料的完整性与有效性有无与法律、法规和制度相抵触，需要变更、修改和补充的；

(8)贷款资产风险程度、变化情况及趋势；

(9)其他关系贷款人债权实现和保障的内容。

2. 贷后检查的程序。具体包括：

(1)对违约贷款通过电话提示、约见借款人、现场核验、走访借款人所在单位等方式了解借款人违约的主要原因；

(2)根据借款人的违约情况，判断贷款的风险状况，确定贷款形态；

(3)对借款人的违约行为提出催收贷款或强制清收贷款的处理方案，报主管领导批准实施；

(4)登记贷后检查台账，撰写贷后检查报告。

3. 贷款风险的识别与判断。借款人或贷款出现下列情况或存在下列潜在风险因素的，管户信贷员必须对其进行特别监管：

(1)借款人未按合同约定的日期和金额归还贷款本息；

(2)借款人有违法、违纪等不良行为，受到法律、行政处罚或经济制裁；

(3)借款人职业处于不稳定状态，收入明显下降(如借款人从业单位或行业属于关、停、并、转范围；借款人处于失业、半失业状态，失去稳定收入来源或仅依靠最低生活保障或社会救济生活等)；

(4)借款人健康状况恶化或遭受重大人身伤害，丧失或部分丧失劳动能力；

(5)借款人死亡、宣告失踪或死亡及丧失民事行为能力，且无合法继承人，受遗赠人或法定继承人、受遗赠人拒绝履行合同；

(6)借款人有套取银行信用、挪用贷款行为；

(7)借款人所购房屋及其他财产遇不可抗拒的自然灾害或社会灾难，导致损失或灭失；

(8)借款人或抵押人未经贷款人同意，擅自将设定抵押权或质权的财产或权益拆迁、出租、出售、转让、馈赠或重复抵押；

(9)借款人拒绝或阻挠贷款人的贷后检查或提供虚假材料、信息；

(10)借款人居所和联系方式经常变动，贷款人不能有效判断借款人情况和贷款实际使用情况；

(11)因抵(质)押物贬值，抵(质)押物价值趋于或低于贷款金额及抵(质)押物或抵(质)押权益受到损害，抵(质)押权难以或不能实现；

(12)期房项目未按正常进度完工或在约定的时间内未能办妥房地产产权证，进行有效抵押；

(13)保证人资格及能力出现问题(如保证人为法人的，其资信等级降低或处于被兼并、重组、破产状态；保证人为自然人的，其收入或其他财产下降等)；

(14)新法律、法规实施使借款合同及相关合同存在法律方面的缺陷和问题；

(15)贷款手续及信贷档案不齐全，重要文件或凭证遗失，对债权实现有实质性影响；

(16)贷款人已要求履行保证、保险责任及诉诸法律的借款案由。

由于市场环境变化较快，抑或银行自身对贷款监管不严，住房抵押贷款不可避免地会出现逾期或是呆账，因此，住房抵押贷款的运作除了上述五个步骤外，还需要对不良贷款进行管理，做好催收和管理工作。

四、住房反向抵押贷款

(一)住房反向抵押贷款的基本内涵

住房反向抵押贷款(Reverse Mortgage)兴起于荷兰，是针对老年群体推出的一种新型的金融产品，因其业务操作上与普通的住房抵押贷款模式正好“逆向”，因此美国最先将之称为“反向抵押贷款”，也有学者称之为“倒按揭”。美国《银行法》将反向抵押贷款定义为：“由不动产抵押保全的贷款”，它的抵押物只能是拥有独立产权的不动产，而不能是有价证券或其他财产的所有权，也不能是租赁财产。自20世纪60年代美国推出第一笔住房逆抵押贷款业务以来，该模式在英国、加拿大及新加坡等国都取得了一定程度的发展。目前，美国住房反向抵押贷款分为三种类型：住房持有者贷款(Home Keeper)、住房转换抵押贷款(Home Equity Conversion Mortgage，HECM)和财务自由贷款(Financial Freedom)。[①] 我国在20世纪90年代就开始了关于以房养老的理论研究，全国政协委员、九三学社中央副主席赖明在2006年“两会”上提出的“关于推行‘以房养老’的建议提案”中，提出老人在退休之前购买商品住宅，在60岁之前取得房产的全部产权，在60岁退休养老的时候可以把住宅的价值流动化。2007年，上海试点推出65岁以上老年人“以房养老”模式，老人可将自有房屋出售给上海市公积金管理中心，再由该中心将房屋返租给老人，售房款会在扣除相应费用后由老人自由支配使用。2011年9月28日，全国政协举办“大力发展我国养老事业”提案办理会，“以房养老”的提案再次引发外界关注，却又因无相应法律保障而陷入难解困局。2013年，国务院对外发布了《关于加快发展养老服务业的若干意见》。2014年6月23日，中国保监会发布了《中国保监会关于开展老年人住房反向抵押养老保险试点的指导意见》。北京、南京、武汉等城市近年来也曾尝试“以房养老”模式，但均因效果不理想而停滞。

住房反向抵押贷款不同于传统的住房抵押贷款，它是一种将房屋提前变现的养老模式，完全拥有房屋产权的老年人[②]为了更好地实现自己的养老保障，将房屋产权抵押给相关的贷款机构，贷款机构综合贷款申请人的预计寿命、房屋的现值和未来的增值及折损等情况对其房产进行评估，然后向老年人支付一定的贷款用于其养老，在房屋所有者去世或者永久离开房屋后（或合同期满），贷款机构可以将房屋收回。

（二）住房反向抵押贷款的运作

1. 住房反向抵押贷款的参与主体。参与住房反向抵押贷款的主体主要包括借款人、贷款机构以及中介机构。

(1)借款人。借款人是现代金融产品的需求者，也是货币价值的体现者。住房反向抵押贷款主要面向老年群体，借款人必须达到规定年龄，并完全拥有房屋产权。但是各国对年龄的要求不一。美国的住房反向抵押贷款产品对借款人的性别没有限制，但是年龄必须在62周岁以上；对夫妻共同拥有的房屋，在运作住房反向抵押贷款的时候，要求每一个共有人的年龄都必须达到62周岁以上。在新加坡，借款申请人的基本条件为：新加坡公民或者永久居民，年龄在60岁以上；由于当地唯有职总英康保险公司提供该产品，借款人还必须是职总英康保险公司的人寿保险客户。加拿大的住房

---

① Olivias. Mithell&John. Piggott: *Unlocking Housing Equity in Japan*, Journal of the Japanese and International Economies, 2004, 18(4): 466－505。

② 各国对老年人的界定并不统一。

反向抵押贷款是仿照美国模式设计的,因此年龄要求与美国相同,至少是62岁。澳大利亚规定,申请人的年龄为65岁以上。之所以各国对借款者的年龄设置了限制条件,一方面是因为这种贷款作为养老金的重要补充,带有较强的政策属性,另一方面是因为设置年龄限制条件能够降低贷款机构所承担的风险,若向年轻人发放这一贷款,则可能会出现借款人身故时贷款累积本息超过房屋本身价值的现象。

(2)贷款机构。贷款机构是金融产品的提供者,也是社会资金的输入者。由于各国风俗和民情各异,各国住房反向抵押贷款的供给机构层出不穷,主要包括商业银行和保险机构等,政府相关部门也可以参与。美国对住房反向抵押贷款开办机构的限定范围较宽,根据美国《联邦不动产法》,美国联邦住房管理局授权的"合法贷方"为:任何银行、信托公司、储蓄和贷款协会、联邦储蓄和贷款协会、信用联盟、联邦信用联盟和任何授权的抵押银行,以及其他美国联邦住房管理局授权的实体。加拿大和新加坡的住房反向抵押贷款产品分别由多伦多的私人公司和职总英康保险公司推出。

(3)中介机构。中介机构涉及面比较广,是指在住房反向抵押贷款中为借款者提供帮助的各类机构,主要包括咨询机构、评估和鉴定机构以及律师事务所等。咨询机构主要是详细介绍各种住房反向抵押贷款产品,为借款者提供咨询服务;在借款者决定选择产品、递交了贷款申请后,评估和鉴定机构将进行详细的调查和审核,以确定借款者的真实情况,比如,借款者有无债务问题;律师事务所主要是为借款人或者贷款机构解决相关法律上的问题。

2. 住房反向抵押贷款的运作流程。参考美国住房反向抵押贷款产品的发展情况,我们提炼出住房反向抵押贷款的一般流程,具体如下:

(1)借款人就有关住房反向抵押贷款的实施情况向反向抵押贷款业务管理机构咨询;

(2)借款人向开办此项业务的金融机构递交住房反向抵押贷款申请书;

(3)金融机构对申请人递交的申请材料进行审查,然后委托独立、合法的中介机构对申请人的基本情况进行审查,对住房进行资产评估;

(4)中介机构接受贷款机构的委托,对申请人的相关事宜进行客观公正的复查,并形成综合评估报告;

(5)中介机构将综合评估报告提交贷款机构;

(6)贷款机构根据中介机构提供的报告,决定是否接受申请人的贷款请求,并向住房反向抵押贷款业务管理机构提出担保申请;

(7)管理机构根据相关规定与程序,对符合要求的申请人提供住房反向抵押贷款担保,并反馈给贷款机构,对不符合条件的申请人,予以拒绝;

(8)贷款机构与借款人签订住房反向抵押贷款合约,并在约定期间内履行合约。

第六次全国人口普查数据显示,我国60岁及以上人口为1.776亿人,占全部人口总数的13.26%,65岁及以上人口为1.188亿人,占总人口数的8.87%。同时,全国老龄工作委员会办公室预测,到2020年,我国老年人口将达到2.48亿人,老龄化水平将达到17.17%,其中,80岁及以上老年人口将达到3 067万人,占老年人口的12.37%。到2023年,老年人口数量将增加到2.7亿人,与0~14岁少儿人口数量相等。到2050年,老年人口总量将超过4亿人,老龄化水平将推进到30%以上,其中,80岁及以上老年人口将达到9 448万人,占老年人口的21.78%。上述数据彰显出我国老龄化问题的严峻性,而住房反向抵押贷款作为一种发达国家推行时间比较早、运营比较成熟的金融养老模式,在我国具有极大的发展潜力,尽管我国目前并没有比较成熟的"反向抵押贷款"解决方案,但是随着社会的发展,"以房养老"等相关养老金融产品或许能够成为规范我国养老市场、促进社会和谐发展的一种重要手段。

第二节 房地产开发贷款

一、房地产开发贷款的内涵

(一)房地产开发贷款的含义与分类

房地产开发贷款是商业银行房地产信贷最主要的业务种类之一,是指房地产金融机构为了支持房地产开发经营活动,对房地产开发企业发放的用于居住用房、商业用房及其他房地产开发建设用途的各类生产经营贷款。房地产开发贷款期限最长一般不超过3年(含3年),并且原则上应采取抵押担保或借款者有处分权的国债、存单及备付信用证质押担保的方式,担保能力不足部分可采取保证担保方式。若采取抵押担保方式,则抵押物通常为土地使用权、在建工程或已建成的住房。

按贷款用途的不同,房地产开发贷款可分为房地产开发企业流动资金贷款、房地产开发项目贷款、住房开发贷款和商业用房开发贷款等。房地产开发企业流动资金贷款是指房屋开发公司、土地开发公司、企业综合开发公司在商品房或土地开发过程中生产周转资金不足时，房地产金融机构对其发放的生产流动资金贷款。这些贷款资金连同企业的自有流动资金、预收定金、定额负债等，在开发过程中逐步形成开发产品的价值，并随着产品的出售或有偿转让，以销售收入的形式收回，再投资新的产品开发，从而实现增值，形成还贷资金。房地产开发项目贷款是指房地产金融机构对具体的房地产开发项目发放的生产性流动资金贷款，这类贷款企业不能自行结转到其他开发项目上去使用，只能在产品竣工销售后才能完全收回。住房开发贷款是指银行向房地产开发企业发放的用于开发及市场销售的贷款。商业用房开发贷款是指银行向房地产开发企业发放的用于开发建造向市场销售、主要用于商业行为而非家庭居住用房的贷款。

根据房地产开发阶段的不同，可以将房地产开发贷款分为土地购置贷款、土地开发贷款和建设贷款。由于单纯的土地无法带来足够的现金流收益，因而房地产开发商在土地购置阶段一般很难获得商业银行的贷款，并且房地产开发商的还款能力很大程度上取决于房地产市场的发展前景，这其中充满太多变数。所以大多数金融机构通常避免发放土地购置贷款，或者将土地购置贷款占其投资组合的比例控制在一个很小的百分比之内。在央行 2003 年"121 号"文件出台后，商业银行已按规定停止向房地产开发企业发放用于缴纳土地出让金的贷款。土地开发贷款是指银行向房地产开发企业发放的用于土地开发的贷款。在大规模的土地开发中，随着土地开发的进行，金融机构通常会允许特定地块从整体的抵押合同中释放出来，即解除该地块的抵押权，使其得以直接出售或将价值转移到所开发项目一起出售。建设贷款是指金融机构在房地产建设阶段发放的贷款，也是目前我国最主要的房地产项目贷款品种。建设贷款通常用于偿还土地购置贷款和土地开发贷款，支付建设阶段的人工、材料、设备、管理费和其他费用。

表 4-5 反映的是 1998 年以来，我国房地产开发贷款余额及金融机构各项贷款余额的变化情况。1998 年，中国商业银行房地产开发贷款余额为 2 028.92 亿元，2012 年扩大到 38 630 亿元，是 1998 年的 19 倍，年均增长率为 23.43%，并且房地产开发贷款增长速度远远高于金融机构贷款增长速度（2008 年受世界经济危机的影响和 2011 年我国加大对房地产市场的调控，前者的增长速度略低于后者）。房地产开发贷款占金融机构贷款的比重自 2003 年以来有很大上升，2006 年以后一直处于 6% ~7% 的高位。

表 4－5　1998—2016 年我国房地产开发贷款余额变化情况

年份	房地产开发贷款余额(亿元)	同比增长(%)	金融机构各项贷款余额(亿元)	同比增长(%)	房地产开发贷款余额占金融机构贷款余额比重(%)
1998	2 028.92	——	86 524.10	——	2.34
1999	2 350.37	15.84	93 734.30	8.33	2.51
2000	2 628.17	11.82	99 371.07	6.01	2.64
2001	3 494.32	32.96	112 314.70	13.03	3.11
2002	4 465.08	27.78	131 293.93	16.90	3.40
2003	6 657.35	49.10	158 996.23	21.10	4.19
2004	7 800.00	17.16	177 363.49	11.55	4.40
2005	9 141.00	17.19	194 690.39	9.77	4.70
2006	14 100.00	54.25	225 285.28	15.71	6.26
2007	18 000.00	27.66	261 690.88	16.16	6.88
2008	19 300.00	7.22	303 394.64	15.94	6.36
2009	25 278.00	30.97	399 684.82	31.74	6.32
2010	31 325.80	23.93	479 195.55	19.89	6.54
2011	34 880.00	11.35	547 946.69	14.35	6.37
2012	38 630.00	10.75	629 910.00	14.96	6.13
2013	459 000.00	14.78	7 190 000.00	14.1	6.38
2014	428 000.00	21.7	8 168 000.00	13.6	5.24
2015	504 000.00	17.9	9 395 000.00	14.3	5.36
2016	566 000.0	12.2	10 660 000.00	13.5	5.31

数据来源：数据来自于各年度《金融机构贷款投向统计报告》。

(二)房地产开发贷款的特点

房地产开发贷款是固定资产贷款下的一个主要品种，主要具有以下特点：

1. 项目融资，按项目管理。房地产开发企业在运作融资时，一般是以某个项目开发资金不足的名义向银行申请融资。在银行受理后的调查阶段，除对房地产开发企业的实力进行考察外，重点对该项目的可行性进行评估调查；在审批阶段，更是会直接指定某笔贷款用途限于××公司开发的××项目；在贷后管理阶段，项目贷款一般实行“封闭运行”，仅能用于本项目项下的支付，不能将本项目贷款资金挪用于其他项目或其他用途；并且房地产开发贷款的归还完全取决于项目是否开发成功，项目的销售利润是还本付息的来源。

2. 房地产开发贷款面临的风险较大。目前，房地产开发资金来源中最主要的渠道仍是银行信贷。采用这种以间接融资为主的方式主要与我国金融市场不健全以及房地产金融发育不良有关。另外,由于房地产开发贷款属于生产性贷款,容易受到宏观经济政策变动、区域经济波动、项目选择、开发商资质等诸多因素的影响,只要相关的某一因素发生变动,就容易导致开发贷款出现风险。这就要求商业银行必须掌握多方面的信息,随时监测相关信息的变化,并分析变化对房地产开发贷款的影响。

3. 房地产开发贷款保障度较低。房地产开发贷款一般是以所购土地及在建工程作为抵押,随着项目商品房销售的推进,原抵押物的价值必然降低,同时由于土地或者在建工程价值波动很大,因此,房地产开发贷款还款保障度较低。房地产开发贷款的这一特点要求银行必须注意担保抵押的有效性,在办理开发贷款时,银行应当全面了解房地产开发商的实力,考察担保抵押是否合法、是否足值等条件,增强第二还款能力,保障贷款安全。

4. 银行对房地产开发企业的贷后管理困难。相当一部分企业获得银行贷款后,由于担心归还后不符合银行的贷款条件而难以再次获得贷款,从而产生售楼收入回笼后不及时还贷或申请"借新还旧",将短期贷款挪作滚动开发使用,短债长用,使银行资金失去监控,贷款难以收回。另外,由于我国企业破产制度尚不健全,一些国有房地产开发商可能通过虚假财务报表隐瞒利润,滞留银行的贷款本金与利息,假借破产、兼并、重组之名转移资产,逃离银行债务,这样便大大增强了房地产开发贷款的管理难度。

(三)房地产开发贷款的发放对象和取得条件

根据1998年《中国银行房地产开发贷款管理办法(试行)》,可以总结出我国商业银行房地产开发贷款的发放对象与取得条件。

1. 房地产开发贷款的发放对象是经国家房地产业主管部门批准设立、在工商行政管理部门注册登记,并取得企业法人营业执照及由行业主管部门核发的房地产开发企业资质证书的各类房地产开发企业。

2. 房地产开发贷款的取得条件如下:

(1)借款人必须符合规定的贷款对象条件;

(2)借款人具有健全的经营管理机构和合格的领导班子以及严格的经营管理制度;

(3)借款人信用和财务状况良好,确有偿还贷款本息的能力;

(4)已取得贷款项目的土地使用权,且土地使用权终止时间长于贷款终止时间;

(5)借款人已取得贷款项目规划投资许可证、建设许可证、开工许可证、内外销房屋许可证，并完成各项立项手续，且全部立项文件完整、真实、有效；

(6)贷款项目申报用途与其功能相符，并能够有效地满足当地房地产市场的需求；

(7)贷款项目工程预算、施工计划符合国家和当地政府的有关规定，工程预算投资总额能满足项目完工前由于通货膨胀及不可预见等因素追加预算的需要；

(8)具有一定比例的自有资金(一般应达到项目预算投资总额的30%)，并能够在银行贷款之前投入项目建设；

(9)贷款机构规定的其他条件。

二、房地产开发贷款流程

不同商业银行发放的房地产开发贷款的标准不完全统一，但基本流程大同小异。从房地产开发商提出贷款申请到商业银行收回全部贷款本息的全部过程如图4-2所示。

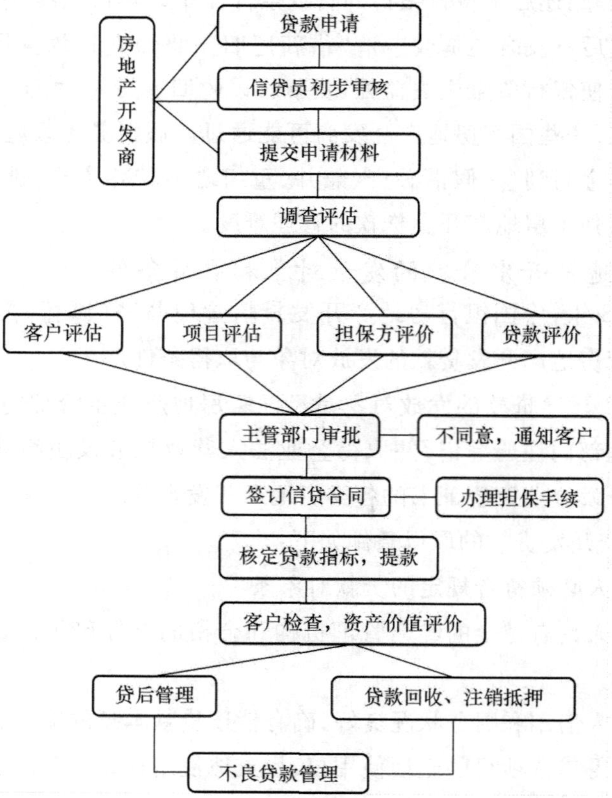

图4-2　房地产开发贷款操作流程示意图

资料来源：张树基：《商业银行信贷业务》，浙江大学出版社**2005**年版，第**211**页。

(一)房地产开发商填写《借款申请书》

《借款申请书》的内容包括:借款用途、借款金额、偿还能力及偿还方式等。同时,借款人应向商业银行提供以下材料作为证明:

1. 借款人及保证人的基本信息;

2. 财务部门核准的企业申请借款前一期及上年度的财务报告;

3. 抵(质)押物清单和有处分权人同意抵押、质押的证明及保证人同意保证的有关证明文件;

4. 其他商业银行规定的证明材料。

(二)《借款申请书》的受理及审查

商业银行受理房地产开发商的申请后,应当对其信用等级及借款的安全性、合法情况进行贷前审查,核实抵(质)押物和保证人等情况,检测房地产开发贷款的风险度,以增加贷款的安全性。

贷款审批环节实行"审贷分离,分级审批"原则。所谓"审贷分离",是指商业银行的审批贷款部门与贷款发放部门共同处理同一贷款业务的制度。"分级审批"是指商业银行根据贷款数额大小的不同,决定由不同层级分支机构进行审批。贷款数额较大的,应当由分行进行审批;贷款数额较小的,可以由支行进行审批;贷款数额巨大的,则由总行负责审批。

(三)签订借款合同

借款合同是商业银行与房地产开发商签订的贷款书面合同。借款合同的主要内容应包括:约定的贷款种类、贷款用途、借款金额、利率、还款期限、还款方式、借贷双方的权利和义务、违约责任和双方认为需要约定的其他事项。商业银行在和房地产开发商签订借款合同的同时,还应要求其另外签订一份贷款担保合同或在借款合同中附加担保条款,签名并盖章。

(四)贷款发放

商业银行要按借款合同的约定发放贷款。不按照合同约定按期发放贷款的,应赔付违约金。房地产开发商不按合同约定用款的,也应赔付违约金。

(五)贷后管理及贷款归还

贷款发放之后,商业银行应对房地产开发商使用借款合同的情况及其经营情况进行追踪调查和检查,掌握其资信方面的重大变化和影响借款偿还的情况。

房地产开发商还应按借款合同的规定按时足额归还贷款本息。商业银行在短期贷款到期一个星期之前、中长期贷款一个月之前,应当向房地产开发商发送还本付息通知书,督促其按时还本付息。商业银行对逾期的贷款要及时发出催收通知书，做好逾期贷款本息的催收工作。商业银行对不能按借款合同约定期限归还的贷款，应当按照规定加罚利息；对不能归还借款本息的房地产开发商，应当向法院申请督促程序或者依法起诉。

三、房地产开发贷款项目评估

房地产开发贷款项目评估是银行贷款决策的重要依据，它是指贷款机构按照贷款效益性、安全性和流动性的要求，综合运用各种科学分析方法，对开发项目进行全面、客观、公正的经济技术论证，在房地产开发贷款决策前期，对借款人和拟开发项目的基本情况、赢利能力、偿债水平、建设条件、市场环境及其他各种不确定因素做出全面而准确的评估，并提出贷与不贷、贷多贷少的意见。

房地产开发贷款项目评估既是贷前调查的关键环节，也是贷款是否合法的决策过程，它主要包括以下内容。

（一）借款人评价

1. 借款人概况。对借款人相关情况进行评价是整个贷款评估的重要环节，主要包括调查借款人的历史沿革、隶属关系、组织形式、产权结构、资质等级、信用等级、经营范围和规模等。

2. 经营者素质评价。通过查阅主要领导人的工作简历，实地调查企业的经营绩效，掌握法定代表人及其领导班子成员的经历、业绩、信誉、品德和能力，评价企业的经营管理水平。

3. 经济技术实力评价。这主要从以下两个方面开展工作：一是从内部进行评价，通过了解企业近几年总资产、净资产、累计开发量及销售量、在建工程等的变化情况，分析借款人近几年的发展轨迹，评价其业务扩展成效；二是从外部来看，主要依据借款人目前在行业中所处的地位与竞争优势进行评价。

4. 资产负债分析。通过查阅借款人近 3 年的资产负债表及财务明细，掌握各项资金的变化情况，探寻变化原因，在现有负债或财务状况下，评价借款人短期和长期的偿债能力。

5. 赢利能力分析。这主要是了解借款人近 3 年的经营收入、经营成本、经营税金及附加、财务费用、经营利润等的增减变动情况，计算经营利润率、资产利润率和开发成本利润率等指标，分析影响借款人利润的原因，评价其赢利能力。

6. 现金流量分析。这主要是了解借款人近 3 年现金流入和流出情况，通过分析现金净流量的变化情况，判定借款人的偿债能力和支付能力。

7. 信用状况评价。调查借款人基本账户开立、信用等级以及近几年贷款偿还情况,评价其存量贷款的风险状况,计算存贷比率和销售款归还率,并对借款人的商业信用与贷款机构的合作情况做出说明。

8. 发展前景评价。这主要是针对新建企业而言,通过对新建企业人力资源与现金流健康状况进行全盘了解后,对借款人的整体运行情况进行客观、公正的分析。

(二)房地产开发项目建设条件评价

1. 项目建设必要性评价。掌握项目提出的宏观背景,综合分析项目所在地有关房地产开发的政策环境、城市土地利用规划及建设开发计划等情况,调查项目建设的综合效益,对项目建设的必要性进行评价。

2. 调查项目的建设内容、规模和建设方案。即调查项目的区位条件、建设性质及特点、占地面积、容积率等经济技术指标,判定项目设计建设是否与环境、规划相契合,项目功能结构内部是否协调,并分析在不契合或不协调的情况下会对项目销售产生什么样的影响。

3. 项目实施进程评价。对未开工项目要了解项目从立项、可行性研究、下达规划任务、征地拆迁、委托规划设计、取得开工许可证直至完成开工前准备等工作的进程情况;分析说明项目开、竣工时间及其进度安排,工程的配套建设计划等情况。对已开工项目,要分析形象进度、投资完成及各项资金到位情况;对投资项目,要说明设计变更、概算调整等文件的批复情况。

4. 项目建设条件评价。通过对项目建设所需的建筑材料总需求、采购方式、供应计划以及施工期间动力、水等条件保障程度的了解,分析项目建成后水、电、煤气、交通、通信等条件的落实情况。

5. 设计单位资质评价。通常情况下,一个资质高、实力强的设计单位所提供的设计方案会有一定的预见性,能够保证开工后设计内容的合理调整,因而需要对设计单位的资格和能力有一定程度的了解。

6. 施工组织评价。对施工单位和监理单位资质等级和能力进行调查,了解其是否有不良记录,有利于保证项目的顺利、安全建设。此外,要调查项目招投标内容、步骤和开标、评标方式是否符合有关部门的规定。

7. 环境保护评价。调查项目在开发过程中或完工后可能引起的环境变化情况,分析主要污染物及污染源,了解是否定期开展环境质量监测的相关工作。

(三)项目市场评估

由于市场的波动性较大,市场分析与市场定位是房地产开发项目信贷评估分析的关键。一般来说，应该考虑的主要内容有：

1. 市场供求状况及其发展趋势分析。了解国家宏观经济运行态势及房地产业政策导向；调查当地经济发展水平和房地产市场培育程度；根据项目类型和特点分析项目定位是否满足消费者的需求层次与消费心理；分析项目所在地区居民的收入水平、消费水平与结构，充分挖掘其潜在需求；对相关经济政策及房地产未来预期进行分析与预测，判定项目的市场发展趋势与前景。

2. 项目市场竞争能力分析。调查项目的工程质量、价格、地段、户型、功能、居住环境、配套设施、营销策略和物业管理等方面的同业竞争能力。

（四）投资估算和筹资评价

1. 项目总投资估算。主要包括土地费用、前期工程费、房屋开发费、其他费用、管理费用、销售费用、财务费用、不可预见费用和税费。

2. 投资估算的评价。审查项目投资费用构成是否完整，是否出现专项资金未到位现象；审查取费的依据和标准是否合规，有无随意变更投资额的情况。

3. 投资来源及筹资评价。掌握项目投资来源构成和筹资方案设计，重点对各项资金来源和出资方式的合法、合规和可行性进行审查，分析其落实的可能性。核实自有资金比例是否合理及符合规定。

4. 项目投资计划评价。评价开发项目分年度投资计划的可行性。根据投资估算、投资来源及分年度投资计划编制“项目投资来源及支出预测表”。

（五）项目财务评价

1. 项目财务效益预测。项目财务效益预测一般通过收益与成本的核算预测并结计余额实现。首先预测销售收入。通常根据市场评估预测的分年度租售计划和租售价格预测各年租售现金收入，计算各年销售收入。其次预测各种成本费用。根据房地产企业会计核算的有关规定，并执行国家和地方现行的财税制度，按比例结转开发产品至经营成本，计算经营税金及附加、销售费用、管理费用、财务费用、所得税等项目，编制“项目损益及利润分配预测表”。

2. 项目财务现金流量分析。从项目投资、项目经营及项目筹资三个方面预计会产生的现金流入和现金流出等情况，编制“项目财务现金流量表”，计算财务净现值、财务内部收益率、投资回收期等指标。

3. 项目偿债能力评估。根据可还贷资金来源和还款方式，编制“项目借款偿还预测表”，测算项目贷款的偿债能力和偿还期。按合同规定还款的，计算各年偿债保证比和综合偿债保证比；没有合同规定的，按最大还款能力预测项目借款偿还期。

4. 项目敏感性分析。敏感性分析主要是找出对经济评价指标造成影响的因素，并确定其影响程度。一般通过计算分析建造成本、建设周期、租售价格和租售量的变动对项目内部收益率、偿还期和偿债保证比的影响程度来确定敏感因素。

（六）贷款风险评价

1. 项目风险评价。综合分析借款人在落实建设条件、资金筹措与运作、租售价格测算、汇率变化、管理体制和市场调控政策等方面面临的风险，测算出这些因素变动对贷款的影响程度，进而建立相应的预警机制及规避措施。

2. 贷款担保评价。对借款人提出的贷款担保方式意向进行初步调查，评价其可行性。

（七）项目总评价与评估报告的编写

总结上述评估内容，提出建议和意见，得出项目评估结论，编制项目评估报告。

1. 总体要求。编写评估报告应做到有实事、有数据、有分析、有结论，实事求是，客观公正，分析要简明扼要，条理清楚，突出重点。

2. 格式要求。报告封面以"贷款评估报告"为标题，并注明借款人名称、项目名称、评估组织单位和时间、评估人员。正文一般包括概要、借款人评价、项目建设条件评价、市场评估、投资估算与筹资评价、偿债能力评价和贷款分析几部分。具体章节可根据项目具体情况灵活确定。

3. 评估报告附件。附件包括评估主要结论报告表、投资来源及支出预测表、项目损益及利润分配预测表、项目财务现金流量表、资金来源与运用表、项目借款偿还预测表、项目贷款风险度测算表、借款人损益及利润分配预测表、借款人资产负债预测表、借款人现金流量预测表和借款人长期负债偿还预测表。

复习思考题

1. 试论我国发展房地产抵押贷款的必要性。
2. 简述住房抵押贷款的运作流程。
3. 简述房地产开发贷款项目评估的主要内容。
4. 住房抵押贷款和房地产开发贷款的区别有哪些？

【案例分析】

上海"以房自助养老"计划

2007 年 5 月，作为政府所属的非营利事业单位的上海市公积金管理中心，在经过调研与筹划后推出了一种名为“以房自助养老”的模式，该模式规定，年龄在65岁以上且拥有50平方米以上房产的老年人将自己的房产（经市场价格评估后）与市公积金管理中心进行交易，将房产产权转让给公积金管理中心，然后由该中心以优惠价格将原有房屋返租给老人，并将房产评估价值扣除应收租金后一次性支付给老人。该模式还规定，如果租期未满而老人去世，则所余租金作为老人遗产全部返还；如果租期满后老人仍健在，则其后的租金以保证金抵用。至2008年年底，上海仅有5位老人签订房产协议，“以房自助养老”发展得并不算成功。

这一模式由政府机构出面主办，主要包括以下特征：

1. 提供贷款的机构不是营利性的机构或保险公司，而是非营利性的政府事业单位；

2. 规定的借款人年龄是在65岁及以上，相对来说年龄规定偏高；

3. 从房屋产权来看，最开始老年人将房屋出售给公积金管理中心就已经失去了房屋产权；

4. 从适用者的角度来看，该模式更适合于不将房屋产权转让给子女继承，为了追求更高质量的生活品质，并且也不愿意搬离原来住处的老年人。

除了上海外，南京、北京也先后推出类似住房逆抵押贷款的住房养老模式，但真正意义上的住房逆抵押产品并没有出现。

问题：结合材料和现实情况分析并讨论：在我国快速步入“老龄化社会”进程中，发展住房反向抵押贷款的困难有哪些？

【实训练习题】

实训内容：调研商业银行住房抵押贷款发放流程，重点了解抵押贷款中的信用评估、抵押品估值的方法及住房抵押贷款放款和还款流程。

实训目的：加深对房地产抵押贷款融资形式的理解。

实训流程：

（1）查找一份真实的“住房抵押贷款合同”作为实训基础。

（2）分小组探究合同中关于信用评估、抵押品估值的相关条款。

（3）分析信用评估、抵押品估值的方法以及放款和还款流程，并画出流程图。

DI 第五章 WUZHANG 房地产证券化

房　地　产　金　融

【本章学习目标】

1. 掌握房地产证券化的主要特征及作用；

2. 掌握房地产证券化的运行机制，了解发达国家现行的房地产证券化模式；

3. 掌握住房抵押贷款证券化的概念、运作流程及在我国的发展情况；

4. 了解美国次贷危机的爆发历程及机理，掌握美国次贷危机对我国MBS的启示。

【关键词】

房地产证券化；ABS；住房抵押贷款证券化；次贷危机

第一节　房地产证券化概述

一、房地产证券化的含义

（一）资产证券化

资产证券化（Asset Securitization），也称结构性融资（Structural Finance），这一术语最早由美国投资银行家刘易斯·兰尼埃瑞（Lewis S. Ranieri）于1977年接受《华尔街日报》记者采访时提出。[①] 目前，国内外学者或机构并未对证券化形成统一的认识。有学者从融资的角度把证券化定义为“是将产生于资产或发起人（产生应收款的实体）所有的应收款的现金流转化成平稳的偿付流的

---

① Leon T. Kendall, Michael J. Fishman: *A Primer on Securitization*, Massachusetts: The MIT Press, 1996, p. 31.

过程，这样使发起人可以通过一笔贷款或债券的发行实现资产担保融资，这些债券本质上对应收款的信用而不是对发起人整体的信用有有限的追索权，并且在融资本质上是自我清偿的”①。也有学者从资产重组的角度出发，认为“证券化是销售代表对一个隔离的、能产生收入的资产或资产集合的所有者权益的股票或由这一资产担保的债券工具，通过一个架构的交易减少或重新分配内在于所有的或贷予的资产上的特定风险并确保这样的利益更具有适销性，从而获得比对资产的所有者权益或贷款更好的流动性”②。2005 年 4 月，中国人民银行和中国银监会制定的《信贷资产证券化试点管理办法》第 2 条规定：“在中国境内，银行业金融机构作为发起机构，将信贷资产信托给受托机构，由受托机构以资产支持证券的形式向投资机构发行受益证券，以该财产所产生的现金支付资产支持证券收益的结构性融资活动。”这一条款间接规定了信贷资产证券化的含义。

作为近几十年世界金融领域最重要的创新之一，资产证券化动摇了以银行等金融机构作为传统资金供给者的垄断地位，让更多直接融资渠道有机会参与资本市场运作，进而使资金供给者与资金需求者能够得到较好的匹配。

按照不同的分类标准，资产证券化可以划分为不同的类型。按照资产类型的不同，资产证券化产品可以分为房地产类产品和非房地产类产品两大类。房地产类产品统称为抵押贷款支持证券（Mortgage - Backed Securities，MBS），非房地产类产品通称为资产支持证券（Asset - Backed Securitization，ABS）。③与 MBS 相比，ABS 的种类更加繁多，主要包括：①贷款类资产，如汽车消费贷款证券化、学生贷款证券化、商用房抵押贷款证券化等；②应收款类资产，如信用卡应收款证券化、贸易应收款证券化、设备租赁费证券化等；③基础设施的收费类资产，如路桥收费证券化、水电气供应收费证券化等。

此外，也可以按照现金流的支付形式将其分为转手证券（Pass - through Securities）与转付证券（Pay - through Securities）。转手证券是资产证券化的最基本类型，特殊目的机构（Special Purpose Vehicle，SPV）将抵押贷款资产池产生的本息按持有比例直接转付给抵押债权证券投资者，证券投资者实际上获得了基础资产收益的所有权。转付证券与转手证券的区别在于抵押贷款组合的所有权是否转移给投资者，并且两者偿还本息的资金来源也不同。转付证

① John Deason：*Securitization，Principles，Markets and Terms*，Asia Law Practice Publishing Ltd.，1998：p. 2. 转引自：洪艳蓉：《资产证券化法律问题研究》，北京大学出版社 2004 年版，第 6 页。

② Joseph C. Shenker，Anthony J. Colletta：*Asset Securitization：Evolution，Current Issues and New Frontiers*，Texas Law Review，，Vol. 69，May 1991：pp，1374 ~ 1375.

③ 古川令治、张明：《资产证券化手册》，中国金融出版社 2006 年版。

券本身包含许多种类，比较常见的有担保抵押债券（Collateralized Mortgage Obligations，CMO）和剥离式抵押债券（Stripped Mortgage - Backed Security，SMBS）。担保抵押债券是债券发行人以一个抵押贷款组合或一些抵押转手债券组合做担保所发行的债券。担保抵押债券利用长期的、每月支付的现金流，将抵押贷款期限细分为1～3年、3～10年、5～15年和15年以上四种，创造了短、中、长期不同层次的债券，降低了抵押贷款的风险。担保抵押债券的投资人并不直接拥有抵押贷款，而是拥有对债券发行人的债权，债券作为发行人的负债列入资产负债表中。剥离式抵押债券是在担保抵押债券基础上进一步创新的金融工具，其基本原理是继续拆细抵押贷款组合产生的收入流，对应衍生出不同类别的债券。

（二）房地产证券化

房地产证券化（Real Estate Securitization）是一种新型的房地产融资方式，同时也是一个非常复杂的系统工程，它不仅涉及房地产开发企业、银行、投资者，还涉及投资基金、证券发行机构、证券担保公司等。房地产证券化巧妙的运作机制和在金融市场上巨大的融资作用契合了房地产市场和金融市场的需求。20世纪90年代以来，全球房地产证券化发展迅猛，已成为房地产市场和金融市场重要的融资和投资工具之一。

通常认为，房地产的固定形态和较低的流动性是桎梏房地产融资和投资的障碍。房地产证券化正是通过增强其流动性来破解房地产投融资的瓶颈，其运作的基本原理是把流动性较低的、非证券形态的房地产投资转化为资本市场上的证券资产，从而使投资人与房地产投资标的物之间的物权关系转化为有价证券形式的股权和债权的金融交易过程。也就是把房地产经营的相关收益（包括出售或出租经营等多种形式的收益）作为担保或抵押品，并以此为基础发行证券，然后出售这些证券，其实质是将房地产投资直接转化为证券形态，使投资者与房地产的关系由拥有房地产产权转变为拥有有价证券的权利，即化直接的物权关系为持有有价证券的投资权益关系。

房地产证券化主要包括房地产抵押债权证券化和房地产投资权益证券化两种形式。美国的房地产证券化就是以房地产抵押债权证券化为切入点开展起来的。它是从金融机构的角度出发，将一级市场（即发行市场）上所拥有的房地产抵押贷款组合起来出售给特殊目的机构，特殊目的载体以此为基础资产，通过特定的程序发行抵押贷款证券出售给投资者，从而实现在资本市场上融资，将房地产的长期债权转化为可获得的现金流，使其得以流动的金融融资行为。住房抵押贷款证券化（Residential Mortage - Backed Security, RMBS)是此种证券化发展最为成功的代表品种,另外还包括商用房地产抵押贷款支持证券(Commercial Mortgage - Backed Security, CMBS)和担保抵押权证等。

房地产投资权益证券化,也称商业性房地产投资证券化,是从非金融机构的角度出发,以房地产投资信托为基础,将房地产直接投资转化为有价证券,使房地产价值由流动性较低的固定资产形态转化为流动性较高的证券形态,通过发售这种证券化产品在资本市场上筹集资金,从而使"投资者与房地产投资标的物之间由拥有房地产所有权转变为拥有有价证券化所有权"的过程。房地产投资权益证券化最典型的品种是房地产投资信托(Real Estate Investment Trusts, REITs)。

我国房地产证券化的探索始于1992年海南省三亚市推出的"地产投资券"。2005年4月,中国人民银行正式批准中国建设银行开展住房抵押贷款证券化业务,从而迈出我国进行大规模房地产证券化的关键一步。2005年12月1日起,《金融机构信贷资产证券化试点管理办法》正式施行,为房地产证券化提供了政策和法律依据。同年12月,作为试点的国家开发银行发行第一期开元信贷资产支持证券,中国建设银行发行的国内首单个人住房抵押贷款证券化产品——"建元2005-1"正式进入全国银行间债券市场,给我国债券市场注入了新的血液,随后,中国建设银行又发行了"建元2007-1个人住房抵押贷款支持证券",但2008年美国爆发的次贷危机使我国房地产证券化的发展基本处于停滞状态,直到2012年才再度重启。2013年7月,国务院发布《关于金融支持经济结构调整和转型升级的指导意见》,明确要逐步推进信贷资产证券化常规化发展。2014年,证监会发布《关于进一步推进证券经营机构创新发展的意见》,明确提出研究建立房地产投资信托基金的制度体系及相应的产品运作模式和方案。2015年2月,住建部下发了《关于加快培育和发展住房租赁市场的指导意见》,明确提出要推进房地产投资信托基金,为房地产资产证券化和金融化铺平了道路。2015年6月,万科联手鹏华基金发起国内首只公募REITs,标志着REITs开始进入实际操作阶段。2016年1月,证监会原主席肖钢在全国证券期货监管工作会议上提出"发展企业资产证券化,推进基础设施资产证券化试点,研究推出房地产投资信托基金",表明了高层对REITs产品的明确支持。2017年伊始,华远地产联手恒泰证券股份有限公司在机构间私募产品报价与服务系统成功发行规模为7.36亿元的房地产信托投资基金资产支持证券。目前,我国的房地产证券化还在不断发展与完善中。

二、房地产证券化的基本特征

作为一种设计精巧、专业化程度高、技术性较强的金融创新工具，房地产证券化集债权、担保及证券于一体，从产生之初就备受关注，由此带动了金融业务、金融体系和金融市场创新。目前，房地产证券化在我国还是一项新生事物，其特征主要包括以下几个方面。

（一）基础资产的法律表现形式为合同性权利

从法学的角度来看，房地产证券化是由一系列以合同为主的法律行为来完成的，在证券化过程中，无论是房地产抵押贷款债权证券化还是房地产投资权益证券化，基础资产都被法律化为一种合同权利。

比如，在房地产抵押贷款债权证券化中，就是银行通过债权转让合同将其抵押贷款债权转让给特殊目的机构，然后将这些合同债权经过整理汇集成为同质的资产池打包加以出售。房地产投资权益证券化中的股权融资，其出售的房地产企业的股权也是基于投资合同产生的一种合同权利。

（二）参与者之间法律关系复杂

在房地产证券化过程中，从基础资产的选定到证券的偿付，有诸多的经济主体参与进来，如银行、信用评级机构、信用增级机构、证券机构、投资人等，参与者相互之间产生纵横交错的法律关系网，如银行与原始贷款人之间的借贷法律关系，特殊目的载体和原始权益人之间的资产转让关系，委托人和受托人之间的信托关系，特殊目的机构和证券承销商之间的承销关系，还有众多中介机构提供服务而产生的服务合同关系等。

（三）独特的融资模式

房地产证券化的核心是设计出一种严谨有效的交易结构，这一结构主要通过提高金融资产的流动性来实现融资的目的。另外，在负债结构上，房地产证券化利用证券化技术进行融资，将资产负债表中的资产剥离重组后，构造成市场化的投资工具，这样可以提高发起人的资本充足率，降低发起人的负债率。有学者曾这样评价过房地产证券化，“它是对传统金融体系融资方式的突破，它打破了债权融资与股权融资传统金融格局，形成了债权融资、股权融资、资产融资三分天下的格局”①。

（四）安全系数高

传统的融资方式通常利用融资主体的资信能力来融资，而房地产证券化

---

① 裘高宇：“我国房地产证券化的相关问题探讨”，《科技资讯》，2007 年第 24 期，第 197 ~ 198 页。

则是凭借基础资产及其所产生的现金流来融资，资产本身的偿付能力与原始权益人的资信水平被彻底割裂开来。另外，在由其他机构专业化经营的同时，投资者的风险也因为证券化风险隔离（Risk Remoteness）机制[①]的设计，只取决于基础资产现金流收入自身，而不再受发起人信用等级和经营状况的影响，并且发起人和特殊目的机构的破产风险隔离也实现了证券化产品信用等级的独立性。这种独特的设计降低了房地产证券化产品原有的风险，提高了其安全系数。

三、房地产证券化的作用

房地产证券化既是一项金融创新，更是全球性经济民主化运动的重要组成部分。从宏观上看，它具有促进房地产市场发展、分散金融风险等重要作用。

（一）推动房地产市场的发展

房地产市场引入证券化后，借助证券化工具，开发商可以在短期内筹措巨额开发资金，房地产业主也可借此减少其房地产资本的风险，投资人则以小额资金便可“入市”，分享房地产开发的利润。因此，房地产证券化的及时变现功能能够促进存量资产的流动化与资源的优化配置，对房地产市场的发展具有极大的促进作用。美国政府在20世纪60年代末发展住房抵押贷款证券化，就是为了创造一个流通性强的住房抵押贷款二级市场，从而拓宽了房地产业的融资渠道，推动美国国内房地产市场的繁荣发展。

（二）分散房地产投资的风险

与股票投资相比，房地产投资的最大特点在于它是实物投资，而股票只是虚拟资本投资，充其量也不过是投资价值实现的媒介，其载体仍为实业经营。所以房地产投资一般存在较大的风险，要降低或是分散风险，就要求优化房地产投资组合。然而借助证券化工具，房地产交易可以立即实现，从而使投资人准确确定房地产买卖时间，长期投资因此短期化。另外，房地产证券化可以利用较低的投资成本，迅速创立一种合理的资产多样化组合，以适应单个投资总资本的分配与风险的回避，房地产投资人亦可准确地进行资产组合的选择。

（三）增强融资的灵活性

房地产证券化的筹资功能集中地体现在其杠杆融资之中。假如现有一栋

---

① 风险隔离机制是资产证券化交易所特有的技术，它使基础资产原始所有人的其他资产风险、破产风险等与证券化交易隔离开来，风险也不会“传染”给资产支持证券持有者，资产的卖方对已出售资产没有追索权，在卖方与证券发行人和投资者之间构筑了一道坚实的“防火墙”。

价值1亿元的高层写字楼用于出租,起初的年收益为5%,即500万元,该收入可以用来发行年利率为10%的中长期债券,从而筹得资金5 000万元,另外的5 000万元资本价值可以发行专门的房地产股票,其股票就可以获得较大的资本收益。若两年后经济运行态势上扬,租金收益由5%变化到9%,即一年可以获得租金900万元,那么,债券持有人仍然得到500万元,股东则可以因证券化获利400万元,因而证券化融资方式赋予了房地产融资更大的灵活性。

除了上述宏观作用外,房地产证券化还可以为开发商的大型项目提供一种新型的长期融资渠道,从而使开发商通过长期的股本与负债融资进入资本市场,并且还可以改良居民个人的资产结构,提高大众投资人的福利。对住宅消费者来说,房地产证券化通过降低开发商的投资风险,提高规模经济效益,在一定程度上可以为消费者带来价廉物美的房屋。

第二节 房地产证券化的运作

一、房地产证券化的参与主体

房地产证券化作为一个复杂的系统工程,参与者众多,其中最主要的有三个:投资者、发起人和特殊目的机构。其他的参与者还包括:信用评级机构、信用增级机构、专门的服务机构、受托机构、承销商。

(一)投资者

投资者(Investor)包括机构投资者和个人投资者。在发达的市场经济国家,机构投资者主要包括商业银行、投资银行、养老金机构、投资基金机构以及保险公司。个人投资者参与的方式一般是通过基金的买卖进行间接投资。

(二)发起人

房地产证券化发起人(Originator)也称原始权益人,通常是证券化基础资产最初的所有者。发起人在房地产证券化过程中充当着至关重要的角色,主要承担的职责是根据实际情况选择需要证券化的基础资产来构建资产池,并将这些基础资产重新组合并出售给从事证券化业务的特殊目的载体。在房地产证券化过程中,只有发起人选择好拟进行证券化的基础资产,之后的一系列环节才能水到渠成。房地产证券化过程中的发起人一般为商业银行、储蓄机构及其他从事房地产贷款的金融机构。

(三)特殊目的机构

设立特殊目的机构是房地产证券化运作的核心环节。特殊目的机构是指从发起人(原始权益人)那里购买要证券化的资产,并发行以此为支持的证券的特殊目的实体,是发起人和投资者之间的中介机构。特殊目的机构是一个独立机构,具有独立的决策权,是实现房地产支持证券破产隔离的重要机构。特殊目的机构本身不易破产,它的自有资产很少,主要是发起人购买的房地产资产,负债主要是发行以该资产为支撑的证券。特殊目的机构可以采用多重形式,比如信托、公司或者有限合伙等。特殊目的机构能够使要证券化的房地产资产从贷款银行中独立出来,最大限度地降低银行破产对证券化资产以及投资者的影响,从而实现“真实出售”和“破产风险隔离”。

(四)信用增级机构

在资产证券化过程中,除政府债券外,几乎所有的资产支持证券都要进行信用增级。信用增级机构(Credit Enhancement Agency)的运行通常分为内部增级和外部增级两种,前者由房地产支持证券的发起人充当,后者则由独立于各参与方之外的第三方机构担任,主要包括政府、保险机构、担保公司、银行等机构。信用增级旨在提高资产或证券的信用等级,是减少房地产证券化整体风险的重要手段。

(五)信用评级机构

信用评级机构(Credit Rating Agency)是由专门的金融、财务专家和法律顾问组成的金融中介机构。信用评级能够在一定程度上缓解发行人与投资者之间信息不对称的矛盾,它能够帮助发行人确定信用增级的方式和规模,并且为投资者设立一个明确而又可以接受的信用标准,是投资者进行投资决策的重要依据,有利于保护投资者的利益。在信用评级机构完成初次评级之后,需要对发行的证券进行“持续追踪”,对发行人的财务状况进行监督,及时发现风险因素,并根据调查结果对证券的等级进行调整,维护投资者的利益。长期以来,穆迪(Moody’S)、标准普尔(Standard & Poor’S)以及惠誉国际(Fitch Rating)位列国际资本评级市场“三甲”。三大评级公司在一定程度上和一定范围内增加了市场的透明度,提高了金融交易的效率。

(六)专门的服务机构

专门的服务机构又称服务商(Servicer),是面向原始债务人(即借款人)的、从事还款收集等相关活动的证券化服务中介。其基本职能是对房地产证券化过程中所产生的现金流量进行监督和保管,即负责收取到期的本金和利息,负责向受托机构和投资者提供年度或季度报告等。

(七)受托机构

受托机构(Trust)既是服务人与投资者的中介,又是信用增级机构与投资者的中介。受托机构的主要任务就是保证房地产证券化的安全性，负责管理贷款组合产生的现金流、对房地产证券进行登记、向投资者发放本金和利息、监督合约的执行等。当最初的借款人按照约定偿还本金和利息的时候，服务商就会将现金存入特殊目的机构账户，由受托机构将账户中的资金向投资者发放，对没有转付的款项进行再投资。同时，受托机构还需要对服务商的行为进行监督，确保报告的真实性，若有违约，立即向投资者披露。如果服务商不能履行其职责，可以取代服务商。我国《金融机构信贷资产证券化试点监督管理办法》第 9 条规定："信托受托机构应当根据国家有关规定完成重新登记 3 年以上；注册资本不低于 5 亿元人民币，并且最近 3 年年末的净资产不低于 5 亿元人民币。"

(八)承销机构

承销机构(Distributor)，即证券的发行者，通常由投资银行担任，负责向投资者出售由其代销或包销的房地产支持证券。在一项成功的证券化过程中，承销机构的作用相当重要。

二、房地产证券化的操作流程

不同国家具有不同的历史传统、金融体制和法律制度框架，因此其房地产证券化的运作方式也各有不同，但本质上仍然存在一些共同点。一般而言，房地产证券化运作包括以下几个基本流程(详见图 5－1)。

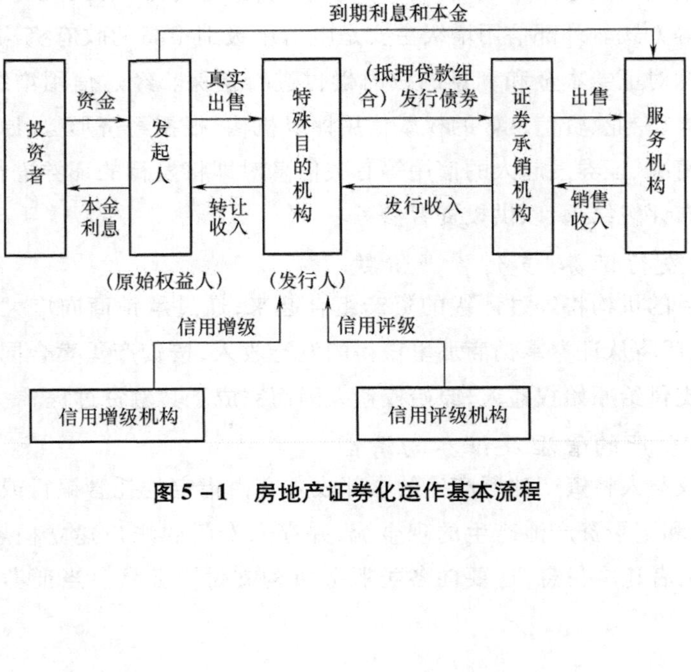

图 5－1　房地产证券化运作基本流程

（一）组建资产池

适合证券化的基础资产必须具备稳定可预测的现金流、资产信用良好、合约的标准化程度高、易于变现等特点。贷款人（如购房者）将住房抵押给银行并取得贷款后，作为原始权益人和发起人的房地产抵押贷款发放机构在考虑证券化资产的上述因素后，经过清理和估算，将同质的、具有稳定预期收入的住房抵押贷款汇集在一起，在一级市场上保险后，组成资产池（Asset Pool）。

（二）进行资产转移，实现真实出售

资产转移是证券化过程中一个非常重要的环节，因为它直接关系到能否成功地实现风险隔离。这时需要由独立的第三方或原始权益人成立一个专门的中介机构——特殊目的机构。特殊目的机构一般不以赢利为目的，形式可以是政府特设的专营机构，也可以是资产管理公司、信托投资公司或证券公司等。然后由抵押贷款发放机构将抵押贷款“真实出售”（True Sale）给此特设目的机构。所谓“真实出售”，是指抵押贷款在被出售给特设机构后，原始权益人（贷款银行）即使破产清算，已出售的资产也不会被列入清算范围。这样，基础资产与原始权益人之间就实现了真正的破产隔离（Bankruptcy Remoteness），有效预防了发起人破产行为的出现，保护了广大投资者的利益。

（三）进行信用增级和信用评级

为了保证证券的安全，增强投资者的信心，一般需要对拟证券化资产进行信用增级，以提高它的信用级别。信用增级分为内部信用增级和外部信用增级。内部信用增级主要采取划分优先/次级结构、进行超额担保以及建立现金储备账户等方式。外部信用增级主要是由信用级别很高的政府机构或专业金融担保机构对证券本金和利息的按时偿付进行担保。经过信用增级之后，还需要由独立、专业、资信良好的权威信用评级机构，根据经济形势、原始权益人债务履行情况、证券发起人的信用等有关信息对即将发行的证券进行评级，并向社会公布评级结果，以供投资者参考。

（四）发行证券，支付资产价款

特殊目的机构将经过评级的资产组合起来，通过承销商向广大投资者发售证券，然后将从证券承销商那里获得的发行收入，按资产买卖合同中事先约定的价格支付给原始权益人，原始权益人因而完成了其融资过程。

（五）资产的管理及证券的清偿

原始权益人将资产池所产生的全部收入交由指定的托管银行或服务商来管理，收取和记录资产池产生的现金流，并存入专门的账户建立积累金，用于到期向投资者还本付息，还要向各类服务机构支付服务费。当证券被全部偿

付完毕后，若有剩余，则按约定在原始权益人和特设机构之间进行分配。

三、发达国家房地产证券化模式

房地产证券化作为一种筹集资金的创新手段，能够有效分担投资风险，刺激投资，拉动经济增长，自其在美国出现之后，迅速在日本及英国这些发达国家成长，并形成了较成熟的房地产证券化模式。

（一）美国的房地产证券化模式

美国是实行房地产证券化最早的国家，同时也是房地产证券化最发达的国家。1970 年，美国房地产抵押债权流动出现后，在市场上形成了一种新的证券商品——政府国民抵押协会证券，随后又陆续推出了"抵押担保债务证书""抵押支付债券""抵押担保债务证券""不动产投资信托"等新的房地产证券品种，不断丰富的证券品种促进了房地产证券化的迅速发展。目前，美国房地产证券化模式主要包括房地产投资信托、房地产有限合伙以及房地产抵押贷款证券化三种形式。

1. 房地产投资信托。美国的房地产投资信托（Real Estate Investment Trusts, REITs）是由房地产投资信托基金公司负责对外发行收益凭证，向投资者募集基金。基金公司筹得资金之后，会将投资标的开发、管理及未来出售权委托给房地产开发公司，资金运转完成后，房地产开发公司只收取一定的房地产管理费用及买卖佣金，其他利润归收益凭证持有人享有。

在美国，房地产投资信托主要起到一种金融中介的作用，投资者通过购买房地产投资信托收益凭证的方式进行投资，由投资银行参与其活动，投资者可以随时通过证券交易所进行收益凭证的转让，投资在获得收益后自行纳税。在这一点上，美国的房地产投资信托与一般的公司利润有一定差别，后者一般要在公司及个人收入两方面进行双重征税。

2. 房地产有限合伙。房地产有限合伙制度（Real Estate Limited Partnership, RELP）由经理合伙人和有限合伙人两部分组成。其中，经理合伙人为购买地产或参与房地产市场经营筹资而发起设立的房地产有限合伙组织，经理合伙人负责房地产的经营管理，并且对管理效果负有无限责任。房地产有限合伙把自己的收益权出售给有限合伙人，并从中筹得经营资金，因而有限合伙人只享有所有权，并不参与经营管理活动，所承担的责任也有限，主要以其出资额为准。经理合伙人和有限合伙人的具体权限及各自的业务范畴通常由有限合伙协议规定，协议要对双方的权利义务做出准确的界定，并且内容要尽量详尽、全面。美国的一些州允许有限合伙组织将有限合伙协议作为有限合伙契约,但有时出于经营保密的需要,有限合伙组织会将一些比较简短的文件作为有限合伙契约。另外,采取有限合伙形式,合伙人必须在有限合伙契约上签字才能生效,但是在美国的某些州,不一定需要合伙人签字,因为当有限合伙人非常多时,要取得每个有限合伙人在有限合伙证书上的签字异常烦琐。

与房地产投资信托类似,房地产有限合伙制度也能够避免双重征税,享受税收上的优惠。

3. 住房抵押贷款证券化。美国是住房抵押贷款证券化(Mortgage - Backed Securitization,MBS)的摇篮。1970 年,政府国民抵押协会推出了第一张住房抵押贷款证券,标志着资产证券化的真正开始。此后,美国另外两家政府机构——联邦住宅抵押贷款公司和联邦国民抵押贷款协会也参与发行抵押证券,一些资本雄厚的私营金融机构自 20 世纪 80 年代开始也纷纷进入抵押二级市场,专门从事非常规抵押贷款的证券化。

美国的住房抵押贷款证券化产品非常丰富,产品的设计都考虑到投资者的需求,而且交易方式也灵活多样。并且住房抵押贷款证券化在美国不仅是一种商业行为,同时也担负着众多的公共政策目标,包括促进住房金融稳定、支持中低收入居民购房、促进住房贷款一级市场运作标准化等,这些同时也是政府应当承担的职责,因而美国住房抵押贷款证券化得到政府在法律、税收等各方面的支持。

(二)日本的房地产证券化模式

很长一段时间内,日本由于采取银行与证券业务分离、长短期金融分离、信托业务分离等制度,房地产证券化商品上市存在较大困难,后来在金融国际化与自由化的背景下,日本逐步放松了对金融制度的管制,客观上推动了房地产证券化的进程,日本房地产证券化的主要品种有信托型房地产证券化和组合型房地产证券化。

1. 信托型房地产证券化。早在 20 世纪 70 年代,日本就开始运用信托模式进行资产证券化的尝试,后来信托模式一直是日本资产证券化的主要运作模式。这种模式的运作一般分为以下几个步骤:第一,房地产公司将土地及其附属物份额售予投资者,由投资者缴纳土地、建筑物的价款给房地产公司;第二,投资者将房地产产权信托委托给信托银行进行经营管理,并向信托银行领取受益凭证;第三,信托银行通过一定的途径,将全部房地产款项贷给另一房地产公司,并向该房地产公司收取租赁费,由该房地产公司转租给各承租人,并向各承租人收取租赁费;第四,投资者凭借受益凭证向信托银行领取该信托的分红受益金。此外,信托银行还可将房地产在市场上出售,将出售所得价款按比例分配给投资者。

2. 组合型房地产证券化。组合型房地产证券化是指房地产开发企业将其所占有、持有或所有的土地及附属物以单人独立控股或共有持股的方式出售给投资者以取得资金。这一模式的具体操作步骤包括:第一,房地产公司将其所有或使用的房地产可分共有物分售给投资者,以取得分售价款。第二,投资者将可分共有物以现金出资的方式组成日本民法上的资产信托组合。第三,该资产信托组合将其房地产全部租赁给房地产公司,向其收取租赁费,并将该租赁收入按比例分配给投资者。若得到各投资会员的同意,也可将该房地产任意组合出售,并以其出售所得分配给投资会员。这种房地产证券化模式与信托模式相比,主要的不同之处是省去了信托模式的复杂程序,用投资者之间的合伙形式替代了信托银行,以利益最大化的方式来管理应用地产。但是相比信托模式的严格程序,组合型房地产证券化必然会导致管理过程中的松散,极易造成地产的分配不均,或是在会员意见不一的情况下造成地产流通的阻碍。①

(三)英国房地产证券化模式

早期由于社会意识的限制,英国政府在房地产证券化发行方面并不积极,但得益于其较强的金融基础,在放宽政府的政策限制后,英国房地产证券化得到了良好的发展。英国房地产证券化模式具有浓厚的民间色彩,民间组织对其产生与发展起到了至关重要的作用。英国的房地产证券化主要有单一资产房地产公司、单一房地产所有权信托和房地产受益凭证三种方式。

1. 单一资产房地产公司。该形式是典型的公司型证券化工具,且是以单一房地产作为公司资产并对该房地产进行管理的公司,投资者的权益来自于以该房地产为支撑而发行的不同种类的股票或债券之中。从市场的发展来看,单一资产房地产公司的局限性也较为明显:首先,投资者的范围较窄,在较小的市场范围内很难进行证券的有效流通。其次,在合约上,资金不具有灵活性。最后,在税收制度上缺乏有效限制,容易造成收入支出不透明。

2. 单一房地产所有权信托。20 世纪 80 年代中期,英国本土的伯克希子公司(Barkshire)审计委员会提出了单一投资地产的优势及其实现的可行性方案。该方案提出,投资者通过购买单一化的不动产而获得该不动产的所有权,同时根据持有的份额从该信托财产中获取其流通所产生收益及其他利润,其目的是通过基于证券交易所发行的证券工具之上的信托来为单个房地产投资提供多种权益工具的形式。由于相关法律与税收条款不完善,该信托在实践

① 于长秋、李强:“美、英、日等国住房抵押贷款证券化的比较及启示”,《中国房地产金融》,2002 年第 10 期,第 43 ~ 47 页。

中受到了一定的限制。

3. 房地产受益凭证。这是英国最为流行、运用极广的房地产证券化方式，房地产受益凭证就是单一的房地产公司可交换的股票，它具有杠杆融资的潜能，却没有直接管理房地产的义务，原因在于税收及信托资本的不稳定性，投资者往往难以准确把握房地产项目的价值，加之证券时而折扣交易，从而导致这种受益凭证的实际效果并不明显。房地产受益凭证可以在证券交易所主要市场上市，也可由职业投资者与一般公司持有，业主可在税收透明的前提下分享房地产租金收入，也可通过出售房地产受益凭证获得资本收益。

第三节　住房抵押贷款证券化

一、住房抵押贷款证券化的内涵

住房抵押贷款证券化是国际金融市场上发展很快的结构性衍生金融产品，是金融机构（主要指商业银行）把自己所持有的流动性较差但具有稳定可预期现金收入，且在期限、利率、规模等方面具备共性的住房抵押贷款通过拆卸、整合、重组，汇集成为标准化住房抵押贷款群组，由政府机构或私人机构以现金方式购入，经过信用增级后，把住房抵押贷款群组转化成为可在金融市场上流通的证券，进而通过发行证券在资本市场上进行融资的过程。这种融资过程使传统的房地产模式由“贷款——贷款回收——再贷款”转变为“贷款——贷款出售——再贷款”，使直接融资与间接融资有效结合，保证资金能够在更广阔的范围与领域得到高效配置与运作。

住房抵押贷款证券化产生于20世纪70年代的美国，是第二次世界大战以后世界金融领域的一大创举，“当时的美国正面临着严重的通货膨胀和利率问题，银行业向社会发放了大量贷款，却因无法及时收回而陷入了资金短缺的困境，各大金融机构对其与日俱增的负债也已束手无策。为了尽快解决银行等金融机构流动资金短缺的问题，美国政府启动了住房抵押贷款证券化业务，即确立了住房抵押贷款二级市场。住房抵押贷款证券化的开展为美国住房业开辟了一条新的融资渠道，不久美国经济复苏，并以惊人的速度增长。”①住房抵押贷款证券化的出现有效缓解了储蓄金融机构资产流动性不足的状况，极大地促进了住房信贷市场的发展，并逐渐成为世界各国发展住房金融的重要措施。

---

① 陈钊：《住房抵押贷款证券化与实践》，复旦大学出版社2000年版。

与传统融资证券化①（Financing Securitization）相比，住房抵押贷款证券化是从已有信用关系的基础上产生出来的新的信用关系，在这一过程中，投资者更关注贷款组合的质量，而不是单个借款人的资信水平。因此，住房抵押贷款证券化又被称为二级证券化，它是资本市场发展到比较成熟阶段的产物。

二、住房抵押贷款证券化的运作流程

作为房地产证券化的一种，住房抵押贷款证券化是资产证券化的基本原理及基本操作流程应用在住房抵押贷款上的结果。在西方发达国家，住房抵押贷款证券化的发展已经比较成熟，其运行机制和流程也相对完善。一般而言，住房抵押贷款证券化的运作流程是由住房抵押贷款一级市场和二级市场共同组成。住房抵押贷款一级市场是指住房抵押贷款的担保与发放市场，其主要参与者包括借款人、贷款机构、信用担保机构和保险公司等中介机构；住房抵押贷款二级市场是指特殊目的机构对住房抵押贷款进行汇总、重组、信用提升后发行抵押贷款支持证券的市场，它的主要参与者有特殊目的机构、投资者、信用增级与评级机构、专门服务机构、受托人等。一个完整的住房抵押贷款证券化运作流程，是由各个参与主体按照证券化规则，互助合作来实现的。住房抵押贷款证券化的完整运作流程可以用图5－2来表示。

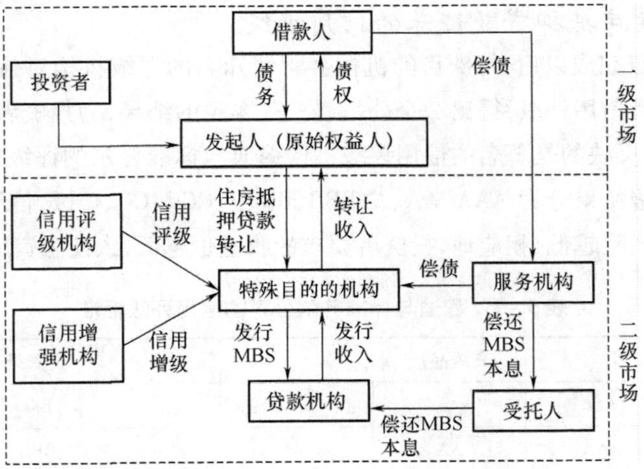

图5－2　住房抵押贷款证券化运作流程图

① 传统融资证券化是指资金的需求者凭借自身的资信能力，采取发行证券（如债券、股票等）的方式在金融市场上向资金的提供者取得资金。在传统融资证券化的过程中，投资者关注的是单个借款人的资产、负债、利润及现金流情况。传统的融资证券化是一种信用融资，又称为初级证券化，它伴随着资本市场的发展并贯穿始终。

（一）住房抵押贷款债权的出售

借款人以住房作为抵押品向住房抵押贷款机构（如商业银行）申请抵押贷款，放贷机构对借款人的各项条件进行审核，如果合格，则进行放贷，这样便创造出抵押贷款债权。在抵押贷款的创造过程中，抵押贷款的发放机构通常又被称为抵押贷款的发起人。发起人按照贷款期限、利率、偿还方式等条件把具有相似结构的贷款进行结构化重组，建立资产池，以真实出售的方式将其持有的抵押贷款债权合法地转让给特殊目的机构，并办理相关过户手续，从而使特殊目的机构获得该资产的所有权。住房抵押贷款债权出售后，发起人和借款者之间的权利义务关系消失，取而代之的是特殊目的机构和借款人之间新的权利义务关系。

（二）住房抵押贷款证券的信用增级

在对住房抵押贷款证券化时，为了降低发行成本，避免证券的信用过低而失去投资者，一般都要对证券进行信用增级，从而获得更高级的信用评级，以降低证券化交易的风险，提高证券化交易的质量，避免给投资人带来损失。通过分析资产池的资产特性以及市场需求、投资者的资金构成及流动性状况，特殊目的机构对住房抵押贷款进行结构性重组，设计出各种期限、利率、优先级别不同的住房抵押贷款证券化产品，以满足不同投资者的需求，发起人获得证券发行的收入，抵押住房所产生的收益归特殊目的机构所有。

（三）住房抵押贷款证券的信用评级

信用增级完成以后，特殊目的机构会聘请知名的评级机构对住房抵押贷款支持证券进行信用评级，得出一个公平、公正、客观的结果，为投资者提供投资依据。表 5－1 反映的是著名的信用评级机构穆迪与标准普尔的评级标准，标准普尔公司将评级结果分为 AAA、AA、A、BBB、BB、B、CCC、CC、C 级，信用等级越高，说明证券的风险越低，相应地，投资者要求的收益也越低，致使融资成本降低。

表 5－1　穆迪与标准普尔公司的信用评级标准

	高级品质			投资级
穆迪	Aaa	Aa	A	Baa
标准普尔	AAA	AA	A	BBB
说明	最高质量债券，投资风险最小，利息本金都有保障	投资质量较高，风险较 Aaa 级大	中上等级债券，具有优良的投资品质	中等级别债券，投资保障水平适中

续表

	次标准级			投机级	
穆迪	Ba	B	Caa	Ca	C
标准普尔	BB	B	CCC	CC	C
说明	具有一定的投机性质，投资保障水平不高	缺乏投资品质	债券信誉度不高，且有可能违约	具有高度投机性，违约率较高	最低等级债券，无法用来投资

(四)住房抵押贷款支持证券的发行与销售

评级机构对外公布评级结果之后，特殊目的机构可以利用以下方式以资产池中的住房抵押贷款为基础资产销售证券：一是特殊目的机构可以直接在资本市场上通过公募或私募方式发行。二是通过证券承销商，由证券承销商组织发行证券。住房抵押贷款支持证券发行成功后，特殊目的机构从承销商处取得现金收益，并用以支付从发起人处购买证券时合同规定的所需费用，以及支付相关中介机构的服务费用。

三、住房抵押贷款证券化在我国的发展

(一)我国资产证券化的探索历程

20 世纪 90 年代初开始，我国开始进行一些资产证券化实践的摸索。1992 年，三亚市开发建设总公司作为发行人，以三亚市丹洲小区的 800 亩土地为发行标的物，以地产销售和存款利息收入作为投资者的收益来源，发行了 2 亿元的“三亚地产投资券”。所筹资金用于土地开发，投资管理人为海南汇通国际信托投资公司(以下简称“汇通国投”)。汇通国投承担担保责任，负责在开发期间向发行人支付发行收入。在这次尝试中，并没有单独成立特殊目的机构，但汇通国投承担的担保责任实际上起到了破产隔离的作用。

我国第一次真正意义上的资产证券化是从境外开始尝试。1996 年 8 月，珠海市人民政府在开曼群岛注册了珠海市高速公路有限公司，以珠海本地的机动车管理费及外地过境机动车所缴纳的过路费作为支持，在美国发行了总额为 2 亿美元的债权，用于珠海至广州铁路和高速公路的建设，开启了我国基础设施建设以收费权为支持，在境外进行证券化融资的先例。

1997 年，中远集团以其北美航运分公司未来几年稳定的航运收入为支持组建资产池，在开曼群岛成立特殊目的机构，在美国以私募形式发行了 3 亿美元的资产支持证券。

2000 年,中集集团和荷兰银行合作进行出口应收账款证券化的业务。中集集团把它的应收账款出售给荷兰银行设立的特殊目的机构,在国际市场上发行资产支持商务票据,获得了 3 年期不少于 8 000 万美元的短期融资。

2003 年,华融资产管理公司开始尝试对不良资产进行证券化操作,随后 2004 年,中国工商银行对宁波分行账面价值 26 亿元的不良资产进行了证券化,这标志着国内商业银行在资产证券化方面已经取得了实质性进展。2004 年 12 月,中国人民银行实施了《全国银行间债券市场债券交易流通审核规则》,标志着我国资产证券化产品流通的障碍被扫清了。

(二)我国住房抵押贷款证券化的发展

我国的住房抵押贷款证券化和美国一样,是伴随着资产证券化的探索之路发展起来,在进行了几年资产证券化探索之后,1998 年,中国人民银行发布首个《个人住房担保贷款管理试行办法》,带动我国住房制度改革,中国房地产行业迅速发展,与之对应的国内住房抵押贷款数额也快速增长。同年,中国证监会原主席刘鸿儒在青岛召开的一次研讨会上首次明确提出"信贷资产证券化"。北京、上海和深圳等地先后主持召开了有关住房抵押贷款证券化的研讨会。1998 年 5 月,由中国人民银行等八部委联合发起成立了信贷资产证券化试点工作协调小组,标志着我国住房抵押贷款证券化由官方正式提出并确认。

1999 年年初,为配合我国的住房制度改革,研究解决个人住房金融业务发展中出现的银行流动性问题,中国人民银行首次在政策层面探索研究在我国开展个人住房贷款证券化业务的可行性和相关政策设计。由此开始,金融管理当局开始关注这项业务。1999 年 6 月,深圳市人民政府向建设部和中国人民银行报送《关于在深圳市实施住房抵押贷款证券化试点的请示》,首次提出在我国开展住房抵押贷款证券化业务试点。9 月,中国建设银行向中国人民银行报送《关于发行住房抵押贷款债券的请示》(建总报〔1999〕80 号),提出发行住房抵押贷款证券。

2000 年,中国人民银行在上海和深圳先后组织召开国际研讨会,要求国内外专家共同研讨在我国开展住房贷款证券化的相关政策问题。同年,中国人民银行、财政部、建设部和中国建设银行组团对美国和加拿大的住房抵押贷款证券化业务及香港按揭证券有限公司进行考察。

2001 年 12 月,国家开发银行首次向中国人民银行提出,拟借鉴美国联邦国民抵押公司的经验,以国家开发银行的国家信用为支撑,发行专门的住房抵押贷款证券,用于购买商业银行的住房抵押贷款,开展我国资产证券化业务。

2002 年 9 月 12 日,重庆新华信托与深圳商业银行合作开发的住房贷款资金信托计划在深圳推出。

2003 年 2 月 21 日，中国人民银行发布《2002 年中国货币政策执行报告》，首次在报告中提出“积极推进住房抵押贷款证券化”。这标志着在我国探索了近 10 年的住房抵押贷款证券化有望进入启动阶段。

作为我国当前为城镇居民提供住房抵押贷款的主要金融机构，中国工商银行和中国建设银行于 2000 年 9 月份开始研究推行资产证券化，并被正式批准为住房抵押贷款证券化试点单位。可惜的是，当时两家银行上报的试点方案只是属于“表内融资”方式，倾向于德国的表内证券化模式，还不是真正意义上的资产证券化，而央行认为我国住房抵押贷款证券化应采取美国的表外证券化模式，这两个方案在 2001 年 7 月均遭到了拒绝。截至 2002 年 12 月，两家银行已连续 3 次向中国人民银行及国务院上报住房抵押贷款证券化试点方案。2004 年 6 月，中国建设银行第 6 次上报方案，提出以信托模式在我国开展住房抵押贷款证券化业务试点，以实现标准资产证券化模式要求的“破产隔离”和“真实出售”，最终获得批准。

2004 年 12 月，中国人民银行、中国银监会向国务院报送《关于在我国银行业开展信贷资产证券化业务试点工作的请示》（银发〔2004〕301 号），请示国务院批准选择国家开发银行和中国建设银行作为试点银行，在我国银行业开展信贷资产证券化业务试点。国务院批准了这一请示，并明确由中国人民银行牵头成立“信贷资产证券化试点协调小组”，周密设计试点方案，建立和完善规章制度，并做好风险防范工作。

2005 年被称为我国银行业资产证券化元年，3 月 21 日，为贯彻落实《国务院关于推进资本市场改革开放和稳定发展的若干意见》，经国务院批准，信贷资产证券化试点工作正式启动。同年 4 月，中国人民银行和银监会联合发布《信贷资产证券化试点管理办法》，确定在我国开展信贷资产证券化试点的基本法律框架。此后，《信贷资产证券化试点会计处理规定》、《关于个人住房抵押贷款证券化涉及的抵押权变更等级有关问题的试行通知》、《资产支持证券信息披露规则》以及《金融机构信贷资产证券化试点监督管理办法》等一系列管理法规相继发布，从会计准则、个人住房抵押贷款抵押权变更程序、信息披露规则及风险管理等方面对信贷资产证券化业务进行规范。国家开发银行和中国建设银行作为试点单位，将分别进行信贷资产证券化和住房抵押贷款证券化的试点。2005 年 12 月 15 日，中国建设银行和国家开发银行两家信贷资产证券化试点单位在全国银行间债券市场成功发行资产支持证券。此次证券化产品分别是国家开发银行发行的首期 41.77 亿元的信贷资产支持证券（ABS）——“开元信贷资产支持证券"和中国建设银行发行的首期30.17亿元的个人住房抵押贷款支持证券——"建元2005-1个人住房抵押贷款资产支持证券",并正式进入银行间债券市场。"建元2005-1"的诞生开创了国内住房抵押贷款支持证券的先河,基本确立了以信贷资产为融资基础、由信托公司组建信托型特殊目的机构、在银行间债券市场发行资产支持证券并进行流通的证券化框架。

2007年4月,国务院批准资产证券化扩大试点,即第二轮试点启动。此次试点机构数量增加到6~8家,其中包括浦发银行、浙商银行、兴业银行、中国工商银行以及上海通用汽车金融公司等银行和金融机构。2007年12月,中国建设银行发行"建元2007-1"个人住房抵押贷款支持证券,中诚信托为其受托人,规模为41.6亿元,这是建行继"建元2005-1"后再次发行该类产品。按原计划,在第二批试点结束后,我国信贷资产证券化将成为一项常态的金融业务在相关金融机构中全面展开。但在第二次试点临近结束之时,席卷全球的"次贷危机"不期而至,被认为"罪魁祸首"的资产证券化在中国也暂停了试点的步伐。"次贷危机"后,我国适当放慢了资产证券化试点工作的脚步。

在2012年两会上,资产证券化备受关注,中国人民银行原行长周小川表示,资产证券化一直在试点,没有暂停,只是试点的步伐要考虑到稳健。2012年5月,中国人民银行、银监会和财政部联合下发《关于进一步扩大信贷资产证券化试点有关事项的通知》,正式重启信贷资产证券化,首期额度为500亿元。2013年7月,国务院发布《关于金融支持经济结构调整和转型升级的指导意见》,明确要逐步推进信贷资产证券化常规化发展,盘活资金支持小微企业发展和经济结构调整。

2014年7月22日,"邮元2014年第一期个人住房贷款支持证券化"产品在全国银行间债券市场发行,发起机构是中国邮储银行,发行人为交银国际信托,主承销商为中信证券,规模为68.14亿元。"邮元2014"是继中国建设银行的"建元2005-RMBS"和"建元2007-RMBS"之后,时隔7年行业内第3个、新一轮资产证券化的首个RMBS产品。2014年9月29日,中国人民银行、银监会下发了《关于进一步做好住房金融服务工作的通知》,鼓励银行业金融机构通过发行住房抵押贷款支持证券(MBS)、发行期限较长的专项金融债券等多种措施筹集资金,专门用于增加首套普通自住房和改善型普通自住房贷款投放。2014年11月,银监会下发《关于信贷资产证券化备案登记工作流程的通知》,通知规定,信贷资产证券化业务将由审批制改为业务备案制,不再针对证券化产品发行进行逐笔审批,银行业金融机构应在申请取得业务资格后开展业务,在发行证券化产品前应进行备案登记。

2015 年 3 月，招商银行 2015 年第一期个人住房抵押贷款支持证券在银行间债券市场成功招标发行，发行总额 31.5 亿元，成为备案制后发行的第一单 RMBS，招商银行也成为中国建设银行和邮政储蓄银行之后第三家发行 RMBS 的银行。2015 年，央行"330 房贷新政"提到要继续做好住房金融服务工作，鼓励银行业金融机构继续发放商业性个人住房贷款与住房公积金委托贷款的组合贷款。2015 年 4 月，央行发布《中国人民银行公告〔2015〕第 7 号》，正式推行信贷资产支持证券发行注册制。2015 年，中国银行、中国建设银行、招商银行、民生银行等多家银行先后成功发行了住房抵押贷款证券化产品，其中，民生银行作为发起机构的"企富 2015 年第一期个人住房抵押贷款资产支持证券"是国内首单注册制下个人住房抵押贷款证券。截至 2015 年 12 月 31 日，共有 7 家银行发行了 11 只住房抵押贷款证券化产品。

2016 年 6 月，中国建设银行发行"建元 2016－1"，发行规模为 97.49 亿元。同年 9 月，住房抵押贷款证券迎来集中发行：中国银行发起的规模为 104.24 亿元的"中盈 2016 年第一期个人住房抵押贷款资产支持证券"；江苏江南农商行发起的规模为 14.96 亿元的"居融 2016 年第一期个人住房抵押贷款资产支持证券"；恒丰银行发起的规模为 55.95 亿元的"恒金 2016 年第二期信贷资产支持证券"；招商银行发起的规模为 100.18 亿元的"和家 2016 年第一期个人住房抵押贷款资产支持证券"；国家开发银行发起的规模为 109.78 亿元的"2016 年第二期开元信贷资产支持证券"。2017 年 3 月，中国银行在银行间市场成功发行设立"中盈 2017 年第二期个人住房抵押贷款资产支持证券"。

近年来，随着我国城市化进程的加快，居民收入逐年增加，住房结构和环境不断改善，住房抵押贷款需求急剧增加，为我国实行住房抵押贷款证券化奠定了良好基础。目前，资产证券化的政策与制度在不断完善与发展，发展空间巨大，前景广阔。

四、美国次贷危机的爆发及其启示

（一）美国次贷危机的爆发

美国次贷危机爆发的根源在于美国银行发放的次级按揭贷款。在美国，根据借款人信用等级[①]的不同，将其抵押贷款市场分为 3 个层次：优质抵押贷

① 美国住房抵押贷款一级市场上的金融机构按照 FICO（Fair Isaac & Company）个人信用评分系统将信用等级分为三个档次，FICO 信用分的打分范围是 325～900。根据美国商务部的统计，抵押贷款借款人中，信用低于 600 分的，违约率是 1/8，介于 700～800 分的，违约率为 1/123，而信用分高于 800 的借款人，违约率仅为 1/1292。

款市场(Prime Market,借款人 FICO 信用分一般在 720 以上),超 A 类抵押贷款市场(Alt – A Market,借款人 FICO 信用分介于 660 ~ 720 分)和次级抵押贷款市场(Subprime Market,借款人 FICO 信用分低于 660 分)。从 2001 年开始,美国次级抵押贷款市场出现了爆发式增长。根据美国抵押市场统计年报数据,2001—2006 年,美国次级抵押贷款放款额分别为 1 200 亿美元、1 850 亿美元、3 100 亿美元、5 300 亿美元、6 250 亿美元和 6 000 亿美元,次级抵押贷款放款额占美国抵押贷款放款总额的比重从 2001 年的 8.6% 上升至 2006 年的 20%。然而好景不长,2004 年之后,由于宏观经济状况不稳定,美联储被迫采取加息策略来抑制通货膨胀和房地产泡沫。2004 年 6 月至 2006 年 6 月两年间,美联储连续加息 17 次,联邦基金利率从 1% 飙升至 5.25%,这使美国次级抵押贷款市场的基础发生了根本性的转变。利息的不断重设与美联储对利率的持续上调大大增加了借款人的还款压力,而自美联储加息以来,美国房地产价格持续回落,大量通过次级抵押贷款购房的投资者倾向于放弃房产,止损出局。随之而来的是次级抵押贷款拖欠、违约及放弃抵押赎回权的数量不断攀升(详细情况见表 5 – 2)。另外,瑞银国际的研究数据表明,截至 2006 年年底,美国次级抵押贷款市场的还款违约率高达 10.5%,是超 A 类抵押贷款市场的 7 倍。

表 5 – 2　2001—2006 年美国次级抵押贷款标准恶化情况

年份	可调整利率贷款占比(%)	"少还""无证"贷款占比(%)	"无本金"贷款占比(%)	债务与收入比(%)	贷款金额对抵押物价值比(%)
2001 年	73.8	28.5	0.0	39.7	84.04
2002 年	80.0	38.6	2.3	40.1	84.42
2003 年	80.1	42.8	8.6	40.5	86.07
2004 年	89.4	45.2	27.2	41.2	84.86
2005 年	93.3	50.7	37.8	41.8	83.24
2006 年	91.3	50.8	22.8	42.4	83.35

数据来源:根据国际货币基金组织语言服务部 2008 年各月期《全球金融稳定报告》整理而成。

2007 年 3 月 13 日,美国住房抵押贷款银行家协会公布的报告显示,次级房贷市场出现危机。消息传来,美国股市全面下挫。美国股市的恐慌很快波及亚洲股市。2007 年 4 月 2 日,美国最大次贷发行商新世纪金融公司(New Century Financial)申请破产保护,标志着美国次级房贷市场危机爆发。2007 年 7 月,美国第六大投资银行贝尔斯登公司(Bear Stearns Cos.)下设的两家对冲基金瓦解,同年 8 月,法国巴黎银行宣布暂时停止旗下三只对冲基金的赎回，由美国次级抵押贷款造成的影响不断加深，并且范围不断扩大，从2008年9月开始，美国次贷危机迅速扩散，很多大型金融机构兼并重组、破产倒闭等现象接连发生：9月15日，作为美国第四大投资银行的雷曼兄弟正式对外宣布申请破产保护，世界第三大金融机构美国国际集团（American International Group，AIG）濒临破产，陷入融资困境；美国最大的投资银行美林证券（Merrill Lynch）被美国银行以440亿美元的价格兼并；9月21日，高盛（Goldman Sachs）和摩根士丹利（Morgan Stanley）两家华尔街仅存的投资银行也相继宣布由之前的投资银行更名改制为现在的银行控股公司。至此，随着华尔街五大投资机构的全部倒闭，标志着投资银行体系的崩溃，也宣告了曾经主要世界金融业的华尔街独立投资银行模式的终结。这场因美国次级抵押贷款引起的次贷危机由虚拟经济蔓延至实体经济，最终引发国际金融危机，对全球经济造成了巨大的冲击和影响。

（二）美国次贷危机的启示

美国次级贷款危机并不是一个偶然的突发事件，而是各种因素综合而成的一个渐进和必然的过程，它对我国金融监管当局和金融机构具有重要的启示。

1. 对金融监管当局而言，首先要加大金融监管力度，加强金融监管协调。美国国会于2000年通过的《商品期货现代化法案》（*Commodity Futures Modernization Act*）放宽了对金融衍生品的法律监管，对金融衍生品的设计与构造方面几乎不加干涉，这使监管机构很难得到金融机构投资金融衍生产品的规模、头寸分布等相关数据，从而导致危机爆发时监管机构无法准确估计危机的严重程度和波及范围，很难采取有效的补救措施。而且由于监管当局对投资银行以及对冲基金的杠杆率缺乏约束，高杠杆化直接刺激了投资银行和对冲基金的短期投机行为，使危机时风险被不断放大。其次，要重视培育信用评级机构。美国次贷危机中，信用评级问题成为社会各界关注的一个焦点。在市场繁荣时期，信用评级机构为了承揽更多的业务，有时候通过提高信用评级的方式来讨好客户，这便意味着在主观上降低了信用评级的标准。此外，由于证券化产品过于复杂，很多机构投资者对证券化产品的定价缺乏深入了解，完全依赖产品的信用评级进行投资决策，最终的结果是，证券化产品偏高的信用评级导致机构投资者的非理性追捧，进而导致信用风险的累积①。目前，我国国内评级制度不完善，评级标准不统一，没有一家得到广泛认可的评级机构可以通过引入国际著名评级机构来带动我国评级市场的发展。最后，增加非银行金

① 卫淑霞："房地产抵押贷款证券化的法律风险分析"，《科技情报开发与经济》，2007年。

融机构的比例。尽管目前我国金融市场发展速度较快，大量以金融创新为依托的金融衍生品应运而生，但金融市场的结构并不完善，商业银行一直以来都占据着主导地位，加之我国居民长久以来养成的储蓄习惯，使商业银行资金充足，缺乏实行资产证券化的动力，且不愿承担 MBS 所带来的风险。对此我们可以效仿美国、澳大利亚等经济发达国家，在住房抵押贷款证券化中引入非银行贷款机构。这样，一方面可以分散商业银行的风险，另一方面也可以通过加强住房抵押贷款市场的竞争来加快住房抵押利率的市场化。①

2. 对金融机构来说，首先要实施严格的贷款条件和审核制度。美国次贷危机一个很重要的原因是房地产价格上扬时，一些贷款机构以"零首付""零文件"的方式对外发放贷款，忽视了房价逆转时可能产生的违约风险，即使贷款人一无所有，他只需声明其收入情况，依然可以贷款买房，如此宽松的资格审查尺度为危机的爆发埋下了巨大隐患。在我国，住房抵押贷款一直被银行视为优质资产，在房地产市场火热的情况下也不断出现商业银行忽视贷款申请条件给予贷款的现象，银监会 2013 年 3 月 1 日发布的《商业银行主要监管指标情况表》显示，2012 年年末，商业银行不良贷款余额达 4 929 亿元，不良贷款率为 0.95%，其中，大型商业银行不良贷款率为 0.99%；股份制商业银行不良贷款率为 0.72%；城市商业银行不良贷款率为 0.81%；农村商业银行不良贷款率为 1.76%；外资银行不良贷款率为 0.52%。商业银行不良贷款中，次级类贷款 2 176 亿元，占到不良贷款余额的近一半，因此有必要规范贷款的审核条件。其次，金融机构要谨慎开发金融衍生品。美国房地产行业的持续繁荣吸引了大量金融机构涉足住房抵押贷款市场，一些大型投资银行甚至大举收购中小银行和住房抵押贷款公司，以争夺在住房抵押贷款市场中的份额。为了吸引更多的投资者，吸收更多的资金，赚取更大的利润，金融机构不断推出各种各样的金融衍生品以适应不同信用等级的投资者，美国住房抵押贷款证券化便是在分档技术（Trenching）的基础上，产生了抵押担保债券（CMO）、担保债务凭证（CDO）、CDO 平方、CDO 立方等一系列衍生产品，使最初作为基础资产的次级贷款的效用通过杠杆作用被成倍放大，一旦房地产市场出现波动，同样会对金融市场造成巨大影响。最后，要有效防范宏观经济风险。美国次贷危机前，美联储通过加息政策来抑制过剩的流动性，导致借款人债务成本持续加大，房价大跌，房地产行业的萎靡为危机的爆发埋下了伏笔。随着商品房市场的不断发展，住房抵押贷款这一优质资产已成为我国商业银行利润的

① 毛莹："美国次贷危机对我国资产证券化的启示"，《现代商贸工业》，2009 年第 1 期，第 135～136 页。

重要来源，我国在2004—2008年5年间先后6次对人民币贷款基准利率进行了上调，2011年以来，央行更是持续加息，利率上行加重了借款人的借款成本，为良性发展住房抵押贷款证券化，金融机构要对宏观经济形势进行科学合理的把握和预测，有效防范因宏观经济波动带来的不必要的损失。

住房抵押贷款证券化作为房地产金融创新的重要工具，是一把双刃剑，它既能够给我们带来巨大的收益和发展前景，但若不合理利用，势必会引发巨大的危机。在美国次贷危机的警示犹如在耳和当前“史上最严厉”房地产宏观调控背景下，如何推进我国的房地产证券化，助推国民经济发展，实现社会福祉共享，已成为房地产业、金融业及整个社会的重要研究课题，对实现经济社会协调发展具有重要意义。

复习思考题

1. 简述房地产证券化的基本特征。
2. 试论房地产证券化的重要意义。
3. 简述房地产证券化的运作流程。
4. 简述美国次贷危机对我国住房抵押贷款证券化风险控制的启示。

【案例分析】

建元2007－1住房抵押贷款证券化信托

2005年12月15日，以中国建设银行作为发起人的国内首单真正意义上的MBS产品——“建元2005－1个人住房抵押贷款支持证券信托”的成功发行，意味着我国住房抵押贷款证券化从理论研究转入实践操作阶段。美国次贷危机恶化以后，中国建设银行又于2007年12月14日成功发行了第二单MBS产品——“建元2007－1个人住房抵押贷款证券化信托”（简称“建元2007－1”），标志着我国MBS产品的进一步发展。

1. 交易概况

中诚信托投资有限责任公司（简称“中诚信托”）作为发行机构及受托机构，于2007年12月11日至14日以簿记建档、集中配售的方式在全国银行间债券市场公开发行了规模为402 088.46万元的“建元2007－1个人住房抵押贷款证券化信托”优先级资产支持证券（包括A级资产支持证券、B级资产支持证券和C级资产支持证券）。另外，中诚信托还向发起机构——中国建设银行股份有限公司定向发行了139 799 108元次级资产支持证券，法定最终到期日为2039年1月26日。次级资产支持证券与A级、B级、C级资产支持证券的发行收入共同作为发起机构转让给受托机构信托财产的对价。

"建元 2007－1"信用评级工作由联合资信评估有限公司(简称"联合资信")独立承担。联合资信综合考查了"建元 2007－1"所涉及的基础资产、交易结构、法律要素以及有关参与方履约情况和操作风险等多方因素,在对资产池进行信用分析的基础上,出具了"建元 2007－1"评级结果,A 级、B 级和 C 级资产支持证券信用等级分别对应于 AAA、A 和 BBB。

"建元 2007－1"优先级资产支持证券的利率均为浮动利率,票面利率为基准利率加上相应利差,基准利率为中国人民银行公布的一年期定期存款利率。优先级证券的本息偿还先于次级证券,优先级内部不同级别证券的本息偿还则按由 A 到 C 的顺序进行,即信用级别较低的证券为级别较高的证券提供信用支持,次级证券又为所有优先级证券提供信用支持。表 5－3 展示的是"建元 2007－1"交易各方的大致情况。

表 5－3 "建元 2007－1"交易概况

发起/服务机构	中国建设银行股份有限公司
受托机构	中诚信托投资有限责任公司
资金保管机构	中国工商银行股份有限公司
登记结算/支付代理机构	中央国债登记结算有限责任公司
基础资产	深圳、福州、泉州地区未偿还本金余额约为 41.61 亿元的个人住房抵押贷款资产池
产品分层	分为优先 A 级、优先 B 级、优先 C 级、次级资产支持证券四层,发行规模大于 2 亿的优先级证券在银行间市场发行流通,发行规模小于 2 亿的优先级证券可协议转让,次级由发起机构自己持有
内部信用提升	产品分层:优先/次级 产品机制:储备金账户 每月支付一次本息
本息偿付	优先级证券的利息以一年定期存款利率为基准利率加上相应档次证券的利差 基准利率每半年调整一次 优先级本金偿付全部在次级之前 各付款期,支付完优先级利息及税费后的剩余收入为次级收入

资料来源:由"建元 2007－1RMBS－发行说明书"整理而来。

2. 资产池质量

资产池中"抵押贷款"本金余额为 4 160 683 708 元,合同总金额为

4 815 940 641元。中国建设银行对资产池的质量采取以风险因素为基础的分类方法，把信贷资产划分为正常、关注、次级、可疑、损失5个不同类别。“建元2007－1”资产池质量的具体分布如表5－4所示。

表5－4 “建元2007－1”资产池质量分布情况

“五级类别	合同金额（元）	占比（%）	贷款余额（%）	余额占比（%）	贷款笔数	笔数占比（%）	加权平均初始抵押（%）
正常类	4 757 024 431	98.78	4 108 195 214	98.74	12 101	98.75	72.83
关注类	58 916 210	1.22	52 488 494	1.26	153	1.25	75.10
次级类	/	0.00	/	0.00	/	0.00	0.00
可疑类	/	0.00	/	0.00	/	0.00	0.00
损失类	/	0.00	/	0.00	/	0.00	0.00
总计	4 815 940 641	100	4 160 683 708	100	12 254	100	72.85

资料来源：由“建元2007－1RMBS－发行说明书”整理而来。

3. 交易流程

交易流程如图5－3所示。

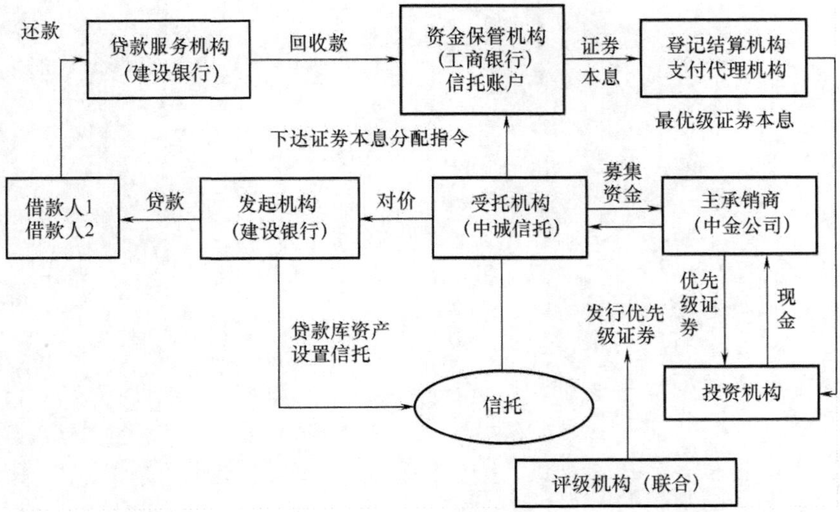

图5－3 “建元2007－1”交易流程图

资料来源：由“建元2007－1RMBS－发行说明书”整理而来。

问题：结合材料及发达国家证券化运作模式，分析并讨论：在利率逐步市场化的过程中，要如何推进我国房地产资产证券化？

【实训练习题】

实训内容:模拟房地产抵押贷款证券化流程。

实训目的:熟悉我国住房抵押贷款证券化的运作流程。

实训流程:

(1)角色分工,每组部分同学模拟银行,另一部分同学模拟证券机构,查阅资料了解相关流程。

(2)模拟抵押贷款证券化流程。

(3)总结抵押贷款证券化中可能出现的问题。

DI LIU ZHANG 第六章 房地产投资信托基金

房　地　产　金　融

【本章学习目标】

1. 了解 REITs 的起源及内涵；
2. 掌握 REITs 的主要类型及基本特征；
3. 了解典型国家（地区）REITs 发展的基本情况及成功经验；
4. 了解我国房地产信托的实践历程及存在的主要问题。

【关键词】

房地产投资信托基金；REITs 种类；REITs 运作模式；国外经验

第一节　房地产投资信托基金概述

一、房地产投资信托基金的起源与含义

房地产投资信托基金（Real Estate Investment Trusts，REITs）①的概念起源于美国 19 世纪中叶在马萨诸塞州波士顿市设立的商业信托（Massachusetts Business Trust）②，当时对马萨诸塞信托的定义是："一种被允许投资房地产的合法实体，它拥有和公司相同的权利，股权可以转让、有限责任以及专业人员集中管理，并且马萨诸塞信托享有税收优惠。"1960 年，美国国会颁布的《国内

① 在澳大利亚、荷兰、比利时，房地产投资信托基金被称为上市物业信托基金（Listed Property Trusts，LPTs）。对"Real Estate Investments Trusts"的翻译，我国台湾地区将其翻译为"不动产投资信托"，我国香港地区则翻译为"房地产投资信托基金"，在中国大陆，学者一般将它翻译为"房地产投资信托"或"房地产投资信托基金"。本书为了叙述方便，"房地产投资信托基金""房地产投资信托"和"REITs"将作为三个相对应的名称，三者代表相同的含义。

② Mortimer M. Caplin：*Foreword*，Virginia Law Review，，Vol. 48，No. 6，Oct. 1962，p. 1007.

税收法典》(*US* 1960 *Internal Revenue Code*, I. R. C.)和《房地产投资信托基金法案》(*Real Estate Investment Trust Act of* 1960)最先使用了"房地产投资信托"这一词语,在法律上正式确定了 REITs 的地位,这也标志着现代意义上的房地产投资信托的诞生。美国《国内税收法典》第 856 ~ 859 节专门对 REITs 做了详细的规定,指出 REITs 是"An unincorporated association with multiple trustees as managers and having transferable shares of beneficial interest"[①],即"一个以多位受托人作为管理者,并且持有可转让的收益权益股份所组成的非公司组织"。与美国《国内税收法典》的描述性定义相比,美国国家房地产投资信托协会(National Association of Real Estate Investment Trusts, NAREIT)给出的定义更为精炼:"REITs 是一种筹集众多投资者的资金用于取得各种收益性房地产或向收益性房地产提供融资的公司或商业信托机构。如果房地产投资信托每年将其 90% 以上的应税收入分配给股东,那么将豁免公司所得税"。(A REITs is a corporation or business trust that combines the capital of many investors to acquire or provide financing for all forms of income - producing real estate. A REITs generally is not required to pay corporate income tax if it distributes at least 90 percent of its taxable income to shareholders each year.)1961 年,在马萨诸塞信托理念出现约一百年后,美国第一家 REITs 进入市场流通交易,此后,荷兰、日本、马来西亚、中国香港等欧亚国家和地区争相仿效,纷纷设立了自己的 REITs 或类 REITs,从而掀起全球范围内的 REITs 热潮。但是由于各地经济、社会及法律制度等方面存在差异,不同国家(地区)对 REITs 的解释并不完全相同。

马来西亚《房地产投资信托准则》关于 REITs 的定义是:"房地产投资信托,又称不动产信托基金,是指投资或计划投资于房地产行业的资产占其总资产 50% 以上的投资工具。投资房地产业的方式,可以直接所有或持有主要资产,是房地产专营公司的股份。"[②]香港证券及期货事务监察委员会(Securities and Futures Commission)2005 年 6 月颁布的《房地产投资信托基金守则》(*Code on Real Estate Investment Trusts*)第三章将 REITs 的内涵界定为:"是以信托方式组成而主要投资于房地产项目的集体投资计划。有关基金旨在向持有人提供来自房地产的租金收入的回报。房地产投资信托基金通过出售基金单位获得的资金,会根据组成文件加以运用,以在其投资组合内维持、管理及购入房地

---

① 陈淑贤、约翰·埃里克森、王珂等:《房地产投资信托:结构、绩效与投资机会》,刘洪玉、黄英等译,经济科学出版社 2004 年版。

② 楼建波、杨秋岭:《房地产投资信托域外法律法规汇编》,法律出版社 2007 年版。

产。”2010 年 6 月修订的《房地产投资信托基金守则》又将 REITs 解释为：“是以信托方式组成从而主要投资于房地产项目的集体投资计划”。我国内地经济学学者把 REITs 定义为：“是通过发行基金券（如受益凭证、基金单位、基金股份等）将投资者的不等额出资汇集成一定规模的信托资产，交由专门的投资管理机构加以管理，获得收益由基金券持有人按出资比例分享，并共担风险的一种金融投资工具。它是专门用于房地产投资、租赁开发、销售和消费等方面的投资资金，投资范围限于房地产投资领域，是集众多的分散资金于一身，同时采用专家经营、专业化管理的一种投资体制。”①

尽管各国（地区）对房地产投资信托基金的表述形式多样，但其实质基本一致，大都包含以下几个方面的意思：

第一，房地产投资信托基金的资金不是由特定的投资者提供，而是一种大众化的投资工具；

第二，房地产投资信托基金的主要投资对象是房地产市场，包括工业设施、写字楼、住宅等；

第三，由特定的发起人（如基金管理公司、信托公司等）发起，通过发行受益凭证的方式与投资者（委托人）签订合同，受托投资者的资金；

第四，投资者较大部分收入来自于基金投资于房地产的租金收入或房地产抵押贷款利息或出售房地产溢价收益；

第五，房地产投资信托基金的完善与规范还需法律层面的约束，如法律应对房地产投资信托基金的组织结构、股权结构、资金结构及收益分配比例等做出相应的规定。

简言之，房地产投资信托基金是针对房地产及其经营特性而发展起来的一种投融资工具，在房地产业和金融业日趋发达的现代社会，这种投融资工具不仅给众多投资者带来了具有较高收益的投资品种，而且能通过信托的专业管理方式更好地提高房地产业的经营效率。

二、房地产投资信托基金的种类

经过几十年的发展，房地产投资信托基金的种类日趋丰富，投资人可以根据自身的资金实力和风险承受能力选择恰当的投资方向和品质。

（一）公司型房地产投资信托基金和信托型房地产投资信托基金

按照房地产投资信托基金组织结构的不同，房地产投资信托基金可分为

① 刘李胜、高翔：《REITs 运作与管理》，时代经济出版社 2009 年版。

公司型房地产投资信托基金和信托型房地产投资信托基金两种。

1. 公司型房地产投资信托基金。公司型房地产投资信托基金是指通过发行房地产投资信托股份的方式筹集资金,并依据《公司法》的相关规定,设立以营利为目的、专门从事房地产投资的股份有限公司。在该模式下,投资者通过认购该公司发行的投资信托股票而成为该公司的股东;在该公司存续期间,公司投资者的资金组成一种投资基金并作为该公司的资本,由该公司投资于各类房地产项目中,并以股息或者红利的形式向投资者分配投资所获的收益。

2. 信托型房地产投资信托基金。信托型房地产投资信托基金,又称契约型房地产投资信托基金,是指根据信托契约,基金发起人通过发行受益凭证向投资者募集房地产投资信托基金。投资者作为委托人,与投资公司或者基金管理公司签订信托契约,后者又与基金托管人签订信托契约,将该信托契约的受益权进行均等地分割,向投资者发售受益凭证,使受益凭证持有人实现对房地产的投资,获得收益。所以,在信托型房地产投资信托基金中存在两个信托法律关系:第一个是在投资者与投资公司或基金管理公司之间;第二个是在投资公司或基金管理公司与基金托管人之间。

在第一个信托法律关系中,投资者集委托人和受益人于一身,投资公司或基金管理公司则只充当受托人;在第二个信托法律关系中,投资者成为最终的受益人,基金管理公司则集委托人和受益人于一身,而保管机构则是最终的受托人。①

3. 公司型房地产投资信托基金与信托型房地产投资信托基金的比较。从国际上来看,美国、英国、日本、荷兰、新加坡等国家或地区的房地产投资信托基金大多是公司型;而中国香港、澳大利亚与加拿大的房地产投资信托基金则属于契约型。公司型房地产投资信托基金与信托型房地产投资信托基金的不同点主要在于:

第一,法律依据不同。公司型房地产投资信托基金成立的法律依据是《公司法》,而契约型房地产投资信托基金所遵循的法律则是《信托法》。二者都涉及投资人、管理人及托管人三个利益关系体,但公司型房地产投资信托基金的具体运作管理比信托型房地产投资信托基金多了一层基金公司组织,基金公司具有法人资格,而信托型房地产投资信托基金是签订契约,本身并不具备法人资格。

第二,资金利用依据不同。公司型房地产投资信托基金中,资产的运转所遵循的是公司章程、委托管理契约和委托保管契约等文件,信托型房地产投资

① 李智:《房地产投资信托法律制度研究》,法律出版社 2008 年版。

信托基金则是凭借信托契约来经营信托资金。

第三，投资者的地位不同。公司型房地产投资信托基金既是财产的受益人，又是公司的股东，有权对公司的重大决策发表自己的意见，可以参加股东大会，行使股东权利。信托型房地产投资信托基金的投资者购买受益凭证后，与基金公司仅仅是委托人与受托人的关系，除了年度持有人大会外，其他的权利有限。

第四，发行凭证不同。公司型房地产投资信托基金一般发行的是股票，而信托型房地产投资信托基金，基金公司发行的一般是受益凭证（基金单位），后者仅反映信托关系，而前者既是一种信托关系，又是一种所有权凭证。

第五，融资渠道不同。公司型房地产投资信托基金具有法人资格，其融资渠道不仅是投资者的投入，在特定条件下还可以吸引银行贷款，以解决资产的短期流动性问题。而信托型房地产投资信托基金是建立在信托契约的基础上的，其融资渠道仅来源于投资者的投入。

第六，经营机制不同。公司型房地产投资信托基金可以从外部同时聘请多个投资顾问公司来充当经理人对其进行经营。而信托型房地产投资信托基金一般自己发行并经营，不对外聘请投资顾问公司来经营。

第七，结束方式不同。公司型房地产投资信托基金是法人公司，类似于一般的股份公司，具有永久性，除非公司破产，基金才算运营结束。信托型房地产投资信托基金是建立在信托契约的基础上的，契约结束，房地产投资信托基金才会终止。

（二）权益型房地产投资信托基金、抵押型房地产投资信托基金和混合型房地产投资信托基金

根据房地产投资信托基金投资对象的不同，房地产投资信托基金可以分为权益型（Equity REITs）、抵押型（Mortgage REITs）和混合型（Hybrid REITs）三大类。

1. 权益型房地产投资信托基金。权益型房地产投资信托基金专门以不动产产权为投资对象，其主要业务范围包括收购、管理、整修、维护，并偶尔销售房地产，其收益主要来自于租金收入以及房地产的增值收益。权益型房地产投资信托基金的投资方式主要有两种：一种是直接收购房地产物业进行经营管理；另一种是投资房地产公司通过间接投资房地产资产参与经营，采用该类方式的目的主要在于通过投资企业来适应房地产地域性强的特点，可以实现多地区、多元化经营，从而达到降低房地产行业风险的目的。

2. 抵押型房地产投资信托基金。与权益型房地产投资信托基金相比，抵押型房地产投资信托基金没有直接投资房地产，而是集中于融资领域，通过向房地产所有者和开发商提供贷款或者通过购买抵押贷款或抵押贷款支持证

券，间接参与房地产的经营。此类房地产投资信托基金主要以金融中介的角色将所募集的资金用于发放各种抵押贷款，或用于购买银行的抵押贷款以及投资于抵押贷款支持证券。抵押型房地产投资信托基金的收益来源主要为抵押贷款的利息以及债券、证券所产生的收益，所以其投资风险主要与国家利率政策、债券、证券市场行情等相关，相对来说风险较低。

3. 混合型房地产投资信托基金。混合型房地产投资信托基金是一种介于权益型房地产投资信托基金和抵押型房地产投资信托基金之间的投资基金，它具有权益型房地产投资信托基金和抵押型房地产投资信托基金的双重特点，既从事房地产抵押贷款业务，同时自己也拥有部分物业产权，并依据其管理人的风格，按照不同的比例对两种业务进行配置。混合型房地产投资信托基金的收益比抵押型房地产投资信托基金的要稳定，同时，其投资风险较权益型房地产投资信托基金低，而比抵押型房地产投资信托基金的风险高。混合型房地产投资信托基金的管理中对权益型业务和抵押型业务的组合体现着基金管理人的战略思路。

4. 权益型房地产投资信托基金、抵押型房地产投资信托基金和混合型房地产投资信托基金的比较。从美国房地产投资信托基金的发展过程来看，早期房地产投资信托基金主要是抵押型房地产投资信托基金，如 1971 年美国抵押型房地产投资信托基金数量占总数的 35.29%，市值占所有房地产投资信托基金市值的 38.20%。但是随着经济的发展和金融工具的创新，权益型房地产投资信托基金适应了经济发展的趋势，发展速度不断加快，截至 2016 年年底，权益型房地产投资信托基金市值占所有房地产投资信托基金市值的比重高达 94.25%（详见表 6－1）。

表 6－1　20 世纪 70 年代以来美国房地产投资信托基金发展情况

单位：百万美元

年份	REITs		权益型 REITs		抵押型 REITs		混合型 REITs	
	数量	市值	数量	市值	数量	市值	数量	市值
1971 年	34	1 494.40	12	332.00	12	570.80	10	591.60
1975 年	46	899.70	12	275.70	22	312.00	12	312.00
1980 年	75	2 298.60	35	942.20	21	509.60	19	846.80
1985 年	82	7 674.00	37	3 270.30	32	3 162.40	13	1 241.30
1990 年	119	8 737.10	58	5 551.60	43	2 549.20	18	636.30
1995 年	219	57 541.30	178	49 913.00	24	3 395.40	17	4 232.90
2000 年	189	138 715.40	158	134 431.00	22	1 632.00	9	2 652.40

续表

年份	REITs		权益型 REITs		抵押型 REITs		混合型 REITs	
	数量	市值	数量	市值	数量	市值	数量	市值
2005 年	197	330 691. 32	152	301 490. 98	37	23 393. 73	8	5 806. 61
2006 年	183	438 071. 10	138	400 741. 40	38	29 195. 40	7	8 134. 30
2007 年	152	312 009. 00	118	288 694. 60	29	19 054. 10	5	4 260. 30
2008 年	136	191 651. 10	113	176 237. 70	20	14 280. 50	3	1 132. 90
2009 年	142	271 199. 20	115	248 355. 20	23	22 103. 20	4	740. 80
2010 年	153	389 295. 40	126	358 908. 20	27	30 387. 20	——	——
2011 年	160	450 500. 60	130	407 528. 90	30	42 971. 70	——	——
2012 年	172	603 415. 30	139	544 414. 90	33	59 000. 30	——	——
2013 年	202	670 334. 10	161	608 276. 60	41	62 017. 20	——	——
2014 年	216	907 425. 50	177	846 410. 30	39	61 017. 20	——	——
2015 年	233	938 852. 00	182	886 487. 50	41	52 364. 60	——	——
2016 年	224	1 018 729. 90	184	960 192. 80	40	58 537. 10	——	——

资料来源：美国国家房地产投资信托协会，网址：www. reitsacrossamerica. com.

权益型房地产投资信托基金和抵押型房地产投资信托基金的主要区别①在于：

第一，就投资方式而言，权益型房地产投资信托基金直接参与房地产投资经营，抵押型房地产投资信托基金是担当“金融中介”角色，从中赚取利差。

第二，权益型房地产投资信托基金的投资标的为房地产本身，而抵押型房地产投资信托基金的投资标的为抵押贷款及相关证券。另外，在类似投资标的方面，权益型房地产投资信托基金和抵押型房地产投资信托基金分别为股票和债券。

第三，权益型房地产投资信托基金收入主要来源于房地产出售及租金收益，抵押型房地产投资信托基金则主要为利息收益。另外，权益型房地产投资信托基金收益主要受房地产市场稳定状况的影响，而利率及信用状况对抵押型房地产投资信托基金收益的影响较大，并且抵押型房地产投资信托基金收益稳定性较权益型房地产投资信托基金更高，风险也相对较低。

（三）封闭型房地产投资信托基金和开放型房地产投资信托基金

根据投资后是否能够按照净值赎回投资份额，可以将房地产投资信托基

---

① 由于混合型 REITs 在大部分条款上兼有权益型 REITs 和抵押型 REITs 的特性，所以此处并未列入比较框架。

金分为封闭型房地产投资信托基金和开放型房地产投资信托基金。

1. 封闭型房地产投资信托基金。封闭型房地产投资信托基金是指房地产投资信托资本总额及发行份数在发行之前就已确定下来，在发行完毕后规定的期限内，房地产投资信托资本总额及发行份数都保持固定不变，因此，封闭型房地产投资信托基金又称为固定型房地产投资信托基金。由于封闭型房地产投资信托基金的股票或受益凭证不能被追加认购或赎回，投资人只能通过证券经纪商在证券交易市场进行交易，所以，封闭型房地产投资信托基金又称为公开交易房地产投资信托基金。封闭型房地产投资信托基金将收益以股利、利息或可实现的资本利得等形式支付给投资者，其中可实现的资本利得源于低价买入、高价卖出有价证券而取得的差价。封闭型房地产投资信托基金的价格高于净资产价值（称为“溢价”）或低于房地产投资信托基金净资产价值（称为“折价”），主要受市场供求变化的影响。

2. 开放型房地产投资信托基金。开放型房地产投资信托基金具有开放性，其对拟发行的投资信托基金总额和份额不限定，在信托基金存续期间处于变动状态，其信托基金总额不固定，可以增加发行受益凭证，投资者也可随时赎回，因此又称为追加型房地产投资信托基金。

一般来说，开放型房地产投资信托基金的流动性要高于封闭型，且封闭型房地产投资信托基金的买卖费用要高于开放型。因此，开放型房地产投资信托基金一般适合中小投资者，买卖交易量不大，且可以在柜台上以申购和赎回的方式进行；而封闭型房地产投资信托基金主要是机构投资者参与，在集中交易场所转让和买入。

3. 封闭型房地产投资信托基金与开放型房地产投资信托基金的比较。

第一，两者的存续期不同。封闭型房地产投资信托基金有固定的封闭期，一般为 10 年或 15 年，经受益人大会通过并经主管机关同意可以延长期限；而开放型房地产投资信托基金没有固定期限，投资者可以随时向房地产投资信托基金管理人赎回房地产投资信托基金份额。

第二，两者的可赎回性不同。封闭型房地产投资信托基金在封闭期内不能赎回，若已上市，则可以通过交易所进行转让交易。开放型房地产投资信托基金具有法定的可赎回性，投资者可以在首次发行结束后一段时间（一般为 3 个月）后，随时提出赎回申请。

第三，两者的规模可变性不同。封闭型房地产投资信托基金在招募说明书中列明其基金规模，发行后在存续期内份额固定，未经法定程序认可不能再增加发行。而开放型房地产投资信托基金通常无发行规模限制，投资者可以随时认购或赎回申请，基金规模因此而增加或减少。

第四，两者交易价格的计算标准不同。封闭型房地产投资信托基金的交易价格受市场供求关系的影响，常常会出现溢价或折价交易现象，不完全反映基金的净资产值。而开放型房地产投资信托基金的申购价一般是基金单位净值资产加一定比例的手续费，赎回价是基金净值资产值减掉一定比例的手续费，与市场供求情况的相关性不大。

第五，两者的投资策略不同。封闭型房地产投资信托基金的基金资本不会减少，有利于长期投资，基金资产的投资组合能在有效的预定计划内进行。而开放型房地产投资信托基金因为要应付投资者随时赎回兑现的可能，所以必须在投资组合上保留一部分现金和高流动性的金融商品作为准备金，对房地产投资信托基金的投资组合策略有一定的影响。

此外，根据房地产投资信托基金资金募集与流通方式的不同，可以将房地产投资信托基金划分为私募房地产投资信托基金和公募房地产投资信托基金；根据持有时间的长短，可以将房地产投资信托基金分成有期限房地产投资信托基金和无期限房地产投资信托基金；依据财产初始状态的不同，房地产投资信托基金又可分为资金型房地产投资信托基金和财产型房地产投资信托基金；按照组建和运营方式以及所处发展阶段的不同，可以分为伞型合伙房地产投资信托基金（UPREITs）、伞型下属合伙房地产投资信托基金（DOWNREITs）、“合股”（Stapled Stock）和“双股”（Paired Share）以及“纸夹”（Paper Clip）结构。

三、房地产投资信托基金的特征

房地产投资信托基金有效地融合了房地产、投资和资产证券化这三种市场工具，除了具有所有权和利益相分离、信托财产独立性、有限责任和信托管理的连续性等一般信托特征外，还具有以下特征。

（一）资产流动性较高

由于房地产具有不可移动性，导致房地产在交易过程中费时费力，转移手续极其繁杂，资产变现能力较差，使投资者承担着很大的变现风险①。而房地产投资信托基金主要是通过“采购已开发物业——管理和出租——取得租金收入”的经营方式，力图将成熟的、有稳定现金流的项目优选出来作为投资产品，利用证券化形式来凸显房地产的价值，并不需要开发新物业，从而避免资金占用的风险。另外，与其他股票一样，房地产投资信托基金在发行后可以在

① 变现风险是指急于将商品兑换为现金时由于折价而导致的资金损失风险。

次级市场上交易，投资者可以随时在集中市场上或店头市场上进行买卖，赋予房地产投资以股权流动性。

（二）投资收益较高

房地产投资信托基金通过发行股票的方式筹集资金，为择机收购房地产、获取收益提供了保障。同时，法律规定，房地产投资信托基金通常需要将90%以上的当期净收益分红给投资者，这一规定确保投资者可以获得较为稳定的回报。从历史数据来看，假如投资者1970年投入100万全部买入富时美国房地产投资信托基金指数标的，则截至2010年，总资产将涨为566万元，年化收益率高达11.64%；而假如投资者1990年做同样的投资，至2010年也可获得11.01%的年化收益率。[①] 在很多国家和地区，房地产投资信托基金已成为房地产业筹集资金的重要方式，广受中小投资者青睐。美国国家房地产投资信托协会研究比较2000年到2010年各投资产品的收益状况后发现，2000至2006年间，美国房地产投资信托基金行业指数收益率均高于美国主要股票市场收益率，2006年下半年起，美国房价增速放缓并持续走低，最终引发"次贷危机"，全美房地产市场遭到严重创伤，以房地产为投资领域的房地产投资信托基金也出现了较主要股市指数更大幅度的亏损，收益率屡创新低，但除此之外的年份，房地产投资信托基金指数的收益率均高于主要股票市场指数的收益率（见表6－2）。从表6－2可以看出，截至2017年8月，除1年期、3年期、5年期、10年期和15年期外，其他较长持有期的房地产投资信托基金收益率均高于股票市场的指数收益率的收益率。

表6－2　不同持有期美国REITs与股票市场收益率比较[②]　单位：%

期限	REITs	标普500指数	道琼斯工业平均指数	罗素2000指数	纳斯达克指数
1年	1.85	16.23	22.29	14.91	24.73
3年	8.37	9.54	11.46	7.67	13.30
5年	9.87	14.34	13.70	13.15	17.40

① 数据来源：funds.hexun.com.tw/2012－08－091144547314.html。

② 标准普尔500指数（S&P 500 Index）是记录美国500家上市公司的一个股票指数；道琼斯工业平均指数（Dow Jones Industrial Average，DJIA，简称道指）是由华尔街日报和道琼斯公司创建者查尔斯·道创造的几种股票市场指数之一，用作测量美国股票市场上工业构成的发展情况；罗素2000指数（Russell 2000 Index）是代表市场上中、小型股的市值指标；纳斯达克指数（National Association of Securities Dealers Automated Quotations Composite，NASDAQ100）是反映纳斯达克证券市场行情变化的股票价格平均指数，其基本指数为100。

续表

期限	REITs	标普 500 指数	道琼斯工业平均指数	罗素 2000 指数	纳斯达克指数
10 年	6.60	7.61	7.93	7.38	10.70
15 年	10.75	9.06	9.12	10.37	11.16
20 年	9.58	7.18	7.90	7.59	7.24
25 年	11.07	9.59	10.50	9.85	10.23
30 年	10.30	9.37	7.28	8.80	9.23
35 年	12.20	11.81	9.55	10.76	10.77
40 年	12.66	11.59	8.43	——	10.97

数据来源：美国国家房地产投资信托协会：www. reit. com/investing/industry - data - reasearch/annual - proxy - data.

（三）投资风险低

美国易卜生协会（Ibbotson Association）在 2001 年做过的一项研究中涉及房地产投资信托基金与股票市场指数的相关系数情况，其结论是：房地产投资信托基金收益相关系数最高的是罗素 2000，最低的是纳斯达克指数，并且相关系数从 20 世纪 70 年代至今仍处于逐步下降的趋势（权益型 REITs 与标准普尔指数大盘股相关系数从 1972 年至 2000 年的 0.56 下降至 2000 年后的 0.28，与小盘股的相关系数也从 0.63 下降到 0.26）。根据美国国家房地产投资信托协会的数据，1978 年至 2009 年的 30 年间，REITs 的波动性为 13.04%，而同期标准普尔 500 指数的波动性为 14.92%、道琼斯工业平均指数的波动性为 15.13%、罗素 2000 指数的波动性为 19.46%，纳斯达克指数的波动性为 22.28%（见表 6 - 3），由此可见，房地产投资信托基金的波动性较主要股票市场的波动性低，因此房地产投资信托基金的投资风险小于股票投资。

表 6 - 3　REITs 与各主要股票市场波动性对比　　单位：%

期限	REITs	标普 500 指数	道琼斯工业平均指数	罗素 2000 指数	纳斯达克指数
1 年	4.48	2.51	2.79	4.62	4.25
3 年	15.2	10.26	10.72	16.15	16.57
5 年	14.1	15.24	15.2	19.92	28.54
10 年	13.66	15.64	15.82	20.17	29.01
15 年	13.07	14.07	14.28	18.18	25.16

续表

期限	REITs	标普 500 指数	道琼斯工业平均指数	罗素 2000 指数	纳斯达克指数
20 年	12.83	15.36	15.72	19.25	24.22
30 年	13.04	14.92	15.13	19.46	22.28

数据来源:美国国家房地产投资信托协会:www.reit.com/investing/industry - data - reasearch/Hsearch.

除了上述特点之外,在大多数发达国家,房地产投资信托基金不属于应税财产,而且免除了公司所得税项,获得了优惠的税收待遇,避免了双重纳税,并且在组织结构、资产运用、收益的来源和分配方面对房地产投资信托基金都有较高条件的约束。

第二节　典型国家(地区)房地产投资信托基金的发展

自 20 世纪 60 年代以来,房地产投资信托基金作为房地产企业的一种创新融资手段,在美国和澳大利亚等很多发达国家都有着较快的发展,对房地产市场和投资者产生了重要影响。从境外房地产投资信托基金的发展情况来看,其发展模式主要分为由税制改革推动的美国模式和政府推动的亚洲模式。

一、美国房地产投资信托基金的发展

房地产投资信托基金起源于美国,美国政府允许满足一定条件的房地产投资信托基金可避免双重税收,因此,房地产投资信托基金被广大投资者和广大房地产企业所接受,成为美国最重要金融工具之一。

根据美国国家房地产投资信托协会统计,截至 2017 年 11 月,美国上市房地产投资信托基金共有 202 家,总市值达 11 322.35 亿美元,其投资领域包括工业、办公、零售、住宅、多元化、私人仓储及医疗保健等,具体情况见表 6 - 4。

表 6 - 4　美国房地产投资信托基金投资行业类别

行业类别	数量(家)	市值(亿美元)	所占比重(%)
总计	202	11 322.35	100
工业(Industrial)	11	761.01	6.72
办公楼(Office)	22	1 016.20	8.98
零售(Retail)	30	1 809.31	15.98

续表

行业类别		数量(家)	市值(亿美元)	所占比重(%)
零售	购物中心(Shopping Centers)	16	594.95	5.25
	地区性商场(Regional Malls)	7	870.36	7.69
	单租户(Free Standing)	7	344.00	3.04
住宅(Residential)		20	1 483.03	13.10
住宅	公寓(Apartments)	14	1 139.40	10.06
	预制房(Manufactured Homes)	3	157.16	1.39
	独户住宅(Single Family Homes)	3	186.47	1.65
多元化(Diversified)		17	648.00	5.72
住宿/度假(Lodging/Resorts)		17	576.53	5.09
私人仓储(Self－Storage)		5	1 019.15	9.00
医疗保健(Health Care)		19	582.99	5.15
木材(Timber)		4	332.75	2.94
基础建设(Infrastructure)		6	1 314.31	11.61
抵押(Mortgage)		36	660.57	5.83
抵押	住宅融资(Home Financing)	23	480.71	4.25
	商业房融资(Commercial Financing)	13	179.86	1.59
数据中心(Data Center)		5	719.55	6.36
专业化(Specialty)		10	398.94	3.52

数据来源:美国国家房地产投资信托协会,https://www.reit.com/data－research/reit－indexes/historical－reit－returns/performance－property－sector－subsector,截止日期:2017年11月。

(一)美国房地产投资信托基金的设立条件①

美国《国内税法典》在房地产投资信托基金的准入条件上做了严格的法律规定,限制委托人所持有的资产及其交易活动,其目的在于更好地利用房地产投资信托基金,以获得稳定而长期的投资。

1. 组织结构的要求:

(1)必须存在受托人或董事管理资产;

(2)通过受益凭证或可转让的股票体现其所有权益;

(3)经注册的具有纳税资格的实体;

(4)不能是诸如国内建筑与信托协会、各种银行及其他储蓄机构等任何形

① Us 1960 Internal Revenue Code(I. R. C.),Sec:856. Definition of"real estate investment trust".

式的金融机构，也不能是保险公司；

(5)受益人或股东须100人以上；

(6)5个及5个以下的个人在每个纳税年度的下半年，持股比例不得超过50%。

房地产投资信托基金必须满足上述(1)至(4)项的规定，在至少335天内满足第(5)项的要求，但是其在成立的第一年里不受第(5)、(6)项规定的限制。

房地产投资信托基金的上述规定为小投资者参与房地产投资提供了良好的机会，同时也是最初创设房地产投资信托目的的体现。由于房地产投资信托行业具有很强的专业性，因此，管理房地产投资信托的受托人或董事往往是具有金融、投资、信托、房地产等综合专业知识且经验丰富的人。投资者的各项权益通过房地产投资信托发行股票或受益凭证实现，为了保障中小投资者的投资权，避免所有权过分集中在少数人手中，立法对股东或受益人最低人数进行了限制，即不得少于100人，而且5个及以下的个人在每个纳税年度的下半年，持股比例不得超过50%，简称为“百人原则”和“5-50原则”。

2. 资产结构的要求。除满足以上组织结构的要求外，房地产投资信托基金的资产必须在纳税年的每一季度末的满足以下要求：

(1)75%以上的总资产必须由房地产资产(包括房地产收益、房地产抵押收益、在其他房地产投资信托中的股份)、现金(包括应收账目)及政府证券组成。

(2)除了满足以上资产要求外，房地产投资信托基金投资证券的资产必须在总资产的25%以下；投资于一个或多个应税房地产投资信托子公司证券的资产不得超过总资产的20%。

(3)所持任何单位发行的证券不得超过总资产价值的5%，且所持证券的表决权也不得超过发行在外证券总价值的10%。

3. 收益来源的要求：

(1)75%以上的收益(违禁交易收入除外)必须来自各项房地产投资，包括房地产买卖收益、房地产租金、房地产抵押投资收益、入股其他房地产投资信托所得的利润分配等。

(2)总收益(违禁交易收入除外)的95%以上(1980年1月1日起为90%)来源于前项收益或其他收益分配。

(3)为控制短线交易投机行为，立法还规定，出售持有不满4年的房地产(丧失回赎权的抵押房地产或自愿出售者除外)，或出售持有不到1年的证券所得收益必须在总收益的30%以下。

4. 收入结构的要求：

(1)下列收益必须占到总收入的95%以上：股利、利息、房地产租金，股票、证券和房地产处置收益，房地产相关税种的减税或退税，被取消赎回权的房地产拍卖所得等；

(2)下列收益必须占到总收入的75%以上：房地产租金，房地产或房地产抵押担保债务孳生利息，房地产处置收益，从其他房地产投资信托基金投资中所得收益，房地产相关税种的减税或退税，被取消赎回权的房地产拍卖所得等。

此外，《国内税法典》对收益分配也有着相关要求：房地产投资信托作为一个经济实体，应将95%以上的应税收益扣除资本所得后分配给股东，这样才能使其享受免税优惠。

(二)美国房地产投资信托基金的运作流程

1. 美国房地产投资信托基金成立阶段运作流程。

(1)评估资金需求。美国房地产投资信托基金起于发起人对信托需进行募集资金需求量的筹划，主要工作包括：预估所需的资金总额，确定可行的融资方式，并且还需考虑其所投资标的收益是否足够支付必要的报酬等问题。

(2)接洽承销商。发起人在对资金需求量进行系统预估后，应当与承销商接洽，根据相关要求选择合适的承销商，通过商业谈判与承销商商讨资金募集过程中可能会面临的一些问题，并最终确定投资、募款细节以及承销方式等方面的问题。

(3)接洽律师及会计师。根据美国法律的规定，在房地产投资信托募集资金的过程中，需要委托有相应资质的律师事务所和会计师事务所审核或办理相关业务，律师事务所主要对该投资计划的相关文件进行合规性审核，而会计师事务所主要负责对该投资计划在财务上进行可行性分析。

(4)接洽房地产顾问公司。若确定由房地产顾问公司负责房地产投资信托基金未来的经营管理，需要选定具体的房地产顾问公司，并与其签订房地产投资信托管理顾问契约，确定双方的权利义务关系。

(5)确定保管机构并签订房地产投资信托契约，成立房地产投资信托基金专户，托管信托投资基金。当所有文件备齐后即可以向证监会申请募集。成立阶段的文件一般包括：基金发行计划、房地产投资信托契约、受益凭证样本、公开说明书、财务报告等。

2. 美国房地产投资信托基金正式运作阶段主要流程。

(1)由发起人向美国证券交易监督委员会(U. S. Securities and Exchange Commission,SEC)和政府主管机关提交申请,并检附下列几项重要文件:基金发行计划、房地产投资信托契约、公开说明书、受益凭证发行计划、受益凭证样本等。

(2)信用评级机构对房地产投资信托基金进行评级。

(3)在融资计划获得有权机关的核准后,公司应当委托证券承销商根据相关法律法规的规定,首次发行受益凭证。通过首发募集到的资金存入专门的房地产投资信托账户。对资金的运作,则由专业的管理公司或独立的投资顾问向公司做出相应的建议。

(4)首次发行受益凭证之后,为进一步筹措投资所需资金,房地产投资信托基金可以依据相关法律法规的规定,运用各种融资工具进行融资。

(5)房地产投资信托基金所筹集的资金在划入保管机构的专门账户后,由保管机构按照公司对资金的运用做出的指令对资金做出相应的操作。同时,作为房地产投资信托资产名义上的所有人,投资标的物的产权登记及所产生的投资收益也相应地登记在保管机构的专用账户下。

(6)公司应当按照信托契约的约定,将房地产投资信托基金所得收益分配给投资者。

二、亚洲房地产投资信托基金的发展

亚洲房地产投资信托基金的发展从20世纪90年代末开始,自2000年起有了突破性进展,目前,共有7个国家和地区拥有上市的房地产投资信托基金产品,分别为日本、新加坡、中国香港、中国台湾、泰国、马来西亚和韩国,但是相比日臻成熟的美国房地产投资信托基金,亚洲的房地产投资信托基金仍然是一个新生事物。其中,日本、新加坡、中国香港市场是亚洲房地产投资信托基金发展较为成熟的市场,根据中国房地产协会金融专业委员会与戴德梁行联合发布的《亚洲房地产投资信托资金研究报告》,截至2016年第三季度,日本房地产投资信托基金市场总规模达1 160.1亿美元,新加坡为518.3亿美元,中国香港为300.9亿美元。

(一)日本房地产投资信托基金的运作

1. 日本房地产投资信托基金的发展概况。日本房地产投资信托基金的发展始于1984年,当时在法律上还存在诸多限制,致使房地产投资信托基金无法被投资者广泛接受。直至1997年亚洲金融风暴后,日本金融市场在遭受重创的现实压力下,于1998年通过《特殊目的公司法》,并于2000年修正为《资产流动化法》,为日本房地产投资信托基金市场的全面发展清除了法律上的障碍,房地产投资信托基金在日本得以正式建立。日本在 2000 年 11 月修改了《投资信托及投资公司法》,允许投资信托所募集资金进入房地产业。投资人投资于日本 REITs(即 J - REITs)时,获得与股票类似的投资凭证(Investment Certificates),可以在东京不动产投资信托市场(TSEREIT Market)进行交易。2001 年 3 月,东京证券交易所(Tokyo Stock Exchange,TSE)建立了房地产投资信托基金上市系统。同年 9 月 2 日,首家房地产投资信托基金(以下称"J - REITs")在东京证券交易所上市,开创了亚洲房地产投资信托基金上市的先河。日本的不动产投资信托以管理和转让土地、房屋为目的,其显著特点是土地所有权可以由业主保留,而且可以有效利用土地而不必直接承担工程款,通过信托分红获得稳定的收益。历经十年发展,2010 年年底,日本房地产投资信托基金市场规模占亚洲房地产投资信托基金市场规模的一半左右。

2. 日本房地产投资信托基金的运作模式及其结构。

(1)J - REITs 的设立条件。根据日本的投资信托法,J - REITs 既可以是公司型,也可以是契约型。在赎回方式上,既可以是投资者在预定价格及固定时段要求赎回的开放型,也可以是投资者不能在预定价格及固定时段要求赎回的封闭型,但只有封闭型的房地产投资信托基金,才有资格在东京证券交易所上市。

第一,在投资方面,J - REITs 必须将至少 75% 的房地产投资信托基金资产投资于房地产(其中,50% 的资产应是日本国内的不动产),但不能开发房地产;至少 50% 的资产必须产生收益,并且在一年内不会出售,对投资区域及借贷规模则没有限制。

第二,在税赋方面,作为投资公司而设立的 J - REITs 只要有税后 90% 以上的股息支出,便可以减除股息的税费;在购买房地产时,J - REITs 亦能从较低的不动产购置税、注册税和特许税中获益,但是投资者在获得股息时必须扣缴所得税。

第三,在组织架构方面,必须符合以下条件:①以契约或公司形式组成;②投资资格审批必须满足以下 3 个条件之一:注册公司执照必须公开取得且注册资本金不少于一百万日元、在财政年度末由 50 个投资者以上持有投资许可证、在财政年度末由合格的机构投资者持有 100% 的股权;③主要投资于国内和国际市场;④资产管理权必须外包;⑤资产监护权必须外包;⑥单个投资者持有股权比例不超过 50% 。

第四,资产必须符合以下要求:①不允许持有超过 50% 的其他公司股权;

②持有不能产生收益的房地产资产不能超过房地产投资信托基金净资产总额的 10%。

第五，对收入来源的要求有：①必须以获取连续稳定租金收入为目的，专注投资于房地产；②收入主要来自于房地产租金收益。

此外，利润分配时，要求每年可分配收入至少 90% 以股息形式分配给投资者；在长期负债方面，要求所有贷款须从合格的机构投资者取得，对长期贷款无特殊限制。

（2）J－REITs 的运作结构。J－REITs 的运作结构（见图 6－1）是公司型房地产投资信托基金，在日本上市交易的 J－REITs 都属于公司型，它首先成立一个特殊目的公司，发行受益凭证募集投资者的资金，然后购买并管理房地产，这个特殊目的公司必须自己负责房地产的管理和经营。但在现实中，很多公司都将管理和经营职能外包给第三方，即资产运营公司。

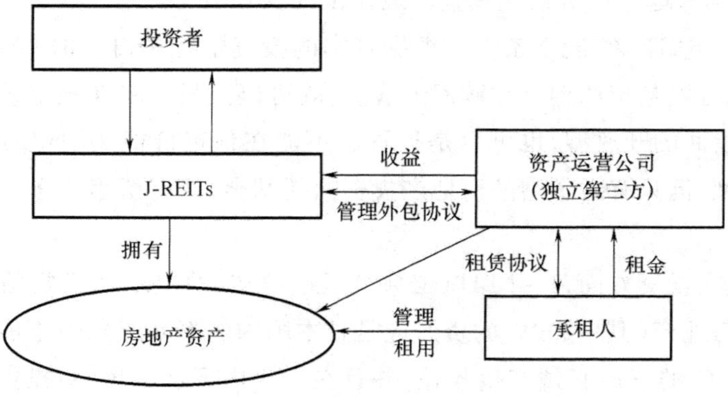

图 6－1 J－REITs 的运作结构

（二）新加坡房地产投资信托基金的运作

1. 新加坡房地产投资信托基金发展概况。紧跟着日本的脚步，新加坡金融管理局（The Monetary Authority of Singapore，MAS）于 1999 年 5 月颁布了《新加坡财产基金要则》（*Guidelines for Property Funds in Singapore*），允许建立房地产投资信托基金（以下称“S－REITs”）。法律规定，S－REITs 总资产的 70% 必须投资于房地产或者与房地产相关的资产，剩下的 30% 可投资于一些债券、现金或其他现金等价物。紧接着又在 2001 年的《证券和期货法则》（*Securities and Futures Act*）对上市 REITs 做了相关规定。2001 年 11 月，新加坡发行了第一只 REITs 产品——SingMall Property Trust（SPT），最终由于缺乏税收优惠和市场时机不理想、首次公开发行认购不足、分派率不够高而上市失败。2002

年，SPT 易名为嘉茂信托(CaptiaMall Trust，CMT)再申次请上市，嘉茂信托于当年 7 月 17 日在新加坡交易所(Singapore Exchange，SGX)上市，是新加坡第一只房地产投资信托基金，上市初期的资产只有淡滨尼广场、碧山第八站及福南数码活力广场。[①] 同年 11 月 19 日，腾飞基金(A－REIT)也首次公开发行并取得成功。自 2002 年首次推出房地产投资信托基金以来，作为一种新兴的金融投资工具，房地产投资信托基金已逐步得到政府、房地产企业和广大投资者的青睐。新加坡房地产投资信托基金采用政府主导型的发展模式，借助政府的力量迅速建立起有利于房地产投资信托基金发展的法律环境和发展体制。

2. 新加坡房地产投资信托基金的运作模式及其结构。

(1)S－REITs 的设立条件。S－REITs 采用公司或者信托两种形式设立，没有独立的法人资格，必须聘用信托管理人来管理，同时所收购的房地产及相关资产必须由房地产管理公司来进行专业管理，它不能以任何形式从事或参与房地产开发活动。

首先，S－REITs 对组织架构的要求有：①以典型的契约形式组成；②资产管理公司必须在新加坡设立办公区且股东资本金须不低于 100 万新元；③受托人须由新加坡金融管理局(MAS)认可；④必须遵守新加坡上市公司管理条例。

其次，S－REITs 对资产的要求有：①至少 70% 以上的资产是投资于房地产和与房地产相关的资产；②不能从事或参与房地产开发活动，不论是以独资或合资方式，还是以投资于非上市房地产开发商的形式进行；③除了投资于获准开发的空地上即将开发的房地产外，不能投资于空地；④投资于新加坡境内为开发完成的非住宅房地产，或者是新加坡境外未开发完成的房地产，均不得超过总资产的 20%。

S－REITs 对收入来源并无限制，但是要求将每年 90% 以上的收入用于利润分配。另外，对长期负债，要求负债比例的上限为总资产的 60%。

(2)S－REITs 的运作结构。S－REITs 采用契约型的运作结构(见图 6－2)向投资者发行信托产品，然后用募集到的资金去购买房地产资产或者相关资产(如房地产抵押贷款支持证券)。S－REITs 没有独立的法人资格，因此必须聘任信托管理人管理 S－REITs，主要负责 REITs 的投资策略、财务管理以及房地产资产的收购和出售等。同时聘任房地产管理公司管理所购房地产及相关资产，主要是负责物业的出租及维修等日常管理。S－REITs 委托一位托管人保

① *SPT to be Renamed CapitaMall Trust*，The Business Times，May 31，2002。

管资产，并代表投资者（信托单位持有人）的利益，持有、管理房地产及相关资产的收入，扣除支付给受托人、信托管理人、房地产管理人的费用之后，全部以股利形式支付给投资者。

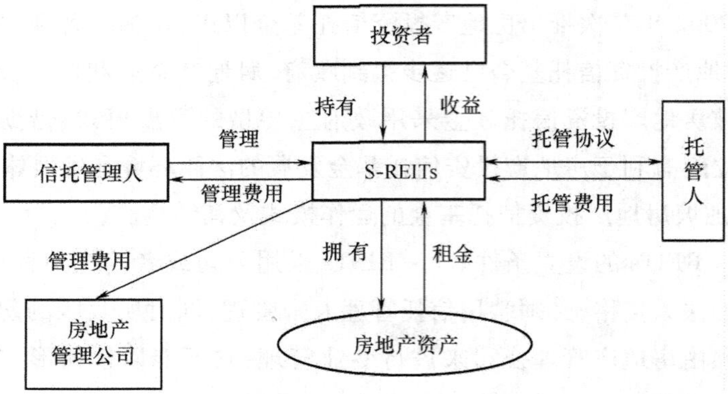

图 6－2　S－REITs 的运作结构

（三）中国香港房地产投资信托基金的运作

1. 中国香港房地产投资信托基金发展概况。2003 年 3 月 7 日，香港证券及期货事务监察委员会（Securities and Futures Commission，简称“香港证监会”）发表了《房地产投资信托基金守则》草拟本，以征求公众意见。同年 7 月 30 日，为了增强房地产市场资产的流动性，同时满足房地产公司的融资需要，香港证监会正式公布了《房地产投资信托基金守则》及有关咨询总结文件，大部分条文都被修订，以回应市场意见，其中包括放宽借贷比率、派息比率及估值密度计划。原来建议借贷比率为总资产净值的 35%，修改后增加为资产总值的 35%，此外，派息比率也由原来的除税后净收入的 100% 降至 90%，房地产项目定期估值也由原来建议的每季一次放宽至每年一次。随后，香港证监会为了完善相关规定，广泛地征求了公众意见及市场的反馈情况，《房地产投资信托守则》修订后于 2005 年 6 月发布，修订后的《房地产投资信托基金守则》准许中国香港的房地产投资信托基金投资香港境外的物业，同时把借贷比例由净资产的 35% 调整为总资产的 45%。由香港房地产商成立并上市的房地产投资信托基金，可以投资于中国香港或中国内地的商业地产项目。2005 年 11 月 8 日，香港房屋委员会（Hong Kong Housing Authority，HKHA）发起的领汇基金[1]成功发行，共筹集资金 1 100 多亿港币，获得 19 倍的超额认购。11 月 25 日，首只 REITs——领汇 REITs[2]（LINKREIT，股票代码：0823. HK）在香港联合交易所上市。一个月之后，越秀 REITs[3] 于 2005 年 12 月 21 日正式在香港联合交易所挂牌上市，成为中国内地第一只成功起跑的 REITs（股票代码：0405. HK）。到 2007 年，香港共上市 6 只 REITs，它们的总市值超过 660 亿港元。目前，在香港上市交易的几只房地产投资信托基金，物业类型包括商业零售、写字楼、酒店以及综合类。李嘉诚旗下的汇贤产业信托于 2011 年 4 月 29 日正式在香港交易主板挂牌，作为首只人民币 REITs，开盘首日即遭遇破发。这再一次印证了中国房地产投资信托基金在中国内地上市的困难。

2. 香港房地产投资信托基金的运作模式及结构。

（1）香港房地产投资信托基金（以下称"HK – REITs"）的设立条件。法律认可的 HK – REITs 必须满足以下条件：

第一，组织架构要求：①必须以契约的形式组成，不能以公司形式构成；②必须任命一个 1 000 万资本以上、能代表信托单位持有者利益的独立第三方担任受托人；③必须任命一个经证券与期货委员会批准的管理公司对信托资产进行管理；④必须任命一个独立的资产评估师；⑤除经信托持有者同意外，持有不动产的时间必须不少于两年；⑥必须在香港股票交易所挂牌上市公开交易；⑦可以通过全资专用载体 SPV 购买和拥有不动产；⑧每年进行一次价值评估。

第二，资产要求：①只限于投资房地产项目；②可以购入空置、没有产生收入的建筑物或正在进行大规模发展、重建或修缮的未完成项目，但这些项目的累计合约价值不得超过总资产净值的 10%；③除了修缮、翻新、改造外，不能投资于空置土地或参与物业开发活动；④允许通过特别子公司投资于旅馆或游乐园；⑤不能对外贷款、为任何债务提供短期担保或不经受托人事先书面同意用信托资产设担保；⑥不能投资获得任何须承担无限责任的资产；⑦持有不能产生收益的房地产资产不能超过房地产投资信托基金净资产总额的 10%。

第三，收入来源要求：①必须以获取连续稳定租金收入为目的，专注投资于房地产；②收入主要来自于房地产租金收益。

第四，利润分配要求：每年至少将净收益的 90% 以分红形式分配给单位信

---

① 领汇基金的 IPO 不仅意味着香港第一只房地产投资信托基金的成功发行，同时也是全球最大的房地产投资信托基金 IPO。

② *Link REIT IPO Sets Price at the Upper End of Range*，Business Times Singapore，2005 年 11 月 21 日。

③ 越秀 REITs 是香港证监会修订《房地产投资信托基金守则》，允许香港 REITs 投资海外物业之后，第一只以广州物业为基础、跨境上市的 REITs。

托持有者。

第五，长期负债要求：债务比例上限为资产总值的45%。

(2) HK－REITs的运作结构。HK－REITs也是采用契约型的组织结构（见图6－3），先向投资者发行信托凭证，然后将募集到的资金投资于房地产或与房地产相关的证券资产。聘请专业的资产管理公司来担任信托基金的管理人，管理人主要负责制定REITs的投资和财务策略，资产提升、收购和出售计划，以及REITs旗下物业组合的整体管理。此外，还应聘请一个独立的托管人来托管基金资产，任命一个独立的资产评估师，每年对REITs进行一次价值评估。

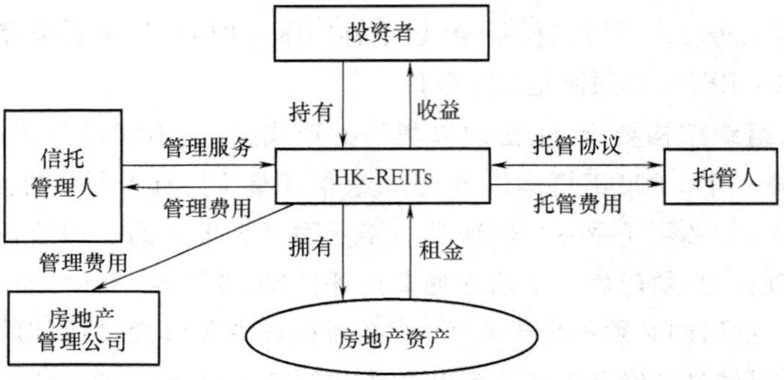

图6－3 HK－REITs的运作结构

三、境外房地产投资信托基金发展的成功经验

（一）完善配套的法律体系

任何金融产品的创新都需要在一定法律法规的规范下进行。通过对上述国家和地区房地产投资信托基金典型模式的了解可知，无论是依靠税法推动的美国房地产投资信托基金，还是依靠专项立法发展的新加坡和中国香港房地产投资信托基金，政府的法律法规均对其发展起到了决定性作用。从美国的《国内税收法》《1976年税收改革法案》《1986年税收改革法案》《1993年综合预算调整法案》到《房地产投资信托基金现代化法案》，税法改革的轨迹明显与美国房地产投资信托基金每次的繁荣紧密相关。同时，新加坡的《财产基金要则》《房地产投资信托基金指引》和中国香港的《房地产投资信托基金守则》的推出促使两地房地产投资信托基金的发展走向规范化和特色化。这些完善的法律法规对房地产投资信托的设立、运行、监督、退出机制以及风险监管等各方面都提出了具体可操作的规则，对房地产投资信托基金的规范运行

提供了重要保障。

（二）良好的金融市场环境

金融市场环境的完善程度决定了基金的规范化发展水平。综观上述国家和地区的房地产投资信托制度，我们可以发现，其房地产投资信托制度的成功运行有赖于成熟稳健的房地产市场和有效运转的证券市场。房地产投资信托基金是一种证券化的房地产，它大都表现为股票或者其他类型的受益凭证，这些受益凭证具有极强的流通性，可以在相关证券市场上自由流转，也正是凭借这一优势，投资者才得以更加有效地将其投资风险弱化，从而更好地保护投资者的合法权益，激发投资者的投资热情。而这些受益凭证的自由流转显然需要一个成熟健全的证券市场作为后盾。我国金融市场尚未建立完善的信用体系，金融市场主体缺乏良好的信用习惯，我国还没有针对房地产项目信托产品的信用评级体系，也没有采取房地产作为抵押物。为此，要积极完善市场环境，如建立完善的信用体系、成立个人住房贷款担保机构等。

（三）配套中介机构的独立性和专业服务

房地产投资信托制度作为一种社会经济制度，它不能脱离相应的社会经济基础而独立存在，它的顺利运行需要大量诸如信用评价机构、资产评估机构、会计师事务所、律师事务所等配套中介机构的介入。另外，房地产投资信托基金涉及金融、信托、证券等房地产的多个领域，因此，它对相关从业人员的专业性和复合性要求较高。从国外的成功经验来看，房地产投资信托基金都是在相关专业人员的管理下运作的。甚至可以说，国外房地产投资信托基金的成功很大程度上有赖于该国对培养房地产投资信托基金从业人员全方位素质的重视。如果说这些配套中介机构的独立性是其提供服务的基础和前提的话，那么，其专业人员提供的专业性服务可以保障房地产投资信托制度充分发挥其功能，保护投资者特别是中小投资者的合法利益，因为这些专业人员能够运用自身的专业知识准确分析市场行情，把握投资时机，及时做出投资决策，优化投资组合，实现低风险、高效益的投资。

（四）投资主体多元化

多元化的投资主体和多样化的投资对象是房地产投资信托基金成功的重要条件。以美国为例，美国立法要求在房地产投资信托基金的组织机构中受益人或者股东的最低人数不得少于 100 人，而且 5 人及以下的个人在每个纳税年度的下半年持股比例不得超过 50%，从而保障了广大中小投资者的投资权，进而实现了投资主体的多元化。此外，美国法律规定，房地产投资信托基金的投资对象可以是各种类型的房地产，如房地产买卖、房地产抵押投资、房地产出租或者入股其他的房地产投资信托基金等，从而保障房地产投资信托基金充分的收益可能性，实现投资对象的多样化。美国以及其他国家和地区关于投资主体多元化和投资对象多样化的规定，是为了更好地体现房地产投资信托基金的立法目的和宗旨，并最大限度地降低其投资风险，保障投资者的合法权益。实践证明，这一规定为房地产投资信托基金的发展和完善做出了巨大的贡献。

（五）改革创新

美国房地产投资信托基金在发展过程中坚持以市场为主导，充分激发市场配置资源的优势，并且相关的政策法规也是配合着市场环境的变化不断进行改革创新。最初仅有唯一的股权投资基金，接着开发出抵押投资基金和混合投资基金，再后来又推出参与型抵押房地产投资基金、专项贷款、联合物业投资等多种形式，适应了市场需求不断增加的趋势。随着投资基金竞争程度的加深，房地产投资信托基金不仅在品种上更加多样化，而且其经营管理水平也日益专业化，不断与时俱进，深入地进行专门化投资。房地产投资信托基金行业不断细化分工，出现了各种专门从事投资某一类型物业，如住宅、办公和工业物业、商业中心等的房地产投资信托基金，并且数量呈不断增加的趋势。随着竞争的加剧和分工的细化，基金的管理效率和盈利能力也得到了不断的提高。为了应对来自房地产合伙公司和业主合伙公司的竞争，房地产信托投资基金也根据市场需求及时推出有限期房地产投资信托基金，创立了与房地产经营合伙公司合作的伞型房地产投资信托基金，为私人房地产投资的证券化开辟了道路。

第三节　我国房地产信托基金的实践

一、我国房地产信托基金的发展历程

我国信托业自 1979 年诞生以来，经过近 40 年的发展，信托公司从一开始的几家发展到目前的上千家，资金规模达到数千亿元，对我国经济的发展起到了巨大的作用。

2002 年，我国开始开展房地产信托业务，主要是向房地产企业进行贷款融资的信托。7 月 28 日至 8 月 27 日，上海国际信托投资有限公司推出了国内第一只真正意义上的房地产资金信托——新上海国际大厦项目资金信托计划，随后，金信信托、新华信托、北方信托、中煤信托、湖南信托、百瑞信托、深圳国

投、伊斯兰国投等多家信托公司纷纷推出针对地产投资的集合资金信托。2003 年 6 月，中国人民银行为了打压国内的房地产市场，颁布了 121 号文件，收紧了银行对房地产企业的贷款条件，使其直接融资受到限制，房地产企业需要拓展新的融资渠道从资本市场上获得资金，房地产信托得以迅速发展。然而由于缺少相应的规范性文件，房地产公司更多地是向信托投资公司寻求联合同盟，开展房地产信托计划，但是这只是一个准房地产投资信托基金，并不能称为真正意义上的房地产投资信托基金。2003 年年底，中国第一只商业房地产投资信托计划——"法国欧尚天津第一店资金信托计划"在北京推出，这是中国房地产投资信托基金的雏形。

2004 年 4 月，深圳证券交易所综合研究所完成了《房地产投资信托基金研究报告》，对我国发展房地产投资信托基金产品的可行性进行了研究，并提出了三种可行的模式，即信托计划模式、房地产上市公司模式和封闭式产业基金模式。同时还针对上述模式进行了利弊分析，认为我国发展房地产投资信托基金最适合采用房地产上市公司模式。2004 年，全国约有 31 家信托投资公司共计发行了约 83 个房地产信托产品，募集金额约 122 亿元，平均募集资金 1.47 亿元。在此期间，房地产信托主要是将资金用于房地产项目的贷款融资，贷款总额占全部资金的 90% 左右。①

2005 年 12 月 21 日，越秀房地产投资信托基金在香港联合交易所挂牌成功上市，这是中国内地第一家房地产投资信托基金。虽然中国内地房地产投资信托基金法律法规的制定时间还无法预测，但是国内物业却被国外的众多投资者看好，面对其广阔诱人的前景，一些国际房地产投资信托基金已经开始着手准备投资国内优质的、有潜力的房产物业，这就使我国发展房地产投资信托基金的任务显得日益紧迫。2005 年 9 月 1 日，银监会向各地银监局下发了《关于加强信托投资公司部分业务风险提示的通知》（简称"212 号文"），该通知对通过信托融资的房地产企业设置了更高的门槛②，在其出台的当月就导致房地产信托发行数量和规模急剧下降。同时，该通知的出台也激发了业内对房地产投资信托基金和夹层融资等创新融资方式的探讨，其中比较典型的是被誉为准 REITs 的、由联华信托发行的"联华 · 宝利 1 号"和被誉为夹层融资先河的"联华 · 宝利 7 号"。

2006 年年初，信托产品中的房地产信托与金融、基础建设作为三驾马车并

① 数据来源：http://www.cnstock.com/ssnews/mrpl/t20050903_878912.htm。

② 信托融资需要同时满足"自有资金超过 35%""四证齐全""二级以上开发资质"三个条件，"四证"是指国有土地使用证、建设用地规划许可证、建设工程规划许可证和建筑工程施工许可证。

驾齐驱。2006 年 7 月 22 日，银监会颁布《关于进一步加强房地产信贷管理的通知》（简称“54 号文”），对房地产信贷进行了严格的限制。“54 号文”尤其对“212 号文”颁布后，在中国房地产信托市场上备受追捧的股权信托方式和夹层融资做出了规定和说明。房地产信托的未来究竟走向何方再次成为谜团。尽管“54 号文”对房地产信托进行了严格调控，但 2006 年房地产信托规模仍然达到 146 亿元。2007 年，银监会对房地产额度进行了更加严厉的控制，房地产公司的资金融通受到了更大的限制，房地产信托基金再次从人们的记忆中唤起，而且引起了更多的关注和议论。3 月，银监会修订了“旧两规”，“信托新政”正式面世，构成了有利于信托公司回归主业、引领信托业健康发展的法律框架体系，取消了对集合信托计划的合格机构投资者数量的限制①；4 月，证监会成立了房地产投资信托基金专题研究小组；同年，联华信托和中信信托取得央行房地产投资信托基金试点资格。

2007 年到 2008 年间，由于我国经济过热，热钱大量流入，政府对房地产和股市的打压力度持续增大，这就使专业基金投资机构能够大展拳脚，国外投资者也越来越关注我国二三线城市物美价廉的物业。经过这些年的接触，境内的房地产公司已经开始对房地产信托基金有所了解，基于对中国经济的乐观预期和对房地产业的看好，它们已经开始着手准备囤积优质物业，以期能够在未来以房地产投资信托基金的方式在行业竞争中占据优势。2008 年，在“国九条”②和“金融三十条”③中都指出了拓宽企业融资渠道的方式，一是要创新融资方式，二是要通过并购贷款房地产信托投资基金的方式，三是可以通过股权投资基金以及民间融资等多种形式拓宽企业的融资渠道。用益信托统计数据显示，2008 年共有 134 个房地产类信托发行，募集资金 272.20 亿元，同比 2007 年同期 49 个产品、发行 87.18 亿元的状况分别上涨 153.06% 和 199.84%。与此同时，新加坡和中国香港都已经发行了房地产投资信托基金，为我国房地产投资信托基金的发行提供了可供参考的案例。

2009 年 1 月，中国人民银行明确表示，房地产投资信托基金已形成了初步

---

① 原《信托投资公司管理办法》中没有对持有人进行自然人和机构投资者进行区分，只要求持有人不超过 200 个。“信托新政”规定“单个信托计划的自然人人数不得超过 50 人”，但是“合格的机构投资者数量不受限制”。

② “国九条”是指 2008 年 12 月 3 日，时任国务院总理温家宝在主持召开国务院常务会议时提出的 9 项金融促进经济发展政策措施，包括“充分认识大力发展资本主义的重要意义”“健全资本市场体系、丰富证券投资品种”等。

③ “金融三十条”即国务院办公厅于 2008 年 12 月 8 日发布的《国务院办公厅关于当前金融促进经济发展的若干意见》，以落实国务院关于进一步扩大内需、促进经济增长的多项措施。

的试点总体构架，方案将上报国务院同意，然后进行试点。同年6月，国务院批准北京、上海、天津三城市为房地产信托投资基金试点城市。两个月后，中国人民银行和银监会联合出台《房地产集合投资信托业务试点管理办法》，该管理办法明确指出，房地产投资信托业务由银监会和央行监督管理。房地产投资信托基金将由依法设立的信托公司作为受托机构，通过公开发售信托单位设立房地产集合投资信托。

2010年，从房地产行业的银行贷款和上市融资方式来看，全年金融机构新增商业性房地产贷款20 200亿元，相比2009年减少了3 190亿元，同比减幅达13.6%。其中，房地产开发贷款同比减少7 321亿元，减幅为55.3%。资本市场融资也相对减少，据万得资讯（即Wind资讯）的统计，2010年，房地产包括股票和公司债券内，在A股市场融资155.6亿元，相比2009年的1 210.1亿元仅占12.9%，直接导致房地产信托的迅速发展。2010年下半年，银监会发布《中国银监会规范银信理财合作业务有关事项的通知》（以下简称"72号文"）、《信托公司净资本管理办法》（以下简称"5号文"）和《中国银监会办公厅关于信托公司房地产信托业务风险提示的通知》，2011年伊始又颁布了《银监会进一步规范银信理财合作业务通知》，以上规范文件在一定程度上指引了信托公司未来发展主动管理型业务的发展方向，避免信托公司成为商业银行腾挪贷款的通道，使信托公司业务的发展符合国家宏观政策的监管方向，具有控制金融体系风险过度集中的作用。2011年，国内首个房地产投资信托基金专户——国投瑞银旗下首单主投亚太地区房地产投资信托基金的专户产品，完成合同备案，成为国内基金业首个房地产投资信托基金专户产品。

2012年，与银行信贷紧缩和资本市场持续低迷形成鲜明对比，信托市场逆势火爆，房地产信托深受追捧，发行款数、募集规模、市场占比均出现了"大跃进"式的增长，收益率一路攀高。2012年上半年，国内共发行536款房地产信托产品（含保障房信托），规模达1 670.1亿元，同比增长137.36%，平均年收益率高达9.81%，超出其他信托产品平均收益率近1.5%。例如，2012年6月下旬，香港上市的融创集团信托融资年收益率达17%。2013年，用益信托的在线统计数据显示，房地产信托成立数量为972款，规模总计3 006.07亿元，占全部信托产品的比重为34%，产品的平均期限为1.91年，平均年收益率为9.52%。2014年，证监会发布《关于进一步推进证券经营机构创新发展的意见》，明确提出研究房地产投资信托基金的制度体系及相应的产品运作模式和方案，之后证监会起草了《公开募集房地产证券投资基金管理暂行规定》并开展试点工作。

2015 年,住建部下发《关于加快培育和发展住房租赁市场的指导意见》,明确提出"积极推进房地产信托基金试点,积极鼓励投资 REITs 产品",同时初步确定在北京、上海、广州和深圳四个城市开展租赁保障房 REITs 试点。同年 6 月,万科联手鹏华基金发起国内首只公募 REITs,标志着 REITs 开始进入实际操作阶段。同月,万达金融联手快钱公司公布一款众筹理财产品"稳赚 1 号",这是一款类 REITs 产品,以万达广场作为基础资产,募集资金全部投资于只租不售的万达城市商业广场项目。中国房地产估价师与房地产经济人学会公布了《房地产投资信托基金物业评估指引(试行)》,被业内称作首个中国版 REITs 专业物业评估规范性文件。

2016 年 1 月,证监会原主席肖钢在全国证券期货监管工作会议上提出"发展企业资产证券化,推进基础设施资产证券化试点,研究推出房地产投资信托基金",表明了高层对 REITs 产品的明确支持。与此同时,房地产企业资产证券化速度加快。雅居乐物业服务债权资产支持专项计划、Amare—绿地酒店业房地产投资信托、博时资本—世茂酒店资产证券化项目等均在试水。万得数据显示,截至 2016 年 6 月,与房地产直接相关的资产证券化产品已有 471 亿元,品种涵盖私募 REITs、准 REITs、资金收益权证券化、物业费证券化、购房尾款证券化等。中国指数研究院新发布的《2016 年中国房地产金融发展趋势报告》分析,当前我国房地产证券化形成了以国内酒店和写字楼为主的准 REITs 产品。中国指数研究院也指出,以 REITs 为代表的金融创新融资方式未来具有较大发展空间。

从我国房地产信托发展历程及其产品演变来看,有些产品的某些特征与国际房地产投资信托基金相符,但实际差距比较大(详见表 6-5)。

表 6-5　我国房地产信托与国际房地产投资信托基金的区别

	国际房地产投资信托基金	我国的房地产信托
产品特征	可流通的标准化金融产品,收购房地产资产,且严格限定资产出售,主要收益来源于房地产出租的收入、贷款利息或不动产资本的增值收益,能够在证券市场上交易	非规范化的金融产品,存在具体数量的束缚,通常无法直接购买房地产工程。回报比较明确,现在无法在证券市场中流通交易
利润分配	按相关法律约定必须将大部分收益分配给投资者	投资回报在信托计划方案中可以约定,一般回报水平在 3% ~9% 左右

续表

	国际房地产投资信托基金	我国的房地产信托
运行方式	通过设立管理公司以及经营团队来进行营运	针对专项房地产项目提供资金,对资金的使用进行监管
产品周期	注重对建成的房地产项目进行投资和经营管理,产品周期长,一般为8~10年	产品周期较短,一般为1~3年
税收优惠	大多可免征利息所得税和公司所得税	目前尚没有相关的税收优惠制度

二、我国房地产信托的运作模式

参照我国《信托法》规定的信托资金投向以及信托机构的信托财产管理方式,可以将我国现行的房地产信托主要分为以下几种模式。

(一)贷款信托

房地产贷款信托是目前我国房地产信托产品中运用比较多的形式,信托投资公司通过发行单一或集合信托计划进行融资后直接向房地产开发商提供短期贷款,房地产开发企业获得贷款后,就可达到国家规定的政策,能进行按揭或从银行获得开发贷款,然后再返还信托投资公司的贷款。信托公司在房地产融资中充当了银行信贷的角色。例如,2003年9月22日起,中煤信托①推出的"太阳星城贷款项目集合资金信托"在兴业银行开始接受预约。该信托计划规模不超过人民币5亿元,期限2年,认购起点为100万元人民币,投资者预计年收益率不低于4.2%,由北京冠海房地产有限公司提供连带责任保证担保,募集到的资金将以贷款方式专项用于北京市绿化隔离带工程太阳星城金星园的开发建设。

(二)股权信托

房地产股权信托是信托投资公司通过发行单一或集合信托计划进行融资后,以注入股本金的方式与房地产企业组建有限责任公司。中国人民银行"121号文件"规定,申请贷款的房地产企业自有资金不能低于项目总金额的30%。对资金规模上亿元的开发项目而言,注册资本金最低要在3 000万元以上,并且企业的全部资金不可能只投入在一个在建项目上,这就造成了房地产企业的贷款困难。房地产股权信托模式主要针对房地产企业自有资金比例不到30%,无法获得商业银行的贷款,通过组建有限责任公司使其自有资金比例

① 1995年11月成立,于2007年8月更名为中诚信托有限责任公司。

满足30%的要求。这样,房地产企业就可以获得商业银行的贷款,而信托公司作为股东获得股本金的投资回报,实现了两者的双赢。2003年,重庆国信推出的“世纪星城股权投资信托计划”就是一个典型的股权投资信托实例。“世纪星城”项目预计总投资8.99亿元,项目前期已经投入2.8亿元,并已取得一期土地证和建设用地规划许可证,还需要取得开工证和建设工程规划许可证,但121号文的执行使项目开发商——北京顺华房地产开发有限公司无法满足30%的最低限额(公司注册资本为1.5亿元,1.5÷8.99=16%<30%),这意味着工程将面临开发资金断流的窘境。关键时刻,北京顺华房地产开发有限公司联合重庆国际信托投资有限公司推出“世纪星城住宅项目股权投资信托计划”,通过股权信托的方式筹集2亿元资金,此信托资金以重庆国信名义采取股权投资方式投入北京顺华,信托计划为期2年。信托收益分期支付:信托第一年采取按信托资金的9%预付部分溢价收购款方式支付信托收益和信托费用;信托期满,北京顺华的股东方福建顺华再按信托资金7.5%的溢价收购重庆国信所持股权,归还信托资金及收益。北京顺华现有股东将其所持北京顺华的全部股权质押给重庆国信,对信托委托人的收益进行保障。2亿元资金的注入使北京顺华自有资金达到3.5亿元,保证了工程顺利获得开工证和建设工程规划许可证,从而在四证齐全的基础上获得了项目原贷款行兴业银行的后续贷款支持,顺利实现了2005年项目竣工销售的预期目标。

(三)混合型信托

房地产混合型信托模式是指风险和收益介于股权与债权之间的信托融资形式。混合型信托融资可以采取债权的固定利率方式,对股权人体现出债权的优点;而且混合型信托能够在项目初期进入,增加项目公司资本金,改善资产负债结构。

福建联华信托2005年推出的“联信·宝利”7号通过信托持股,在收益权上加以区分,成为我国首个混合型信托融资产品。2005年3月11日,联华信托正式推出了“联信·宝利中国优质房地产投资信托计划”,之后又分多期进行了连续发行。该计划的“革命性”在于,在没有确定项目的前提下先筹资,再进行有目的的投资。这种明显的产业基金的特点让业界纷纷惊呼“准”房地产信托投资基金出现了。该信托计划募集资金的主要投向是给房地产经营企业贷款,投资于房地产经营企业股权,购买商业用途楼房或住宅。信托资金收益主要来源是房地产企业贷款利息收入、房地产企业股权投资收入以及房产转让与租赁收入。首期募集的8 515万元主要用于给房地产企业提供贷款。该信托计划预定优先受益人的最低基准年收益为5.3%,如果信托计划年收益率达到5.3%以上，优先受益人还可以享受10%的超额收益，如果整体信托计划运作年收益低于5.3%，则由劣后受益人①以其信托财产补足。2005年11月，联华信托推出的“联信·宝利”7号中还引入了“做市商”制度，由联华信托或其指定机构承诺提供不低于3 000万元的资金，在信托计划满一年后，如部分客户急需现金，按照事先约定的溢价率受让拟转让的信托受益权。投资方可以获得其50%的股权，信托预期年收益率为5.3%～7.39%。为了强化风险控制能力，联华信托引进四大中介机构，包括引进中国建设银行福建省分行作为资金账户监管银行，负责监督信托资金的使用，并按照公募产品的要求进行充分的信息披露。这些都使“联信·宝利”7号更类似于房地产投资信托基金，或者说是以信托之名行房地产投资信托基金之实。

（四）权益信托

房地产权益信托模式等同于资产证券化产品，其不同之处是没有在证券市场公开发行和交易流通，缺乏标准化。房地产权益信托主要是由不动产信托和资金信托组成。在不动产信托中，房地产持有人将不动产整体委托给信托投资公司进行管理，并委托该信托投资公司将不动产的优先受益权发起设立资金信托计划。在资金信托中，信托投资公司向投资者发行资金信托计划，受让不动产信托中委托信托投资公司转让的优先收益权。信托投资公司以信托资金购买房地产物业的租金收益权，或者先以信托资金买下物业，再通过出租等方式对物业加以利用，获得稳定、长期的租金等收益，用于偿付投资者的信托收益权权益。北京国际信托投资公司2004年的“法国欧尚天津第一店资金信托计划”（简称“欧尚信托”）就是一个典型的例子。

2003年12月9日，北京国际信托投资有限公司（简称“北京国投”）推出“法国欧尚天津第一店资金信托计划”，仿效房地产投资信托基金的运作模式，集合运用信托资金向天津隆地立川房地产开发有限公司购买了天津峰汇大厦一层的产权，并将该物业出租给法国欧尚，该租约在北京国投购买该物业前签订。该信托计划募集的资金所购物业的租户是世界500强企业中排名175位的法国欧尚超市集团，北京国投与欧尚签订“20+20”年的租约。该信托计划设定预期收益率为6%，信托期限3年，信托计划成立后，每满一年分配一次信托收益，受益人除定向转让外，还可以向签约银行申请质押贷款。另外，受托人管理费用不固定提取，当信托资金年收益率低于6%（包含6%）时，受托人不提取报酬。开发商还承诺，在信托期限内以本信托产品的信托本金购买加

① 劣后受益人一般与优先受益人相较，是指信托公司发行的结构化信托产品，在同一款产品中，优先受益人分享较低的收益率，承担较小的风险，而劣后受益人则承担高风险，获得高收益。

上浮10%的价格回购该物业。在信托期末，北京国投以发行下一个信托投资计划募集资金或通过开发商回购等方式处置该物业所得资金，用于归还上一期投资人的本金。该信托计划从2003年12月10日开始推介，共募集资金1.2亿元，其运作模式摆脱了传统的贷款运用，参照国际上流行的房地产投资信托基金运作模式，资金购买的是长期、稳定租约的房地产项目，投资人以小规模资金享有了房地产大规模的较高收益。①

面对房地产投资信托基金的国际化潮流，发展我国房地产投资信托基金模式是我国房地产投资信托市场与国际房地产投资信托基金市场接轨的重要举措，对促进我国房地产业、金融业乃至整个国民经济的发展都有着不可忽视的作用。但由于我国与房地产投资信托基金相关的法律规范及其他配套体系还不完善，在实际运行过程中还存在严重的“假股权、真借贷”及其他操作不规范行为，严重影响了房地产投资信托基金的发展，相信随着我国房地产金融产业的不断发展，房地产投资信托基金也会得到健康、规范的发展。

复习思考题

1. 简述房地产投资信托基金的分类。
2. 简述房地产投资信托基金的主要特点。
3. 结合实际，请谈谈如何借鉴境外房地产投资信托基金的发展经验，促进我国房地产信托的发展？
4. 简述我国房地产信托的基本运作模式。

【案例分析】

中国内地首只房地产投资信托基金——越秀 REITs

2005年12月21日，越秀投资（广州市的投资公司）通过分拆旗下的优质商业物业，打包后注入房地产投资信托基金，并在中国香港成功上市。越秀REITs此次上市共发售10亿份基金单位，其中，越秀投资持有31.3%，越秀集团持有0.8%，其余67.9%为社会公众份额，并以发行价每份3.075港元共募集资金约20亿港元。该基金目前拥有位于广东的维多利亚广场、财富广场、城建大厦及白马大厦4项资产，平均出租率近93%，年回报率为6.54%，加上人民币升值预期，收益十分吸引人。此外，越秀REITs还获得5年内优先购买越秀投资旗下地产的权利。

---

① 北国投：北京国投法国欧尚大津第一店资金信托计划简介，http://www.land163.com/2008/1-17/20052238977.html，2008—01—17.

（一）越秀投资发起房地产投资信托基金的架构及组织

越秀投资在海外注册了6家海外离岸公司（BVI）公司，将国内的4个优质物业：白马、财富广场、城建大厦及维多利亚广场分别转让给柏达BVI、金峰BVI、福达BVI、京澳BVI，而这4个BVI公司都是广州市城市建设开发集团有限公司（简称为GCCD）BVI的全资子公司，之后，GCCD BVI公司将4个子公司的股权全部转让给越秀REITs，越秀REITs以物业为支撑向全社会发行基金份额募集资金，交由资产管理公司管理运作，由资金信托人托管。而资产管理公司与物业租赁代理公司还有顾问公司都是由越秀投资所控的子公司（见图6-4）。这就形成了较为完整的房地产投资信托基金运作体系。

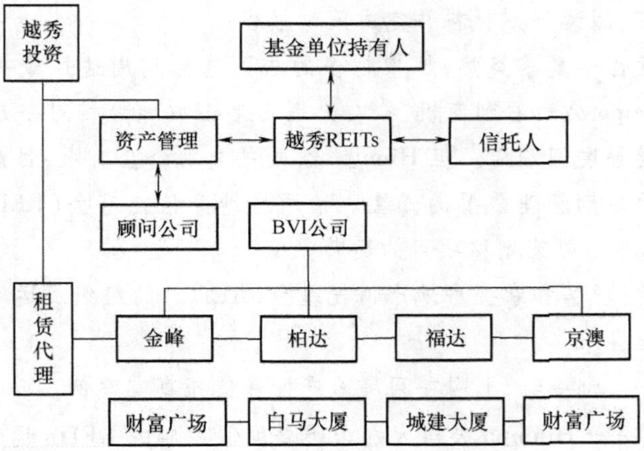

图6-4　越秀REITs架构及组织

（二）越秀REITs的评价

1. 越秀REITs的成功上市对中国房地产行业来说具有划时代的影响，它大胆启用新的金融工具与经营模式，开辟了房地产领域新的融资渠道，进一步促进了房地产实业与金融的融合。

2. 2006年，国家出台多项针对房地产项目的宏观调控措施，尤其是171号文①。2006年7月11日，国家六部委颁布《关于规范房地产市场外资准入和管理的意见》，国内房地产投资信托基金无缘再登陆香港。在负面消息的影响下，越秀REITs曾经在2006年一度跌破发行价。不过，越秀REITs仍证明了海外投资者对中国内地房地产市场的巨大需求。尽管中国政府短期内仍将维持对房地产的宏观调控，但是越秀REITs已经迈出了国内房地产企业海外发

① 即《关于规范房地产市场外资准入和管理的意见》。

行房地产投资信托基金的第一步。

3. 代理关系复杂,税目繁多。越秀投资在发起设立房地产投资信托基金过程中,先后独资或合资设立了十几个公司机构。通过层层委托代理关系及股权控制,形成了一个庞大的房地产投资信托基金运行机制。

问题:结合材料及我国房地产信托的发展历程,分析并讨论房地产投资信托基金模式的在当前市场环境下的障碍,以及如何促进我国房地产信托的规范发展?

【实训练习题】

实训内容:阅读下列材料并完成策划报告:

中部地区由于夏季炎热,越来越多的居民选择到周边风景秀丽的大山深处避暑。Hinnipo 公司看到商机,拟在大别山半山坡地势相对平坦的地区建设一家五星级避暑度假酒店。但 Hinnipo 公司的自有资金有限,目前难以筹到足够的建设以及后期管理需要的资金。请用房地产信托基金(REITs)的基本原理帮助 Hinnipo 公司策划该项目的运营。

实训目的:理解和掌握房地产信托基金(REITs)的组织及运用。

实训流程:

(1)5 ~7 人为一组,上网查阅房地产投资信托真实案例。

(2)提交一份 Hinnipo 公司大别山避暑度假酒店的 REITs 运营策划报告。

第七章 房地产项目融资

DI QI ZHANG

房 地 产 金 融

【本章学习目标】

1. 掌握房地产融资的基本概念与模式；
2. 区分住宅地产和商业地产项目融资；
3. 掌握商业地产开发的项目融资。

【关键词】

项目融资;融资结构;项目融资模式;房地产项目融资运用

第一节 项目融资概述

一、项目融资的概念

项目融资(Project Financing)理论产生于20世纪80年代,20世纪90年代开始实践运用。项目融资是以项目建成后的资产作为担保,以项目未来的现金流作为主要偿还来源的一种融资方式。虽然项目融资在世界各地的基础设施建设中有着多年的实践经验,但作为学术用语,项目融资到现在为止还没有一个统一的被广泛公认的定义。在各种书籍、文献、论文中,对项目融资有着不同的定义。

美国财会标准手册(*U. S. Accounting Standards Manual*)对项目融资的定义是:"项目融资是指对需要大规模资金的项目采取的金融活动,借款人原则上将项目资产作为抵押条件来处理,该项目事业主体的一般性信用能力通常不被作为最为重要的因素来考虑。"这是因为其项目主体要么是不具备其他资产的企业,要么对项目主体的所有者(母体企业)不能直接追究责任,两者必居其一。美国银行家彼得·内维特(Peter K. Nevis)在《项目融资》一书中提出,项目融资是"为一个特定经济体所安排的融资,其贷款人在最初考虑安排贷款时,满足于使用该经济实体的现金流量和收益作为偿还贷款的资金来源,并且满足于使用该经济实体的资产作为贷款的安全保障"①。巴塞尔委员会在《巴塞尔新资本协议》中指出,项目融资是一种融资方法,贷款人主要将单个项目产生的收益作为还款来源和资金安全性的保障,是专业贷款的一个子类。我国银监会印发的《项目融资业务指引》的通知,即银监发〔2009〕71号文的第3条对项目融资的表述是:"本指引所称项自融资,是指符合以下特征的贷款:贷款用途通常是用于建造一个或一组大型生产装置、基础设施、房地产项目或其他项目,包括对在建或已建项目的再融资。"从广义上来说,项目融资是指为了建设一个新项目或者收购一个现有项目,或者对已有项目进行债务重组所进行的一切融资活动。从狭义上来说,项目融资是指以项目的资产、预期收益或权益做抵押,取得的一种无追索权或有限追索权的融资或贷款活动。②

二、项目融资的主要特点

项目融资的特点是指项目融资区别于其他融资方式的内在因素,这也是项目融资方式在全球范围内迅速兴起的根本内因。传统的融资方式主要是公司利用自身的资信能力安排融资。外部资金拥有者在决定是否投资或是否提供贷款时的主要依据是公司作为一个整体的资产负债、利润及现金流量状况,而对具体项目的考虑是次要的。项目融资是为一个特定项目所安排的融资,贷款人在最初考虑安排贷款时,以该项目的现金流量和收益作为偿还贷款的资金来源,以该项目资产抵押作为贷款的安全保障。如果经济强度不足以保障贷款安全,则贷款人可能需要借款人以直接担保、间接担保或其他形式给予项目附加的信用支持。一般而言,项目融资具有以下几个特点③。

(一)项目导向性

项目融资主要依赖项目的现金流量和资产,而不是依赖项目的投资者或发起人的资信来安排融资。由于项目导向,有些投资者很难借到的资金,可以利用项目来安排;有些投资者很难得到的担保条件,也可以通过组织项目融资来实现。因此,与传统融资方式相比,采用项目融资可获得较高的贷款比例。根据项目经济强度的状况,通常可以为项目提供60% ~70%的资本需求量,在

① Peter K. Nevis: *Project Financing*, Economic Publications, 1996.

② 刘荔娟:《现代项目管理》,上海财经大学出版社1999年版。

③ 戴大双:《项目融资》,机械工业出版社2005年版。

某些项目中甚至可以做到100%的融资。由于项目导向,项目融资的贷款期限可以根据项目的具体需要和项目的经济生命期来安排设计,而且比一般商业贷款期限长。

项目导向性特点的另一个重要方面是,项目融资往往涉及大量的负债资金。这是因为在以项目为融资导向,必然会重视项目的建设和运营,而项目公司的资本金对整个项目所需资金而言无异于杯水车薪。在这种情况下,项目公司必然会大量借债以弥补中间的资金缺口。项目融资债务比例高的特点并不能必然说明项目公司自身资本金的数量对整个项目融资方案无关紧要。如果项目公司资本金较多,一方面可以降低公司的负债比例,另一方面也表明项目发起人较为重视该融资项目,能显示出项目发起人的积极态度,给贷款银行以充分的还款保证和信心。

(二)有限追索权

追索权是指在借款人未按期偿还债务时,贷款人要求借款人用以除抵押资产之外的其他资产偿还债务的权力。从某种意义上说,贷款人对项目借款人的追索形式和程度是区分融资是属于项目融资还是传统形式融资的重要标志。对于后者,贷款人为项目借款人提供的是完全追索形式的贷款,即贷款人主要依赖的是借款人自身的资信情况,而不是项目的经济强度;而前者作为有限追索的项目融资,贷款人可以在贷款的某个特定阶段(如项目的建设期和试生产期)对项目借款人实行追索,或者在规定的范围内(这种规定范围包括金额和形式的限制)对项目借款人实行追索。除此之外,无论项目出现任何问题,贷款人均不能追索项目借款人除该项目资产、现金流量以及所承担的义务之外的任何形式的财产。

这种追索的有限性主要表现在以下几个方面:①项目发起人对处于建设开发阶段的项目完工进行保证。若建设资金不足,则项目发起人进行追索。②若处于经营阶段项目的现金流量达不到协议规定的标准,则项目发起人有义务将差额部分补足,贷款人亦有权就此向项目发起人进行追索。当然,任何有关有限追索权利和义务的设定都是通过项目融资协议来确定的,当事人各方可以在协商基础上加以调整。

项目融资有限追索性的特例是无追索性。最早进行的项目融资是无追索性的,所以无追索的项目融资又被称为传统项目融资。无追索的项目融资意味着在任何时候债权人都不可能对项目经济强度之外的财产主张权利,债权人的风险非常之大。所以,债权人为了控制和降低风险,会大量地调查项目发起人和项目公司的资信,项目的市场前景和预期收益,以及东道国的法律和政治风险等，导致成本较高。同时，高风险使贷款的利率也较高，对项目发起人和项目公司而言，融资的成本也相应增加。

（三）风险分担

项目融资风险分担的特性要求项目发起人、贷款人和其他参与者必须共同承担项目所涉及的风险和不确定因素，任何一方都不能也不应该承担一切风险，并且融资结构一旦建立，任何一方都要承担其所未能预料的各种风险。为了实现项目融资的有限追索，对与项目有关的各种风险要素，需要以某种形式在项目投资者（借款人）、与项目开发有直接或间接利益关系的其他参与者和贷款之间进行分担。一个成功的项目融资结构应该是在项目中没有任何一方单独承担全部项目债务的风险责任，这一点构成了项目融资的第三个特点。

项目融资风险分担的特点不仅是公平原则在这一领域的具体体现，还具有很强的现实意义。首先，风险分担后，降低了项目发起人、贷款人和其他参与者因为某一风险而导致生产经营困难甚至破产的可能性，提高了各方当事人参与项目融资的积极性；其次，风险分担后，迫使项目发起人、贷款人和其他参与者必须关注项目的建设和运营情况，以预防和降低自身风险，这就使各方当事人对项目的注意力大大集中，提高了项目成功的可能性。项目主办人通过融资将原来应由自己承担的还债义务部分转移到该项目上，也就是将原来由借款人承担的风险部分转移给贷款人，由借贷双方共担项目风险。

（四）表外融资性

所谓表外融资性，是指若项目公司具有独立的法律人格且项目发起人在项目公司中的股份不超过一定的比例，则因项目融资所产生的巨大数额的负债不会反映在项目发起人的资产负债表中。表外融资性的优点在于，由于该类负债不反映在作为项目实际主办者的项目发起人的资产负债表中，避免了项目发起人资产负债比例失衡，以至于资信下降，再融资成本增加。所以，表外融资性的存在使项目发起人可以同时进行多个项目而不至于发生筹资困难的情况，提高了融资效率。

需要指出的是，由于各国会计制度存在差异，且处于不断变化之中，项目融资的表外融资特点不是绝对的。也就是说，因项目融资产生的负债是有可能反映在项目发起人的资产负债表中的。

（五）非公司负债型融资

非公司负债型融资是指项目的债务不表现在项目投资者（即实际借款人）的公司资产负债表中的一种融资形式。这种债务只以某种说明的形式反映在公司资产负债表的注释中。根据项目融资风险分担的原则,贷款人对项目的债务追索权主要被限制在项目公司的资产和现金流量中,借款人所承担的是有限责任,因而有条件使融资被安排成为一种不需要进入借款人资产负债表的贷款形式。通过对投资结构和融资结构的设计,可以帮助借款人将贷款安排成为非公司负债型融资。

(六)信用结构多样化

一个成功的项目融资可以将贷款的信用支持分配到与项目有关的各个关键方面,从而提高项目的债务承受能力,减少项目融资对投资者(借款人)的资信和其他资产的依赖程度。

三、项目融资的基本结构

(一)项目发起人

项目发起人是项目公司的股东,是项目的实际投资者和主办者。项目发起人提出项目,取得经营项目所必需的许可和协议,并将各参与人联系在一起。

项目发起人可以是一家公司,也可以是由多个投资者组成的联合体。同时,发起人既可以是东道国境内的企业,也可以是境外的企业和投资者。一般来说,发起人中包括至少一家境内企业,这有利于项目的获准与实施,降低项目的政治风险。由于项目融资所涉及的项目以大型投资项目为主,因此,在大多数情况下,项目发起人是由众多机构组成的投资财团构成。

(二)项目公司和借款方

项目公司是具体负责项目开发、建设和融资的单位,是一个独立的经济实体,项目发起人的出资是项目公司的权益。

大多数情况下,项目融资的借款单位就是项目公司。项目公司的重要职能是为项目筹集资金,即充当项目的直接借款人角色。但在有些情况下,借款者通常是由每个参与者独立借款以便参与到项目中来,项目的承建公司、经营公司、原材料供应商等都可能成为独立的借款方,而合资企业本身没有任何负债,这就使融资安排变得复杂。因此,在很多情况下,通常会设立一个特别的项目公司来进行项目融资。国际上一些银行和金融机构不向国有企业贷款和提供担保。为避开这一融资障碍,这些国有企业可以设立专门的机构,如“受托借款机构”,银行向各受托借款机构提供贷款,实际上就是为国有公司的项目建设融资。

(三)贷款银行

在项目融资中,往往由多家银行组成一个银团为项目提供贷款,这种贷款又称为辛迪加贷款。为了分散东道国的政治风险，银团一般由来自不同国家的银行组成，包括东道国的银行。银团组织由发挥不同作用的银行构成。主要包括：

1. 安排行。安排行是最初与项目公司签订贷款协议并承购全部或部分贷款的银行，它们先与项目公司签订贷款协议，之后再在银团成员之间销售贷款协议。因此，安排行要承担后期无法全部售出贷款的风险。

2. 代理行。代理行与贷款人签订协议。代理行接受占辛迪加成员2/3的贷款银行的指导，负责项目贷款的日常管理事务，并收取一定的管理费。

3. 管理行。管理行只是为了便于项目贷款的管理而安排的银行，它本身不承担任何风险。

4. 技术银行。技术银行是与贷款人签订协议，负责处理与项目贷款有关的技术问题的银行。

5. 保险银行。在大型项目融资中，往往由一家银行专门充当保险银行的角色，即从贷款人的角度，负责与项目保险有关的谈判等事宜。

此外，主要参与者还包括承建商、供应商、保险公司、东道国政府和项目托管人等。

四、项目融资的参与者

从结构上看，项目融资由项目投资结构、项目融资结构、项目资金结构和项目信用保证结构四个基本模块组成。

（一）项目投资结构

投资结构设计就是在法律、社会、税务等外界条件的制约下，能够最大限度地实现投资目标的项目资产所有权结构。这里的投资目标不仅指利润，还包括投资者对融资方式和资金来源等与融资直接有关的目标要求，以及投资者对项目资产拥有形式、利润分配、项目现金流控制及对投资者本身公司资产负债比例控制等与融资间接有关的目标要求。

项目投资结构，即项目的资产所有权结构，是指项目投资者对项目资产权益的法律拥有形式和项目投资者之间的法律合伙关系。项目投资结构一般是通过投资决策分析来确定。确定投资结构需要考虑的因素包括：项目的产权责任、产品分配形式、决策程序、债务责任、现金流量、税务结构和会计处理等内容。目前，国际上通行的投资结构有单一项目子公司、非限制性子公司、代理公司、公司型合资结构、合伙制或有限合伙制结构和非公司型合资结构等。

目前，我国房地产开发项目的资金运作主要采用公司型合资结构，而且随着开发规模的逐步扩大，越来越多的房地产项目是由具有互利目标、能力和资源的多个投资者组成的合资集团所开发、拥有和控制。一方面，不同投资者的优势可以相互结合，从而为项目获得有利的贷款条件和巨大的互补性效益；另一方面，不同背景投资者之间的结合可以有力地规避或化解可能产生的各种风险，提高项目的抗风险能力。

（二）项目融资结构

项目融资结构是项目融资的核心，在项目融资中，要尽量设计和选择合适的融资结构，以实现投资者在融资方面的目标和要求。一般而言，根据项目债务责任的分担要求、贷款资金数量上的要求、时间上的要求、融资费用等来决定是否采取项目融资方式。决定采用项目融资方式之后，则可以在评价项目风险因素的基础上，设计项目的融资结构、资金结构和担保结构。通常采用的项目融资模式有：产品支付融资、杠杆租赁融资、BOT 融资、ABS 融资等。

项目融资一般应遵循以下原则：①项目融资结构要便于有限追索和分担风险；②项目融资结构可以实现投资者对项目百分之百融资的要求；③项目融资结构体现了投资者近期和远期发展战略的要求；④项目未来的收益可以满足偿还的需要等。

（三）项目资金结构

项目资金结构主要是指决定项目中股本金、准股本金和债务资金的形式、相互之间的比例关系以及相应的来源等。项目融资经常采用的资金结构有：股本和准股本、商业银行贷款和国际银行贷款、国际债券、租赁融资等。确定项目的资金结构时，要考虑以下三个因素：①项目的债务和股本资金的比例；②项目资金的合理使用结构，包括项目的资金需求总量、资金使用期限、资金成本和构成及混合融资结构安排等；③如有外资参与项目运作，还要考虑利息计提税占项目资金总量及未来预期收益的比例。

面对不同的市场环境和竞争条件，房地产项目资金结构设计合理与否是开发商能否成功的关键。在预售市场不很明朗的情况下，开发商必须做好用股本金和贷款来解决全部开发建设投资的准备。大多数情况下，只要开发商能投入占项目总投资 30% 的股本金，就基本具备了由信贷资金解决其余投资所需要的条件。当然，在市场条件较好、项目对购买者有较强吸引力的情况下，项目投资所需的资金可以有很大部分通过预售解决。因此，对项目的资金结构设计，一定要考虑项目所处的市场条件，详细分析项目获取各种资金的可能性。

（四）项目信用保证结构

对银行和其他债权人而言，项目融资的安全性来自两个方面，一方面来自于项目本身的经济强度，另一方面来自于项目之外的各种直接或间接担保。这些担保可以是由项目投资者提供的，也可以由与项目有直接或间接利益关系的其他当事人提供的。项目融资中的主要担保形式有：项目完工担保、资金缺额担保、以“无论提货与否均需付款协议”和“提货与付款协议”为基础的项目担保等。从资金运用的角度来看，项目融资的目标是在按时、安全收回本金的条件下，获取尽可能多的赢利。

项目融资的信用保证体系包括以下三种形式：

1. 信用保证体系。信用保证即由项目资金融出方、借款人与第三方签订一个保证协议，当借款人违约或无力归还贷款时，由第三方保证人按照约定履行债务或承担相应的责任。保证通常是由第三方保证人以自身的财产提供的一种可选择的还款来源，而且只有当保证人有能力和意愿代替借款人偿还贷款，这项保证才是可靠的。为此，项目资金融出方必须在充分审核保证人的财务实力和信誉程度后，方可做出是否接受其保证的决策。

2. 抵押担保体系。抵押担保是指项目借款人或第三人在不转移财产占有权的情况下，将财产作为贷款的担保。当借款人不履行合同时，资金融出方有权从该财产折价或从拍卖、变卖该财产的价款中优先受偿。在房地产开发项目贷款中，以土地、房屋等不动产作为贷款的抵押物是最常见的担保形式。

3. 质押担保体系。质押担保是指借款人或第三人以其动产或权利(包括商标权、专利权等)移交资金融出方占有，作为清偿债务的担保。当借款人不履行债务时，资金融出方有权将该动产或权利折价出售收回资金，或者从拍卖、变卖该动产或权利的价款中优先受偿。

五、项目融资的应用领域

项目融资最早应用于石油、矿业等资源开发领域。20 世纪 30 年代，世界经济危机使美国大批企业资产状况恶化、信誉度降低，按照传统的以企业财务状况和资信等级为基础的公司融资方式难以获得银行贷款，企业面临山穷水尽的局面。这时美国德克萨斯州的石油开发项目另辟蹊径，采用项目融资方式获得了足够资金。项目开发商、投资者以及贷款银行约定采取“产品支付协议”的方式归还贷款，即贷款银行不从石油产品的销售收入中获取贷款本息，而是从特定的石油矿区未来产出的全部或部分石油产品的收益权中获取本息。这种新型的贷款方式相对于以借款人自身的资信和信用为担保的传统方式，将对贷款的风险评估对象从借款人转移到了现存的产品上。

20 世纪 70 年代以后，项目融资开始应用于基础设施建设项目。面对日益增加的基础设施建设项目,单纯依靠财政预算、政府拨款的方式愈加困难。此时项目融资为本来由政府投资兴建的基础设施项目开辟了新的融资渠道。政府将基础设施项目授予企业经营,获得特许权的企业负责项目的融资、建设和经营,承担项目的债务责任和投资风险,在特许权期满后将基础设施项目再移交给政府。改革开放以来,项目融资也被引入和介绍到我国的企业界和金融界,并在一些大型投资项目中得到成功的运用。特别是20世纪90年代以后,BOT方式得到广泛使用,如三亚凤凰机场、重庆地铁、深圳地铁、北京京通高速公路、广西来宾电厂等项目,均是通过BOT方式获得成功。

目前,项目融资在世界各地的运用更加普遍,涉及的项目遍布矿产资源的勘探和开采、基础产业和大型基础设施建设等领域,甚至在军事工程中也得到成功应用。实践中,项目融资本身在融资结构、追索形式、贷款期限、风险管理等方面也在不断地创新和发展。

第二节 房地产项目融资模式

一、房地产开发进行项目融资的必要性

房地产项目融资是指为了确保房地产投资商和开发商能顺利开展各项工作而进行的融资活动,房地产开发进行项目融资有以下好处。

(一)房地产开发实施项目融资有利于缓解房地产企业的融资困境

资金是企业赖以生存的命脉,房地产企业作为典型的资金密集型行业,具有资金需求量大、资金循环周期长、资金回笼速度慢等特点,因此对资金的依赖性更强,对资金的良好运转要求也更高。随着我国房地产宏观调控力度的不断加大,房地产企业融资环境从紧,企业资金问题面临严峻挑战。《2011年国民经济与社会发展统计公报》显示,2011年,全国房地产开发企业资金来源83 246亿元,比上年同期增长14.83%,增速回落12.1个百分点,增速连续两年下滑;全国房地产开发投资6 174亿元,比上年同期增长27.9%,增速回落5.3个百分点。2011年,资金来源和投资增速差值-13.1%,连续两年为负值,缺口相比2010年扩大了5.3个百分点。可见,我国房地产开发企业资金入不敷出的现象较为严重。同时,2011年,房地产开发企业本年资金来源与投资额比是1.35,比上年降低了0.15,资金保障能力不足显而易见。随着我国房地产市场的发展与不断完善,国家统计局《2016年全国房地产开发投资和

销售情况》显示,2016 年,全国房地产开发企业资金来源 144 214 亿元,比上年同期增长 15.2%,增速提高 12.6 个百分点;全国房地产开发投资 102 581 亿元,比上年同期增长 6.9%,增速提高 5.9 个百分点。2016 年资金来源和投资增速差值 8.3%,可见我国房地产开发企业资金来源较为充足。同时,2016 年房地产开发企业本年资金来源与投资额比是 1.41,比上年增加了 0.11,资金保障能力有所提高。整体来说,房地产开发企业的资金保障能力有所提高,但是对中小企业来说,资金保障能力还是不足。在这样的情况下,进行项目融资是很有必要的。项目融资具有表外融资和提高财务杠杆的功效,依据房地产开发项目本身的经济强度来实现融资,因此引起的债务无须计入投资人的资产负债表中,进而避免在资信评估时影响房地产企业的信用地位和筹资能力。同时,采用项目融资一般可以获得较高的贷款比例,提高财务杠杆系数,进而扩大房地产企业的融资规模,缓解企业的融资困境。

(二)房地产开发实施项目融资有利于降低房地产企业的信贷风险

我国房地产企业是典型的全能式开发模式,从买地、建造、卖房到管理,都由房地产开发企业独立完成。在追求利润最大化的同时,房地产企业也将风险集中到自己身上。在融资方面,目前的房地产融资模式尚未形成风险分担机制,房地产企业既是资金的需求者,又是融资的主体,承担债务的全部责任。同时,房地产业本身没有属于行业的专业金融机构,行业内用于房地产开发的长期资金严重不足。在宏观调控和信贷紧缩的背景下,传统的“银行贷款 + 预售融资”的资金融通方式遇阻,对企业的生存和发展构成了直接的威胁。项目融资属于有限追索,有限追索权的存在使项目的风险与投资人的其他资产相分离,贷款人只能以项目资产和项目未来收益作为还款来源,投资人从而可以避免做无上限的抵押或担保。项目融资的另一大特点是风险分担,项目融资的各参与方可以依据各方的利益要求,通过严格的法律合同合理分担责任和风险,从而降低房地产企业的信贷风险以及市场风险。

(三)房地产开发实施项目融资有利于转变我国房地产业务的发展模式

目前房地产开发主要有两种模式:一是以卖楼获得(预售)的客户融资和银行按揭融资为主的“香港模式”,也叫全能开发模式。这是以开发商为中心的一条纵向价值链,从买地、建造、卖房到管理,都由一家开发商独立完成,房子建好后,房地产公司不持有物业,直接出售。其特点是项目开发周期长,开发商追求利润最大化,不愿意与他人分享收益。二是以市场化资本运作为主的“美国模式”,也叫专业化模式。在这种模式中,房地产投资、开发、物业经营等各方面业务环节都高度分化、相对独立,不同类型的业务要由专业的公司来自主实施完成。其特点是专业化程度相当高,每一个环节都通过完成各自的任务获取利润,是一条横向价值链,真正的幕后主导是资本,开发商、建筑商、中介商以及其他环节都属于围绕资本的价值链环节。从发达国家房地产业的发展情况来看,开展资本运作和专业细分是房地产业的发展趋势。今后的房地产企业不仅是一个开发企业,更是一个资本企业,资本驱动日益成为房地产业的运作核心。我国房地产业经过20多年的发展,尚处于以房地产开发商为核心的阶段,缺乏专业化分工,属于典型的全能开发模式。为适应未来发展需要,房地产业的创新发展有赖于融资方式的转变,开展项目融资,在分散风险、分享收益的原则下实现房地产开发的专业分工,有利于改变现有房地产企业的全能运作开发模式。

(四)房地产开发实施项目融资有利于推动我国房地产金融市场的发展

我国房地产金融市场的发展滞后于房地产业的发展,市场配置资金的作用并未得到充分发挥,存在房地产企业资金短缺与储蓄资金大量沉淀并存的局面,分散的社会资金难以集中应用到房地产项目,社会公众和各方面投资者难以分享房地产业发展的收益。房地产开发企业实施项目融资,将有助于提高资本市场的运营效率,更好地发挥资本市场应有的筹资和资源配置功能。更重要的是,为我国投资者提供了一种风险明确、收益稳定、容易把握、能够满足不同投资策略和风险偏好的投资工具,使我国大量的居民储蓄能够高效地转化为投资。同时,项目融资中的很多模式属于直接融资,项目融资的发展客观上突出了直接融资和证券市场的作用,使间接融资的地位相对下降,并促使商业银行改变其功能,从而推动我国房地产金融市场的发展,加速我国房地产金融体系创新的进程。

二、房地产项目融资的主要模式

目前,我国房地产开发融资大多采用开发商直接融资方式,也有部分房地产开发通过成立项目公司来运作,房地产开发项目抵押贷款也是以房地产开发项目资产为偿还担保,这使很多房地产开发项目的筹资具有了项目融资的雏形,但完全意义上的项目融资还很少,房地产项目所采取的融资模式主要有:直接安排模式、项目公司安排融资模式、“产品支付”模式、“设施使用”模式、BOT融资模式、ABS融资模式和PPP融资模式。

（一）直接安排模式

直接安排模式即房地产开发商直接安排项目的融资，并承担融资中相应的责任和义务。这种融资模式因程序简单、融资成本低而普遍应用于房地产项目融资中。一方面，开发商自行对项目进行管理或与项目管理公司签订协议进行管理；另一方面，开发商与融资方签订融资协议，由融资方提供贷款给开发项目。

这种融资模式的操作程序是：第一，开发商将自有资金注入开发项目，使项目得以启动。第二，在项目建设过程中，融资方按与开发商的协议规定陆续注入后续资金，并通过银行账户对项目进展情况进行监控。第三，当项目建设成功并进入销售阶段时，项目所取得的销售款项首先用于贷款的偿还，其余部分作为成本和收益流向开发商。这种模式适合房地产开发商本身信誉良好且财务结构不是很复杂的情况。因为直接使用了开发商的名义进行融资安排，所以，对资信状况良好的开发商来说，直接安排融资模式可以获得相对较低成本的资金。

房地产投资者直接安排融资的模式的投资结构一般是非公司型合资结构，投资者可以根据其投资战略的需要，灵活地安排融资，债务比例安排也比较灵活，投资者还可以充分利用自身与银行的良好关系和资信等级，以降低融资成本。但是，这种模式由于是非公司型合资结构，往往具有合伙企业的许多特点，投资者在法律上对项目要承担很多方面的无限连带责任，也不易实现贷款的有限追索，很难降低房地产投资者的筹资风险。

（二）项目公司安排融资模式

房地产投资者通过项目公司安排项目融资模式是由房地产项目的各个投资者共同投资组建一个具有法人资格的项目公司，再以该项目公司的名义建设、拥有、经营项目和安排有限追索融资。这种模式的投资结构一般为公司型合资结构，融资由项目公司直接安排，主要信用保证来自项目公司的现金流量、项目资产以及房地产投资者所提供的与融资有关的担保和商业协议。对经济强度好的房地产项目，这一模式可安排成对房地产投资者无追索的形式。

该模式的具体操作程序如下：第一，房地产投资者各自注入规定的股本资金，注册成立房地产项目公司；第二，房地产项目公司作为独立法人，签署一切与项目建设、市场和融资有关的合同，安排项目融资，建设经营并拥有项目；第三，房地产项目公司偿还债务，并按相关协议和章程对股东进行分配。从上述具体操作方式可知，项目公司安排融资模式具有以下几个特点：

第一，房地产项目公司统一负责项目的建设和销售，并可以整体地使用房地产项目资产和现金流量作为融资的抵押和信用保证，在概念上易为银行接受，法律结构相对简单，操作起来也相对容易。

第二，房地产投资者不直接安排融资，而是通过间接的信用保证形式支持项目公司的融资，房地产投资者对项目公司的贷款或债务往往只有间接担保责任，较易实现有限追索的项目融资和非母公司负债型融资的目标要求。

第三，在公司型合资结构中，通过房地产项目公司安排融资可以充分利用大股东在管理、技术、市场和资信方面的优势，为房地产项目争取优惠条件，而这些条件对较弱的小股东直接安排融资而言根本无法得到。

第四，由于房地产项目公司除了正在安排融资的房地产项目之外没有任何其他资产，也没有任何经营业绩，所以在项目公司融资时往往需要房地产投资者承担一定程度的项目责任，如完工担保等。

第五，该模式缺乏灵活性，较难满足不同的投资者对融资的各种要求，但它可以发挥各股东的独有优势，取长补短。

（三）“产品支付”模式

产品支付是指采用无限追索权或有限追索权的融资方法，提供资金的投资人从房地产项目中购买一定份额的房产，这部分房地产作为项目融资的偿债来源。以“产品支付”为基础的房地产项目融资模式是建立在由融资方购买房地产的销售收入（全部或部分）未来权益的基础上的。产品支付融资所能安排的资金数量略低于融资方所购买的房地产的预期未来收益。其具体特征如下：第一，由融资方建立一个“融资中介结构”，购买项目一定比例的房地产作为融资基础；第二，融资方为融资中介结构安排用以购买这部分房地产的资金，融资中介结构再根据协议将资金注入房地产项目；第三，在项目进入销售期后，根据销售代理协议，项目公司作为融资中介结构的代理销售房地产，销售收入将直接进入融资中介结构，用来偿还债务。此种模式可应用于房地产公司代某组织开发某项房地产业务，其中以单位集资合作建房形式为主，也可以用于目前急需解决的经济适用房建设和工矿棚户区改造。“产品支付”模式的融资结构如图 7－1 所示。

以产品支付为基础的融资模式与其他模式的区别在于，它以某一确定比例的项目房产作为偿还资金的主要来源，开发商和融资方可以对未来收益进行准确的估计。需要时，融资方也可以将该部分房产留作自用。因此，以产品支付为基础的项目融资模式适用于项目产品数量和现金流最能够比较准确地计算的项目。

（四）“设施使用”模式

“设施使用”模式是指某种工业设施或服务性设施的提供者和这种设施使

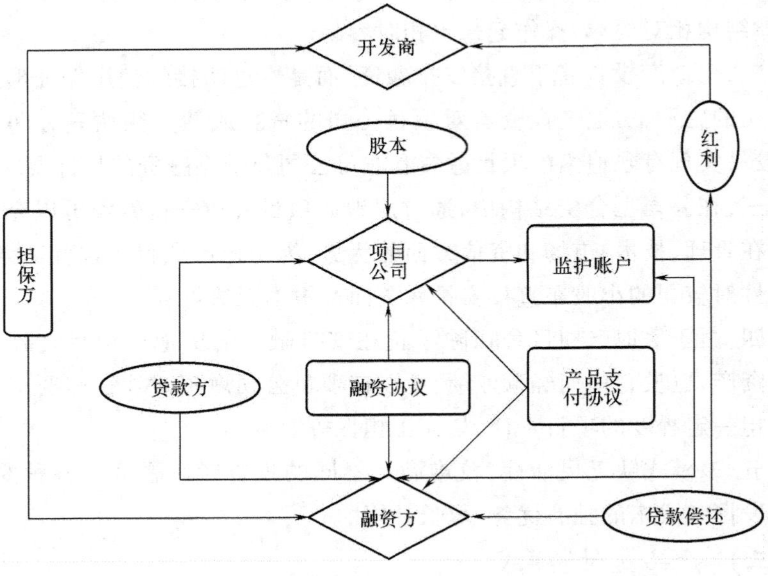

图 7-1 “产品支付”模式融资结构

用者之间签订一种“无论提货与否均需付款”性质的协议，这种设施使用协议在工业项目中有时也称为“委托加工协议”。“设施使用”模式在房地产开发中是指房地产项目公司和政府或其他需求方之间签订一种“无论提货与否均需付款”性质的协议，房地产项目公司主要依据此协议向金融机构融通资金。这种模式可应用于政府的廉租房等公共租赁住房建设项目中。

“设施使用”模式可以帮助政府解决建设廉租房所需的大量资金，而房地产开发商也可以获得较多金融机构的贷款。利用这种模式进行房地产项目融资的主要步骤有：

第一，由房地产公司和当地政府达成协议，由当地政府提供一个“无论使用与否均需付款”的协议，并且这个协议为贷款银行所接受；

第二，由房地产公司组建项目公司，使其拥有、建设和经营该房地产，也可将该公司推向股票市场，以吸收其他投资者资金；

第三，房地产建设进行招标，中标公司需要具有一定的资信和经验，并能够由银行提供履约担保；

第四，项目公司以房地产使用协议、承建合同和履约担保作为融资的信用保证；

第五，当地政府利用每月收到的廉租房租金和部分财政补贴支付房地产使用费。

2010 年 6 月，住房和城乡建设部、国家发展改革委等联合发布的《关于加快发展公共租赁住房的指导意见》（建保〔2010〕87 号）提出公共租赁住房由政府组织，社会参与。各地区在加大政府对公共租赁住房投入的同时，要切实采取土地、财税、金融等支持政策，充分调动各相关企业和其他机构投资、经营公共租赁住房的积极性。根据上述文件的精神，可以利用“设施使用”模式帮助政府解决建设廉租房等公共租赁住房所需的大量资金，而房地产开发商也可获得较多金融机构贷款。

（五）BOT 融资模式

BOT 是 Build（建设）、Operate（经营）和 Transfer（转让）三个英文单词第一个字母的缩写，代表着一个完整的项目融资概念。BOT 融资模式是政府为了动员私人投资公共房地产采用的一种办法，具体做法就是政府将公用房地产的建设和经营权交给私人资本，并授予特许权，然后由私人企业自行筹资建设，并在建成后自行运营并取得预期收益，若干年后再移交给政府。政府扮演的是特许权授予者、管制者、合作者、支持者和推动者的角色。

BOT 融资模式可应用于公共场所的建设中，如公园、广场等项目。BOT 融资模式基本上可以通过下列步骤予以实施：

1. 作为项目发起人的当地政府选择并确定拟进行 BOT 项目融资的项目，就备选项目进行技术、经济和法律可行性研究论证。

2. 项目选定以后就开始准备招标和要约文件，提出招标条件，邀请相关投资机构和财团提出项目建设开发的建议。作为企业，则开始调查项目的可行性，与贷款方协商，准备组建项目公司。

3. 政府在对投标者进行评估选择后，政府和企业进行相关协议的谈判工作，就项目的所有方面进行协商，并签订好法律文件。

4. 在做好项目开发的全部准备工作后，就开始项目的建设和经营阶段，各方当事人根据协议履行约定的义务和责任。

5. 项目在经过数年的经营后，企业根据协议的要求把项目的所有权转让给政府。

（六）ABS 融资模式

ABS（Asset - Backed - Securitization）融资模式是以房地产项目所拥有的资产为基础，以项目资产的未来现金收益为保证，通过在资本市场上发行高级债券来筹集资金的一种项目融资方式。这种融资方式的目的在于，通过其特有的提高信用等级的方式，使原本信用等级较低的项目可以进入国际高档证券市场，利用该市场信用等级高、安全性和流动性强、债券利率低的特点，降低发

行债券筹集资金的成本。具体来说,利用 ABS 融资模式进行房地产项目融资的流程基本上可分为四个阶段:

第一,寻找或组建 SPC 阶段。SPC 是 Special Purpose Corporation 的缩写,即特殊目标公司。这种公司包括国际权威资信评估机构较高资信评估等级(AAA 或 AA 级)的信托投资公司、信用担保公司、投资保险公司或其他具有类似功能的机构。成功组建 SPC 是 ABS 顺利运作的根本前提。

第二,SPC 与项目结合阶段。适合 ABS 的项目是拥有未来现金流入的大型房地产项目或几个中小型房地产项目捆绑组合的项目,拥有这些未来现金流量所有权的是项目公司,这些现金流量所代表的资产是 ABS 融资的物质基础。SPC 与这些项目的结合就是以合同协议的方式将项目公司拥有的未来现金收入的权利转让给 SPC。

第三,SPC 发行债券阶段。SPC 可直接在资本市场上发行债券筹集资金,或者经过 SPC 信用担保,由其他机构组织发行债券。SPC 发行的债券或通过它信用担保的债券自动拥有相应等级,然后把所筹资金用于项目开发和建设。

第四,SPC 偿债阶段。由于项目公司已将项目资产未来现金收入权利转让给 SPC,因此 SPC 就能利用项目资产的未来现金收入清偿其在国际资本市场发行债券的本息。

我国房地产行业目前最主要的直接融资方式就是发行公司债券。中国经济信息网发布的《2016 年中国房地产行业发展报告》显示,2015 年,在国内公司债融资闸门打开、公司债利率大幅降低的背景下,房地产企业国内发债规模呈爆发式增长。据 Wind 资讯的统计,截至 2015 年 12 月 14 日,2015 年内上市房企共发行公司债 2 974 亿元,同比暴涨 18 倍,其中,恒大地产累计发行公司债达 400 亿元。

(七)PPP 融资模式

PPP 是 Public Private Partnership 的缩写,即公共部门与房地产合作融资模式,它对房地产项目生命周期过程中的组织结构设置提出了一个新的模式,是政府、房地产公司、非营利性企业和个人基于某个项目而形成的以“双赢”或“多赢”为理念的相互合作形式。这种融资模式适用于建设大型的体育场馆、开放式的健身场所、基层医院和工矿棚户区改造工程。PPP 融资模式同 BOT 融资模式有些相似,但参与项目的公共部门和房地产公司之间是合作关系,房地产公司从项目论证阶段就开始参与项目,而 BOT 融资模式从项目招标阶段才开始参与项目。如体育场馆的建设可由政府牵头,体育协会、体彩中心等非营利组织和房地产企业共同参与建设。工矿棚户区改造工程可由政府牵头,出台税收优惠政策，棚户区的厂矿赞助部分资金，然后由房地产项目公司依据政府税费优态相关文件和棚户区的厂矿赞助证明，向金融机构借款融资，棚户区原住户可用房屋拆迁补偿款抵掉绝大部分房款，其余房屋则以较低的价格出售给棚户区厂矿的其他职工。

PPP 融资模式的优势有：

第一，在 PPP 融资模式下，房地产企业在项目前期就参与进来，有利于利用房地产企业的先进技术和管理经验，并可以在项目的初始阶段更好地解决项目整个生命周期中的风险分配。

第二，在 PPP 融资模式下，公共部门和房地产企业共同参与公共设施建设和运营，双方可以形成互利的长期目标，更好地为社会和公众提供服务。同时，公共部门参与项目建设和运营也可以降低项目的国家政治风险，增强私人投资者参与公共设施建设和运营的积极性。

第三，在 PPP 融资模式下，有意向参与房地产项目的私人企业可以尽早和项目所在国政府或有关机构接触，可以节约投标费用，节省准备时间，从而降低最后的投标价格。

2010 年 1 月 7 日，国务院下发国办发〔2010〕4 号文件《国务院办公厅关于促进房地产市场平稳健康发展的通知》，在该文件第 9 条提出，“力争到 2012 年末，基本解决 1 540 万户低收入住房困难家庭的住房问题。各地要通过城市棚户区改造和新建、改建、政府购置等方式增加廉租住房及经济适用住房房源，着力解决城市低收入家庭的住房困难。要加快建设限价商品住房、公共租赁住房，解决中等偏下收入家庭的住房困难。全面启动城市和国有工矿棚户区改造工作，继续推进林区、垦区棚户区改造。同时，加大农村危房改造力度，适当增加试点户数。”面对 1 540 万户住房建设问题，光靠各级政府财政资金是远远不够，还需要企业和老百姓参与。2010 年 7 月 20 日，原住房和城乡建设部副部长齐骥接受专访时表示：“鼓励各地发展由企业投资和持有公共租赁住房产权，负责公共租赁住房建设、租赁和维修等日常工作。投资主体要多元化。第一种类型，城市政府作为投资主体，包括财政直接投资和成立国有保障性住房公司投资。第二种类型，开发企业或其他机构作为投资主体。多数农民工公寓属于这一类型。第三种类型，政府和企业共同出资。部分地区探索政府投入和国有大中型企业危旧房改造相结合，共同建设公共租赁住房。住房产权按照谁投资、谁持有的方式确定。”这里的第三种类型便适合使用 PPP 项目融资模式。

2015 年 4 月 21 日，财政部会同住房和城乡建设部等六部门印发《关于运用政府和社会资本合作模式推进公共租赁住房投资建设和运营管理的通知》,鼓励地方运用PPP模式推进公共租赁住房投资建设和运营管理。2015年6月25日,在国务院下发的《国务院关于进一步做好城镇棚户区和城乡危房改造及配套基础设施建设有关工作的意见》(国发〔2015〕37号)中指出,要创新融资体制机制,推广政府与社会资本合作模式,在城市基础设施建设运营中积极推广特许经营等各种政府与社会资本合作(PPP)模式。政府和企业共同出资的融资模式受到政府政策支持,在公共租赁房建设、棚户区和城乡危房改造中如火如荼地进行。

第三节 房地产项目融资的应用

一、住宅房地产项目融资

(一)住宅房地产开发实施项目融资的可行性

住宅房地产开发可以通过项目公司实施项目融资。以项目为导向安排融资是项目融资的一个显著特点。住宅房地产开发常以成立项目公司的方式来运作。所谓房地产项目公司,即以房地产项目为对象从事单项房地产开发经营的有限责任公司,往往开发一个项目即设立一个项目公司,待项目开发完毕后即注销项目公司。公司的股东(开发商)利用项目公司制度可以合理规避法律风险,即使项目投资失败,开发商仅以出资额为限承担有限责任。项目公司作为独立的生产经营者,签署一切与项目建设、生产和市场有关的合同,安排项目融资,负责建设经营并拥有项目。在项目建设期间,投资者为贷款机构提供完工担保。项目公司的法律关系比较简单,便于贷款机构就项目资产设定抵押担保权益,融资结构上较易于被贷款机构接受。项目融资的债务风险和经营风险大部分限制在项目公司中,易实现有限追索和非公司负债型融资,并且可以利用大股东的资信优势获得优惠的贷款条件。同时,项目资产的所有权集中在项目公司,管理上较灵活,项目公司可直接运作项目,也可仅在法律上拥有项目资产,而将项目运作委托给另外的管理公司。目前的房地产抵押贷款基本以项目资产作为偿还担保,很多住宅房地产开发项目的融资活动已经具有了项目融资的特点。

(二)住宅房地产项目开发具有稳定的净现金流量

进行项目融资的先决条件就是项目能够产生稳定的现金流。住宅房地产开发直接形成住宅产品,并直接进入销售阶段,大约3到4年时间完成一个房地产开发周期，即资金周转期。与其他领域的项目融资相比，住宅房地产开发前期只有大规模投入，而没有现金回流，只有在房屋预销售之后才能产生现金回流。尽管如此，由于住宅产品具有价值量大、保值增值的特点，从长期来看其价格始终呈现稳定上涨的趋势，且价格增长速度要远高于 GDP 缩减指数。同时，住宅房地产价格波动幅度远小于股票等金融资产价格波动的幅度。随着中国经济的快速发展，人均可支配收入不断增加，在利率下降、外汇管制、债券市场不发达、股票市场欠完善的情况下，房地产成为百姓投资的重要工具和抵抗通胀的重要手段。因此，随着房地产价格的稳定上涨，房地产开发未来的现金流必然是稳定的。住宅地产也是房地产的最大板块，历年来都占房地产投资的 70% 左右，如此大的投资规模和稳定的现金流使项目融资在住宅房地产开发中具有广泛的应用空间。

（三）我国市场经济运行机制的不断完善为住宅房地产项目融资提供了良好的外部环境

项目融资是一项复杂的系统工程，涉及项目谈判、签约、履行及违约的仲裁和处理，风险的分担、利润、税收和其他条件的执行手续、渠道与担保等问题，这些问题需要在完善的市场经济环境下通过相关法律法规加以强化。经过 30 多年的发展，我国市场经济体制逐渐完善，相关政策法规相继颁布，银监会、证监会和保监会逐步放松对金融机构的直接监管，早在 2003 年中国人民银行就已经提出“要积极推进住房贷款证券化”。这些对项目融资在房地产业的运用提供了必要的法律依据和法律保障，为项目融资的开展营造了良好的外部环境，也极大地解除了住宅房地产项目融资在我国的社会风险和经济风险。

（四）众多项目融资的成功案例为住宅房地产开发实施项目融资积累了丰富经验

项目融资自诞生以来，在世界各国已经积累了丰富的经验和众多成功的案例。特别是在欧美国家，项目融资的应用范围已经扩大到房地产开发等领域。20 世纪 80 年代，项目融资被介绍到我国的企业界和金融界，已经在一些大型投资项目中得到了成功的运用，不仅促进了我国经济的发展，同时也积累了丰富的项目融资经验，培养了大批从事项目融资的专业人才。近年来，项目融资在我国大型商业房地产项目开发中开始探索性尝试，如大连万达集团与国际商业巨头联合开发商业房地产的“订单模式”已经具有项目融资的特征。

此外，我国具有充裕的开展项目融资的资金来源。2016 年年底，我国城乡居民储蓄余额 60.65 万亿。除居民储蓄资金外，还有一些投资机构，如保险公司、社保基金、商业银行和证券投资等存有大量投资资金，这为项目融资提供了充足的资金保障。

（五）住宅房地产开发实施项目融资的运作程序

住宅房地产开发实施项目融资同其他类型项目融资的运作程序基本相同，主要包括六个步骤：投资决策分析、融资决策分析、融资模式选择、融资谈判、融资执行以及贷款偿还（如图 7－2 所示）。

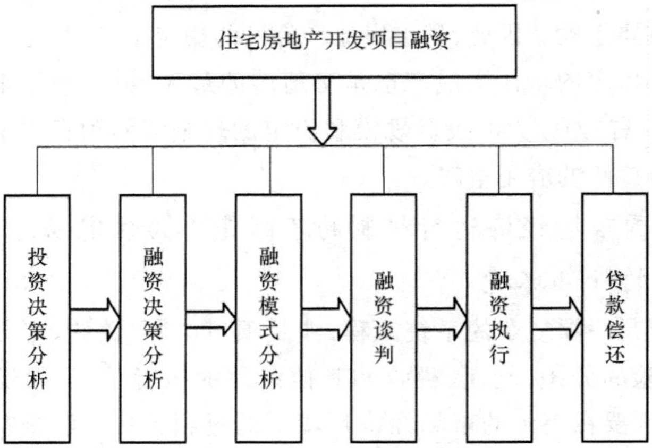

图 7－2　住宅房地产项目融资运作程序

1. 投资决策分析。在进行房地产开发投资之前，房地产开发企业首先要进行可行性分析。可行性分析一般包括：对国家法律法规等政策环境的分析，对市场需求情况及市场前景的预测，对资金可获得性的全面考虑，对项目可能面临的各种风险进行估计。由于项目融资的特性，融资方更注重对项目风险的识别和防范；对项目收益的估计，即根据以往经验，对项目的投资量、资金成本、销售收入做一个初步的估计，得出项目收益的估计值，看是否值得投资。在项目可行性研究和风险分析的基础上，房地产开发企业做出是否进行项目开发建设的投资决策。

2. 融资决策分析。在决定对某一住宅房地产项目进行投资以后，房地产开发企业将决定采用何种融资方式为项目筹集资金。是否采用项目融资，主要取决于项目资金筹集可行途径的比较、对债务责任分担的要求、项目融资数量及时间上的要求和综合评价。项目融资决策分析是一项复杂的综合分析和评价工作，通常需要聘请融资顾问为其提供咨询，对项目的融资能力和可能的融资方案进行分析比较，提出项目融资建议方案，项目投资者据此做出项目融资决策。

3. 融资模式选择。当房地产开发企业决定采用项目融资方式以后,正式聘用融资顾问开始研究和设计项目的融资结构。项目融资结构设计的一项关键性工作就是要完成项目的风险分析和评估,在此基础上,根据项目的经济强度和各利益主体与项目的契约关系,确定项目的债务承担能力、项目风险在项目参与者之间的合理分配以及相关的项目信用保证结构。这一阶段确定的融资模式并不一定是最后采用的融资模式,开发商还需要与融资方进行谈判才能最终确定。

4. 融资谈判。房地产开发企业完成前面几个阶段的工作,就有了与融资方进行项目融资谈判的基础,可以有选择地向潜在融资方发出参加项目融资的邀请书,与有兴趣的融资方开始谈判。一般情况下,单个金融机构不愿承担较大风险,开发商可以选择邀请若干个融资方联合的银团进行项目融资。在与融资方的谈判过程中,开发商应注意保持灵活态度,当谈判陷入僵局时找出适当的变通方法绕过难点,防止融资谈判拖延过长时间,造成更大的损失。融资方可能会对项目融资的模式提出不同的看法,开发商应进行权衡选择。融资谈判结束之后,房地产开发企业(或项目公司)与融资方签署融资协议及相关的法律文件,确定各方权利与义务。

5. 融资执行。与融资方的谈判结束,双方签署正式的项目融资法律文件之后,项目融资就进入了执行阶段。在这一阶段,开发商或项目公司负责项目的建设管理,保证项目进展按融资协议规定的时间进行;同时开发商将对项目的按期按质完成承担有限责任。融资方实时监督项目的工程进展,考察项目是否按融资协议规定执行,进而根据资金预算和建设日程表安排贷款的提取。在某些情况下,融资方还需要参加部分项目的决策。在融资协议的执行过程中,开发商与融资方必须保持密切的联系,解决融资协议中没有规定的新问题,直至项目的完工。

6. 贷款偿还。住宅房地产开发结束之后,项目融资进入贷款偿还阶段。在一般的项目融资过程中,当生产项目建成之后,还需要投入相当的运营资金才能使项目进入正常的生产经营阶段,而且项目进入经营运转之后,通常需要相当长的一段时间才能产生足够的资金偿还全部贷款。而房地产项目本身就是产品,可以直接进入销售阶段,因此贷款偿还的时间一般要短得多。项目开发完工后,开发商依赖房产销售收入按融资协议规定的方式和数量将贷款偿还给融资方,并移交相关法律文件,结束项目融资协议。

在整个住宅房地产项目融资实施过程中,各个阶段与步骤并不是孤立的,后一阶段的实施情况会对前面的决策产生影响。如开发商考虑融资谈判的实际情况与进展，可能修改融资方式或是项目融资的模式；融资执行过程中出现了协议中没有规定的情况，则需要各方再次谈判协商。

二、商业房地产项目融资

（一）项目融资在商业房地产中的应用

1. 商业房地产概述。商业房地产是指用于各种零售、餐饮、娱乐、健身服务、休闲设施等经营用途，在经营模式、功能和用途上区别于普通住宅、公寓、别墅等的房地产形式。[①] 商业房地产主要包括各种商店（商场、购物中心、商铺和市场等）、旅馆、写字楼、餐馆和游艺场馆（娱乐城、歌舞厅、高尔夫球场等）。

大型商业房地产的开发经营特点决定了它属于典型的资金密集型行业，与住宅类的房地产开发企业相比，商业房地产的开发更多地依赖金融市场，一般的中小型房地产企业很难介入。现有的大型商业房地产项目的开发主要依靠有实力的大型房地产开发企业，尤其是房地产上市公司来完成。随着近几年国家对房地产市场进行的一系列宏观调控和信贷紧缩政策，大型商业房地产的融资能力与资金需求之间的距离不断增大。目前我国大型商业房地产资金主要来自于房地产开发商、商业经营者自身的积累和传统的外源融资方式。开发商自身资金积累主要是指房地产开发企业自身的资金和以企业为基础的股权融资，前者积累过程相当缓慢，而后者目前在我国利用有限，这直接导致内源性融资在我国的应用有限，主要是以外源性融资为主，并且主要是依赖银行贷款。要改变这一状况，就必须创新融资方式，将项目融资应用到大型商业房地产项目中来。

2. 项目融资在商业房地产中应用的可能性。大型商业房地产采用传统的外源融资主要有银行贷款、信托投资、承包商带资承办等，其中尤以银行贷款为主。而银行贷款提供资金的数量和使用期限都有严格的限制，银行贷款项目的风险首先是由房地产开发企业完全承担，然后由银行承担，非常不利于风险分散。项目融资的这种方式具有一次性融资金额大、项目建设期和回收期长、风险分担等特点，大型商业房地产项目可以考虑采用这种方式来实现融资目标，达到屏蔽风险的效果。

目前，我国许多大型商业房地产项目都是通过成立项目公司来运作的，房地产抵押贷款也是以项目资产为偿还担保，很多商业房地产项目的筹资都具有项目融资的一些特点。例如，大连万达集团与国际商业巨头联合开发商业

---

① 张志敏："商业房地产融资问题研究"，《特区经济》，2005 年第 7 期，第 147 ~ 148 页。

房地产的订单模式就具有项目融资的影子，在各城市开发商业广场的过程中，万达集团与国际知名零售商共同完成项目选址和定位工作，在开工建设前双方就已经达成了入驻意向，类似于零售商向开发商提供的长期租约担保。开发商在完成大部分招商工作后，项目未来经营的不确定性大大降低，低风险的项目显然能获得银行的大力支持。这样，商业房地产项目的开发就走上了良性发展的轨道。

尽管大型商业房地产项目融资在我国的应用还处于起步阶段，但项目融资应用的优势很多，可以帮助投资者解决以下五个问题：第一，为超过项目投资者自身筹资能力的大型项目提供融资；第二，为国家和政府建设项目提供形式灵活多样的融资，满足政府在资金安排方面的特殊需要；第三，为跨国公司安排在海外投资项目中的债务追索权；第四，利用财务杠杆实现公司的目标收益率；第五，避税。

我们可以预见，项目融资不久将成为大型商业房地产开发重要的融资方式之一。

（二）商业房地产项目融资的特点

2002 年以来，随着中国加入世界贸易组织，国内商业房地产的投资比重陡增，一波商业房地产开发投资的浪潮在我国已经展开。商业房地产开发投资要求巨大的资金投入，购物中心、特色商业区、Shopping Mall 等的建设一般都需要大量的资金。而且商业房地产经营一般还要经过 2～3 年的过渡期，需要有雄厚的资金准备。资金问题历来都是商业房地产开发商最关注、也是令他们颇费心机的问题。商业房地产开发商能否介入商业地产市场，除了取决于其技术能力、管理经验以及它在以往商业地产开发过程中赢得的信誉外，更取决于其筹措资金的能力和使用资金的本领。

商业房地产具有高风险、高收益的特性，其收益主要来源于租金收入，而能否获得租金，关键在于物业价值的上升。目前，在我国许多城市尤其是大都市，商业竞争已经趋于白热化，商业经营的不确定性日益增大。同时，在商业房地产很长的投资回收期内，周边经济环境、交通状况、人流状况、居住人群乃至政府的政策都会对收益产生极大的影响。而且商业房地产经营过渡期的存在也使开发商在这一期间内随时可能面临调整和亏损。因此，商业房地产经营的风险相当大。与此同时，随着我国经济的飞速发展，在经济结构转型背景下，商业房地产开发投资中蕴藏着巨大的商机。由此可见，能否筹集到足够的资金是商业地产项目开发投资实施的前提，能否有足够长时间的灵活可用资金是商业房地产战胜风险的保障。

（三）商业房地产项目融资的路径选择

通过了解项目融资以及大型商业房地产的特点，加之项目融资在我国商业房地产中的初步应用，我们认为项目融资方式适合以政府主导的具有准公共设施功能的大型商业房地产项目的开发。项目融资是一项系统工程，大型商业房地产项目要成功实施项目融资，必须针对项目的特点进行项目融资路径的选择与设计。

1. 投资者直接安排融资的模式。由项目投资者直接安排项目的融资，并且直接承担融资安排中相应的责任和义务，是结构上最简单的一种项目融资模式。这种模式非常适合投资者本身公司财务结构不很复杂的情况，有利于投资者在税务结构方面的安排。对资信状况良好的投资者，直接安排融资还可以获得成本相对较低的贷款。这是因为即使安排的是有限追索的项目融资，但由于是直接以投资者的名义出面，对大多数银行来说，资信良好的公司的名誉本身就是一种担保。当前，这种模式主要用于投资者直接拥有项目资产并直接控制项目现金流量的投资项目中。对大型商业房地产项目投资商直接安排融资的模式而言，往往只适用于商业项目各个投资者都有雄厚的资金实力，与银行关系良好的情况。我国的商业房地产还处于起步阶段，投资商在资金实力方面差别很大，其中有资金实力雄厚的大连万达集团、SOHO中国等，这些公司都具有广阔的融资渠道，也有许多刚刚进入商业房地产行业的房地产公司、零售商等，它们的资金实力一般较弱，银行对它们的扶持也较小。由此可见，在我国能够应用商业房地产项目投资商直接安排融资模式的只能是规模较大的投资商、开发商等。

与此相应，我国应用大型商业房地产项目直接安排融资模式的主要障碍有：一是多数投资商规模太小，资产负债率又偏高，银行一般不愿直接给这些企业贷款；二是我国银行现在对大型商业房产项目的贷款一般都要求有抵押担保。

2. 投资者通过项目公司安排项目融资的模式。投资者通过建立一个单一目的项目公司来安排融资。这又有两种基本形式：一是项目的投资者组建一个单一目的项目子公司作为投资载体，以该项目子公司的名义与其他投资者组成合资结构来安排融资。这种形式的特点是：项目子公司将代表投资者承担项目中全部的或主要的经济责任，但由于该公司是投资者为一个具体项目专门组建的，缺乏必要的信用和经营历史（有时也缺乏资金），所以可能需要投资者提供一定的信用支持和保证。二是由投资者共同投资组建一个项目公司，再以该公司的名义拥有运营项目后来安排融资。这种模式在公司型合资结构中较为常用。采用这种模式,项目融资由项目公司直接安排,主要的信用保证来自项目公司的现金流量、项目资产以及项目投资者所提供的与融资有关的担保和商业协议。对具有较好经济强度的项目,这种融资模式可以安排成为对投资者无追索的形式。

大型商业房地产投资商通过项目公司安排项目融资模式的适用范围很广。在我国目前众多大型商业房地产投资商直接向银行贷款较难的情况下,这些投资商可以将那些好的商业项目从公司剥离出来,通过这些优质资产组成项目公司再去融资,这将有效解决众多投资商有好项目而无法通过母公司融资的问题,因此,该模式将是我国大型商业房地产项目融资采用最多的一种模式。

但是,在我国应用大型商业房地产投资商通过项目公司安排项目融资模式还存在以下主要障碍:一是低效率的项目公司注册审批过程会造成不必要的项目融资工作耽搁,人为地延长项目的前期工作时间,增加项目的投资成本和融资成本;二是我国银行一般不愿向新设立的公司贷款。

3. 以"产品支付"为基础的项目融资模式。以"产品支付"为基础的大型商业房地产项目融资模式实际上是投资商将项目的市场风险大部分转移给了贷款银行,同时银行也变相地从事商业房地产开发经营,这与我国目前的金融政策是不相容的。因此,在我国当前的环境下,这种项目融资模式很难操作成功,只有当银行风险管理水平大幅度提高后,国家不再限制银行参与商业房地产开发的经营时,以"产品支付"为基础的商业房地产项目融资模式才有可能得到实际应用。

4. ABS 项目融资模式。我国大型商业房地产投资商信用等级一般较低,无法直接进入国际高档证券市场,但由于经济发展良好及政策倾斜,一大批素质优良、收益稳定、回报率高的商业房地产项目不断出现,这些项目都是大型商业房地产 ABS 项目融资模式较理想的融资对象。

复习思考题

1. 简述项目融资的特征。

2. 比较分析房地产项目融资的不同模式。

3. 结合我国当前商业房地产的发展现状,谈谈目前我国商业房地产融资中存在的问题并提出建议。

【案例分析】

多地房地产企业再融资

市场关于证监会已经开始受理房地产企业再融资的传闻让蠢蠢欲动的房地产开发商再次兴奋起来，房地产企业再融资数量继续增多。

2013年10月17日晚，中天城投(000540. SZ)发布公告，公司涉及30亿元的非公开发行股票方案议案获股东大会通过。包括中天城投在内，目前市场上已经有超过30家房地产企业发布了再融资预案，这些房地产企业预期融资总额超过700亿元。根据该方案，中天城投本次发行对象包括公司控股股东金世旗控股在内不超过10名特定对象，募集资金预计不超过30亿元。中天城投控股股东金世旗控股承诺，拟认购数量不高于本次非公开发行最终确定的发行股份总数的35%，公司实际控制人不会发生变化。本次非公开发行股票数量不超过45 380股。发行前，金世旗控股持有中天城投53 108万股股份，占中天城投总股本的41.25%。所募资金拟用于贵阳国际金融中心一期商务区项目、贵阳市云岩、渔安、安井回迁安置居住区E组团项目，以及补充流动资金。

从分布来看，贵阳国际金融中心一期商务区项目拟使用募集资金24亿元，意味着中天城投此次募集资金将重点打造商业房地产项目。公告资料显示，贵阳国际金融中心一期商务区项目主要建设14栋商业写字楼，占地12.93万平方米，总建筑面积139.89万平方米。项目总投资74.43亿元，建设期从2013年四季度至2016年9月。中天城投此前接受《第一财经日报》记者采访时表示，贵阳将被打造为西部国际金融中心，而该项目是落实当地政府“引银入黔”政策的重要载体。公司预计，该项目建成后，将实现总销售收入111亿元，实现净利润20.2亿元，投资者净利润率为27.15%。

为了给方案加分，中天城投此次再融资方案中还部分涉及保障房项目，公司的一个公租房项目正处于建设阶段，拟使用募集资金3亿元。2013年1~9月，中天城投累计实现销售金额约140亿元，与去年同期相比增长近2倍，业绩增幅在业内靠前。受此推动，中天城投预计今年前9月其归属于上市公司股东的净利润可增长80%至110%，达到6.92亿元至8.07亿元。

不过，受产业多元化和投资驱动影响，中天城投资产负债率近年来不断上升，从2011年中期的85%飙升至今年中期的90%，增幅在行业中靠前。以此推算，在此次募集资金全部募足的情况下，中天城投总资产和净资产将增加30亿元，资产负债率将降低至79.46%。有机构不完全统计称，目前已有33家上市房地产企业公布再融资预案，涉及总金额约740亿元，其中超过10家公司已获股东大会通过。

此外，还有16家房地产企业推出了公司债、中期票据等融资计划，募集资金合计223.5亿元。上市房地产企业待融资规模已经超过900亿元。有媒体报道称，目前已有公司的再融资方案收到证监会受理函，仍在等待监管层审核，但至今仍未有上市房地产企业获得放行。证监会的最新表态是，该部门仍然坚决贯彻房地产调控国五条政策，涉及住房项目的房地产企业再融资仍然被严格限制。

上述推出再融资方案的房地产企业高管曾向记者表示，尽管政策似乎有转型的迹象，但公司对再融资方案能否获批仍没有把握。

（资料来源：《第一财经日报》，2013年10月18日。）

问题：上述案例中房地产企业是采用何种项目融资模式？该种房地产企业项目融资模式可能存在哪些风险？你对完善商业地产项目融资有哪些建议？

【实训练习题】

实训内容：走访当地在建的保障性住房项目开发的PPP模式。

实训目的：加深对项目融资PPP模式的理解，并总结PPP模式在实际运用中存在的各种问题。

实训流程：

(1)前期查阅资料，并分小组进行调研。

(2)实地走访实施项目融资的企业以及负责审批的职能部门。

(3)归纳分析调研结果，形成调研报告。

DI BA ZHANG 第八章 房地产融资租赁

房地产金融

【本章学习目标】

1. 掌握融资租赁的特点及功能；
2. 了解国内外融资租赁的发展状况；
3. 掌握房地产融资租赁的形式及特征；
4. 了解房地产融资租赁的风险类型和防范方法；
5. 了解我国房地产融资租赁领域的发展状况。

【关键词】

融资租赁；融资租赁流程；融资租赁形式；融资租赁风险

第一节　融资租赁概述

一、融资租赁的定义及特点

（一）融资租赁的定义

融资租赁是指出租人根据承租人对出售人和租赁物的选择，向出售人购买租赁物件提供给承租人使用，向承租人收取租金的交易。[①] 融资租赁以出租人保留对租赁物的所有权、处置权和收取租金权为条件，使承租人在租赁合同期内对租赁物取得部分或全部占有、使用和收益的权利。融资租赁实质上是转移了与资产所有权有关的全部风险和报酬的租赁。所有权最终可能转移，也可能不转移。根据《企业会计准则第 21 号——租赁》，符合下列一项或数项

① 史燕平：《融资租赁及其宏观经济效应》，对外经济贸易大学出版社 2004 年版。

标准的租赁,应当认定为融资租赁:

1. 在租赁期届满时,租赁资产的所有权转移给承租人。

2. 承租人有购买租赁资产的选择权,所订立的购买价款预计将远低于行使选择权时租赁资产的公允价值,因而在租赁开始日就可以合理确定承租人将会行使这种选择权。

3. 即使资产的所有权不转移,但租赁期占租赁资产使用寿命的大部分。

4. 承租人在租赁开始日的最低租赁付款额现值几乎相当于租赁开始日租赁资产的公允价值;出租人在租赁开始日的最低租赁收款额现值几乎相当于租赁开始日租赁资产的公允价值。

5. 租赁资产性质特殊,如果不做较大改造,只有承租人才能使用。

(二)融资租赁的特点

融资租赁是设备租赁的基本形式,以融通资金为主要目的。其特点有:

1. 融资租赁的承租人是以融通资金为目的,为达到此目的,融资租赁的出租人就负有融通资金的责任,这种活动是一种金融投资活动,资金困难的承租人通过出租人的金融投资解决了资金困难,达到了融通资金的目的,因此,融资租赁是金融因素占主导地位的金融投资活动。

2. 融资租赁活动中,承租人享有并承担选择供货商及设备的权利和责任,出租人不能干预,除非承租人需要出租人的技术指导。

3. 承租期内,出租人负有对设备的维修、保养的义务(合同中另有约定的除外),享有租赁物的所有权。

4. 一般融资租赁的租赁期都比较长,租赁期多以设备的使用期为限,因此大多是“一租到底”,直到租赁物残值为零。

5. 融资租赁的承租人大多是企业法人或其他营利性经济组织、公民,其表现为商业性而非消费性,对象则多以动产为出租物。

6. 租赁期届满,对租赁物的处置一般包括留购、续租、退还三种方式,而大多是承租人以一定名义支付较小数额的费用取得出租物的所有权,作为固定资产投资。

二、融资租赁的功能

融资租赁是集贸易、金融、租借为一体的一项综合性金融业务,它以融物方式来实现融资,以融资的方式来实现融物,既是融资方式的创新,又是融物方式的创新。融资租赁业务作为新兴的行业,在现代化经济发展中发挥了融资、投资、促销和资产管理四个方面的作用。在一些发达国家,租赁投资在固定资产投资中的比重已经超过了贷款投资的比重。因此,融资租赁的运作方式在现代市场经济发展中发挥着独特的功能和作用。

(一)对出租人而言

对出租人而言,融资租赁具有以下功能:

1. 保留设备的所有权是投资的有效保障。融资租赁是以承租人获得租赁物品的使用权、出租人拥有租赁物品的所有权展开的,承租人在租赁期间使用租赁物品的代价是按预定的期限和金额支付租金,这也正是出租人投资回报的物质基础。

2. 折旧和投资减税等优惠措施使租赁公司成为直接受益者。考察西方各国租赁业务的发展轨迹,租赁公司毫无例外地都可以享受投资税收减免、加速折旧等优惠,这样使出租人可直接享受优惠,有效降低了租赁成本。

3. 全方位、系统性的租赁业务设计和操作必然提升自己的市场竞争能力。现代租赁是金融与贸易为一体、管理与服务为一体、人才与物资为一体、筹划与开发为一体、灵活与创新为一体的新兴金融产品。对融资租赁的研制、开发和营销必须讲求集约化、系统化和功能化。因此,租赁公司通过融资与融物有机结合的形式为企业和社会提供优质、高效服务的同时,也必然提高自身的发展能力和市场竞争能力。

(二)对承租人而言

对承租人而言,融资租赁具有以下功能:

1. 融通资金的作用。融通资金是融资租赁的主要功能。融资租赁可以为承租人提供中长期资金来源,发挥与银行借贷等中长期融资手段相同的作用。与银行贷款、发行债券、股票等融资方式相比,融资租赁具有明显的优势:一是手续简便快捷,由于出租人在租赁期间一直拥有租赁物的所有权,并通过租期内租赁物的完整来保证,出租人对承租人的审查更侧重于承租人未来的赢利能力,而不是过去的信用历史和财产资本基础,因此,对那些新建的中小企业来说,融资租赁是获得融资支持的重要方式;二是承租人可以获得税收上的好处;三是承租人可以得到百分之百的融资。

2. 提高企业资金利用效率,加速技术设备的改造。采用融资租赁的方式,通过租赁设备来进行技术改造,不必像一般的投资方式那样,在添置设备或引进技术之前一次性筹集并支付大量资金,而只需投入少量的资金,就可以及时获得所需的设备或技术,从而提高生产能力,取得良好的经济效益。企业采用租赁方式进行技术改造,犹如“借鸡生蛋,卖蛋换钱,还钱得鸡”,是用明天的钱还今天的欠债,不失为发展企业的一种好方法。不仅如此,承租人还可以将本来打算用于购置设备或引进技术的资金抽出来参加周转,使其流动化,从而产生更好的经济效益。

3. 提高资金流动性。承租人通过售后回租交易,可以将自己的固定资产出售变现,然后再租回使用,这样使原来的固定资产转换成了流动性资产,同时又不影响企业对设备的正常使用。

4. 促进企业改善经营管理,提高经济效益。采用融资租赁的方式,对企业改善经营管理有约束和激励作用:一是有利于企业准确地计算成本,合理地安排资金应用;二是融资租赁企业只需投入较少的资金即可获得需要较多资金才能购买的设备,减少了资金的沉淀和固化,相当于增加了企业的流动资金,三是租赁期间设备的所有权始终是属于出租人的,承租方只有使用权,而且是定期支付租金,这就要求企业必须加强设备的维护、管理和使用,减少闲置浪费。这些都在无形之中强化了企业的自我约束和激励因素,使企业自觉加强经营管理,注重提高经济效益。

5. 有利于调整资金结构和技术结构,适应市场需求的变化。一般企业由于资金的有限性和设备的专用性,使企业资金结构和技术结构的调整成为一件相当困难的事情,在这方面融资租赁极具优势。通过租赁,企业一方面可以迅速引进需要的设备,另一方面又可将闲置不用的设备通过租赁方式转让出去,从而达到调整资金结构和技术改造的目的。

6. 有助于改善投资结构,控制投资规模。采用融资租赁购置设备,一方面,由于融资租赁本身具有融资功能,不受现有资金量的限制,有助于刺激投资,扩大投资规模。另一方面,承租企业租赁设备是靠融资进行投资,企业处于负债经营状态,所购买的设备必然是企业生产中急需的先进设备,因此,融资租赁可以提高更新改造资金在固定资产投资中的比重,有助于改善企业的投资结构。同时,由于融资租赁是融资和融物的结合,采用融资租赁进行投资,其数量受到租赁物供应量的限制;融资租赁是以商品形态提供的信用,要受到企业生产过程中所需商品资金的质量、数量及结构的限制,不像以货币形态提供的信用那样易于无限扩张。

(三)对供货商而言

对供货商而言,融资租赁具有以下功能:

1. 扩展产品销售渠道,促进新技术、新产品的推广。在典型的融资租赁运作过程中,承租人有权选择租赁物品及其供货厂商,这既有利于减轻承租人因不了解产品产生的顾虑,更容易推广新技术和新产品,也有利于供货厂商向用户和市场推销新产品,并以此拓展产品营销渠道。因此,美国著名的计算机生产厂家 IBM 公司就一直把租赁形式作为重要的销售手段。

2. 捕捉市场供求信息,提高经营决策水平。融资租赁的业务关系人除承租人、出租人、供货厂商以外,往往还有金融机构,包含了工业生产、商业贸易、金融信贷多种经济关系,供货厂商借助租赁形式,既可以实现产品价值,又可以捕捉有关产品的供求信息,以便把握商机,提高企业的经营管理水平,进而增强企业的市场竞争能力。

(四)对商业银行而言

对商业银行而言,融资租赁的功能主要体现为:

融资租赁业务运作中,银行往往是以向出租人提供资金的方式参与租赁活动的,这种融资方式在支持出租人支付设备款的同时,银行可在经营风险较低的情况下获取利润。这是因为,对银行而言,一笔信贷资金的发放和回收,由出租人和出租人拥有所有权的设备共同作为担保。因此,银行向租赁公司出借资金用于设备投资与向企业直接贷款相比,前者更为安全、可靠,更能分散风险。同时,银行谋求金融服务多样化,银行本身也日渐参与租赁业务,并以此作为银行业务经营中的一个重要部分。

三、国内外融资租赁的发展现状

(一)国际融资租赁业的总体概况

融资租赁于 20 世纪 50 年代初产生于美国。由于融资租赁适应了企业融资的需求,在世界范围内迅速发展,20 世纪 50 年代末扩展到加拿大和澳大利亚,20 世纪 60 年代初扩展到北欧发达国家和日本,20 世纪 70 年代中期逐步扩展到发展中国家。融资租赁成为重要的新型产业,规模不断扩大。根据《2016 世界租赁年报》(*World Leasing Yearbook* 2016),经济危机后,全球租赁业务量连续四年保持增长态势,行业前景谨慎乐观。报告显示,全球排名前 50 的国家 2014 年业务总额达 9 443.1 亿美元,较 2013 年的 8 839.6 亿美元增长了 6.83%。现在融资租赁已经成为企业更新设备的主要融资手段之一,与银行信贷、证券、保险和信托并列为现代金融五大产业。融资租赁为企业增加了一条新的融资渠道,在促进企业的技术改造、降低企业资产负债率、提高企业的市场竞争力等方面具有独特的发展优势,满足了企业的融资需求,适应了市场的发展趋势,因此,融资租赁业发展很快,从 20 世纪 60 年代到 90 年代,融资租赁业务年均增长达到 300%。但融资租赁的国际市场发展很不均衡,美洲、欧洲和拉丁美洲是融资租赁的主要市场,其中以美国租赁市场为主的北美洲地区始终在世界租赁市场中占有近一半份额。随着欧洲和亚洲租赁市场的不断壮大，以美国为主的北美洲的交易额所占市场份额虽有所下降，但在世界租赁市场中仍占有主要地位。《2016 世界租赁年报》显示，2014 年，欧洲金融租赁交易额为 3 278 亿美元，北美地区的金融租赁交易额为 3 684 亿美元，两地区占全球金融租赁市场份额的 73.7%，其次是亚洲，占全球租赁市场的份额从 20.1% 扩大到 20.6%。此外，2014 年进入全球租赁交易额前 50 的还有拉美五国（哥伦比亚、巴西、智利、阿根廷、秘鲁）、非洲四国（南非、摩洛哥、埃及、尼日利亚）以及澳大利亚、新西兰。发达国家的租赁公司也相对较多，所涉及的行业领域更为广泛，如美国有 3 000 多家租赁公司，日本有 1 000 多家租赁公司。美国的租赁业务分布很广，包括农业机械、计算机、建筑设备、发电设备、工业制造设备、医疗设备、矿产石油天然气设备、办公设备、电信设备、运输工具等，其中以运输工具（飞机）、计算机设备、农业机械、发电设备为主。日本的租赁业务也较广，但以计算机设备和运输设备（汽车）为主。英国以生产设备和运输设备（汽车）为主，其他行业也占一定比重。

（二）我国融资租赁业发展现状

1. 我国融资租赁业发展的总体概况。改革开放之初，在荣毅仁先生的直接倡导下，融资租赁这一交易方式被首次引入我国。当时，荣毅仁先生执掌的中国国际信托投资公司设立了租赁部，成就了我国第一笔融资租赁交易。紧接着，中国国际信托投资公司于 1980 年同日本东方租赁株式会社共同设立了中外合资的中国东方租赁有限公司，又于 1981 年同国务院几个部及几家国有银行共同设立了中国租赁有限公司。这两家公司都是专营融资租赁的机构，在它们的带领下，一批融资性租赁公司随之设立，并在我国形成了中外合资及内资租赁这两个特殊行业。融资租赁被引入我国以来，在较长的时期里主要是以其引进外资的功能适应了我国国有企业技术改造的投资需求。

经济建设步伐加快及市场经济体制的建立加快了我国租赁融资业的发展步伐。企业为适应市场竞争的需要，必须对产品进行创新，而先进技术和设备的引进显得尤其重要，此时，租赁融资作为一种比购买更具优势的筹资决策和设备更新手段，赢得了一些企业的青睐。这些租赁业务同时也有力地推动了我国大中型企业、“三资”企业及乡镇企业的外资筹措、技术设备改造及市场竞争力的提高，支持了纺织、轻工、交通、邮电通信等产业的升级换代。我国现代民航、城市出租汽车行业、移动通信业基本都是在采用融资租赁方式引进国外飞机、汽车和设备后迅速发展起来的。即使在亚洲金融危机期间，租赁公司也成功地在国际金融资本市场组织银团贷款采取转租赁方式引进外资几亿美元，支持了我国邮电通信业进行技术改造。然而由于种种原因，中国租赁业一直照抄照搬日本等国家的经营模式，仅仅把租赁作为银行的衍生物和附属品，纯粹从借贷的角度来定位租赁业的功能，结果出现了十分不合理的现象：把融资租赁界定为金融业务和利用外资两个渠道，融资租赁行业为此曾陷入低谷。同时，由于20世纪90年代国内信用环境下降、缺少有利的税收政策和统一的行业管理，以及欠租问题的影响，我国融资租赁业几乎全行业处于低迷状态，甚至一些成立较早的老牌公司也面临着资产质量恶化、出现严重的支付困难、正常的业务经营难以为继的状况。经过多年的发展和调整，我国租赁业进入了创新阶段，摆脱了过去那种简单融资的租赁模式，通过整合社会资源，降低投融资中的信用风险，行业已经进入创新租赁发展时期，改变了过去那种高风险、低收入的状态，企业更多地是把它作为一种销售手段来运作。《中国融资租赁业发展报告（2016—2017）》显示，2016年，在全国融资租赁企业管理信息服务平台上登记的融资租赁企业数量共计6 158家，增幅为70.3%；注册资本金总量为19 223.7亿元，同比增幅为32.3%，是2013年2 884.3亿元的近7倍；资产总额21 538.3亿元，比上年同期增长32.4%，突破两万亿；全行业实现营业收入1 535.9亿元，利润总额267.7亿元，较上年分别增加35%和25.4%。

2. 当前我国发展房地产融资租赁的必要性。具体表现在以下几个方面：

第一，通过发展房地产融资租赁，可以在一定程度上解决当前房地产市场供求结构不合理的矛盾，促使房地产市场走出过剩与短缺同时并存的怪圈。当前我国房地产市场供求矛盾的关键在于房价过高与居民收入过低的矛盾，房价超过了人们的实际购买能力。采用融资租赁方式可以培育有效需求，使占绝大多数无即期支付能力的购房者不但可以购房，还能使他们的金融资产留有余地，兼顾子女教育投资和家庭健康保证，顺应了广大中国居民特有的不愿意负债消费的心理。同时，融资租赁可以先租后买，可以将租入的房产视为“准己产”，除去了寄人篱下的心理压力，使住户有了归属感。另外，因为融资租赁使租方有“准己产”这一特点，租方没有后顾之忧，放心做装饰投入，提高居住质量，这是一种分期投入，永久性消费，使无人住的房和无房住的人各得其所。

第二，房地产融资租赁分散了投资风险，刺激了房地产投资。房地产投资形式一般可分为开发投资和房地产置业投资两种，其目的不外乎消费、收益、保值和增值四个方面，但这并不意味着房地产投资毫无风险，一本万利。按照投资规律，风险越大，收益越大，与房地产行业的高收益对应的是房地产市场的巨大风险。对房地产投资者而言，需求资金量巨大，而且房地产投资沉没成本较高，如何以成熟稳健的方法来分散房地产投资风险，从而保证房地产业的持续增长是一个非常重要的有待研究的问题。

融资租赁是一种比较稳健的方法，房地产融资租赁使房地产商品买卖双方风险共担，通过融资租赁，开发商可以按期获得稳定的高租金收入，租赁期满可以完全收回成本和可观的利润，不存在因出售经营不成功、楼盘空置而出现的财务风险，同时通过融资租赁还可以减少意外损失，如自然灾害风险、意外事故风险。房子不能继续出租时，虽然房地产投资的租金收入也随之没有了，但已收的经营租金收入是按出租产品摊销外加一定利润构成的，即使不足以抵偿其或然损失，其风险也由承租人、出租方共同承担。因为融资租赁租金费用大，年租金占买价的10%以上，所以在很大程度上减轻了开发商大部分甚至全部的或然损失，将风险转为由双方共同承担。

第三，房地产融资租赁提高了房地产商品的质量，规范了房地产市场，对促进房地产市场的有序、健康、持续发展具有重要意义。因为房地产融资租赁是先租后买，并不是"一锤子"买卖，所以客观上迫使开发商要保证房地产商品的质量，避免像以前一样经常出现豆腐渣工程，配套设施滞后和供水、供电、通信等基础设施不完善或质量低劣的情况出现。融资租赁作为房地产开发经营的新方式，促使房地产开发商增加自我约束机制，同时也间接地培育了有效需求。房地产商品质量低劣也曾经使一部分有支付能力的消费者"望房生畏"，现在房地产融资租赁不是一次性付款或短期内付清房款，这样，消费者买房买得放心、住得安心，因为主动权还握在消费者自己手中，避免了一系列因产权、质量、物业管理等产生的不必要的纠纷，刺激了有效需求。

第四，促进房地产销售。房地产融资租赁业务对承租人来说是一种金融服务，对房地产销售方来说，租赁公司是一种营销载体，融资租赁是一种营销方式。房屋消费的门槛降低，扩大了客户的购买力，促进了房地产的销售。资金规模大的房地产公司还可以通过自己所属或控股的租赁公司采用房地产融资租赁方式促销自己的产品。

从上面的分析可以看出，房地产融资租赁方式对开发周期长、使用周期更长的房地产业发展来说有着重要的意义，这种重要意义将随着不动产交易市场的规范发展和实践应用显现出积极的推进作用。房地产市场迫切需要挖掘市场潜力，进而刺激有效需求，拓宽房地产业的融资渠道，以拉动经济增长，因此，房地产融资租赁方式的发展在今天越发显示了其重要性。

3. 我国发展房地产融资租赁业务存在的问题。具体包括：

(1)融资租赁类型不健全。目前，由银监会(继承中国人民银行)审批和监管的金融租赁公司有52家，占据了60%以上的市场份额，由商务部（继承外经贸部）审批和监管的外商投资的融资租赁公司有4 000多家，还有由商务部和国家税务总局联合试点的内资融资租赁公司300多家，具有厂商和银行背景的融资租赁公司在我国几乎是一片空白。而较成熟的融资租赁业，如美国的融资租赁公司中具有厂商背景的占25%，具有银行背景的占35%，独立的租赁机构占40%。对不动产融资租赁业务的实施与发展而言，具有房地产供货商和银行背景的租赁公司的存在对降低融资租赁成本、扩大融资租赁市场范围具有重要意义。

（2）行业监管呈无序化状态。不同种类的租赁公司从事租赁业务的性质不同，融资租赁公司和中外合资租赁公司以从事融资租赁业务为主，而其他租赁公司则以经营性租赁业务为主。由于不同种类的租赁公司分属于不同的主管部门审批管理，而各主管部门往往站在不同的角度来规定和解释租赁公司的行为准则，带有强烈的部门色彩和局限性。多头管理容易使整个融资租赁业处于无序竞争状态，同时也给违规经营打开了方便之门，形成了监管漏洞和真空，对房地产融资租赁业的规范健康发展造成负面影响。

（3）租赁方式单一。我国目前开展的房地产融资租赁多是以房地产使用权为目的的简单融资租赁，涉及售后回租和杠杆租赁等租赁方式的融资租赁比较少。而在房地产融资租赁中，售后回租和杠杆租赁等方式创造出的金融产品创新性更强，也更有利于风险的降低和收益的实现。

（4）租赁公司融资渠道有限。发达国家的租赁资金来源主要有以下两条渠道：一是来自于银行和金融机构（3～5年期）；二是发行债券和商业票据。而我国租赁公司的融资渠道相对较窄，主要原因包括以下四个方面：一是各职能部门对租赁公司资本金的要求不一。中国人民银行2000年6月出台的《融资租赁公司管理办法》规定，资本金最低限额为5亿元人民币，如经营外汇融资租赁业务，则应另加5 000万美元。而非中国人民银行批准的租赁公司则没有明确要求，资本金普遍较低。二是自营租赁业务除股权融资外，债权融资只能依赖金融机构借款，中国人民银行发布的《融资租赁公司管理办法》虽允许融资租赁公司发行债券，但至今尚无实施意见。三是外资或中外合资租赁公司仅被当作吸收外国金融投资的手段，权益融资与债务融资的来源基本是国外股东运作，但往往受到国内外债管理和国外股东融资安排的限制，抑制了外资租赁公司的作用。四是中资租赁公司因国家实行外债规模管理，削弱了中资租赁公司通过转租赁方式和回租方式进行外汇融资的渠道，只能进行有限方式的人民币融资。因此，融资租赁业务投资额大、周期长的要求，与租赁公司融资来源窄、融资期短形成资金来源与资金运用的反差，限制了房地产融资租赁业的发展。

(5)相关会计、税收制度不健全。我国的会计准则和会计制度长期以来处于并存状态，融资租赁的会计处理从来没有统一过。因此，会计确认随意、计量不准确、会计报告不透明的现象影响着租赁业的健康发展。同时，当前融资租赁领域内亦缺乏明确的、优惠的税收政策，很难激发市场参与者的热情。

第二节　房地产融资租赁

一、房地产融资租赁的内涵和特征

(一)房地产融资租赁的内涵和操作流程

房地产融资租赁经营是房地产开发经营的一种新方式，是指有购房需求的购房人(承租人)为了购买商品房，在资金不充裕的情况下，委托租赁公司(出租人)根据其要求和选择代为购入所需的房产，然后购买人以租赁方式从租赁公司租赁房产使用，从而使购房人以融通资金的方式改善自己的住房条件的一种经济活动。同时，房屋的租赁期限、租赁用途、租赁价格、修缮责任等条款以及双方的其他权利和义务，由出租人和承租人签订房产租赁合同约定，并向房产管理部门登记备案。

房地产融资租赁一般业务流程步骤为：第一步，购房者在找到合适的商品房开发商之后，向融资租赁公司提出租赁申请；第二步，融资租赁公司审核购房者的申请资料，并了解购房者的信用和偿债能力；第三步，融资租赁公司和购房者共同与商品房开发公司签订商品房购销合同，融资租赁公司与购房者签订融资租赁合同；第四步，购房者向融资租赁公司支付租金，融资租赁公司向开发商支付购房款；第五步，租赁公司向购房者交付商品房并保留商品房的所有权；第六步，开发商向购房人交付住房，并协助办理产权证书。具体流程如图 8 -1 所示。

(二)房地产融资租赁的特征

一般的融资租赁标的物(即租赁物)是以各类设备为主，或者是飞机、船舶等大型运输工具。而房地产融资租赁的标的物则是房屋(即不动产)，不同于传统的融资租赁标的物，而且传统融资租赁标的物本身的价值是逐年递减的，房屋的价值则处于动态波动过程中。具体而言，房地产融资租赁主要具有以下基本特征：

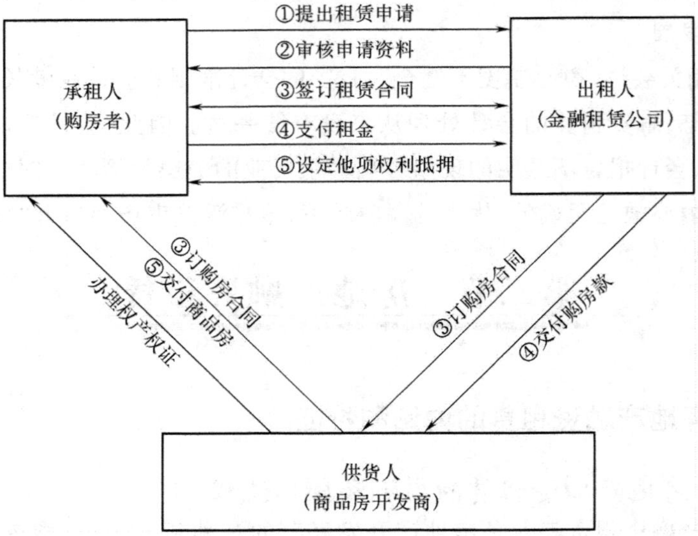

图 8－1　房地产融资租赁流程图

第一，融资与融物相结合。以商品形态和资金相结合提供信用是房地产融资租赁的主要特点。房地产融资租赁由出租人融通资金，承租人自行选择租赁房地产，融资租赁期满时办理留购手续，即把房地产所有权转让给承租人的一种融资与融物紧密结合的信用形式。房地产融资租赁对承租人来说，其所进行的融资租赁活动从形式上租入了房产，但实质上是融通了资金，且将融资与融物相结合；对出租人来说，在租期内始终持有房产所有权，比较安全，风险较小，由于融资与融物同步进行，不仅能把握资金的运用方向，对承租人也有较强的约束力。房地产融资租赁的业务具有金融属性，但它又要注重服务而不是金融业务本身，它运用综合的知识和良好的经营管理，合理整合社会资源，为金融机构服务，为承租人服务，为房地产开发商服务。房地产融资租赁一方面提供融资服务，另一方面又要进行房地产营销和资产管理。

第二，合同当事人必须履行合同。在发生租赁行为时，房地产融资租赁合同中三方当事人——出卖人、出租人、承租人之间的经济关系以契约形式固定，买卖双方和租赁双方必须签订买卖合同和租赁合同，在合同期内不得随意解约。房地产融资租赁是在实质上转移与房产所有权有关的全部风险和报酬的一种租赁。房地产融资租赁的性质决定了租赁资产的期限比较长，一般相当于资产的经济寿命期，或至少达到资产经济寿命期的 75% 以上。在长期租赁期间，非经双方同意，租赁合同一般不能轻易取消，除非符合法定的解除条件,或承租人逾期不支付租金等造成合同无效的情况出现。

第三,所有权与使用权分离。一般的投资信贷是由借款人直接向银行借入资金,自行购买房地产,房地产所有权与使用权统一于借款人一身。而在房地产融资租赁条件下,整个租赁合同期间的房产所有权始终属于出租人,承租人在租赁结束时才能获得房地产的所有权,但在租赁期内,只能以租金为代价获得房产的使用权,即房地产的所有权与使用权相分离,摆脱了传统的财产占有观念,所有权因素被淡化,既有利于分散出租方的风险,又有利于确定现代化的经营方式,促进了房地产租赁市场的发展。

第四,承租人具有选择权,也承担主要责任。租赁期满后,出租人和承租人需要在合同中约定租赁物归属,这样,承租方对租赁物有按合同规定处置的权利,即退租、续租和实现所有权转移的权利,而在绝大部分融资租赁中,房地产所有权的转移将成为承租方融资租入房地产商品的最终目的。由于在合同结束时所有权最终很可能转移给承租人,这时租赁物的所有权是出租人为了控制承租人偿还租金的风险而采取的一种形式所有权,因此,租赁物最终购买与否由承租人选择,房地产销售商及房地产的选择由承租人负责。租赁期内,承租人有保持租赁物完好的义务以及租赁物毁损或灭失时的赔偿责任,即承租人对房地产的维修、保养及风险承担义务,在整个租赁期内对租赁物件享有独占权,并按期支付租金,出租人只是提供金融服务。

二、房地产融资租赁的作用及优势

房地产融资租赁对购房人、租赁公司、房地产开发商以及国家都具有积极的作用。

第一,对购房者来说,房地产融资租赁有着分期付款、抵押贷款等策略无法比拟的优越性:①融资租赁可以节省购房人的资金,使购房人在资金不足的条件下也能够购买住房,从而提高生活水平。一次性购买房产需要一次支付全部房款,对目前收入较低的居民来说,实在是勉为其难。融资租赁以租金形式分次向租赁公司交付,类似于分期付款,但分期付款一般需要在购房之初一次性预先缴纳房价 30% 的定金,这也是普通居民家庭无法承担的。抵押贷款则由于在银行产生负债,不符合中国人的习惯心理,同时也有可能因为住房质量问题找不到负责主体而带来一些不必要的麻烦。融资租赁则因为合同规定房产质量由房地产商负责而具有较高的安全系数。②购房者可以避免因通货膨胀而造成的损失,并享受房地产升值所带来的利益。房地产不像其他租赁标的物,它有其独特之处,那就是房地产具有一定的保值、增值功能。通过租赁房地产进而拥有其所有权,购房人可以获得因房地产升值带来的额外收益。

第二,房地产融资租赁对租赁公司也有着积极作用:①租赁公司能够获得较稳定的收益。融资租赁的租金较高,一般包括房产成本、利息、手续费和保证金,往往高于同期银行贷款利息。并且租赁公司能按期收取租金,比普通投资风险小,因而收益稳定。②租赁公司所经营的业务一般都会得到国家政策的特殊扶持,尤其是在税收上会给予特别优惠。另外,租赁公司还能得到国家金融政策的优惠,如加速折旧、分期缴纳税金等。③如果从房地产商处购房形成一定规模,还能得到购房的优惠。

第三,房地产融资租赁对房地产商的作用是显而易见的,主要表现为能够开拓房地产市场,扩大房地产销路。采用其方式比起房地产商自己采用“先租后买”的租赁方式,其资金回笼要快得多。房地产商也可以凭此尽快抽出资金和人力资源去进行下一轮的开发投资。

第四,房地产融资租赁对国家来说也具有非常重要的积极作用。一方面,它可以促进国家房地产业的发展,以基础设施建设带动其他产业的发展,从而拉动整个国家经济的发展。另一方面,房地产融资租赁还能够帮助国家处理好安居工程建设工作,提高人民的生活质量,体现社会主义的优越性。

三、房地产融资租赁的主要形式

(一)房地产直接租赁模式

房地产直接租赁模式是房地产融资租赁的传统做法。具体来说,即是由租赁公司用自身的资金代替居民(或企业)购买所需的房产,然后将其出租给该居民(或企业)使用,定期向作为承租人的居民(或企业)收取租金,租赁合同期满后,根据租赁公司与承租人事先的约定,既可由租赁公司收回房产,也可由承租人向租赁公司支付象征性的货价而取得该房产的所有权。房地产直接租赁流程如图 8 – 2 所示。

(二)房地产转融资租赁方式

房地产转融资租赁是由出租人从另一家融资租赁公司或开发商租进房产,然后转租给下一个承租人使用。转融资租赁与其他融资租赁的主要区别在于:转融资租赁是从租赁公司或开发商处取得融资便利,而其他融资租赁是从银行或非银行金融机构取得融资便利。转融资租赁的关键是多了一个第三人充当转租人,它的功能可以通过最终承租人和转租人两方面加以体现。对转租人而言,当租赁公司在其借贷能力较弱、融资技术也不发达、资金来源有限的情况下,为了利用别家租赁公司条件优厚的融资便利,往往会采用转租赁的方式。房地产转融资租赁具体流程如图 8－3 所示。

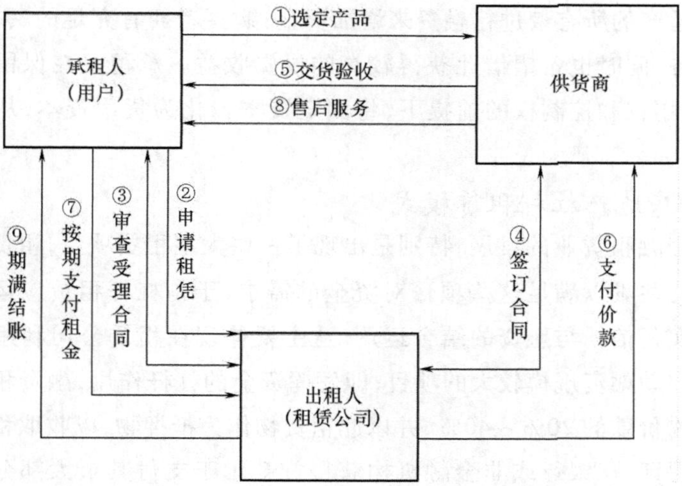

图 8－2　房地产直接租赁流程图

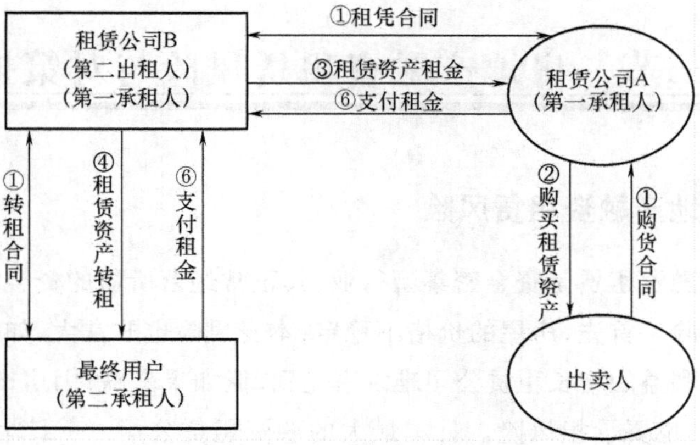

图 8－3　房地产转融资租赁的流程图

(三)房地产售后回租模式

房地产售后回租交易是指卖主将一项房产出售给租赁公司，又将该项资产从租赁公司租回的一种方式。在这种方式下，卖主同时又是承租人，买主同时又是出租人，这样，卖方在获得一笔出售资金的同时可以继续使用该房地产。售后回租实质上是一项融资行为，而不是销售行为，它是一种所有权和使用权分离的借贷行为。由于出售房产往往获得该财产的全额价值补偿，这时我们可以视“回租”为一种高比率的房地产融资方式，其行为包括两方面的当事人，卖方为某房地产的所有人，想要保留对该房地产的使用权，同时又希望出让该房地产的所有权进行融资来增加资金；购买者拥有充足的资金，可以提供融资服务，同时也希望借此获得较高的投资收益。承租人在保留对房产的占有权、使用权和控制权的前提下，将固定资本转化为货币资本，从而实现资金的融通。

（四）房地产杠杆租赁模式

随着金融租赁业的发展，特别是出现了一些大型租赁项目，租赁公司凭借自有资金往往难以满足这些项目对资金的需求，于是杠杆租赁应运而生。杠杆租赁其实是信托与融资的结合运用，这主要体现在租赁公司利用自己有限的资金来启动融资规模较大的项目，即发挥资金的杠杆作用，融资租赁公司只承担租赁物价款的20%～40%，并以此租赁物作为抵押物，以收取租金的权利作为额外保证，从银行或非金融机构获得贷款用于支付其余大部分价款。这种交易多发生在需要巨额资金的项目，融资租赁公司受到自身资本充足率的限制，往往难以独立承担，而且为了贯彻风险分散原则，需要金融机构的贷款支持。

第三节 房地产融资租赁风险与对策措施

一、房地产融资租赁风险

房地产融资租赁是资金密集型行业，其正常经营所需的资金量相当大，难免会伴生风险。首先，房屋的价格不稳定，本身风险也非常大，如果升值，升值带来的经济利益的增长租赁公司难以享受到，但如果暴跌，因房产所有权未转移，租赁公司也要承担风险。日本最大的融资租赁公司——日本租赁公司就是因为经营不动产租赁而破产的，这个历史教训值得注意。其次，我国市场经济尚待进一步完善，市场无序现象突出，一些人员法律意识淡薄，有的根本无诚信可言，致使房地产融资租赁业的发展一度受到严重干扰。此外，房地产融资租赁也是一项复杂的系统工程。一方面，房地产产业链长、涉及行业广；另一方面，房地产融资租赁业务具有一次性投资额大、租赁周期长、投资回收期内不可预测因素较多等特点，具备了风险投资的种种条件，完全属于风险投资的范畴。

房地产融资租赁投资风险是指由于随机因素的影响所引起的房地产融资

租赁投资收益偏离预期收益的程度。总的来说，在房地产融资租赁经营过程中，存在以下两类风险。

（一）信用风险

房地产融资租赁是由出租人根据承租人对开发商和租赁物的选择，向开发商购买租赁房产，提供给承租人使用，承租人支付租金的经济活动，它是具有融资、融物双重职能的租赁交易，主要涉及出租人、承租人和开发商三方当事人，并由两个或两个以上的合同构成。房地产融资租赁是一种融资与融物密切相连的信用形式。信用风险是指房地产融资租赁投资者与项目有关各方之间在信用结构及信用履行责任方面存在的风险。任何一个房地产融资租赁项目都要依靠开发商、金融机构、承租方之间有效的信用结构支撑，组成信用保证机制，各参与者是否有能力履行其信用职责，是否愿意并能够按法律的规定履行其信用职责，构成了房地产融资租赁的信用风险。

我国市场经济体系尚不健全，市场经济运行机制还不规范，承租人的负债意识不强，造成我国房地产融资租赁行业面临着较大的信用风险。由于没有明确的制度约束，人们的法律意识淡薄，信用环境较差，承租企业欠租、骗租现象严重，许多租赁公司在追索所欠租金的过程中权益得不到保障，从而使我国的中外合资租赁公司在 20 世纪 90 年代开始进入催债时期，租赁业务大受影响。信用的缺失大大提高了交易成本，制约了租赁业的发展，妨碍了整个经济的健康发展。承租人的信用风险是由于租赁企业或开发商违约而造成损失的风险，例如，房产存在缺陷，达不到原来设计的技术水平等违约情况。开发商的信用风险是指当承租人拖欠租金时，租赁公司要求开发商按未付租金金额购回房产或被租赁公司占用一部分房款的风险。

（二）经营风险

若承租人为企业，则这种以偿还本息为条件的房产所有权的分离能否最终实现资金的归流和房产的两权统一，相当程度上取决于承租人对租赁房产的使用效率和经营管理的效益及其自身的财务状况。在租赁期间，如果租赁物因不可抗力等不能归责于双方当事人的事由而致毁损、灭失，或者如果承租人因经营管理失当、资不抵债，被迫停产、关闭、破产，都将无可避免地造成承租人偿付能力的不确定性，导致出租人租金落空风险的产生。出租人自身也会因为融资租赁经营管理决策失误而造成经营风险。例如，融资租赁商品的选择、开发商的选择、租赁方式的选择、承租人的选择、租金定位策略的制定等经营管理决策上存在的风险。

融资租赁公司选取拆入资金比例、资产分散性比例、租赁资产比例来衡量融资租赁企业对融资租赁项目优化选择状况、融资租赁的组合型及经营管理水平。拆入资金指标体现了融资租赁企业在融资租赁经营活动中短款的可能性，特别是融资租赁企业的长短期贷款的比例是否合适。资产分散性比例是对融资租赁企业进行组合租赁的一种解释，该项数值越大，说明融资租赁企业的融资租赁资产分散性越好，风险的分散性越大，相对而言融资租赁企业所承担的风险就小。租赁资产的比例反映了融资租赁企业融资租赁业务的开展状况，反映了融资租赁的经营管理状况。

另外，融资租赁业作为一种以商品销售为条件的金融服务，在其业务过程中难免还存在与房产销售、使用、选择、保管维修、购买等有关的风险。例如，租赁公司是根据承租人的要求选择购置房产的，对房产选择成功与否直接关系到承租人的利益，如果选择不当，未来将会遭受损失；如果承租人选择权行使不当，租赁房产的使用效率低，最终会使承租人削弱或丧失其偿付租金的能力；在租赁物交易中，如果开发商未能按买卖合同规定的时间交货，或者租赁房产本身存在瑕疵，会导致融资租赁业务不能按预定的目标与计划运行的可能性。

二、房地产融资租赁风险防范

美、日等国融资租赁业发达的一个重要原因就是采取了防范和转移风险的有效措施，我国融资租赁业的风险规避措施远远滞后于融资租赁本身的发展。目前，国内融资租赁公司面临的经营环境还很不规范，潜在的风险因素很多，使防范和减震的难度增大。控制风险是确保融资租赁业务稳健发展的前提，在识别和分析我国房地产融资租赁所存在的风险后，我们必须对面临的风险寻找合理的规避方法。

第一，树立防范融资租赁风险的意识。在融资租赁交易中，租赁各方要牢固树立防范融资租赁风险的意识，充分认识防范化解风险的紧迫性和重要性，明确防范风险的指导思想，从过去只注重规模扩大为主转移到提高质量效益，从过去以合规性监督为主转移到以风险监督为主。国家应出台相关的信用立法，完善信用体系的法律环境，建立信用担保、信用风险、信用保理、商账追收和信誉数据库等配套服务体系，信息应由租赁行业共享，以防止信用欺诈；可由监管部门牵头建立一套比较完善的评估、预警、检测、防范机制，把防范化解风险的每一个环节抓紧抓好，为租赁业务的开展减少危机。对出租方来说，要加强对承租人承租资格和偿租能力的审查，以防范信用风险。在接受租赁项目前，必须对项目进行可行性研究分析，慎重调查承租方的信用、财务状况和经营能力，并进行评价。在国外，租赁公司对承租方信用评价分成等级标准，按照不同的信用等级收取按不同租赁利率计算的租金，以补偿其所承担的风险。为了减轻风险，租赁公司向承租方收取一定的保证金，要求承租方提供经租赁公司认可的可靠的经济担保人，如银行、金融机构或经济效益好的企业，必要时也可考虑以企业上市流通的股票做抵押。另外，承租人为企业的，对租赁资产提取折旧形成的专项资金应由委托银行自动扣款专门用于还租。承租人为企业的，为了防止付不起租金而遭收回房产从而影响正常运营的风险，承租人的生产经营应从过去只注重产值转移到注重效益上来，建立现代企业制度，加快现有企业改革步伐，按照市场规律，强化内部管理，调整生产经营结构，提高企业市场应变能力和竞争能力。同时，应挖掘企业内部潜力，盘活资金存量，改善资产质量，提高企业经济效益，增强企业偿债能力，消除风险。

第二，建成行业协会，建立市场退出机制。建成统一的行业协会后，可建立有关行业内租赁交易情况、行业欺诈等行为的数据库，为行业内出租人开展业务和防范风险提供服务，从而降低整个租赁行业的风险。融资租赁之所以比银行贷款风险小，就是因为出租人掌握着租赁物件的所有权，一旦发生问题，可以将其收回，但如果建立了完善的退出体系，可使出租人收回的房产得到最大的价值补偿，使损失降到最低。健全的风险退出机制能够增强风险行业的风险抵抗力，而目前我国融资租赁业缺乏健全的风险退出机制，必然削弱其抗风险能力。

二手市场是当前融资租赁退出的主要方式，它不仅包括旧资产处理，还包括拍卖、典当和废旧物资的回收，发达国家的二手市场一般比较发达，租赁物和二手市场紧密结合在一起。而我国缺乏对租赁后续市场的关注，融资租赁公司在签订合同时一般都将仲裁机构、法律管辖地、公证部分等规定得很清楚，却很少涉及二手市场。租赁公司在处置租赁房产时往往找不到合适的买家，或因急需回笼资金而以很低的价格处理价值很高的房产。而开发商掌握了第一手的客户资料，又有对房产的翻新能力，承租人可通过发达的二手市场由开发商以公平合理的价格收购二手不动产，然后经过翻新再出售或租赁，以获取更高的利润。所以，建立市场退出即回收机制非常有必要。

完成建立二手市场这项工作需要人们转变旧的观念，更加注重物品的使用价值。因此，我国必须制定合理的政策法规进行规范和指导，可以学习国外先进的运作和管理方法，完善审核体系，采取分步走的发展战略。

第三，建立融资租赁信用保险制度。日本政府在维护租赁公司利益方面推行的是租赁信用保险方案，由政府的专门机构“小商业信用保险公司”和租赁公司签订合同，以便在承租人违约的情况下，由“小商业信用保险公司”偿付50%的未付租金给租赁公司，从而减少租赁公司的信用风险损失。1999年，日本政府对风险投资企业实施了《风险信用保险方案》，承诺当承租人违约时，出租人可获得的保险赔偿率提高到70%，这对新成立或信誉不好的中小企业来说作用是不言而喻的。我国在出租人和承租人所办理的保险中没有政府的政策支持，一旦发生了承租人欠租问题，租赁公司得不到任何补偿，抑制了它们开展新业务的欲望，政府对融资租赁业的保险政策严重滞后于融资租赁行业的发展。可以说，在我国融资租赁运行尚不规范、风险过大的情况下，没有租赁信用保险政策很大程度上限制了我国融资租赁业的稳步前进。结合我国融资租赁发展中存在信用风险的现状，为保障出租人的权益，我国可以借鉴日本的成功经验，建立一种多形式、多层次的融资租赁信用保证、保险制度。我国还可以参照其他发达国家的常用措施——建立政策性保险机构来降低风险程度，保险公司可为租金回收开设专项信用保险项目，对资信好的承租企业按较低的保费率收取保费。租赁保险公司应由官方组建，属于政策性金融机构，为融资租赁公司提供出口担保、政治风险和商业风险保险，根据风险性质的不同确定租金赔付比例。

第四，采用平衡交易及资产组合方式来规避风险。平衡交易是证券市场中运用较普遍的一种做法，在房地产市场中同样适用。例如，融资租赁公司在考虑一个融资租赁项目时，可以选用通过从开发商那里购买期权的办法，按照承租者的意愿来置办可供选择的标的物。这既为出租方赢得了制订投资计划及融通资金等所需要的时间，又为减少投资的盲目性与节约资金成本提供了有利条件。同样，也可运用资产组合，其主要功能是分散风险，融资租赁公司可以选择不同种类、不同地域、不同时间的房地产商品进行资产组合，以满足不同消费层次的不同消费需求，实现房地产商品的最佳配置，使营运资金在安全的前提下保持高效率。

三、我国发展房地产融资租赁的对策与措施

（一）加强政府政策和法律的支持

国外经验表明，房地产融资租赁业的健康快速发展离不开良好的宏观环境，尤其是政府的优惠政策支持和完善的法律保障。发达国家完善的法律体系和发展初期的政策倾斜直接或间接地明确了承租人和出租人的权利和义务，切实保障了租赁各方当事人的合法利益，使房地产融资租赁业沿着规范的道路健康发展。我国房地产融资租赁业的发展也得到了有关部门的支持和一

系列的法律保障，但相比之下，远远不能适应房地产融资租赁业的发展，政府在税收、信贷、保险等方面的政策还不能充分体现对房地产融资租赁的鼓励，有些政策甚至成为房地产融资租赁业发展的限制和障碍。可以说，我国的房地产融资租赁业是在国家相关法律法规不健全和政策支持不足的环境下产生和发展的。因此，为了促进我国房地产融资租赁业的进一步发展和完善，应从以下几个方面做起：

1. 政府应制定促进房地产融资租赁业发展的税收优惠政策。首先，应尽快完善租赁行业的税收体系，实行投资减税政策。租赁购置与其他购置方法应享有同等的投资抵免的税收优惠。欧美各国在发展房地产融资租赁业初期大都采取了投资减税政策，即出租人可以享受购置成本一定比例的税收优惠，如美国《投资税扣减法》中规定，出租人投资购买租赁物时，出租人可以从应纳税收入中抵免投资的支出，租赁公司的投资数额一般较大，其可获得的税收优惠是非常可观的。其次，完善现行所得税政策并实行有差别的营业税政策。对从事房地产融资租赁的公司应给予所得税或营业税的减免，对不同类型的房地产融资租赁公司，应该公平税赋，给予承租人增值税等方面的减免，也应对承租人进行租金补贴。最后，可由财政部门支持社会保险公司开办融资租赁保险公司，这样既可以降低融资租赁业务的风险，也可以开展租赁保险业务，当租金难以收回时，租赁公司还可以从保险公司获得部分经济补偿以减少其损失。此外，中国人民银行应制定租赁业贷款指导原则，鼓励银行给租赁公司提供贷款，制定租赁公司资产、盈利和信用评估标准来确定合理的贷款额度，对符合国家产业政策的租赁项目提供优惠贷款。

2. 政府应加强法律支持。房地产融资租赁的发展离不开良好健全的法律环境，成熟的租赁市场应具备完善的租赁基本法律。为了更好地梳理融资租赁市场，必须有一部专门的法律给予引导。2004 年 3 月，《融资租赁法（草案）》本着积极促进融资租赁业健康发展的立法宗旨，立法程序正式启动，该法案针对现行房地产融资租赁法律体系内部的主要缺陷有了不少突破。当前还应尽快完善和出台《融资租赁法》，取代各种层次较低的法规及内部文件。作为房地产融资租赁行业刚刚起步发展的国家，只有通过切实可行的法律法规来尽量避免一系列操作风险的发生，保护融资租赁交易当事人的利益，才能更好地促进房地产融资租赁事业的蓬勃发展。

（二）加强房地产融资租赁业的创新

1. 要加强房地产融资租赁业资金来源的创新。由于房地产融资租赁业的投入是一次性巨额资金投入，而回收则是定期、分批、小额逐步进行的，且所筹措的资金借款期较长。我国的融资租赁公司自有资金数量有限，目前国内资金市场还不发达，缺乏长期资金市场和二级市场，因此，需要国家大力发展资本市场，提供足够的资金和方便、迅速、有效的融资渠道。尽管《金融租赁公司管理办法》规定，金融租赁公司可以发行金融债券、从事同业拆借业务，但这些规定到现在为止依旧有名无实，形同虚设。融资租赁公司的融资途径除了传统的银行贷款外，与发债、进入同业拆借市场等还是统统无缘，而且融资租赁公司向银行借款变得越来越难。虽然银行直接参股金融租赁公司仍值得商榷，但是可以鼓励银行与租赁融资公司合作投资房地产，并参与租赁融资业务，使租赁公司解决筹资难题，也使银行投资房地产业的风险降低。一方面，有关管理部门应制定房地产租赁业贷款指导原则，鼓励银行给各类租赁公司提供人民币贷款，同时，也应允许和鼓励租赁公司和银行一样利用政策性银行资金从事政策性项目的租赁。另一方面，外资银行可以通过设立非银行金融机构，如外商投资的租赁公司，间接地介入了我国租赁业，我国应当允许银行投资融资租赁公司，使融资租赁公司成为银行信贷资源的配置渠道，满足客户的租赁需求。我国融资租赁公司应在规范运作、提高企业信用的前提下，完全取得银行对其风险控制能力的认可，以租赁房产抵押和应收租金保理的“双保险”形式取得银行的支持。现在，已经有相当一部分银行认识到与租赁业合作是银行对房地产业新的投资方式。在有关规定未出台之前，应鼓励银行了解租赁业务的特点，积极与各类租赁公司建立密切的合作关系，优势互补，促进银行信贷业务、中介业务和租赁业务的共同发展。

我国特别应该鼓励金融工具的多样性发展，大力发展金融市场，放宽对租赁机构资产负债方面的限制，届时融资租赁公司作为非银行金融机构，也可申请发行债券或大力发展股份制，开拓本身单一的融资渠道。政府有关管理部门应研究并制定政策允许融资租赁公司将符合条件的租赁资产证券化，让租赁公司能提前收回资金，用于新项目的开展。对于某些实力雄厚、信誉卓著、经营管理水平高、效益好的融资租赁公司，可以允许其通过发行股票和债券的形式从资本市场筹集资金。通过上市，融资租赁公司不仅能筹到资金，解决资金短缺的问题，还可以增加企业的市场知名度。虽然目前融资租赁企业还很难真正利用这两种方式筹集资金，随着融资租赁企业自身实力的不断提高，一旦条件具备就可以实施。同时，要积极拓展最适合融资租赁的资金渠道。融资租赁需要的是中长期稳定资金，并能提高稳定的分期资金回报，与保险资金的特点相匹配，以中国庞大的融资市场潜力和规范的业务运作及风险控制体系，力争吸引外国保险公司投资，为其保险基金增值。也可通过转租赁、杠杆租赁等方式引入外国银行借款和投资基金资金予以解决。此外,还应适当扩大融资租赁公司资金来源的业务范围,如允许其吸收一年以上的企事业单位的定期存款,允许其吸收各种基金的暂时闲置资金,允许其吸收各种期限较长的专项基金、发展基金等。在加强宏观调控的前提下,可适当放宽金融同业之间融通资金的限制,帮助融资租赁企业解决开展业务过程中面临的临时资金短缺的困难。

2. 要加强对房地产融资租赁品种及功能的创新。随着我国经济的发展,融资租赁机构不但要努力地把对房地产潜在的市场需求转变成现实的市场需求,这个市场培育过程需要融资租赁机构及其主管部门和政府等多方面的共同参与,而且融资租赁机构应根据不同客户和不同项目的要求,适应市场需求,不断创新融资租赁产品,除了当前直接租赁、回租租赁的形式以外,还可以开办诸如转租赁、杠杆租赁、委托租赁和代理租赁等多样业务,积极主动地满足市场需求,提高自身的经营能力和市场竞争能力。顺应市场需求,走多品种、多层次经营相结合的道路,增加房地产租赁行业的经营品种,就是从市场需求出发,细分目标客户群,根据房屋租赁用途的不同,采用房地产融资租赁的不同方式。例如,政府为保障社会公众基本人权而提供给特殊人群的具有公益性的廉租房,但因资源限制使其进展缓慢,如果采取融资租赁的委托租赁方式,政府不必花巨资建造新的房屋,可以利用房地产委托租赁搭建平台,安排符合廉租条件的租房户用委托租赁的方式租用房产,而政府只需要直接向营业机构提供补贴,补足市场价和政策价的差额给营业机构,由营业机构记入委托人的收益账上即可。政府则把建房资金用于满足更多廉租户的租金补贴上来,而不必在廉租房的管理上投入大量人力物力,房地产委托租赁的管理人在管理委托房产的同时就为政府代劳了,政府只需要按照委托租赁的法律要求设置一个监督机构监督其运营即可。这样,房地产委托租赁就可通过市场获得发展急需的资源,促进廉租房事业的迅速发展。

对融资租赁的功能,人们一般只会看到或用到融资租赁的融资功能,融资虽然是融资租赁的基本功能,却不是唯一的功能,人们并没有看到它的促销功能和促进投资的功能,更没有看到它的理财功能和资产管理功能。功能创新就是要在融资的基础上充分发挥其他的功能,例如,刺激消费、拉动内需,消费者通过定期支付少量租金就可以获得房地产使用权,而不是在一次性支付大量房款取得所有权之后再使用,这样就可以降低消费的门槛,刺激消费,拉动内需。

3. 租期、租金设置上的创新。租期、租金设置上的创新实际上相当于商品房经营中的定价策略。租赁业务是将人们因缺乏购买力的潜在购买房地产的需求变为实际的有效需求,或是将单个的、短暂的需要集中为大量的、较长期的需求,因此,要使租赁业务能够吸引消费者,就必须使租赁比实际购买或分期付款购买房地产更具优势。这又在很大程度上取决于出租人对融资租赁房产的租金水平及租赁期限的设定,出租人设定租金水平及租赁期限要综合考虑价格、使用期、利率水平、正常利润、承租人实际支付能力和项目风险等多种因素,才能设计出合理、科学、具有优势的租金计划。出租人还可将租金设置得灵活些,因为融资租赁若严格设置租赁期限,无形中就加大了承租人每期偿还租金的压力,反而增加了风险,所以应该设置更加有弹性的租金支付形式,根据承租人的实际状况来调整。当承租人确实因为不可抗力原因出现偿还困难时,出租人应酌情减少本期的支付额。支付期限也可以根据具体情况进行灵活调整,这样才能使融资租赁比采用其他方式获得房地产更具有比较优势。

(三)加强租赁行业及人员队伍建设

1. 组建以开发商为背景的租赁公司。我国法律规定,国外企业可以在国内成立合资租赁公司,以融资租赁作为营销手段促销产品,而国内企业除了成立财务公司与外商合资成立租赁公司外,尚不能取得从事融资租赁业务的合法经营地位。为了促进融资租赁在房地产业中的应用,我们应该把租赁纳入开发商的现代营销体系中去,促使开发商与租赁公司建立房产租赁销售的合作关系。开发商可以利用租赁公司的资金优势,按照自己的销售战略为客户提供相当于分期付款的金融服务,这种销售战略可以大大减少房地产开发商在销售环节的应收账款和分期付款销售的风险,也可以及时收到房款,减少销售环节和资金占压,促进房地产开发企业的良性循环发展。租赁公司可以利用开发商的房产和售后服务以及现有的销售市场,满足不同用户的要求,提升自身的竞争力,扩大业务范围。对承租人信用不太了解的时候,租赁公司可要求提供租赁房回购担保,即承租人发生拖欠时,开发商按承租人所欠金额回购租赁房产,使租赁房产物尽其用,提高对房产残值的调配和处理能力,进一步加强房地产融资租赁的产业链。以开发商为背景的租赁公司可以发挥自身的专业优势,变等待租赁公司上门为主动出击,寻找客户,挖掘潜在需求,加强售前宣传,提供售后服务,形成建造、融资、销售链式结构,以租促销,以租代销,丰富营销手段。

2. 加强融资租赁业的行业监管和自律管理。发达国家发展融资租赁业的经验表明,建立高效的监管体系是融资租赁业健康发展的基本条件。我国迄今还没有形成融资租赁业的统一监管体系,各租赁公司分属于各个不同系统,涉及众多的行政部门。这种多头分散管理的体制容易使我国对融资租赁业的管理出现责任不清、难以在政策上协调统一的局面。因此，应当将融资租赁业纳入统一的监管体系，以便对我国的融资租赁业进行监管和引导。也就是说，银监会和商务部必须有一个放弃对租赁的监管，但目前似乎哪个部门都不愿意放弃，关于融资租赁监管模式的两种观点也正在博弈中。一种观点认为，融资租赁作为现代金融工具，怎么也脱离不了金融业务的本质；另一种观点则认为，国外的租赁业务并未被当作金融业务监管，而是把租赁作为企业的一种营销模式，如果以监管金融的思路监管租赁，势必会导致严格监管，限制租赁业的发展。从国际经验来看，多数发达国家的融资租赁公司根本不受金融监管部门的管制，也不要求获得专门的金融机构牌照许可并接受日常监督。但监管权最终花落谁家，还取决于各种力量的博弈平衡。对融资租赁的行业监管权，国务院发展研究中心金融所前所长夏斌曾提出了一种富有创新的解决思路，即维持现状，仍由银监会与商务部共同负责发放融资租赁公司的许可证，管理融资租赁公司。同时规定，接受银监会监管的融资租赁公司才有资格申请进入同业拆借市场，发行金融债券；接受商务部监管的融资租赁公司除融资租赁业务外，不得从事其他金融业务。对各融资租赁公司来说，它可根据自己的需要自由选择是接受商务部较宽松的监管还是银监会较严格的监管。在具体操作中，可采取转变许可的方式，即所有取得商务部许可、获得从事融资租赁的公司，如果希望从事同业拆借与发行金融债券等其他金融业务，必须满足银监会的有关规定后，转化为金融类融资租赁公司，接受银监会的严格监管。

我国融资租赁业缺乏统一管理的行业协会及管理部门，整个行业在发展方向、速度、重点等方面缺乏统一安排和部署，这种状况不利于融资租赁公司之间的公平竞争，也不利于整个行业的全面发展。因此，还有待成立一个行业管理部门或行业协会来制定租赁企业和租赁市场的规章制度和管理制度来协调行业内部的各种关系，维护行业各会员单位的合法权益，组织行业内部的信息交流，发挥行业协会在各租赁企业之间的桥梁和纽带作用。同时，由于融资租赁涉及的行业和部门极为广泛，属于交叉行业，单独由某一个主管部门担当全部管理和监管职责很容易造成既管不全，也容易造成行业内沟通障碍的后果，与国际上惯用的部分租赁性质统一管理的模式相冲突，不利于我国加入WTO之后积极融入国际融资租赁业的发展趋势。为此，我国可以建立一个统一的、独立的租赁行业协会来管理租赁产业，在统一的租赁协会下设立分会，由行业主管部门分别监管。

当前融资租赁的行业组织主要有中国金融学会金融租赁研究会、中国外商投资企业协会租赁委员会以及一些地方性租赁协会，发展房地产融资租赁业务过程中需要发挥这些民间组织的作用，通过它们加强融资租赁业务的对外宣传，进行行业培训和考核工作，并且干预行业内部的非正常竞争，加强行业自律。

3. 规范融资租赁公司管理，增强竞争实力。我国的融资租赁公司在资金规模、业务拓展能力、管理水平等方面比较薄弱，面对这种情况，应对现存的融资租赁公司加强和规范管理，以增强融资租赁公司的整体实力。

首先，我国融资租赁公司机构设置不合理，融资租赁公司业务运作不规范，没有建立相应的风险决策机制，许多重大问题很少经过科学、民主的决策程序，这样难以避免因个人认识的局限性及其他缺陷而加大决策失误的危险，因此，需要建立科学的融资租赁管理制度。按照《公司法》和《金融租赁公司管理办法》的要求，重组规范现有的租赁公司，按照《公司法》“在股东大会、董事会、监事会三会制衡机制下，建立法人治理机构，并规范其有限责任公司的经营管理”的规定，制定相应的管理制度。无论是对公司的重大经营决策，还是对一般业务项目，都必须按制度规定来进行。在各个业务操作环节，建立完善的岗位管理措施：制定公司内部融资、成本、兑付、利润等多个风险控制预警指标，以保证各项融资租赁业务在房地产业中的安全应用、高效运行以及公司治理结构的完善，能够有效避免融资租赁成为一些大公司或大股东融资揽财的工具。对承租人为企业的情况，租赁公司与承租人类似于银行与企业的关系，企业生产经营状况的好坏与租赁公司的利益密切相关。租赁公司应制定既要注意前期项目审查，又要跟踪承租人后期项目管理的制度，发现问题及时提出并帮助解决，以降低租赁公司业务的风险。

其次，我们要借助租赁行业信息产品，即适合房地产融资租赁管理的软件来促进房地产租赁业的规范管理。目前，已经开发出来的信息产品有南太平洋金融系统公司开发的报价和申请跟踪系统及融资租赁管理系统，其主要内容是监控新的租赁交易，包括租赁报价、信用评估、文件产生及业务流程，多用于融资租赁和租购业务。房地产租赁管理系统也在开发试用阶段，租赁行业协会还应该组织发展较好的租赁企业，努力建设一套“租赁信用动态管理系统”，为租赁行业和社会大众服务。

最后，应尽快引进和培养同时具备房地产、金融、投资、贸易、科技、管理、财务、法律等多方面专业知识的复合型人才。我国融资租赁业从业人员的素质达不到要求，可以通过组织统一的职业资格考试来选拔人才，也可以组织现有员工进行在职培训，以提高公司从业人员的整体素质和公司的经营管理水平。

另外,房地产融资租赁机构要与国际接轨,向专业化、规模化发展。与国际接轨,是指房地产租赁机构的运行机制、管理模式应符合国际管理,遵循服务贸易的基本原则,并且形成与国外同行相当的竞争能力。由于发展时间较短,特别是缺乏对国际管理的了解,目前我国的租赁机构在这些方面与国外尚有较大差距。我国加入世界贸易组织后,国外资本较容易首先进入房地产领域。国际著名的房地产中介机构"21世纪不动产"已经先行一步,今后还有更多的国际大品牌房地产机构也会抢滩中国市场,或积极地寻求与本土企业合作。为了适应竞争,促进房地产租赁市场的发展,国内房地产租赁机构要走规模化、专业化服务的发展道路,对小型租赁机构来说,只有加入联营,扩大规模,做到信息共享、优势互补,才能有所发展。

复习思考题

1. 试比较我国与国外融资租赁业各自的特点。
2. 我国房地产融资租赁的形式有哪些？存在哪些问题？
3. 目前房地产融资租赁的风险有哪些？
4. 请简要说说我国应对融资租赁风险的对策和建议。

【案例分析】

我国首个房地产融资租赁项目运作成功

2004年4月初,在沪上金融租赁公司新世纪金融租赁有限责任公司的成功运作下,全国首个房地产"售后回租+保理"融资项目正式签约——沪上一家大型房地产公司将其拥有的海南一著名大酒店出售给金融租赁公司,并签订了五年的"售后回租"合同;金融租赁公司又与一家股份制商业银行签订"国内保理业务"合同,将房地产售后回租形成的租金应收款卖给银行,房地产公司一次性完成融资金额高达6亿元。这是自中央宏观调控政策出台、央行收紧银根、提高融资门槛以来,上海房地产企业对开辟新的融资渠道的一次探索性的实践。

在国家相关政策允许的范围内,通过金融租赁平台,房地产开发企业、金融租赁公司与股份制商业银行三方"牵手"成功。

这一融资项目的设计者是该公司副总经理宋为民博士,具有22年政府、大企业集团和信托、金融租赁等金融机构工作经历的宋为民,擅长财务顾问、投资管理、企业并购和重组、企业国际经营的资产风险管理以及多种信托产品设计、金融租赁业务融资创新等。为了这一融资租赁创新业务，他先后与10余家项目涉及部门、银行和企业等单位，了解它们的优势和不足，取长补短，将它们相应的利益和风险分配通过系统整合，拿出策划方案征求各方意见，最终形成有价值、可以运作的商业计划书。

这一创新的融资租赁项目形成了金融租赁公司、房地产开发企业以及商业银行三方“共赢”的局面。

首先，金融租赁公司拓展了其业务领域。售后租回交易是一种特殊形式的租赁业务，是指房地产开发企业（即承租人）将一房地产项目的资产出售后，又将该项资产从金融租赁公司（即出租人）那里租回，习惯称之为“回租”。在售后回租方式下，通过售后回租交易，资产的原所有者房地产开发企业（即承租人）在保留对资产的占有权、使用权和控制权的前提下，将固定资产转化为货币资本，在出售时可取得全部价款的现金。金融租赁公司回租给房地产开发企业，并收取租金应收款。同时，金融租赁公司根据房产项目的质量以及租金应收款的风险程度，收取2%～5%的融资租赁费用。

其次，金融租赁公司再将房地产开发企业的租金应收款“打包”卖给银行，银行以买断房地产开发企业（即承租人）的租金应收款为基础，为金融租赁公司提供租金应收款的催收和信用风险控制等服务，拓展了银行中介业务——“保理业务”。银行在收取租金应收款的同时，还可以收取不低于保理融资额1%的保理业务手续费。同时，将风险降到最低，在“保理业务”有追索权的情况下，一旦承租人（房地产开发企业）无法按时支付租金，可由承租人的担保公司支付；如果担保公司支付不了的话，银行可将抵押的房产拍卖，所得款项仍不足的部分，再由金融租赁公司补足。

最后，房地产开发企业通过金融租赁公司的房地产售后回租，一方面获得了自有资金，并将其充抵新开发项目的资本金（与直接向银行办理抵押贷款的资金性质完全不同，抵押贷款不能作为企业的自有资金及冲抵新开发项目的资本金），或者投资其他任何项目（而房地产开发企业用房地产产权做银行抵押，所得的贷款资金用途是指定的，无法用于投资新开发项目）。另一方面，通过“售后回租”，房地产开发企业仍可经营原来的房地产项目，形成现金流，通过“每年还本，每季还息”的办法，在融资租赁到期时，依照合同向金融租赁公司赎回原来的房地产项目。

租赁具有促进投资和拉动消费的作用，具有投资和融资的双重功能。新世纪金融租赁有限责任公司还在酝酿两种融资创新的方式：一是房地产“售后回租”结合“信托”的方式。该方式通过发放信托产品，把稳定且安全的租金应收款转让给投资者，让社会投资者分享金融租赁资产所带来的收益，集合社会上更多的闲散资金；二是委托租赁方式，该方式接受多个法人的委托租赁资金，由金融租赁公司作为受托人管理委托租赁资金，运用于房地产售后回租项目，让社会法人的资金参与房地产项目，以获得较高投资收益。

（资料来源：根据瞧这网（http://www.795.com.cn/wz/15475,html）相关资料整理而成。）

问题：结合材料，分析并讨论：

1. 材料中融资租赁项目运作成功的原因有哪些？

2. 根据2004年以来我国房地产融资租赁发展的实际，谈谈适合我国房地产融资租赁的发展路径。

DI JIUZHANG 第九章 房地产金融调控

房 地 产 金 融

【本章学习目标】

1. 掌握金融调控的基本原则及本质；

2. 掌握房地产金融调控的主要手段及作用；

3. 了解发达国家或地区房地产金融调控的经验与教训，并将其准确运用到我国今后房地产金融调控的实践中；

4. 了解我国房地产金融调控的实践历程及效果。

【关键词】

市场失灵；调控手段；调控政策；调控效果

第一节 房地产金融调控的基本原理

一、房地产金融调控的基础理论

（一）市场失灵

市场经济能够自发调节各产业（地区）资金与资源的流动，实现资源的有效配置，但通过市场调节，从价格形成、信息传递到产品的产出，有一定的时间延迟，从而导致市场调节产生了环节上的滞后性。国家为了保证经济社会的稳定发展，可以制订中长期预测计划，并提供当前经济运行状况和发展趋势的信息，正确、高效地引导经济个体进行投资决策。此外，由于市场本身具有垄断性，尤其是规模庞大的房地产行业，市场本身便存在垄断生产或垄断经营的倾向，而垄断又会反作用于竞争市场，抑制市场机制的运作，减缓市场经济效率的提升，最终导致市场失灵。美国“次贷危机”就是最好的例证。美国房地产市场的缺陷,加上政府的监管缺位给世界经济带来了严重灾难。

市场经济参与者众多,作为其主要组成部分的市场交易各方,通常都会追求自身利益最大化,并不会为整个市场经济运行状态考虑,这便要求国家综合运用各种手段防止非正常竞争或垄断行为的产生,并且在这一过程中,国家必须尊重市场经济的运行规律,合理干预,即市场与国家调控有效结合,从而发挥最大的综合效益。

(二)宏观调控与金融调控

宏观调控是国家根据客观经济规律的发展要求,综合运用各种手段,如计划、法规和政策等,从总体上对社会经济各部门、各地区、各企业和社会再生产各个环节的运行状态与经济关系进行干预和调整的过程,以保证国民经济的持续、快速、协调、健康发展。党的十六大报告明确提出要把我国政府的职能从发展型转变为服务型,且要在职能转变过程中加强并完善政府的宏观调控效果。因此,在市场经济运行过程中,我们应该把市场经济的创造性与宏观调控全局有机结合起来,通过加强以及完善宏观调控,深化金融调控体制改革,充分发挥市场经济对社会资源分配的基础性作用。

近年来,全国各地商品房价格不断上涨,大大超过普通居民的支付能力,这不仅与房地产行业的社会属性背道而驰,而且会对国民经济的健康发展造成巨大危害,影响社会的和谐稳定。基于这样一些现象,国家采取了包括财政政策、货币政策、土地政策等在内的全面治理措施,施展了房地产宏观调控的“组合拳”,其中,货币政策是房地产宏观调控的重要手段。不管是发行或购买债券,还是调整商业银行的存款准备金率和中央银行的再贴现率,或者是控制我国总体信贷规模,最终全都会归结到货币的增加或减少,货币调控基本上是所有金融调控政策的最终实现形式。

房地产业作为资本市场的重要投资内容,对金融的依赖性较强,在现实社会中也日益体现出鲜明的金融特性,因而中央银行主要通过控制资金投放房地产业的数量和结构来调整房地产行业的运行情况,最终实现我国总体经济稳步健康增长,达到政府最初制定的宏观经济调控政策目标。

(三)金融调控的原则

金融调控原则是金融调控本质属性在其自身构建方面的体现,是金融调控行为必须严格遵循的根本准则。金融调控主体在做出调控行为之时,无时无刻不在接受金融调控原则的指导,受到此原则的约束。

1. 合法性原则。合法性原则是指任何调控主体都必须最大限度地保证市场经济的自由运行,除非有法律明文规定,否则不得对市场经济进行干预和调控，并且在做出调控行为时，调控主体也必须接受来自金融调控法在实体上和程序上的约束和规范。合法性原则规范约束的范围相当广泛，除了金融调控运行过程要受到合法性原则的约束外，金融调控行为的作用对象也必须在合法的范围之内，不得任意扩大或者缩小。

2. 间接调控原则。间接调控原则是指通过改变其他可以影响其交易行为的经济变量来影响市场主体的交易行为，最终达到影响宏观经济的目的，而不是直接作用于市场经济主体的交易行为。比如，中国人民银行通过调整存款准备金率、存贷款利率等手段来影响经济主体的交易成本或者最大交易量，通过引导、规范市场主体间的交易活动间接影响经济市场，最终实现金融市场运行状况符合金融调控的目标和意图。

3. 调控及时原则。由于金融调控是间接调控，其作用过程本身有一定的时滞效应，并且世界瞬息万变，经济形势的变化也非常快，若调控不及时，可能会出现上一次金融调控还未产生效应，经济形势又发生了新的变化，进而需要采取新的调控措施，如此往复，便会导致金融调控一直赶不上经济形势的变化，调控效果自然也不会太理想。所以中国人民银行在实施金融调控行为的时候，必须建立相应的预警机制，及时对经济形势的变化做出反应，以应对经济形势的快速变化所带来的非预期影响。

4. 适度原则。调控主体的金融调控行为必须尊重市场的固有发展规律，不能打乱其正常发展秩序，如果市场自身发生不正常变动，则需要对金融调控行为的次数以及程度制定相关的约束机制。若经济市场只是出现微小的不正常变动，中国人民银行便使用程度过大的调控政策，那样会导致调控过度，从而对市场造成预期之外的影响。再比如，市场出现了较大的不正常变动，中国人民银行使用的金融调控力度不足，一次性达不到当次调控所预期要达到的目标，而需要进行多次调控，最终导致金融调控的社会经济引导作用降低，并且一定程度上动摇了中国人民银行金融调控的权威性以及专业性。

5. 利益公平原则。利益公平原则是指中国人民银行在进行金融调控时，在考虑经济运行效率之外，还应该把市场主体利益的公平情况考虑进来。在一个国家中，同一产业或是同一地区均存在较大的差异性，很难实现部分经济产业或地区的绝对利益公平。而且不同地区同一产业的发展情况也有差异，同一地区、同一产业中，国民收入分配也不可能绝对公平。因此，利益公平原则就是要在所调控的范围，包括在全国各个地区、不同产业以及国民中间合理分配经济资源，就是要对中国人民银行金融调控的行为进行有效规范，通过兼顾效率的价值来实现一国经济资源合理、合法的公平分配，并且使各个经济主体的利益也相对公平、合理。

二、房地产金融调控的主要手段

房地产金融调控作为房地产市场宏观调控的重要组成部分，是指政府利用货币政策及相关的货币金融调控手段，控制资金投放房地产业的数量和结构，从而影响房地产市场的经济活动，使房地产市场投资总量和投资结构相适应，以达到住者有其屋、房地产价格稳定、增加就业、促进经济增长等目标。我国房地产业宏观调控的金融手段除了存款准备金率、再贴现率和公开市场业务这三大金融手段外，还有针对房地产业的特殊金融手段。比如，规定贷款购房或是土地开发的首付比例，依据金融法规、根据金融形势变化进行的直接信用控制，如贷款额度控制、银行放款的直接规定、信用分配、流动资产比例的调整等；还包括针对房地产市场实行的选择性信用控制，如房地产消费信贷控制等。

（一）存款准备金率

存款准备金是指金融机构为保证客户提取存款和资金清算需要而存入中央银行一定数额的资金，金融机构按规定向中央银行缴纳的存款准备金占其存款总额的比例就是存款准备金率（Reserve Requirement）。存款准备金包括法定存款准备金和超额存款准备金。其中，法定存款准备金是指金融机构必须存放在央行的存款准备金的最低限额。超过法定的部分而多存的存款准备金则称为超额准备金。商业银行必须严格执行央行的规定，在吸收社会存款之后，按照法定存款准备金率向央行上缴准备金，法定存款准备金以外的存款资金才能被用于投资、贷款等活动。当前，我国央行采取差额存款准备金政策，按照不同金融机构的类别设定有区别的法定存款准备金率。而西方国家已经使用零或者极低的法定存款准备金率。

最早将存款准备金集中在央行的是18世纪的英国。当时，英格兰银行的分支机构众多，而且所发的钞票在国内信用最好，因此英格兰银行逐渐成为政府银行，也就是中央银行，很多私人银行自发地将一部分准备金存放在英格兰银行，以便于资金的清算与提取。1914年，美国联邦储蓄体系建立以后，存款准备金制度最早以法律形式固定下来。该制度在1935年正式成为货币政策工具，其主要功能已经不仅是最初的资金备付作用，更重要的是成为控制银行体系信用创造能力和调节货币供给量的工具。在这之后的许多年里，世界其他国家也模仿并在本国建立这一制度。1978年，党的十一届三中全会确立了以经济建设为中心和改革开放的主基调，随着改革开放的深化和社会经济的不断发展，我国金融体系也发生了重大变化。1983 年 9 月，国务院决定中国人民银行从 1984 年 1 月 1 日起专门行使中央银行职能，1984 年 5 月开始启动存款准备金制度，2004 年 4 月 25 日起实施存款准备金政策，此间，中国人民银行频繁使用存款准备金率这一货币工具，至 2016 年 2 月，累计调整近 55 次。存款准备金率直接影响的是商业银行等金融机构的信贷规模，减少商业银行住房贷款的发放，以此来间接调控房屋成交数量，降低购房热度，最终达到调控房地产价格的目的。

（二）再贴现

贴现是票据持票人在票据到期之前，为获取现款而向银行贴付一定利息的票据转让。再贴现（Rediscount）是中央银行通过买进金融机构持有的已贴现但尚未到期的商业汇票，向金融机构提供融资支持的行为。作为三大货币政策工具（存款准备金、再贴现、公开市场业务）之一，再贴现是通过中央银行干预和影响市场利率以及货币市场上的供给和需求，调节市场货币供应量的一种货币政策。与其他的货币政策工具相比，再贴现工具不仅对信用总量能实现量的控制，而且能实现对信贷结构和产业结构的调整。在中国资金市场，中国人民银行作为中央银行，通过调整再贴现率以及控制再贴现业务的规模来调控货币市场资金总额，以实现货币市场的稳定发展。

再贴现政策最主要的体现便是再贴现率的确定。再贴现率，简单地说，就是商业银行将其未到期票据向中央银行申请再贴现时的预扣利率。合理的再贴现率能够充分发挥再贴现政策的作用。若制定的再贴现率长期大幅低于其他融资渠道，会使金融机构过分依赖央行的再贴现资金，并且再贴现资金一旦成为我国商业银行的重要资金来源，赚取再贴现利率与贴现利率之间的利差，会使商业银行对中央银行的依赖程度大幅增高，长此以往，不仅不利于银行商业化，而且容易出现市场票据的各种做假行为，违背再贴现政策的初衷。如果中央银行提高"再贴现率"，迫使商业银行借款成本过高而放贷无利，则会导致商业银行加息，也会给公众和社会带来不好的影响。因此，央行根据货币市场利率和贴现利率适时适度调整再贴现利率非常重要。

（三）公开市场业务

公开市场是指各种有价证券自由成交、自由议价，其交易量和价格都必须公开显示的市场。公开市场业务（Open Market Operation）是指中央银行为实现货币政策目标，通过在公开市场买进或卖出有价证券来改变商业银行等存款货币机构的准备金数量，进而影响货币供应量和利率，实现货币政策目标的一种政策性工具。公开市场业务作为中央银行市场化的货币政策调控工具，已在美国、德国、法国、英国等市场经济发达国家得到广泛使用，成为各国中央银行经常使用、灵活有效地调节市场货币供应量的重要工具。20 世纪 80 年代以后，许多发展中国家也纷纷运用这一工具来调节货币供应量。1993 年 12 月，国务院发布了《国务院关于金融体制改革的决定》，明确把公开市场业务操作作为货币政策工具之一。我国央行于 1994 年 3 月开始启动公开市场业务，当时是针对外汇市场的调节措施，属于外汇市场操作。1996 年 4 月 9 日，中国人民银行正式开办债券公开市场业务，但是效果并不理想，1997 年便宣布暂停。1998 年 5 月 26 日，亚洲金融危机的爆发促使央行为扩大内需重新启动公开市场业务，自此，公开市场业务得到了长久发展，逐渐成为央行货币政策的主要工具，对调节货币供应量、调节商业银行流动性水平、引导货币市场利率走势发挥了积极的作用。

我国开始公开市场业务初期，选用的操作工具是国债，但 1997 年财政部暂停发行短期国债，使央行无法执行公开市场业务，到 1998 年，央行将政策性金融券和中央银行券纳入操作工具范围。由于我国国债市场不发达，难以满足公开市场业务发展的需要，结合我国当时金融市场发展的现状，逐步形成了以国债和政策性金融债券为主、中央银行融资券为辅的操作工具格局。

（四）利率政策

利率是资金的使用价格，是资金使用期间所支付的利息与贷款额的比率。我国的利率由中国人民银行统一管理，中国人民银行确定的利率经国务院批准后执行。利率按不同的分类标准有不同的划分方式：一是按利率所依附的经济关系，可将利率分为存款利率与贷款利率；二是按是否考虑通货膨胀因素，可以将利率分为实际利率与名义利率；三是按时间长短，可以将利率分为六个月以内、六个月至一年、一至三年、三至五年、五年以上。

利率通过货币政策工具这一属性，改变流通市场中的货币供给量与需求量，进而改变货币需求结构，实现资源的优化配置，同时也反映了政府对宏观经济的干预程度。房地产行业属于资金密集型产业，货币资金的融通在房地产行业的开发、销售等各个环节都起着非常重要的作用：一方面，房地产市场开发需要大量的货币资金，仅依靠房地产开发企业的自有资金是远远不够的，很大一部分资金都是来源于商业银行贷款；另一方面，对住房消费者来说，购买一套房地产的价格属于人生的一笔重大支出，一次性购买的可能性很小，往往需要从商业银行贷款，获得资金支持。由此可见，利率政策与房地产市场息息相关，利率也因此成为中央政府调控房地产市场的重要货币工具。

三、房地产金融调控的作用

没有哪一个行业像房地产业这样密切关系到每一个国人的切身利益，也没有哪一个行业像房地产业这样时时处于关注与争论的漩涡中。若房地产业出现不正常发展，或出现一些大的起伏，不仅会导致房地产业的衰退，而且资金链的断裂会动摇国家的整个金融体系，甚至危害整个国民经济的持续、快速、健康发展，因此，中国政府一直在努力寻求有效的调控方式，以实现房地产市场健康、稳定的发展。金融调控对房地产业和金融业都有着重要影响，国家应该充分重视金融调控手段的使用，发挥其应有的作用，更好地促进国民经济的健康发展。

(一)房地产金融调控对房地产行业的影响

房地产行业是拉动国民经济持续增长的主导产业之一，房地产业带动了多行业的增长，解决了大量就业问题。但是近年来，我国房地产行业发展速度过快，房价逐渐升高，不仅不利于房地产市场的长远发展，给人们的生活造成不良影响，同时也对国家经济的发展构成一定威胁。房地产业发展过快，银行贷款逐渐增加，如果房价过高而不能及时售出，将会引发金融危机。高房价不仅是普通人关心的话题，同时也是中央政府密切关注的民生问题。当前我国对房地产市场的发展进行了严格的管理和限制，采用紧缩性的金融政策对房地产行业进行调整，控制房地产行业的银行贷款，对房地产行业的规模进行有效控制，对一些不合理的房地产企业进行有效调整和规划，这些措施可以有效降低风险，促进房地产企业的良性健康发展，稳定房地产业的发展。

(二)房地产金融调控对金融行业的影响

随着国家银行贷款业务的发展，商业银行在房地产业中占据着十分重要的位置，商业银行基本上参与了房地产开发的全过程。金融调控政策可以有效降低房地产业的贷款金额，对降低贷款风险、维护商业银行的利益有着重要的作用。这在一定程度上降低了金融风险，保障了市场经济的发展。另外，目前我国采取紧缩性的金融政策，使商业银行的贷款业务减少，一定程度上影响了商业银行的经济效益。商业银行为了维护自身的利益，会考虑开展多种银行业务，保障商业银行的发展，这对商业银行业务结构的调整和促进商业银行的发展也有着重要影响。

四、房地产金融调控的影响因素

(一)调控时机

调控时机是指调控政策的出台和实施时间，此外，还包括政策的退出和转换时间,对房地产市场调控时机的把握是否准确对调控效力具有决定性的影响。房地产金融调控政策主要包括紧缩政策和扩张政策两类,如果对房地产市场发展形势的判断不准确,在需要紧缩时仍然实行扩张或者不需要紧缩时实行紧缩,都将对房地产市场形势产生不利影响,扩大房地产泡沫的危害,或促使房地产市场进入疲软状态。政府通常会忽视泡沫的存在,盲目扩大房地产市场的资金流入量或对此坐视不管。日本政府正是因为没有及时对 20 世纪 80 年代的地产泡沫采取有效措施,促使泡沫逐渐扩张直至破灭,产生了严重的危害。

(二)调控工具

调控工具的选择直接影响到调控政策的有效性。通常来说,政府可以通过调整利率、限制贷款规模、提高贷款发放条件、加强监管等方式调控房地产金融市场。调控工具可分为直接调控和间接调控两类。若运用得当,两种调控方式都能取得较好的效果。各国政府通常也是将多种方式结合使用,关键在于是否针对房地产市场中存在的问题有的放矢地运用这些工具。

(三)调控力度

调控力度是指调控政策紧缩或扩张的变化对调控目标的影响程度。房地产金融调控力度的大小首先是从各货币政策的改变量来衡量,其次是从调控最终目标的改变来体现,或者说是从调控的效力或效果方面来衡量。房地产金融调控力度如果不够,就不能达到预期的效果;力度过大,又容易产生矫枉过正的现象,人为地加大房地产市场的波动幅度。我国因为普遍认为金融机构、企业和居民对货币政策的反应不够灵敏,不能迅速对市场信号做出理性反应,所以我国的货币政策通常力度较大,导致经济的强波特征。

(四)宏观经济背景

房地产市场是尤其敏感和复杂的市场,影响房地产金融政策有效性的宏观经济背景较多,主要包括房地产金融体系、金融体制、土地制度、住房分配制度、利率水平和通货膨胀率等。如果这些制度和宏观经济背景不能支持政府对房地产市场的金融调控,那么,政府的调控就极有可能失效。

(五)传导机制

金融调控能否取得预期效果,虽然与中央银行决策的正确与否、政策传导过程中各经济主体对中央银行政策的配合程度等有关,但也会受制于货币政策的传导机制(Conduction Mechanism)。货币政策传导机制是指中央银行运用货币政策工具影响中介指标,进而最终实现既定政策目标的传导途径与作用机理。市场经济条件下货币政策主要通过四条途径传导:信用传导机制、利率传导机制、汇率传导机制和非货币资产价格机制。[①]

一般来说，任何经济政策都存在一定的时滞性，这有两个方面的原因：一方面，中央银行从认识经济形势的变化到制定出恰当的货币政策需要时间；另一方面，货币政策影响到微观主体的决策并改变实际生产情况需要时间。从目前房地产业的发展现状来看，市场主体的非理性、目标的多元化及市场的结构失衡等都会加大传导时滞，使金融调控的效果大打折扣，甚至有"失灵"之嫌。从我国历次房地产调控到效果显现，一般时滞在1.5~2年左右。如针对住房价格的调控始于2005年3月，但直到2006年9月房价才出现首次下跌，时滞为18个月，可见金融政策调控本身具有的"梦魇"左右着效应的时间和程度，这无疑会加大调控过程的非确定性和调控难度。

第二节　房地产金融调控的国际经验

"他山之石，可以攻玉。"一些发达国家或地区也在用金融政策对房地产市场进行干预、调控和管理，它们的经验和教训很值得我国借鉴。

一、发达国家或地区房地产金融调控概况

（一）美国的房地产金融调控

美国实行市场机制为主导的房地产金融政策，形成了以私有金融机构为主体，住房抵押贷款市场为基础，多种住房机构广泛参与，政府有效调控的房地产金融体系，运用丰富的金融杠杆政策调节房地产市场。利率政策是其调控最为灵活的手段之一，同时美国政府还运用灵活的货币政策以及介入房地产证券化市场的方式来调控房地产金融市场的资金流量，特别是通过优惠贷款政策，降低中低收入家庭获得购房贷款的难度。

20世纪80年代初期，美国房地产市场低迷，为激活房地产市场，美国政府将利率从1981年的15.91%下调到1985年的8.05%，优惠利率从1981年的18.87%下调到1983年的10.7%，贴现率从1981年的13.42%下调至1985年的8.05%。随后，美国房地产市场开始复苏，房价开始回升，美国房地产市场进入了一个长期的繁荣期，也一直是房地产市场规范和理性发展的典范。但进入21世纪后，美国房地产市场开始了不太理性的高速增长，美国联邦储备系统（以下简称"美联储"）于2000年2月2日、3月21日、5月16日再次加

① Frederic S. Mishkin: *The Economics of Money, Banking, and Financial Markets*, Harper Collins Publishers, 1995。

息，联邦基金利率由5.75%升至6.5%，贴现率由4.5%升至6%。2004年6月，美联储调整其宏观调控方向，至2005年8月的14个月期间又连续13次升息，将联邦基金利率从1%拉升到4.25%。到2006年6月29日，美国的基本利率升至5.25%，借此来确保美国经济稳定发展及房地产业的理性和健康发展。美国政府的一系列金融调控政策对过热的房地产市场有了明显的作用，房地产市场开始迅速降温，甚至走向相反的方向。由于利率的升高，房贷者将承受越来越高的利息支出，贷款者的违约风险有可能变为现实。一方面，房子出手越来越难（买涨不买跌），另一方面，卖房所得也未必能够帮助借款人还清贷款。多种因素（利率上升——购房负担加重——购房需求下降——房价下跌、资不抵债）作用的结果，最终使次级房贷违约率连创新高，次贷危机爆发。

（二）日本的房地产金融调控

日本是一个国土面积狭小、资源匮乏的岛国。在第二次世界大战失败后很长时间内，日本的房地产价格一直居高不下，创造了"地产不灭的神话"。1985年广场协议[①]签订后，日元大幅升值，日本外贸出口严重受阻，因此必须转换经济增长方式，并以扩大内需为主线，通过刺激国内投资及消费来拉动国民经济快速增长。当时，日本将扩大内需主要放在了房地产开发领域，从而造成日本房地产行业的飞速增长以及房价的急剧上升。随着大量的资金涌入房地产行业，日本的地价开始急剧飙升。从1985年开始，东京的商业房地产价格指数开始暴涨，至1988年，该指数相对于1985年暴涨了2倍，东京中央区的地价也上涨了3倍有余。在日本房地产行业疯狂增长的同时，日本土地财富占国家财富总额的70%，而美国同期土地财富占国民财富的比例仅为25%。一般来说，一个社会房价与收入比例在5倍左右比较合适。1990年，东京都市圈的住宅价格已经超过了年收入的10倍，在繁华地区甚至超过了20倍，仅东京一个城市的地价就相当于美国全国的地价，日本空前的房地产泡沫产生了，由此引发了一系列严重的社会问题。面对房价的持续暴涨，日本银行从1989年5月底开始实施紧缩货币政策，当时日本首先考虑通过提高银行基准利率来抑制房价的过快上涨，但是收效缓慢，直到第5次提升基准利率，房地产投资热度才稍有冷却。日本政府从1990年4月开始对房地产行业的贷款额实施总量控制，金融机构、非银行金融机构向房地产提供贷款的态度变得极为谨

---

① 1985年9月22日，美国、日本、英国、德国、法国的央行行长和财政部部长在纽约广场饭店秘密集会，就美国当前所面临的经济问题进行讨论。这次会议最终达成的协议被称为"广场协议"，其主要内容主要有以下三个方面：第一，汇率对一国经济不均衡的调整起到重要作用；第二，促使汇率比以往更能反映一国的经济基本面；第三，为了使西方主要发达国家的货币对美元的汇率开始有序地进一步上升，与会国需要更加密切的合作。

慎,贷款规模开始停止增长。采取总量控制措施后,不动产融资金额增长速度明显放慢,土地交易以及地价走势发生了很大的变化,政策效果非常显著。1990 年,日本全国地价虽仍较上年上升 11.3%,但大城市成交价已回落。进入 1991 年,日本全国地价较上年下降 4.6%,出现明显跌势,大城市的跌幅超过两位数,这是 1974 年以来的首次地价下跌。总量控制一直持续到 1991 年 12 月,直到 1994 年 2 月,日本当局开始采用名为"最低限额管理方式"的新体制,只在必要时采取总量控制。然而,这种方式并不适用,在 1992 年 2 月出台的"综合经济对策"中便提出要停止实行"最低限额管理方式"。

(三)我国香港地区的房地产金融调控

房地产业在香港整个社会经济活动中具有重要的地位。20 世纪 50 年代,香港把握机遇,依靠自由贸易成功地成为亚洲"四小龙"之一。到 20 世纪 70 年代后期,随着土地和劳动力成本的上升,香港制造业出口竞争力减退,于是将大部分制造业转移到中国内地,而香港则逐步转型为以金融、贸易和服务为主的经济体。香港的房地产业在这次产业调整中得到了迅速的发展。1998 年,香港房地产业对 GDP 的贡献高达 20%,房地产投资占固定资产投资的比率近 50%,而政府收入中也有 35% 来源于房地产业。香港发达的金融业有力地支撑了房地产业的发展,如银行的房地产按揭贷款、股票融资、发展商业票据等金融方式构成了香港房地产金融体系的主体。

由于受到亚洲金融危机的冲击,香港房地产市场开始了回落和调整。为了抑制房价的下降,香港政府推出了一系列政策,改变融资方式:取消禁止交楼前的楼花买卖;取消发展商需在 6 个月内推出楼花的限制;楼花内部认购数额增至 20%;将楼花确认期延长至 20 个月;暂停夹屋及将部分居屋转变为出租公屋;停售公屋(廉租房)等。1998 年 9 月 15 日,香港按揭公司决定将提供正常计划及利息按揭的参与银行由 2 家扩大到 8 家;为改善银行的流动性和资金错配现象,10 月 15 日,香港按揭证券公司发行 200 亿港元债券,用以购买银行的按揭贷款。进入 2000 年以来,香港金融管理局还放宽了利率限制,鼓励按揭产品的创新。各银行纷纷下调利率,推出新产品以防范风险、争取业务。在香港政府新的融资政策和宽松的融资政策下,香港房地产市场房价下降幅度趋于平缓,防止了房价的急剧下跌,尤其是在亚洲金融危机后,有效防止了香港房地产市场走向萧条,达到了金融调控政策的调控目标。

二、房地产金融调控的国际经验与教训

(一)房地产金融调控的国际经验

1. 增强利率调控的灵活性。美国房地产市场的繁荣一定程度上得益于其

灵活的利率机制，美联储可随时根据市场情况，如经济增长速度、通胀率、股市景气等，灵活审慎地运用利率杠杆调控房地产市场。当房地产市场发展萧条时，美联储即下调基础利率，扩大房地产贷款的规模，促进房地产的投资，推动了房地产市场的繁荣；当房地产价格高涨时，为有效抑制房地产市场的泡沫，随即提高利率，这就增加了房地产开发商的成本，提高了贷款的要求，能够给房地产市场降温。1982 年，美国房地产市场低位运行，在利率下调的刺激下，房地产市场得到复苏；而 2000 年以来房价高涨时，在 2004—2006 年利率提高后，房地产过热的现象得到了控制。相比之下，我国的利率机制缺乏灵活性。因此，我国应根据国内经济情况，加快利率的市场化进程，运用这一金融工具对房地产金融加以调控，这对我国宏观调控体系的完善和房地产市场的平稳运行都有很大的帮助。

2. 金融机构要加强监管，注重创新。日本“泡沫经济”的破灭和全球金融危机的爆发有一个共同点，就是金融监管过于宽松，而市场金融创新过度，放大了风险，一旦某个环节出现问题，将会对整个市场产生极大影响。在这一点上，中国香港的做法具有一定的借鉴意义。1991 年，香港将按揭的上限控制在七成，这一举措能够帮助金融机构有效防范房地产市场中的泡沫风险，两年后，结合香港银行的实际情况，香港金融管理局成立，按照国际金融监管的标准，对香港金融监管体系进行了重大改革，如推出新的流动资金监管制度、引进新的贷款等级分类制度、建立利率风险申报制度等，通过这一系列的新制度，香港金融体系的稳定性大大增强。上述做法对完善我国对金融系统的监管具有很重要的借鉴意义。亚洲金融危机后，香港政府针对房地产市场萧条的情况，适时改变利率政策，以促进房地产市场的发展，对房地产贷款方面的优惠增多并鼓励按揭产品的创新。当时渣打银行在香港地区曾有一款叫作“Mortgage One”的产品非常受香港房贷客户的欢迎。房贷客户将闲钱存放在房贷还款账户上，视为抵扣贷款计息本金，每日节省利息。若客户临时急需用钱，可以提取出来，那笔资金就是活期存款。过一阵，若有结余资金了，再存放贷款还款账户，抵扣贷款本金。这些金融政策大大增强了房地产市场的融资能力，对我国房地产市场金融创新具有重要的借鉴意义。

(二)房地产市场金融调控的国际教训

1. 金融调控应与房地产市场的发展相适应。发达国家或地区运用金融工具调控房地产市场取得过较好效果，但也造成了日本的“泡沫经济”及美国全球性金融危机的爆发，给整个世界经济带来了破坏性的影响。因此，在房地产金融调控过程中，金融调控政策要跟上市场形势的发展，金融监管要与金融创新相协调。管得过紧,会影响房地产市场的发展;管得过于宽松,容易使房地产市场形成泡沫。正如诺贝尔经济学奖获得者罗伯特·C. 莫顿(Robert Carhart Merton)所言,金融危机不是金融创新的错,是金融监管与金融创新不一致的错。在我国房地产金融调控过程中,应及时总结这些经验教训,加快金融创新的速度,缩小与发达国家的差距。同时,也应更新金融监管理念,创新金融监管模式,丰富金融监管手段,使金融监管与金融创新相适应,使房地产市场在一个有序的环境里获得良性发展。

2. 注意政策的调控方向和政策的滞后性。日本政府在日本房地产泡沫期间,面对货币供应量的快速增长,并没有对其投资方向做适当的引导,而是放任这些剩余的资金涌入房地产市场,推动房价的不断上升,造成房地产市场更加繁荣的假象。另外,政策的滞后性一定程度上也增强了泡沫的危害程度。在地价上涨最猛烈的时期,社会各界强烈要求对土地交易实行管制时,日本政府仍然施行宽松的金融政策,助长了房地产业的投机心理,当 1989 年开始提高利率的时候,房地产市场过热的情况已难以掌控。反观我国政府在运用金融政策进行调控时,在政策的靶向性和滞后性上往往也存在调控不及时、调控力度不够等问题,我国应该从国外政府在调控房地产市场上的教训得到一些启示。

第三节　我国房地产金融调控实践及其效果

一、我国房地产金融调控政策简要回顾

金融政策作为我国政府调控房地产市场的重要手段,贯穿于 1998 年我国住宅市场化以来的各个房地产调控阶段。

(一)鼓励发展阶段(1998—2002 年)

1998 年 4 月 7 日,中国人民银行发布了《关于加大住房信贷投入、支持住房建设与消费的通知》,允许商业银行对所有普通商品房办理个人住房贷款业务,将住房贷款由主要支持普通住房的开发建设转向普通住房消费及配套设施建设。1998 年 5 月 15 日,中国人民银行宣布购房首付款不低于 30%,贷款期限最长不超过 20 年(后延长至 30 年),同时对个人住房贷款利率实行优惠利率,按法定贷款利率(不含浮动)减档执行。随着住房需求的逐渐释放,1999 年到 2000 年这一时段的调控目标主要是进一步刺激住房消费,启动房地产市场,鼓励消费贷款,如房价款中住房贷款比例从 70% 提高至 80%,个人住房贷

款最长期限由20年延长至30年，按法定利率减档执行的个人房贷利率和公积金贷款期限也进行了调整。

2001年6月19日，中国人民银行下发了旨在规范商业银行和房地产市场的195号文件，要求严格审查住房贷款条件。该文件重申了过去房地产金融政策的一些规定，包括企业自有资金不低于开发项目总投资的30%，住房开发项目必须具备“四证”才能申请开发贷款。同时文件适当提高了个人住房贷款的门槛，重点强调了三个方面：①多层住宅达到主体结构封顶，高层住宅完成总投资的2/3，才能发放个人住房消费贷款；②严禁发放“零首付”贷款，抵值比最高不超过80%；③过去没有规定的个人商业用房贷款在贷款成数、期限、工程进度等方面都进行了明确。2001年的195号文还划定了我国房地产金融的模式，就是银行资金对房地产开发仅起助推作用，不能成为房地产开发的主要资金来源。

2002年2月，中国人民银行发布《中国人民银行关于降低商业银行存贷款利率的通知》，存款利率平均下调0.25个百分点；各项贷款年利率在现行基础上平均下调0.5个百分点；个人住房贷款利率相应下调，5年内的个人住房贷款利率由现行的5.31%调整为4.77%，5年期以上的由现行的5.58%调整为5.04%。

总体而言，1998—2002年金融政策的重点是对房地产市场的支持，支持住房特别是经济适用住房投资的信贷，鼓励开展个人住房公积金贷款。这些金融政策对我国房地产市场的启动与发展发挥了重要作用。通过市场化改革和住房信贷支持，中国房地产市场在政府的支持下走上了市场化之路。

（二）适度控制阶段（2003—2007年）

2003年至2004年，房地产市场出现了投资过热和价格上涨过快的苗头，同时土地市场也较为混乱无序，因此，政府开始从整顿、规范土地市场和出让环节出发，从资本金要求和利率环节抑制市场的过热发展。

2003年6月13日，中国人民银行出台了《中国人民银行关于进一步加强房地产信贷业务管理的通知》，这就是后来引起广泛争议的121号文件。针对金融体系流动性总体偏松和货币信贷持续高速增长的局面，中国人民银行决定从2003年9月21日起，提高存款准备金率1个百分点（由6%调高至7%）。此举仅冻结商业银行1 500亿元的超额准备金，因此相对于信贷调控政策而言，这是一项温和的政策措施。

2004年一季度，全国固定资产投资继续保持高增长，且在很大程度上是由房地产投资的增长所引发和带动的，在此背景下，中国人民银行、银监会等机构和部门加大政策力度，出台了多项房地产金融调控政策。中国人民银行自2004年4月25日起实行差别存款准备金率制度，将资本充足率低于一定水平的金融机构的存款准备金率提高0.5个百分点（由7%提高到7.5%）。自2004年3月25日起，实行再贷款浮息制度，并于2004年10月29日起上调金融机构存贷款基准利率，放宽人民币贷款利率浮动区间，允许人民币存款利率下浮。金融机构1年期存款基准利率上调0.27个百分点，由1.98%提高到2.25%，1年期贷款基准利率上调0.27个百分点，由5.31%提高到5.58%。2004年9月，银监会发布《商业银行房地产贷款风险管理指引》，针对土地储备贷款、房地产开发贷款和个人住房贷款等房地产贷款的风险管理做了详细规定。《商业银行房地产贷款风险管理指引》规定，申请贷款的企业自有资金不得低于总投资的35%；每笔住房贷款的月房产支出与收入比控制在50%下，月所有债务支出与收入比控制在55%以下。

2005年3月，针对房地产价格涨幅持续高位运行、潜在金融风险加大的形势，中国人民银行加大需求调控力度，对商业银行个人住房贷款利率定价机制进行了市场化调整，将自营性个人住房贷款利率回归到相同期限贷款利率水平。同时，上调各档次个人住房公积金贷款利率0.18个百分点。2005年5月，中国人民银行与银监会联合发布了《信贷资产证券化试点管理办法》。此后，《资产支持证券发行登记与托管结算业务操作规则》《金融机构信贷资产证券化试点监督管理办法》相继出台并实施，资产证券化业务的相关配套规章、政策基本成型。同年9月，银监会向各地方银监局发布的《关于加强信托投资公司部分业务风险提示的通知》（以下简称《通知》）要求各银监局提示信托公司密切关注存量的证券和房地产风险变化情况，并对信托公司内控制度建设及新发生的房地产业务做出相应规定。《通知》大幅提高了房地产信托的门槛，要求自有资金超过35%、四证齐全、二级以上开发资质三个条件全部具备的房地产企业才能融资。

至2006年上半年，房地产投资增长和房价上涨过快的势头初步得到抑制，但房地产领域的一些问题尚未根本解决，少数大城市房价上涨过快，住房供应结构不合理的矛盾愈发突出。针对以上情况，5月中旬的国务院常务会议提出了六条房地产调控意见（以下简称“国六条”）。5月30日，中华人民共和国住房和城乡建设部（以下简称“住建部”）、中华人民共和国发展和改革委员会（以下简称“发改委”）等九部委联合发布《关于调整住房供应结构稳定住房价格的意见》（以下简称“国十五条”）。在房地产金融政策方面的措施主要有：上调商业银行贷款利率，加大行政调控力度，收紧商业银行流动性，严格对外资房地产企业开发经营活动的管理以及控制境外购房需求等。

2007年9月，中国人民银行和银监会出台的《关于加强商业性房地产信贷管理的通知》（银发〔2007〕359号，以下简称"二套房贷款政策"）规定，第二套住房贷款首付不得低于40%、利率执行基准利率的1.1倍。"二套房贷款政策"从银行信贷角度严格控制房地产金融风险，严厉打击了房地产市场的投机行为，从金融角度对房地产市场实施了最紧缩的政策。同时，在供给方面，要求商品住宅开发项目中不低于70%的面积用于建设建筑面积不大于90平方米的中小户型，引导开发商优先满足中低收入购房者的需求，并增加供应套数。

（三）大力发展阶段（2008—2009年）

2007年下半年，美国"次贷危机"爆发，对我国各行业都产生了深远影响，其中包括房地产市场。为应对金融危机对我国经济产生的影响，政府旨在通过发展房地产市场促进国民经济的稳定，对房地产业的态度发生了较大转变，从"压、抑"转向"促、扬"。

2008年9月16日，中国人民银行开始降息及下调存款准备金率。经过百日内5次降息，一年期人民币贷款基准利率下调了2.16个百分点，降回到2002年2月21日的利率水平。10月22日，中国人民银行出台相关政策规定，金融机构对居民首次购买普通自住房和改善型普通自住房提供贷款，其贷款利率的下限可扩大为贷款基准利率的0.7倍，最低首付款比例调整为20%。同时，下调个人住房公积金贷款利率。10月17日，国务院常务会议提出，要加大保障性住房建设规模，降低住房交易税费，支持居民购房。10月22日，财政部下调居民首次购房契税至1%。

伴随着经济的复苏，全国主要城市的房价纷纷大幅上涨，政府出于保持市场平稳健康发展的目的，退出前期的信贷和税收方面的优惠政策，并且通过抑制不合理的购房需求来平抑房价。

2009年下半年起，多家银行开始逐步收紧房贷，2009年年底的国务院常务工作会议决定营业税减免等优惠政策从2010年元旦起终止执行。

2008年下半年到2009年，国务院对房地产的调整政策有18项，在此期间，中国人民银行还下调银行利率、首付比例等，提高百姓购房能力。政策调控的结果是房地产市场得到了稳定，甚至是又一次走向了繁荣，但房价上涨过快，甚至出现泡沫，引起民众的普遍不满。

(四)从严控制阶段(2010—2013 年)

2010 年 4 月以来,国务院迅速出台"新国十一条"等一系列房地产调控新政策,综合运用信贷、税收、土地、行政等多种手段从严调控房地产市场,被称为最严厉的调控政策。2010 年 4 月 17 日,国务院下发了 2010 年 10 号文件,为坚决遏制部分城市房价过快上涨,切实解决城镇居民住房问题,提出了以下主要政策手段:实行更为严格的差别化住房信贷政策;对购买首套自住房且套型建筑面积在 90 平方米以上的家庭(包括借款人、配偶及未成年子女,下同),贷款首付款比例不得低于 30%;对贷款购买第二套住房的家庭,贷款首付款比例不得低于 50%,贷款利率不得低于基准利率的 1.1 倍;对贷款购买第三套及以上住房的家庭,贷款首付款比例和贷款利率应大幅度提高,具体由商业银行根据风险管理原则自主确定。商品住房价格过高、上涨过快、供应紧张的地区,商业银行可根据风险状况,暂停发放购买第三套及以上住房贷款;对不能提供一年以上当地纳税证明或社会保险缴纳证明的非本地居民,暂停发放购买住房贷款。地方人民政府可根据实际情况,采取临时性措施,在一定时期内限制购房套数。

2011 年是我国房地产调控最为严厉、政策落实最到位的一年,房地产调控政策的行政性干预色彩继续加重,限购、限贷、限价政策逐步细化升级。中央对个人住房贷款和公积金政策大幅收紧,大幅压缩了购房需求,特别是投机性购房需求。"新国八条"将二套房首付比例大幅提升至 60%,利率提高至 1.1 倍,贷款利率提高至近十年以来的最高水平。公积金方面,2010 年 11 月,住建部提高住房公积金的贷款要求,且 2011 年后又连续三次上调,使公积金贷款利率也升至近年来的较高水平。

相比 2010—2011 年多轮次、力度不断升级的政策调控,2012 年本质上并没有全新的政策出台,但中央层面对调控的口风一直维持在相对谨慎的层面,中国人民银行在上半年两次下调法定存款准备金率的基础上又两次降息,并放宽利率下浮范围。纵观 2012 年宏观经济政策,货币政策比 2011 年明显松动,宏观调控重点由 2011 年的"稳物价"转向了"稳增长"。2013 年 2 月 26 日,国务院办公厅发布《关于继续做好房地产市场调控工作的通知》国办发〔2013〕17 号(即"国五条"),实行更加严格的"限价""限购"标准,坚决抑制投机投资性购房。

(五)因城施策阶段(2014 年至今)

2014 年 3 月 5 日,李克强总理在政府工作报告中提出,要针对不同城市的情况分类调控。5 月 12 日,央行发布"央五条",提出要优先满足首次购房贷款需求。9 月 30 日，中国人民银行和银监会联合下发《关于进一步做好住房金融服务工作的通知》(简称“9·30 房贷新政”)，大力支持个人贷款，被业内视为房贷政策的大尺度“松绑”，对楼市的刺激作用比较明显。11 月 21 日，央行决定自 2014 年 11 月 22 日起下调金融机构人民币贷款和存款基准利率。

2015 年，房地产政策坚持促消费、去库存的总基调，供需两端宽松政策频出，改善行业运行环境，促进市场平稳向好。央行年内 5 次降息，3 月 1 日，央行下调金融机构人民币贷款和存款基准利率 0.25 个百分点；5 月 11 日、6 月 28 日、8 月 26 日再分别下调金融机构人民币贷款和存款基准利率 0.25 个百分点。10 月 24 日起，央行年内第五次降息，五年以上长期贷款利率降至 4.9%，五年以上公积金贷款利率降至 3.25%，均处于历史低点。3 月 30 日，央行、住建部、银监会联合下发通知，对拥有一套住房且相应购房贷款未结清的居民家庭购二套房，最低首付款比例调整为不低于 40%。8 月 31 日，住建部、财政部、央行发布《关于调整住房公积金个人住房贷款购房最低首付款比例的通知》。9 月 30 日，中国人民银行和银监会发布《关于进一步完善差别化住房信贷政策有关问题的通知》，文件指出中国人民银行、银监会各派出机构应按照“分类指导，因地施策”的原则，加强与地方政府的沟通，根据辖内不同城市的情况，在国家统一信贷政策的基础上，指导各省级市场利率定价自律机制，结合当地实际情况自主确定辖内商业性个人住房贷款的最低首付款比例。

2016 年的房地产调控政策是前松后紧。2016 年 2 月 2 日，中国人民银行和银监会发布《关于调整个人住房贷款政策有关问题的通知》，在不实施限购措施的城市，家庭首套房的商业性个人住房贷款向下调整 5 个百分点。3 月 1 日，央行下调金融机构人民币存款准备金率 0.5 个百分点。5 月 1 日，营改增试点范围扩大到房地产业。2016 年，国务院的《政府工作报告》中提出要因城施策去库存。在“因城施策”的政策背景下，9 月 30 日到 10 月 8 日，21 个一二线城市相继出台新的楼市调控政策，多地重启限购限贷。11 月，国务院发展研究中心市场经济研究所原所长、研究员任兴洲在回答记者问题时提出，面对当前一线及二线热点城市上涨比较厉害，但是部分三、四线城市去库存压力大的房地产形式，要坚持因城施策、分类调控，甚至可以一城一策。

2017 年的房地产政策在强调坚持住房居住属性背景下，加强房地产市场分类调控，因城施策去库存。1 月 6 日，央行工作会议强调要继续保持货币政策稳健中性，因城施策，继续落实好差别化住房信贷政策。1月10日，银监会提出要完善差异化信贷政策，支持去库存和分类实施房地产金融调控。3月，两会政府工作报告中明确指出，“目前三四线城市房地产库存仍然较多，要支持居民自住和进城人员购房需求。”同时在修改完善的政府工作报告中增补“遏制热点城市房价过快上涨”。10月18日，习近平总书记在党的十九大报告中指出，要坚持“房住不炒”的定位，让全体人民住有所居。2017年是近几年以来房地产调控政策出台最密集的一年。北京3·17新政的楼市调控堪称史上最严的房地产调控政策，不仅限购、限贷、限价全面收紧，而且实行限售，以全面抑制投机投资。从限购、限贷、限价，到以北京3·17新政引发的新一轮“限售模式”，截至2017年11月底，已有超百城发布150余次楼市调控政策。

二、我国房地产金融调控效果

（一）房地产金融调控对房地产市场供需的影响

1998年以来，金融政策应用于房地产领域，在较长时期内促进了市场规模的发展，但是由于在不同的政策周期内，金融政策对房地产市场的发展产生了不同程度的支持或抑制作用，房地产成交面积增速也出现了相应地加快或者减缓的趋势。表9－1反映的是1998年以来我国商品房销售与竣工面积等基本情况。2015年，我国商品房销售面积达到12.85亿平方米，其中，住宅销售面积11.24亿平方米，而1998年我国商品房成交面积不到1.22亿平方米，住宅成交面积仅为1.08亿平方米。18年间，我国商品房和住宅销售面积的规模分别增长了10.53和10.41倍，商品房竣工面积从1998年的1.76亿平方米上升至2015年的10.00亿平方米，累积增幅高达468.18%。

近年来，我国房地产价格的不断攀升很大程度上是由于房地产供需不平衡造成的。我们可以用我国的商品房销售面积代表房地产市场的有效需求，商品房竣工面积代表房地产供给，用商品房销售面积与竣工面积的差额表示房地产市场的超额需求。从表9－1可以看出，从1998年到2004年，我国的房地产市场是供大于求的；而从2004年开始，除2008年受金融危机的影响，商品房的销售面积出现负增长之外，我国房地产市场的供给和需求都呈明显的递增趋势，均处于供不应求状态；2010年，房地产市场的超额需求高达2.60亿平方米，这些超额需求只能通过往年囤积的商品房或者二手房予以解决。

表 9－1　1998—2015 年商品房销售面积与竣工面积表

单位:万平方米

年份	商品房施工面积	增幅	商品房竣工面积	增幅	商品房销售面积	商品房销售额	销售面积与竣工面积差额
1998 年	50 770.10	——	17 566.60	——	12 185.30	2 513.30	－5 381.3
1999 年	56 857.60	11.99%	21 410.80	21.88%	14 556.53	2 987.87	－6 854.27
2000 年	65 896.90	15.90%	25 104.90	17.25%	18 637.13	3 935.44	－6 467.77
2001 年	79 411.70	20.51%	29 867.40	18.97%	22 411.90	4 862.75	－7 455.5
2002 年	94 104.00	18.50%	34 975.80	17.10%	26 808.29	6 032.34	－8 167.51
2003 年	117 526.00	24.89%	41 464.10	18.55%	33 717.63	7 955.66	－7 746.47
2004 年	140 451.40	19.51%	42 464.90	2.41%	38 231.64	10 375.71	－4 233.26
2005 年	166 053.30	18.23%	53 417.00	25.79%	55 486.22	17 576.13	2 069.22
2006 年	194 786.40	17.30%	55 830.90	4.52%	61 857.07	20 825.96	6 026.17
2007 年	236 318.20	21.32%	60 606.70	8.55%	77 354.72	29 889.12	16 748.02
2008 年	283 266.20	－19.87%	66 544.80	9.80%	65 969.83	25 068.18	－574.97
2009 年	320 368.20	13.10%	72 677.40	9.22%	94 755.00	44 355.17	22 077.6
2010 年	405 356.40	26.53%	78 743.90	8.35%	104 764.65	52 721.24	26 020.75
2011 年	506 775.50	25.02%	92 619.90	17.62%	109 366.75	58 588.86	16 746.85
2012 年	573 417.52	13.15%	99 424.96	7.35%	111 303.65	64 455.79	11 878.69
2013 年	665 571.89	16.07%	101 434.99	2.02%	130 550.59	81 428.28	29 115.6
2014 年	726 482.34	9.15%	107 459.05	5.94%	120 648.54	76 292.41	13 189.49
2015 年	735 693.37	1.27%	100 039.10	－6.90%	128 494.97	87 280.84	28 455.87

数据来源:《中国统计年鉴 2016》。

(二)房地产金融调控对房地产价格的影响

近年来,我国房地产市场价格持续高涨,调控房地产价格,使其回归到合理水平,防止房地产泡沫出现,成为我国政府宏观调控的主要目标之一。根据房地产金融调控政策周期的不同,房地产价格可以划分为相应的几个阶段(如表 9－2 所示)。

表 9－2　1998—2015 年我国商品房、住宅均价与竣工房屋造价

单位：元/米²

时间	商品房平均销售价格	商品房均价增幅	住宅平均销售价格	住宅均价增幅	竣工房屋造价	竣工房屋造价增幅	商品房销售价格与竣工房屋造价的差额
1998 年	2 063	3.30%	1 854	3.58%	1 218	3.66%	845
1999 年	2 053	－0.48%	1 857	0.16%	1 152	－5.42%	901
2000 年	2 112	2.87%	1 948	4.90%	1 139	－1.13%	973
2001 年	2 170	2.75%	2 017	3.54%	1 128	－0.97%	1 042
2002 年	2 250	3.69%	2 092	3.72%	1 184	4.96%	1 066
2003 年	2 359	4.84%	2 197	5.02%	1 273	7.52%	1 086
2004 年	2 778	17.76%	2 608	18.71%	1 402	10.13%	1 376
2005 年	3 168	14.04%	2 937	12.62%	1 451	3.50%	1 717
2006 年	3 367	6.28%	3 119	6.20%	1 564	7.79%	1 803
2007 年	3 864	14.76%	3 645	16.86%	1 657	5.95%	2 207
2008 年	3 800	－1.66%	3 576	－1.89%	1 795	8.33%	2 005
2009 年	4 681	23.18%	4 459	24.69%	2 021	12.59%	2 660
2010 年	5 032	7.50%	4 725	5.97%	2 228	10.24%	2 804
2011 年	5 357	6.46%	4 993	5.67%	2 373	6.51%	2 984
2012 年	5 791	8.10%	5 430	8.75%	2 498	5.27%	3 293
2013 年	6 237	7.70%	5 850	7.73%	2 643	5.80%	3 594
2014 年	6 324	1.39%	5 933	1.42%	2 816	6.55%	3 508
2015 年	6 793	7.42%	6 473	9.10%	3 054	8.45%	3 739

数据来源：《中国统计年鉴 2016》。

1998—2002 年，房地产市场处于起步阶段，政策相对持续稳定，房价保持了相对平稳的增长态势；2003—2007 年，房地产市场经历了初步的发展之后，出现了阶段性和区域性过热的风险，因此，政府也多次出台了各种金融政策，引导市场健康发展，此阶段房价上涨速度和波动性较大；2008 年，受 2007 年年底出台的二套房贷款政策以及次贷危机的影响，房地产价格增速以及绝对价格均出现了明显的回落；2009 年年初，全国房地产市场在国家利好政策的带动下迅速走出了 2008 年的低谷，以惊人的“V”字势头猛烈上涨，2009 年全年商品房成交量同比增长 43.6%，商品房均价同比增幅为

23.2%。面对楼市飞涨的成交量和房价，面对保民生、平民怨的巨大压力，2010年年初，国家出台了史上最严厉的房地产调控政策，此后，国家一直致力于房地产调控。根据国家统计局公布的2017年9月份70个大中城市住宅销售价格变动情况，到2017年9月，70个大中城市新建商品住宅价格定基均值为116.63，即新建商品住宅价格比2015年上升16.63%。由于因地制宜、因城施策的房地产调控政策持续发挥作用，70个大中城市中15个热点城市房地产市场继续保持稳定，环比看，新建商品住宅价格全部下降或持平；同比看，涨幅均继续回落，回落幅度在1.8至8.8个百分点之间。数据显示，9月份，70个大中城市中一线城市房价环比继续下降，二三线城市涨幅继续回落或与上月相同，其中，新建商品住宅环比涨幅最快的是长春、哈尔滨、济宁三个城市，不过仅上涨0.8%。同时，70个大中城市中，一二三线城市房价同比涨幅继续回落。一线城市新建商品住宅同比涨幅均连续12个月回落，9月份比8月份回落3.5个百分点。二线城市连续10个月回落，9月份比8月份回落2.2个百分点。三线城市连续2个月回落，9月份比8月份回落1.1个百分点。这表示，房地产调控取得了成效。

（三）房地产金融调控对房地产开发资金的影响

1998年以来，全国房地产开发企业投资完成额持续快速上升。具体来看，受“招拍挂”、清理闲置土地等调控政策的影响，2005年至2006年，房地产开发投资额的增速有所放缓，在2007年增速又迅速飙升至30.2%。2008年，受国内经济下滑和楼市惨淡影响，投资增速迅速下滑至23.4%。2009年继续保持下降趋势，下降幅度为16.1%。2010年，随着房地产行情回暖，房地产开发企业加大投资，增长率达到33.2%。随后，国家连续出台多项楼市调控政策，房地产开发投资增幅连续下滑，跌至2012年的16.2%。2013年，随着楼市的回暖，投资增速有所回升，达到19.8%。2014年，在行业持续低迷的情况下，投资增幅明显回落，创过去十几年新低。2015年，在楼市复苏力度较弱、地价不断攀升、库存不断积压的背景下，开发投资延续2014年的放缓趋势，投资增幅再创历史新低，跌至1.0%。随着新开工面积的升高，房地产投资增速也结束了自2014年3月以来的下滑。2016年2月，房地产投资增速首次由负转正，3、4、5月同比增速分别为9.67%、9.70%、6.56%。

表9-3和表9-4反映的是1998年以来，我国房地产开发资金来源及占比情况。目前，我国房地产开发资金主要来自于以下四个方面[①]：国

① 2004年之前，债券在我国房地产开发资金来源中也占据着一定的比重。

内贷款、企业自筹、外资和其他资金来源。其中，国内贷款主要是房地产商获得银行贷款和房地产项目开发贷款；企业自筹是指通过企业资本金和股权融资等获得资金；其他资金来源主要是指来自购房者的定金、首付款和银行按揭款等资金。从表9－4可以看出，在房地产各项资金来源中，自筹资金和其他资金来源总体呈上升趋势，但是带有一定的波动性，到2015年年底，自筹资金和其他资金来源在整个房地产开发企业资金来源的占比超过83.42%，国内贷款占比尽管呈下降趋势，但仍然是房地产开发企业资金来源的重要渠道。

表9－3　1998—2015年全国房地产开发企业资金来源情况

单位：亿元

年份	本年资金来源小计	国内贷款	国家预算内资金和债券	利用外资	外商直接投资	自筹资金	其他资金来源
1998年	4 414.94	1 053.17	21.18	361.76	258.87	1 166.98	1 811.85
1999年	4 795.90	1 111.57	19.91	256.60	180.48	1 344.62	2 063.20
2000年	5 997.63	1 385.08	10.35	168.70	134.80	1 614.21	2 819.29
2001年	7 696.39	1 692.20	13.97	135.70	106.12	2 183.96	3 670.56
2002年	9 749.95	2 220.34	14.03	157.23	124.13	2 738.45	4 619.90
2003年	13 196.92	3 138.27	11.91	170.00	116.27	3 770.69	6 106.05
2004年	17 168.77	3 158.41	12.01	228.20	142.56	5 207.56	8 562.59
2005年	21 397.84	3 918.08	——	257.81	171.41	7 000.39	10 221.56
2006年	27 135.55	5 356.98	——	400.15	303.05	8 597.09	12 781.33
2007年	37 477.96	7 015.64	——	641.04	485.39	11 772.53	18 048.75
2008年	39 619.36	7 605.69	——	728.22	634.99	15 312.10	15 973.35
2009年	57 799.04	11 364.51	——	479.39	403.32	17 949.12	28 006.01
2010年	72 944.04	12 563.70	——	790.68	673.45	26 637.21	32 952.45
2011年	85 688.73	13 056.80	——	785.15	689.54	35 004.57	36 842.22
2012年	96 536.81	14 778.39	——	402.09	358.52	39 081.96	42 274.38
2013年	122 122.47	19 672.66	——	534.17	467.12	47 424.95	54 490.70
2014	121 991.48	21 242.61	——	639.26	598.91	50 419.80	49 689.81
2015年	125 203.06	20 214.38	——	296.53	286.08	49 037.56	55 654.60

数据来源：《中国统计年鉴2016》。

表 9－4　1998—2015 年房地产各项资金来源所占比重情况

单位:%

年份	国内贷款	利用外资	自筹资金	其他资金来源
1998 年	23.85	8.19	26.43	41.04
1999 年	23.18	5.35	28.04	43.02
2000 年	23.09	2.81	26.91	47.01
2001 年	21.99	1.76	28.38	47.69
2002 年	22.77	1.61	28.09	47.38
2003 年	23.78	1.29	28.57	46.27
2004 年	18.40	1.33	30.33	49.87
2005 年	18.31	1.20	32.72	47.77
2006 年	19.74	1.47	31.68	47.10
2007 年	18.72	1.71	31.41	48.16
2008 年	19.20	1.84	38.65	40.32
2009 年	19.66	0.83	31.05	48.45
2010 年	17.22	1.08	36.52	45.17
2011 年	15.24	0.92	40.85	43.00
2012 年	15.31	0.42	40.48	43.79
2013 年	16.11	0.44	38.83	44.62
2014 年	17.41	0.52	41.33	40.73
2015 年	16.15	0.24	39.17	44.45

数据来源:《中国统计年鉴 2016》。

（四）房地产金融调控对购房者资金结构的影响

政府调控房地产行业的主要金融手段是规定最低首付比例和利率。“国十一条”中明确提出城镇居民家庭二套房首付比例不得低于 40%；家庭首套住房（90 平方米以上）首付比例不得低于 30%，贷款购买二套住房首付比例不得低于 50% 等规定在“新国十条”中被明确；中国人民银行则连续六次上调存款准备金率。中国人民银行存款准备金率的上调极大地减少了各大商业银行的可贷资金。伴随着各主要商业银行可贷资金的限制，购房者从银行申请购房贷款将更加趋于严格，同时，房地产开发商从银行获得的开发贷款将面临急剧紧缩。人民币不断升值、加息，这些金融政策调整对房地产市场而言，一方面使购房者的支付成本增加，另一方面使房地产开发商从银行获得贷款变得更加困难。

尽管房地产金融调控对我国房地产市场供需结构、房地产市场成交量、房地产市场价格均造成了一定程度的影响，但由于我国房地产市场呈现一定的区域性，尤其是东部地区与中西部地区发展差异巨大，虽然国家在调控中表现出对北京、上海等发达地区的重点调控，但在政策的实际实施中，却是各地纷纷落实同样的政策，在政策的制定中没有调动地方政府自主调控房地产市场的积极性，忽视了各地房地产市场的差异性和复杂性，这样会产生不小的副作用。另外，房地产金融调控很大程度是依靠行政手段来实现的，如要求商业银行限制发放房地产信贷资金、提高首付比例、提高二套住房贷款利率、清理银行贷款项目等。一般情况下，行政手段是比较直接和容易见效的，但是在现有财政体制和政绩考核体系下，各级地方政府无论是出于财政增收、政绩形象，还是其他的利益需要，都具有推动房地产业发展的强烈动力。事实上，银行很容易与地方政府和房地产开发商结成利益同盟，对中央政府的调控政策阳奉阴违，甚至公然违背也在所难免，特别是在外汇储备迅速增长带来基础货币大量投放、银行流动性过剩的情况下更是如此。再者，虽然我国房地产金融政策力求区别对待各类市场需求，但是由于制度设计不够完善，某些调控手段的副作用较大，如央行多次提高存款准备金率和上调基准利率的举措相对于房地产业的高额利润来说力度太小，未能遏制住房地产业投资过热的势头，却增加了其他行业企业的负担，威胁到经多年努力才拉动起来的国内需求。这一系列问题的存在为我国今后的房地产金融调控提供了参考。

复习思考题

1. 举例说明我国金融业在房地产业运行中的调控功能。

2. 简述房地产金融调控的主要手段。
3. 简述房地产金融调控的影响因素。
4. 如何借鉴发达国家和地区房地产金融调控的经验，指导我国的房地产金融调控？

【案例分析】

未来房地产金融调控将会以市场调控为主体

最近一段时间，房地产调控逐步升级。今年全国两会结束后，各地政府都开始调整房地产政策，且与传统的限购、限价、限售“三大金刚”不同，政策的灵活性变得更强。除了推出购房摇号、“三价合一”、提升房贷利率等组合政策外，上海、武汉、兰州等城市还出台政策确保和规范住房公积金使用。可以说，房地产调控正在朝着一个新的方向迈进。

未来,房地产市场如何调控?在"房住不炒"的大背景下,房地产市场调控开始向因城施策的差异化调节方向转变,之前的大综合、"一刀切"、全调控的房地产调整方针正在向保刚需、调改善、控投资的方向转变。越来越多的城市推出差异化的组合政策,确保中低收入人群的刚性需求,引导改善性购房需求向理性化调整,并且严控房地产投资。同时,之前的很多直接性调控手段正在向间接性调控手段转变,让市场在房地产调控中发挥更大作用。

除了一、二线城市和热点城市,本轮调控还有一个趋势就是三、四线城市也开始调控,比如安徽省阜阳市阜南县也加入调控队伍。随着一、二线热点城市调控日益从严,其所带动的溢出效应已降低了不少县级城市的去库存压力,甚至有的城市房价已经开始上涨,不少热点城市周边的卫星城房价也呈现上涨态势。未来,随着房地产调控的逐步深化,已经完成去库存指标、有潜在去杠杆压力和房价快速上涨可能性的三、四线城市也将逐步加入房地产调控的阵营。由此,因地制宜、因城施策将会成为全国房地产市场调控的重要方向。

在当前的调控组合政策中,涉及居民家庭杠杆的主要有公积金、房贷利率等。观察以往的调控政策,可以发现,许多城市的房地产调控在某种程度上存在矫枉过正的问题,类似"一刀切"地提高房贷利率等手段造成了无差别伤害,给真正有住房需求的人也带来了影响。事实上,近年来公积金使用一直是老大难问题,特别是公积金审批难度大、公积金被拒贷的概率高等问题一直困扰着刚需购房者。针对这一问题,去年年底,住房和城乡建设部、财政部等四部门联合发布通知,明确指出开发商不得限制、阻挠、拒绝购房人使用公积金贷款。近期,深圳、武汉、兰州等城市出台规定,要求规范住房公积金贷款业务流程、压缩贷款审批时限、加大拒绝公积金贷款惩处力度等,保证刚需人群的购房需求。从中可以看出,房地产市场的分类调控将会更加明显。针对不同人群,国家还将出台进一步的调整政策。

另外,需要注意的是,虽然现阶段这些问题正在逐步得到解决,但是住房公积金提取困难、使用难度大的问题依然存在。特别是在"租购并举"的住房制度设计下,如何使用住房公积金租房还是一个难点。因此,需要进一步规范和完善住房公积金使用,从而真正促进租赁市场的发展。此外,最受关注的是房贷利率走势问题。面对中国家庭杠杆率的不断走高,商业银行的房贷利率波动也更加频繁,主要原因在于房贷利率水平在利率市场化的大背景下,已难以再长期维持在一个水平上了,需要进行真正的调整。作为以盈利为目的的金融机构,商业银行通过房贷利率的波动调整,一方面可以提升自己的经营水平、增加企业的收益,另一方面也可以积极响应国家政策,从资金供给端对市场进行调整。

总之，未来，房地产调控，特别是房地产金融调控将会是以金融市场手段为主体，用商业住房贷款利率水平来控制炒房以确保“房住不炒”的理念真正落地，用公积金贷款来保障刚需人群的居住需求。可以看到，房地产市场调控正在日趋向精细化发展，深入垂直分类调整将在未来成为主流。

（资料来源：中国建设报，2018 年 4 月 15 日）

问题：结合材料及现实情况，分析并讨论：

1. 为什么说未来房地产金融调控将以市场调控为主体？

2. 结合实际，如何评价我国近年来实施的一系列房地产金融调控措施的效果？

【实训练习题】

实训内容：梳理和归纳最近 5 年国家房地产金融调控政策，并找出近 5 年一线城市和二线城市房地产金融调控政策的差异。

实训目的：熟悉我国一、二线城市近年来房地产金融调控政策的措施与成效。

实训流程：

（1）4 ~6 人为一组，收集一、二线等不同级别城市的房地产金融调控政策的相关资料。

（2）分类整理不同级别城市房地产金融调控政策。

（3）探究不同级别城市房地产金融调控政策的差异及原因，并撰写报告。

DI SHI ZHANG 第十章 住房公积金制度

【本章学习目标】

1. 掌握住房公积金的基本内涵；
2. 了解我国的住房公积金制度；
3. 了解新加坡的住房公积金制度；
4. 掌握新加坡住房公积金制度对我国的借鉴意义。

【关键词】

住房公积金；住房公积金制度；新加坡中央公积金制度

第一节 住房公积金制度的基本内涵

一、住房公积金的形成

住房公积金是一项义务性的长期住房储金，其本质属性是工资，是住房分配货币化的重要形式。单位和个人按职工工资的一定比例缴存的住房公积金，其所有权归个人，它具有义务性、互助性和保障性等特征。①

（一）住房公积金制度产生的前提条件

中国的住房公积金制度是20世纪90年代初期中国住房制度由计划体制主导向以市场体制主导演变的过程中，在借鉴新加坡中央公积金制度的基础上产生的自主原发住房金融制度创新。

1978年以后，中国开始住房制度改革。其中，1979—1985年为试点售房

① 国务院新闻办公室：《中国的社会保障状况政策》，2004年9月。

阶段,1986—1990 年进行了提租补贴和以租促售的改革。但由于政治和财政上的种种约束,1989—1990 年期间,全国住房制度改革陷入停滞。这期间中央政府不再主动作为创新制度的供给者出现,而是鼓励地方政府发挥主观能动性和创造性来进行政策创新。上海市政府在总结上一阶段住房制度改革失败的主要教训时,有关决策者认识到,没有为居民提供匹配的住房财力资源就匆忙出售公房或推出租金改革,是难以获得成功的。1991 年 2 月,上海的房改方案抓住如何解决住房消费资金稳定和长期来源这一难题,借鉴新加坡的经验推出住房公积金制度,很快就在全国推广开来,并为中央政府所采纳,成为全国性政策。这就是住房公积金产生的历史背景。

住房公积金在中国的出现不是偶然的。住房是一项投资额大且回收期长的项目,住房购买者难以一次性支付所有交易金额,需要有一种使负债期限延长的新的住房金融机制支撑。住房公积金模式具有资金来源稳定、数额大、期限长等特征,能够有效避免负债期限短的难题。因此,自从 1991 年上海试点住房公积金制度以来,住房公积金制度逐步推广到全国,成为国家住房金融改革的重要内容之一,并为商业住房贷款的起步积累了经验。

随着住房公积金积累规模及增值收益的增长,住房公积金的增值收益越来越成为中国住房保障资金尤其是廉租房建设资金的重要来源之一。以江西省为例①(见图 10－1)。

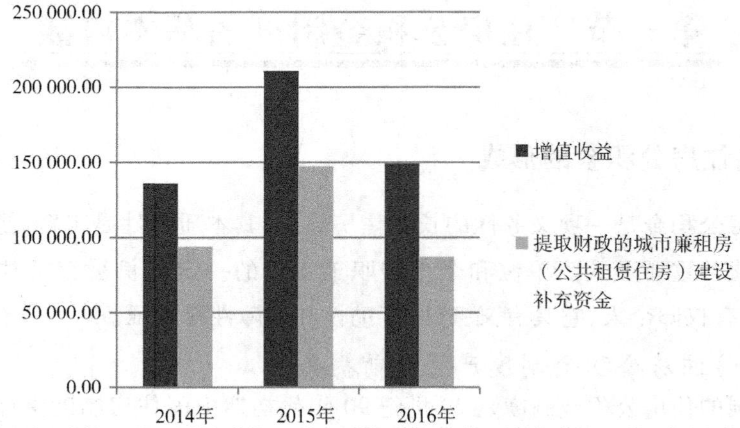

图 10－1　2014—2016 年江西省公积金增值收益和提取财政的城市廉租房建设补充资金(单位:万元)

① 资料来源:江西公积金网。

截至2016年年底，江西省公积金增值收益149 281.9万元，其中，提取城市廉租房（公共租赁住房）建设补充资金87 251.49万元。截至2016年年底，累计提取城市廉租房（公共租赁住房）建设补充资金522 648.03万元。

回顾住房公积金20多年的发展历程，住房公积金对中国住房体制市场化改革发挥了十分积极的推动作用，对中国城市居民住房改善乃至中国住房保障事业的发展贡献很大。同时，住房体制和整体经济改革的深入发展又促进了住房公积金制度的改进与完善。

（二）公积金制度化的设想初衷

住房公积金是住房分配货币化的起点。从住房公积金的定位来说，其设立之初的出发点是归集住房资金、强制性养成居民进行住房储蓄用于住房消费、推进住房制度改革。目前，城镇住房的市场化改革已经基本完成，不再有这些需要，那么，公积金的发展和定位何在，则需要重新思考。公积金制度化设想的初衷是："几乎所有的工薪阶层都可以通过这项制度受益。"住房公积金制度是国家社会保障体系的重要环节。

我国推行住房公积金制度，其主要目的在于转变住房分配体制。住房公积金制度是将住房由实物分配转向货币分配的措施之一，可以逐步提高工资收入中住房消费的比重。具体而言，我国推行住房公积金制度具有以下重要意义：

一是促进住房商品化的加速实现，并使住房公积金制度成为实现住房商品化的有效途径。在当前房价较高和职工收入普遍不高的情况下，尽管职工对住房的需求很大，但由于职工个人支付能力较弱，无法实现职工解决住房的意愿，迈不开住房商品化的步伐。住房公积金制度的适时推出正好解决了这一矛盾。一方面，住房公积金制度是一种长期储蓄，通过个人努力以及国家和单位的支持，可以极大地提高职工对购买住房的支付能力；另一方面，运用住房公积金来发放住房抵押贷款，而且实行政策性的低利率贷款，可以帮助中低收入家庭实现购房意愿，减轻他们的负担。

二是有效扩大住房建设的规模，加快解决职工住房困难。住房公积金的增值收益可用于建设城市廉租住房的补充资金和经市政府批准的危旧房改造补充资金，扩大了住房建设的投资规模，增加了住房建设量，从而有助于解决职工的居住难题。

三是促进国家、单位、个人三者相结合的筹资建房机制的建立，有利于搞好住房融资。住房制度改革方案的基本原则之一就是要建立国家、单位、个人三方筹资建房机制。住房公积金的推出为国家、单位、个人三结合的筹资找到了一个良好的机制。住房公积金作为一种长期储金，不仅职工个人要出资，国家和单位也要长期出资，这种三结合的筹资方式有利于住房建设资金的融通，是实现国家、单位、个人三结合筹资建设住房新机制的良好形式，这也是推行住房公积金制度的一个重要目的。

二、住房公积金的主要特征

住房公积金是职工按规定存储起来的专项用于住房消费支出的个人住房储金，它具有以下特征。

（一）强制性

住房公积金通过国家法律法规强制实行，单位和职工都必须按时足额缴存，它不同于一般的居民储蓄存款。居民储蓄存款实行的是“存款自愿，取款自由，为储户保密”的原则；而住房公积金是一种强制缴存的“储金”，只要符合参加住房公积金制度的对象，都必须按月缴存住房公积金。居民储蓄存款没有存款时间要求，随时随地都可以存款；而住房公积金则是按月缴存的。居民存款可以在存单约定的时间内随时提取，以体现取款自由的原则；而住房公积金的提取有相当严格的政策规定，只有在符合规定的条件下，缴存人才能提取自己缴存的住房公积金。居民储蓄存款根据期限实行不同的利息率；而当年缴存的住房公积金比照居民存款活期存款利率计息，上一年结转的住房公积金本息比照三个月整存整取利率计息。

（二）方向性

住房公积金是长期缴存的专门用途的储金，其用途仅限定于解决职工的住房问题，它不同于职工的医疗基金、养老基金、失业保险基金等其他社会保障基金。这是我国住房公积金制度不同于新加坡中央公积金制度的关键所在。在相当长的时期内，住房公积金只能用于职工的住房消费，不能用于生、老、病、死所需的费用支出。因此，住房公积金的使用有严格的方向性。对参加这一制度的职工来说，住房公积金是长期的住房储金，职工从参加工作的第二个月起至法定离退休之时止，都有义务按月缴存住房公积金。而实现住房商品化、社会化需要几代人的不懈努力，住房问题是永远存在的社会问题，因此，住房公积金制度将是我国一项长期的基本制度。

（三）工资性

单位按照职工工资收入的一定比例逐月缴存的住房公积金相当于发给职工的住房工资，是单位付给职工的劳动报酬。职工缴存与其所在单位缴存两部分共同构成住房公积金的缴纳额。

（四）固定性

每个职工只能有一个住房公积金账户，并且只能将住房公积金统一存储在受委托银行为其设立的住房公积金专户内。

三、住房公积金的运行管理模式

住房公积金的管理坚持住房公积金管理委员会决策、住房公积金管理中心运作、银行专户存储、财政监督的原则。我国的住房公积金制度是职工和职工所属单位按照规定缴存住房储金，在购买或建造住房时可以提取公积金，职工在满足一定条件时还可以用公积金偿还银行贷款的一种强制性制度。

（一）早期的住房公积金管理模式

从1991年上海市在我国率先建立住房公积金制度到现在全面建立住房公积金制度，住房公积金管理经历了实践、认识、再实践、再认识的过程，正在一步一步地走向完善。

由于住房公积金制度是一项新的制度，住房公积金应该如何管理，无法可依。早期的住房公积金管理中心（以下简称“管理中心”）一般都挂靠某个职能部门，缺乏专业人才，住房公积金的缴存、支取和转移等结算业务只能由管理中心委托专业银行房地产信贷部（以下简称“受委托银行”）代行管理。受委托银行设立职工个人住房公积金账户，记载职工住房公积金的缴存情况，及时将缴存的住房公积金划到公积金管理中心在受委托银行开立的住房公积金专户内，并按单位和个人分项立账核算，定期与单位及管理中心核对账目。

但是，这种由受委托银行代行管理职能的模式在实践中存在许多问题：一是一人多户，或一户多人；二是账实不符，住房公积金长期挂在单位账上，没有分配到职工个人；三是由于各银行之间系统不统一，职工办理转移和封存住房公积金时手续烦琐，不便管理；四是同一城市中也无法建立统一的住房公积金公共查询系统，管理中心无法向职工个人发放缴存凭证。这样做的结果是，职工的住房公积金缴存和变化情况的数据资料由各商业银行分别掌握，客观上形成了由承办银行房地产信贷部代行管理中心管理职能的管理模式，管理中心名不副实，实际上没有达到管理目的。

为了规范住房公积金的管理，1999年4月3日，《住房公积金管理条例》（国发〔1999〕262号）（以下简称《条例》）发布施行。2002年3月24日，国务院对《条例》进行了修改。《条例》是住房公积金管理的重要法规文件，它的发布施行对发展和完善住房公积金制度、加强和规范住房公积金的管理与监督工作、保障住房公积金的安全、提高住房公积金的使用效率、推动住房公积金制度的发展具有重要意义。

(二)现行的住房公积金运行模式

根据《条例》修订后的精神,住房公积金管理的决策机构为住房公积金管理委员会。有关住房公积金的年度归集计划和使用计划及计划的执行情况,住房公积金缴存比例,住房公积金的最高贷款额度,住房公积金年度预、决算等重大事项,必须由住房公积金管理委员会确定。住房公积金管理中心执行住房公积金管理委员会的决策,负责住房公积金的具体运作。由于住房公积金管理中心是不以营利为目的的独立的事业单位,不是金融机构,不能办理金融业务,因此,住房公积金贷款、结算等金融业务必须委托银行办理。管理中心与银行是委托与被委托的关系。管理中心作为委托人,负责住房公积金的归集、提取、使用、核算、保值,并审定住房公积金委托贷款。银行作为被委托人,负责办理住房公积金结算业务,办理住房公积金账户设立、缴存、提取等手续,负责根据管理中心确定的贷款对象、用途、金额、期限、利率等代为发放、监督使用并协助收回贷款,收取手续费,不承担贷款风险。其运行流程如图 10-2 所示。

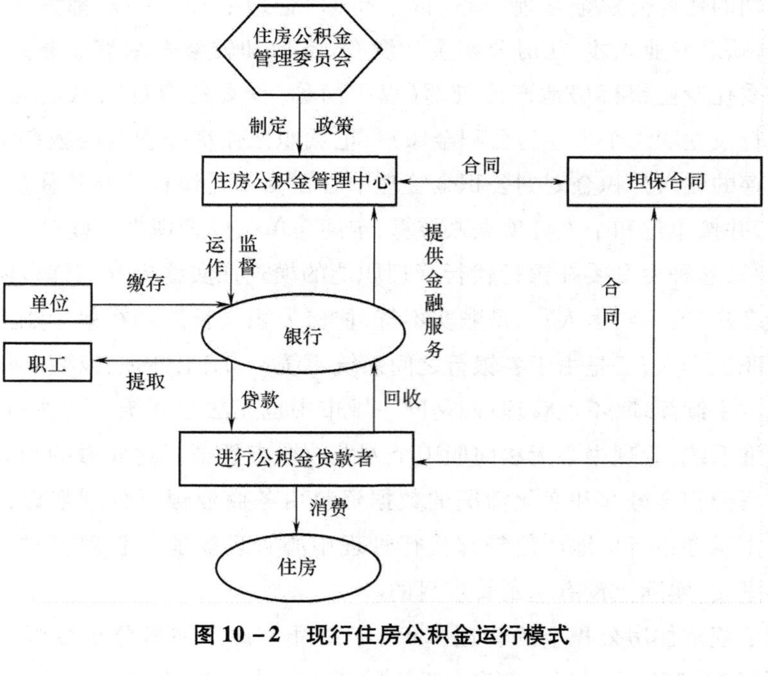

图 10-2 现行住房公积金运行模式

四、住房公积金贷款的运作

(一)住房公积金贷款人条件

第一,住房公积金贷款人应是具有完全民事行为能力的自然人,并具有公积金缴纳地常住户口或者有效居留身份。

第二，住房公积金贷款人需要有稳定的职业和收入，信用记录良好，拥有按期还本付息的能力。

第三，贷款人及所在单位已与管理中心建立正常的住房公积金缴存关系，并及时足额缴存了住房公积金 12 个月以上，住房公积金应处于“正常”状态。

第四，贷款人是所购住房的产权人或其直系亲属，所购住房具有完整产权。此外，若配偶一方已经办理住房公积金贷款，另一方不得同时再申请公积金购房贷款。

第五，贷款期限为 1 ~15 年，根据申请人还款能力计算其贷款期限，月还款额不得超过夫妻双方或共同还款人月收入的 50%，贷款期限与借款人年龄相加不得超过借款人法定退休年龄。

(二)住房公积金贷款办理流程

住房公积金贷款作为一种利率优惠型贷款，其办理流程相比一般商业贷款要更加复杂，并且要经过住房公积金管理中心的相关审批手续。虽然各地公积金管理中心的规定不同，但是住房公积金贷款流程大同小异。在住房公积金贷款中，共有五个参与主体，基本流程如图 10 -3 所示。

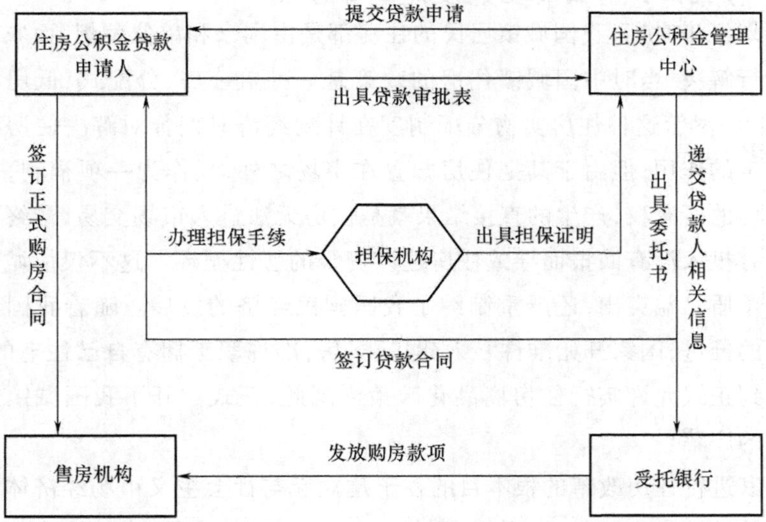

图 10 -3　住房公积金贷款办理流程

首先，由购房人(住房公积金贷款人)与售房单位签订正式的购房合同，公积金贷款人持购房合同、住房公积金贷款审批申请表等相关材料向所在地住房公积金管理中心提交贷款申请。与此同时，贷款人凭购房合同办理质押或通过担保机构办理相关担保手续，其中，住房公积金质押担保额的计算如下：

(1)质押人月缴存额×贷款月数×70%＋现有住房公积金余额

(2)贷款人夫妻双方或共同申请人住房公积金月缴存额之和×贷款月数×70%＋现有公积金余额

以上两项之和是住房公积金质押担保贷款的额度，但是期初贷款人夫妻双方或共同申请人和质押人公积金账户余额原则上不低于申请贷款额的50%，具体比例可根据贷款人和质押人的信誉度和还款能力来确定，贷款人也可通过住房抵押办理相应手续。贷款人将担保或者质押证明提交住房公积金管理中心，管理中心审核各项证明文件，对合规者出具委托通知书，贷款人凭委托通知书与受托银行签订借款合同，并保证按期还款，最后由银行向售房机构发放购房款项。

第二节　我国住房公积金制度

一、我国住房公积金制度的建立

(一)我国住房公积金制度建立的背景

计划经济时期，我国城镇居民的住房都是由国家和单位负担，而农村居民则是自行解决，当时中国城镇住房的政策是一种盖公房、分配式、低房租的福利制度。[①] 尽管这种住房实物分配制度在计划经济时期曾对解决住房问题产生过一定的作用，但由于其把住房归置在市场之外，只作为一项福利，使职工没有住房的所有权，产生的直接结果就是住房无法进入市场交易，最终因住房建设只有投入没有回报而导致住房建设资金的恶性循环。这不仅使城镇居民的住房矛盾日益突出，还严重制约了我国国民经济的发展。随着我国经济体制改革的推进，国家开始准许私人建房、买房，准许职工拥有自己住宅的产权，并过渡到正式允许实行住房商品化政策。至此，正式拉开了我国城镇住房制度改革的序幕。

国家进行住房改革的根本目的在于建立起与社会主义市场经济体制相适应的新的城镇住房制度，实现住房商品化、社会化，加快住房建设，改善城镇居民的居住条件。然而，住房是一种耐用且价值很高的生活资料，这意味着要解决住房问题，需要耗费大量的资金。有数据显示，在正常合理的情况下，一套

① 胡清波：《住房公积金管理与房地产行政管理实务全书》，中国致公出版社2001年版。

普通住房的价格一般应是职工年收入的 4～5 倍左右。因此，如何积累和筹集这样一大笔资金就成为住房制度改革最需要解决的问题。

尽管我国经济飞速发展过程中人民的生活水平普遍提高，居民的购房能力有所上升。但总体来看，由于受到整个国家经济水平的限制，居民的购房能力仍然难以满足其住房需求。为了尽快尽早地解决居民住房资金的筹集问题，国家在多方面进行尝试，并广泛汲取国外关于住房金融特别是新加坡中央公积金制度的有益经验，终于使住房公积金制度应运而生。党的“十五大”明确提出“建立城镇住房公积金制度，加快改革住房制度”的要求，把住房制度改革的重点放在住房公积金制度的构建上，建立起我国的政策性住房金融体系。

(二)我国建立住房公积金制度的必要性

尽管住房商品化、社会化的理论探索早在 20 世纪 80 年代就已经开始，并在 20 世纪 90 年代得到了国家的肯定，但基于国情所面临的众多约束条件，使转变住房分配机制的过程困难重重。在这样的制度背景下，住房公积金制度的引入尤为重要。

一方面，从整个国家的社会保障体系来看，住房保障是社会保障制度的重要内容，而要建立完善的住房保障制度，积累和筹集大量的住房资金是重中之重。住房市场的内在缺陷与失灵事实上决定了解决大多数居民住房问题的住房保障体系是国家社会保障体系的重要内容。这不仅需要专门的部门或机构来承担，也需要专门的住房资金。在我国经济体制转型的特殊时期，住房公积金制度能较好地解决筹集住房资金的问题，其取得的成效有目共睹。因此，作为我国住房保障体系中承担政策性金融职能的支柱，住房公积金制度不仅有其存在的必要性，而且应该扩大其影响与作用。

另一方面，从我国的房地产金融体系来看，住房公积金制度是健全房地产金融体系的关键。首先，住房公积金制度可以有效降低商业性个人贷款的风险，进而减少房地产金融风险。由于住房公积金贷款以低息贷款降低中低收入者的贷款成本，因此，在一定程度上降低了其违约率。而且实践证明，公积金贷款的不良贷款率远低于商业性个人贷款。其次，房地产金融的发展需要政策性金融的支持。房地产对资金需求量大、占用时间长且风险高，决定了住房金融体系的运作必须要有政策性金融体系来协调，并提供资金和其他条件，从而与其他参与融资、提供担保的银行以及非银行金融机构相结合，形成各方参与、相互分工协作的运行机制。再次，政策性和商业性住房金融的有机结合可以提高房地产金融体系的效率，二者的有机结合形成了互动机制，可以从不同方面调动各类金融机构的积极性，保证住房资金的来源，提高居民的购房能力，提高房地产金融体系的效率。在我国房地产金融体系中，商业性金融体系相对来说较为成熟，而政策性住房金融体系较为缺乏。因此，应大力发展以住房公积金制度为主导的政策性住房金融，健全我国的房地产金融体系。①

综上所述，住房公积金制度是国家在住房改革政策研究与实践运行中反复探索后确立的与住房制度改革相匹配的一种制度，并作为国家的大政方针载入党的十五大报告与国务院关于国民经济和社会发展“十五”计划大纲中。因此，当前在我国实行住房公积金制度有着显而易见的必要性和重要性。

二、我国住房公积金制度的发展

自 1991 年我国开始建立住房公积金制度至今已有 20 余个年头，它逐渐发展为具有鲜明中国特色的政策性住房金融制度。

(一)我国住房公积金制度的发展过程

在不断地摸索和学习中，整个住房公积金制度在逐步改革中完善发展起来。总的来说，我国住房公积金制度的发展可以分为以下几个阶段：

第一阶段(1991—1994 年)：初步建立阶段。

1991 年 5 月，在借鉴新加坡中央公积金制度的经验并结合我国国情的基础上，上海市率先建立起了有中国特色的住房公积金制度。这是我国住房制度改革进程中的重大突破，标志着一个由国家主导、单位资助、依靠职工自身力量解决住房问题的市场化机制开始形成。从 1992 年起，北京、天津、南京、武汉等城市相继建立了住房公积金制度。在住房公积金制度建立初期，主要是发放住房建设贷款，特别是单位建房贷款、安居工程贷款、危房改造贷款、住房解困贷款等，缓解了住房供给短缺的矛盾，改善了职工的住房条件。

第二阶段(1994—1999 年)：全面推行阶段。

1994 年，国务院在总结住房公积金试点城市经验的基础上，颁布了《国务院关于深化城镇住房制度改革的决定》(以下简称《决定》)，明确提出了建立与社会主义市场经济体制相适应的新的城镇住房制度的基本框架和全面推行住房公积金制度的要求。自此，住房公积金制度正式在全国范围内推行开来。与此同时，政策性住房抵押贷款制度也开始在全国主要大城市中实行。1998 年 8 月，国务院办公厅转发国务院住房制度改革领导小组《关于加强住房公积金管理的意见》，明确规定住房公积金实行“房委会决策、管理中心运作、银行

① 荣艺华：“对住房公积金的思考”，《西部金融》，2007 年第 8 期，第 49 ~ 52 页。

专户、财政监督”的管理原则，使住房公积金的管理工作得到进一步规范。到1998年年底，住房公积金制度已从建立初期的部分大、中城市扩展到231个地级以上城市、437个县级市和相当一部分的县（镇）。

第三阶段（1999—2002年）：不断发展阶段。

1999年4月，国务院正式颁布了《住房公积金管理条例》（国发〔1999〕262号）（以下简称《条例》），标志着我国住房公积金制度进入了法制化、规范化发展的新时期。《条例》对住房公积金制度做了进一步明确、规范的要求，包括建立住房公积金总账、单位账和个人明细账三级账目；开展住房公积金缴存情况的执法检查，建立住房公积金归集协管员制；在停止发放单位住房建设贷款的同时，加大住房公积金贷款发放力度等。《条例》的实施为确立住房公积金管理中心的管理主体地位，规范住房公积金的管理，保障职工合法权益提供了强有力的保障，也使住房公积金制度的覆盖面在全国范围内迅速扩大，归集量大大提高。截至2001年6月底，全国住房公积金归集总额达到2 825亿元，归集余额为2 065亿元，分别比1998年年底增加了1 594亿元和1 594亿元，增长率为129%和104%。

第四阶段（2002年至今）：逐步完善阶段。

根据《住房公积金管理条例》，建设部陆续制定了一些住房公积金具体实施意见和方法，用以指导住房公积金具体工作的开展，如2002年，出台了《关于完善住房公积金决策制度的意见》（建房改〔2002〕149号），对住房公积金管理委员会的组建及职责做了具体明确的规定；2004年，《住房公积金行政监督办法》（建金管〔2004〕34号）发布，规定了各级政府在住房公积金监管中的职责和权限。2005年1月7日，建设部、财政部、中国人民银行发布了《关于住房公积金管理若干具体问题的指导意见》，将缴存主体扩大到城镇单位聘用的进城务工人员、城镇个体工商户和自由职业人员。2009年1月，国务院发出《关于促进房地产市场健康发展的若干意见》，首次提出住房公积金要进入住房建设投资领域。2011年10月27日，住建部副部长齐骥表示，住建部正在联合各个部门，研究修订公积金条例工作中有关放开个人提取公积金用于支付住房租金等规定，这将使更多没有买房的租房者可以像有房者那样提取、使用自己的公积金，弥补现行《条例》中关于提取规定的不足。2011年年末，住建部提出“扩大住房公积金覆盖范围”的意见，得到了国务院认可。2012年，开通12329住房公积金热线，为住房公积金建设提供更好的服务。2014，住房和城乡建设部、财政部、中国人民银行联合印发《关于发展住房公积金个人住房贷款业务的通知》（建金〔2014〕148号），扩大住房公积金使用范围，调整个人住房贷款政策。住房和城乡建设部在全国范围内进一步推进开通12329住房公积金短信服务，拓宽服务渠道，不断提高住房公积金综合服务水平。10月，住房城乡建设部发布了《住房公积金基础数据标准》，规范各地住房公积金信息化建设，提高资金结算效率，实现资金、业务、财务管理一体化，增强各地住房公积金中心资金管理和业务能力。2015年，住房和城乡建设部加快推进《条例》修订工作，并报国务院审议。同年，住房和城乡建设部、财政部、中国人民银行先后出台了《关于放宽提取住房公积金支付房租条件的通知》《关于个人住房贷款政策有关问题的通知》《关于调整住房公积金个人住房贷款购房首付比例的通知》《关于住房公积金异地个人住房贷款有关操作问题的通知》《关于切实提高住房公积金使用效率的通知》五个政策文件，调整住房公积金提取使用政策。为准确、及时反映住房公积金业务的运行状况，住房和城乡建设部印发了《住房公积金统计管理办法》，经国家统计局批准修订了《住房公积金统计报表制度》，开发了住房公积金统计信息系统。住房和城乡建设部、财政部、中国人民银行联合印发《关于健全住房公积金信息披露制度的通知》，加大了住房公积金信息披露工作力度。2016年2月，经国务院同意，《中国人民银行　住房和城乡建设部　财政部关于完善职工住房公积金账户存款利率形成机制的通知》（银发〔2016〕43号）将职工住房公积金账户存款利率由活期和三个月定期存款基准利率调整为一年期定期存款基准利率，以提高职工账户存款利率。同年，按照党中央和国务院决策部署，经国务院常务会议审议通过《住房和城乡建设部　发展改革委　财政部　中国人民银行关于规范和阶段性适当降低住房公积金缴存比例的通知》（建金〔2016〕74号）来规范和阶段性降低缴存比例。一系列的改革措施探索扩大了公积金的覆盖面积，规范了公积金的管理，推动公积金制度同经济适用住房制度、廉租住房制度为主要内容的城镇住房保障制度建设互动，不断改善居民的住房条件。

（二）我国住房公积金制度实施的现状

从住房公积金制度开始实施至今，经过20多年的不断完善，住房公积金制度在管理体制、监管体系、业务发展等方面取得了长足的发展，为改善职工住房条件、建立住房保障制度、推动住房金融体系建设、促进住宅与房地产业健康发展发挥了积极作用，这也是我国住房制度改革取得显著成效的重要原因。

1. 住房公积金制度的管理体制日趋完善。一方面，住房公积金制度的管理机构有了一定的层次性和制度性。通过对管理机构管理范围的统一划分，按照“统一决策、统一管理、统一制度、统一核算”的原则，基本建立了以住房公积金管理中心为主体的内部授权管理制度。调整后的管理中心按照管委会(即住房公积金管理委员会)的决策,独立行使对住房公积金的管理运作职责,使管理效能明显提高。同时,逐步制定了住房公积金归集、提取、使用、核算等关键环节的管理制度,加强内部控制制度的完善,进一步提升了住房公积金制度的管理水平。另一方面,住房公积金的决策机制也得到改进。以前的住房公积金管理大多存在多个部门、多个中心、资金分散等制度缺陷,自从管理机构调整精简之后,这些情况得到了一定的改善。现在的住房公积金的决策过程建立在严格规范的由住建部、财政部、中国人民银行等 11 个部门组成的住房公积金工作联席会议制度基础上(每季度至少召开一次会议),实行民主决策,客观上反映了参与住房公积金制度的各方面的权益,具有广泛性和代表性。

2. 基本确立住房公积金制度的监管体系。2002 年 3 月,建设部住房公积金监督管理司成立,住房公积金制度有了正式的行政监管机构。为了更好地贯彻落实《住房公积金管理条例》,各地建立了本地的住房公积金监督管理办公室。2002 年至今,针对住房公积金的监督管理工作,国家建立了联合督查制度、年度审计制度、信息定期通报制度等,再加上 2005 年通过验收并开始使用的住房公积金监督管理信息系统,使我国住房公积金的监管体系更加健全。以上良好运行机制的建立,使住房公积金业务发展迅速。2002 年 5 月,国务院办公厅主持召开了全国住房公积金工作会议。在这次会议上,国务院就进一步加强对公积金的管理工作做出了明确的部署,要求各地政府直接领导,相继出台相关规定,加大对住房公积金制度的宣传、催缴力度,全国住房公积金缴存额逐年大幅增加,住房公积金的各项业务有了突飞猛进的发展。表 10 – 1 中的数据表明,全国住房公积金缴存和贷款一直保持稳定的增长趋势,住房公积金业务得到了稳步发展。

表 10 – 1　我国公积金的发展现状　　单位:亿元

年度	缴存总额	缴存余额	个人贷款总额	个人贷款余额
2012 年	——	26 805.10	——	16 553.84
2013 年	61 923.13	31 679.49	35 653.05	21 733.21
2014 年	74 852.68	37 046.83	42 245.30	25 521.94
2015 年	89 490.36	40 674.72	53 349.74	32 864.55
2016 年	106 091.76	45 627.85	66 061.33	40 535.23

资料来源:根据中华人民共和国住房和城乡建设部网站各年度《全国住房公积金年度报告》整理而成。

三、对我国住房公积金制度的评价

尽管世界各国住房制度的理论与实践均证明,要发展住房金融有多种模式可供选择,例如,美国的以政府为担保的个人抵押贷款模式,德国的居民个人住房储蓄模式等。但在我国现有国情条件下,住房金融选择的发展方向既要适应住房制度改革的需要,也要满足金融体制改革的需要。建立住房公积金制度,一方面能够转变住房分配体制,另一方面又为经济适用房建设和职工住房抵押贷款提供了资金支持。因此,建立住房公积金制度是发展我国住房金融体系的现实选择。

(一)我国住房公积金制度的作用

实践证明,住房公积金制度以其独特的融资方式成为我国住房金融体系中不可缺少的重要组成部分,在整个房地产经济乃至国民经济中都发挥着重要的作用。

首先,实行住房公积金制度不仅有利于住房资金的积累,还能有效促进储蓄向投资的转化。我国住房制度改革的根本目的是“建立与社会主义市场经济体制相适应的新的城镇住房制度,实现住房商品化、社会化;加快住房建设,改善居住条件,满足城镇居民不断增长的住房需求”。要实现这一根本目的,关键是解决资金问题。住房公积金制度正是长期稳定的资金来源,它不仅提高了居民的住房储蓄水平,更提高了整体的国民储蓄水平。与此同时,住房公积金制度还能够使居民的住房储蓄有效转化为住房投资和消费。这种转化的范围不仅是住房公积金储蓄部分,还包括其他形式的住房储蓄。

其次,实行住房公积金制度有利于转变我国原有的住房体制,促进住房分配的货币化。建立新的住房体制的关键在于把国家、单位统包住房建设投资,转变为国家、单位、个人三方共同筹资建设住房;把单位建设、分配、管理住房,转变为住房的社会化、市场化配置;把住房的福利分配方式,转变为以按劳分配为主的货币工资分配方式。住房公积金制度将职工个人的住房消费资金合理并入其工资中,是实现住房分配货币化的重要途径,能有效促进新住房体制的建立。

再次,住房公积金制度有助于有效地解决职工的住房问题,特别是中低收入者的住房问题。住房的必要性和高价值性决定了广大职工,尤其是中低收入者,要凭自身的能力购买合适的预期住房是极为困难的。作为一种互助性的住房资金,住房公积金制度在政府的有效干预下只需要较低的融资成本,非常适合绝大多数职工的购房要求。住房公积金制度一方面通过资金积累和贷款使个人具备购房能力,增强了住房的有效需求;另一方面又通过银行资金融通,为住房建设提供资金。也就是说,分别从需求和供给角度推动了住房的建设和消费,促进了居住产业的发展。

最后,实行住房公积金制度大大加快了我国的住房建设速度。住房公积金制度作为一种低融资成本的政策性住房金融手段,其最大优势在于通过政府有效干预使住房投资达到最优配置,不仅能够顺利解决住房建设的资金筹集问题,而且可以在一定程度上抑制住房建设成本的上升。与此同时,在内部监督和外部监督的共同作用下,还能够确保住房资金有效运用于住房建设上,而不是被滥用于其他方面。

住房公积金制度作为一种政府主导型的政策性住房金融模式,不仅丰富了我国住房金融的运行机制,有效提高了住房金融的运行效率,更为其他多种住房金融运行模式相互合作、协调运行提供了空间和条件。

(二)我国住房公积金制度的弊端

1. 管理模式缺陷。

(1)决策机制缺陷。根据《住房公积金管理条例》的规定,"管委会决策"的体制已基本建立,但由于决策主体的法律地位被虚化,法定权利行使不力,管委会委员以政府官员代表为主,单位代表和职工代表很少,且委员几乎全为兼职,对住房公积金政策法规和业务运作并不了解,而且部门利益立场明显,导致现有管理模式所预设的决策与管理互相分离,决策主体制衡管理主体的法律机制无从发挥作用。管委会作为议事性会议组织,履行决策和监督功能基本流于形式,无法实现法规要求的民主、客观、公正。同时,由于住房公积金所有者代表比重低,缺乏具有可操作性的程序和规则,仅有的职工代表不能有效反映所有者的利益。住房公积金政策制定和运作透明度不高、信息不对称导致公共政策公信力不足。

(2)管理机制缺陷。住房公积金管理中心作为直属各地人民政府的事业单位,并无自有资产,无承担贷款风险的财产基础。同时,事业单位的定位导致公积金管理中心"行政化"现象严重,因行政安排所产生的行政失误、低效率、权力寻租等政府失灵现象时有发生。公积金管理中心被赋予管理住房公积金、承担贷款风险、负责保值增值等权利,事实上已成为准金融机构,但由于没有独立的法人财产和独立的经济利益约束,其法律地位不清,权利责任失衡。公积金管理中心既没有追求效益的积极性,也没有建立健全有效的内控监督机制。现行的管理体系按属地化原则建立,分散管理,封闭运行,形成资金来源单一、管理主体多元、规模小、地域分割严重等现象,增加了运营成本,降低了资金使用效率。

(3)监督机制缺陷。住房公积金资金并未完全进入国家直接的金融监管体系之内,而财政监督、审计监督、建设主管部门监督主体分散,监督责任不明,监督方式落后,往往仅限于管理中心书面情况报告和一些数据报表的统计分析汇总,以静态监督和事后监督为主,缺乏全程的动态监督,无法实现有效监管。地区分割监管及外部监督难以有效深入进一步削弱了监督的作用,个别地方机构的监管部门因为从地方利益出发,默许地方公积金管理机构的违规行为和短期行为。

2. 资金运作困难。

(1)资金来源与运用的结构失衡。住房公积金资金来源仅限于住房公积金归集,由缴存人按月缴存实现,属于分散性的小额资金流入,而住房公积金的提取或贷款均属于集中性大额资金流出。经过多年的发展,住房公积金归集已进入一个较平稳的发展阶段,而提取和贷款需求旺盛的地区受资金限制,其所能提供使用的住房公积金与当地的住房消费平均水平已出现较大差距,储蓄与贷款的不对称运作机制也易造成风险。这种资金来源与运用结构的失衡已直接影响了住房公积金制度的发展。

由于全国各大城市楼市成交量不断攀升,住房贷款和公积金贷款也呈快速增长状态,杭州、广州、青岛、北京、上海等地频现公积金贷款难,多个城市公积金出现缓贷、断贷的现象,部分城市甚至出现了“挤提”。

(2)资金使用效率与资金安全相矛盾。只有扩大住房公积金贷款规模,不断提高资金使用效率,才能充分发挥住房公积金制度的优越性。但贷款规模受到当地房地产实际有效需求和市场发展状况等因素的影响。2007 年年底,全国住房公积金贷款运用率仅 52.83%,中西部地区更低;2008 年,国家出台促进房地产市场发展的政策后,公积金贷款政策也随之放松,截至 2016 年,我国住房公积金个人住房贷款率为 88.84%,较 2012 年的 61.76% 上升较大。同时,投资渠道狭窄大大限制了住房公积金保值增值的途径,运作投资手段只能局限于放贷、银行存款和购买国债,资产结构单一,业务收入主要来源于利息收入。随着资金规模的扩大,住房公积金提高资金使用效率和确保资金安全之间的矛盾日益明显。

(3)利率政策缺乏弹性。住房公积金对所有的缴存和贷款者均采取统一的利率政策,存款利率参照银行活期和三个月定期存款利率,贷款利率则经历了存款利率加规定利差、分段固定利率两个过程。由于近年来我国房价大幅上涨,公积金低存低贷的利率导致资金购买力没有增加反而缩水,尤其是对那些未使用住房公积金者来讲，其住房公积金储蓄面临长期的政策性低存款利率计息、房价不断上升和普遍性通货膨胀的三重贬值压力，不利于调动人们的缴存积极性。近年来，住房公积金利率紧随央行基准利率频繁调整，一度成为政府调节房地产行业投资的先导信号，其利率体系同时呈现公积金存贷款利差缩小、公积金贷款与商业贷款利差缩小、贷款利率与同期居民储蓄利率利差倒挂的现象，导致政策性贷款优势减弱、资金周转速度放慢、公积金发展空间受限制。

3. 利益分配失衡。

(1)缴存上的利益失衡。首先表现为制度覆盖面不足。据统计，截至2016年年底，全国住房公积金的缴存人数是13 064.50万人，较上年净增住房公积金实缴职工671.19万人。在住房公积金缴存职工中，国家机关、事业单位、国有企业和城镇集体企业占57.14%；城镇私营企业及其他城镇企业、外商投资企业、民办非企业单位和其他类型单位占42.86%。虽然住房公积金制度覆盖面在持续扩大，但还是不够全面。现行的《住房公积金管理条例》规定，民办非企业单位、城镇企业(国有企业、城镇集体企业、城镇私营企业等)都应该在制度的覆盖范围之内，但实践中，住房公积金制度主要还是约束大型国有企业，对中小企业的约束力比较弱。而且进城务工人员、个体工商户和自由职业者也尚未纳入制度覆盖范围，这部分职工大多是真正需要解决和改善住房的中低收入群体。不能缴存住房公积金，对这部分职工应享有的利益而言有失公平。其次，在缴存额度上，由于缴存工资基数和比例差异巨大，地区之间、单位之间、职工之间的缴存额呈现两极分化，在一定程度上放大了收入分配的不公，影响了住房公积金制度的稳定、和谐发展。

(2)使用上的利益失衡。住房公积金作为一种法定的强制性储蓄，排斥了不同储户的收入水平、消费偏好、投资欲望和自主决策，排斥了利率在资金融通中的定价作用和市场经济等价交换、风险收益的原则。无论是提取还是贷款，往往是高收入群体因为买房多、价格高，因此使用住房公积金多、受益多。尤其是由于低存低贷的利率政策和不尽合理的配贷机制，导致大多数中低收入缴存者用自己的低息储蓄损失来补贴有能力贷款的高收入缴存者的扭曲局面，对中低收入群体的住房保障力度不足，高收入群体反而享受更多的政策补贴，背离了住房公积金制度的本意，进一步拉大了不同群体的收入差距。

(3)增值收益上的利益失衡。住房公积金属性为职工个人所有。我国《民法通则》规定：财产所有权是指所有人依法对自己的财产享有占有、使用、收益和处分的权利。收益权是财产所有权的重要权能，住房公积金增值收益也应体现缴存职工的收益权。现行住房公积金制度中使用住房公积金增值收益用于廉租房建设补充资金，模糊了增值资金的法律产权属性，实际上使住房公积金所有者的权益未能得到有效保障，在理论界和实务界始终存在争议。

第三节　新加坡的中央公积金制度

一、新加坡中央公积金制度的建立过程

新加坡是一个热带岛国，位于马来半岛南端，是航运要道马六甲海峡的出口，由于城市面积占绝大部分，因此人称“城市国家”。在新加坡为英属殖民地时期，经济落后，人民贫困，社会矛盾突出。独立后，新加坡政府坚持自由经济政策，大力吸引外资，发展多样化经济，使国家经济得到了显著发展。几十年来，新加坡把东方文化与西方管理经验结合，积累了一整套强国富民的宝贵经验。随着经济的起飞，新加坡政府独创性地建立了新型国家社会福利保障体系——中央公积金制度，它不仅使新加坡在较短时间内解决了人民“老有所养、病有所医、居者有其屋”三大难题，而且极大地促进了新加坡经济的快速增长。

（一）新加坡中央公积金制度建立的背景

第二次世界大战以后，英国很快建立起了福利国家制度，这对当时仍处于英国殖民统治下的新加坡产生了重大影响。为了巩固在新加坡的统治，英国政府于1953年12月11日通过了公积金法案。在此之前，只有新加坡政府部门的公务员享有养老金，其全部金额都由政府负担，另外还有极少数大公司设立了公积金，用于职工退休后的养老。而殖民政府选择公积金计划的原因，一方面是由于公积金计划对政府财政不会产生负担，另一方面是为了与当时的马来西亚联邦政策保持一致，那里已经采用了公积金计划，而两块领土的劳动力是自由流动的，采用一致的政策有利于这种流动。1955年7月，新加坡正式颁布《中央公积金法》，同时成立了中央公积金。至此，新加坡建立了“奖励员工勤奋工作，每一个人必须为自己和他的家庭负起基本义务的制度”，即中央公积金制度。中央公积金制度规定，“由雇主和雇员共同按照工资的一定比例缴纳相应的保险金，建成一个中央保险基金。中央公积金局负责该基金的保值和增值，等到工人退休或因为各种原因而失去劳动能力的时候一次性支付

给本人或其家庭，以保障其基本的生活”①。

1959年6月，新加坡获得自治，自治政府在1960—1964年的发展计划宣言中指出，应该避免实行直接改善社会福利的计划，因为这种计划只能通过将来自其他方面的更紧迫的需求转变为更多的可利用资本资源来实现，而新加坡目前最大的需求是增加就业和提高国民收入。因此，新加坡政府并不赞成在当时实施社会保险计划，而是继续实行提供养老收入的公积金制度。1965年8月，新加坡独立后，开始大力发展中央公积金制度。

（二）新加坡中央公积金制度的发展过程

为了巩固在新加坡的殖民统治，英国政府在1951年将由两名立法议员倡议的《公积金法案》正式提呈议会进行讨论。至1953年10月，英国政府的特选委员会向议会提交了有关总结报告，并对公积金的性质、用途、缴纳率以及管理等问题提出了具体的专门意见。同年12月，《公积金法案》终于获得通过。1955年7月，中央公积金制度正式建立并开始实施。

纵观新加坡中央公积金制度的发展过程，大体可以分为以下几个阶段：

第一阶段（1955—1965年）为初创阶段。中央公积金实行初期，政府颁布《中央公积金法》的唯一目的是解决绝大多数中小企业雇员的养老问题。因此，工作的重点主要是理顺各方面的关系，根据社会成员的不同情况制定相应政策。该制度规定，已在养老金制度下受雇的公务员不受中央公积金制度的影响；少数已设有雇员福利基金的大公司可以要求豁免参与中央公积金制度；其余企业按规定的公积金缴交率（雇主和雇员各缴交5%）参与中央公积金制度。同时还规定，工资低于一定限额的雇员本人可以不缴纳公积金，以保证其基本生活需要。另外，政府还通过多种形式进行宣传，加深民众对中央公积金制度的认识和了解，增强他们对中央公积金制度的适应能力。

第二阶段（1965—1978年）为调整阶段。1965年8月，新加坡最终获得独立。由于实施10年的中央公积金制度获得了社会各界的普遍支持，因此，新政府开始在更广泛的范围内进行探索。1968年9月1日，新加坡开始了中央公积金制度下的第一个计划——公共住房计划。该计划允许公积金成员动用自己的中央公积金储蓄购买建屋发展局（1968年创建）建造的享有补贴的低造价组屋，这标志着公积金的使用范围开始放宽。至1975年9月，公积金开始被允许用于购买建屋发展局建造的没有补贴、设施更为齐全的较高造价的住宅。

---

① 白郁婷："新加坡、马来西亚公积金制度简介"，《退休基金季刊》，2000年第1卷第2期。

第三阶段(1978—1993年)为发展阶段。随着经济的快速发展,中央公积金积累的资金仅用于解决养老和住宅问题已经不能满足社会需要,因此,公积金的使用范围进一步扩大,使用层次也不断提高。1978年,公积金可用于购买新加坡公共汽车公司的股票,这既能使公积金会员通过投资股票获利,又促进了公共交通更好地为本国民众服务;1981年,允许会员动用公积金去购买私人建造的高级住宅;1984年,会员可以使用公积金支付医疗费用,购买医疗保险。在中央公积金制度建立后的几十年里,新加坡政府根据社会发展的实际需要,陆续推出了有关退休保障、医疗保健、住房保障、家庭保障、增进资产5大类16项计划,使一项简单的养老储蓄制度发展成为一个具有综合功能的社会保障体系。

第四阶段(1993年至今)为完善阶段。经过中央公积金制度几十年来的发展实践,1993年,新加坡政府对未来30年的国民年龄构成、生活水平状况、公积金积累程度以及与社会保障体系的适应程度等诸多方面情况的变化走向进行了超前预测,并开始采取相应的完善措施。针对以前实施计划的不足,政府逐步引入包括养老、医疗、住宅、投资等各方面的补足计划,使中央公积金制度发展得更加完善。

二、新加坡中央公积金制度的构成内容

(一)新加坡中央公积金制度的基本内容

新加坡的中央公积金制度是典型的完全积累制、缴费确定型模式。自1955年开始实施以来,中央公积金一直由雇主和雇员按照一定比例缴交,期间,缴交比例一直都随着当时的社会、经济形势而浮动调节,最高时曾达到50%,雇主和雇员各缴25%。中央公积金个人账户由三个组成部分,包括普通账户、保健储蓄账户和特别账户。普通账户可用于购买房屋、保险,或者用于投资、教育(只能用于政府承认的公立大学和理工学院的全日制课程);保健储蓄账户主要用于支付在政府创办的医院中就医的医疗费用和购买政府认可的医疗保险;特别账户则用于养老、紧急情况以及与退休有关的金融投资。雇员年满55岁后,个人账户结构就转变为退休账户和医疗储蓄账户。在雇员退休时,只要其退休账户留够法定最低储蓄金,就可以提取其余的公积金储蓄。

整个公积金的存款以及利息都是免税的。公积金利率虽然是由政府决定,但与市场紧密联系在一起,都是新加坡主要的四家国内银行(新加坡发展银行、华侨银行、华联银行、大华银行)的一年期定期存款利率的算术平均值,且中央公积金法案规定最低利率为2.5%。但特别账户、医疗账户及退休账户

的存款利率要高于这个名义利率，因为这些账户上的存款期限都比较长。

新加坡中央公积金是在不断地改革、完善中发展壮大起来的，主要表现在具体实施计划的逐渐增加和改进上。这些计划主要包括：

1. 在养老方面，由于中央公积金建立伊始就是为了强制进行养老储蓄，因此有关养老的政策并没有很大变动。直至 1987 年，新加坡政府开始实行“最低数额计划”，使公积金会员得到了更全面的养老保障。该计划主要是为满足退休人员 60 岁以后的生活需要，即会员只需要在中央公积金局或特准银行存入最低数额 3 万新元，便可在 60 岁以后按月得到一定数额的生活费。这一计划后来扩展到全体国民，并允许子女为父母开设退休账户。

2. 在住房方面，1964 年，新加坡政府开始推行“居者有其屋”计划，这是公积金第一次从纯粹的养老储蓄转移到住房保障方面。该计划的本意是通过使民众拥有住房财产来保持社会安定，但由于大多数低收入者仍旧无法负担，使计划实行之初的效果并不是很理想。1968 年，政府开始允许低收入者在不超过购房款首付 20% 的限度内动用其公积金储蓄来购买低造价的政府组屋；1975 年，又将政策进一步放宽到允许中等收入者购买造价较高的政府住房和城市开发公司提供的住房；1977 年，该计划被扩大到允许军人购买国防部的组屋。同时，如果公积金会员普通账户上的存款不够支付的，还可以向建屋发展局申请住房贷款；1981 年 6 月，新加坡政府又推出了“特准居住财产计划”，其主旨在于允许动用公积金储蓄购买私人建造的住宅，该计划的推行改变了以往公积金不会流向私人产业的模式，使政府组屋与私人房产之间开始出现竞争，一定程度上增强了公积金的保值增值能力。1981 年 11 月实施的“住房保障计划”是保障会员及其家属住房的保险计划，主要是解决意外情况下住房贷款的偿还问题，这也使中央公积金制度不再局限于单纯的自我保障，而开始出现了少量的社会保障功能。

3. 在医疗方面，1984 年 7 月，中央公积金账户里开始设立保健储蓄账户，其缴纳率至少达到雇员月薪的 6%。该账户储蓄可用于支付公积金会员及其家属在政府创办的医院中就医的医疗费用和购买政府认可的医疗保险。但设立保健储蓄的初衷并非是建立个人的医疗保障，而是为了使医院收费得到保障。为此，1990 年 7 月，新加坡政府又开始实行“健保双全计划”，旨在帮助那些因长期患病而陷入医疗费用支付困境的公积金会员。

4. 在投资方面，1978 年，为更好地实现公积金的保值增值，新加坡政府发起了“新加坡公共汽车服务有限公司持股计划”（简称“持股计划”），允许会员在 1 000 新元以上、不超过 5 000 新元的范围内提取公积金购买新加坡公共汽车服务有限公司的股票,持股者可以获得高于当时公积金存款利率的年分红,并可以享受一定的乘车优惠。持股计划的实施标志着公积金从此开始了个人管理和商业投资。为了给予会员更大的自主性来管理和增值公积金储蓄,1986 年 5 月,新加坡政府推出了"特准投资计划"。这项计划将会员账户中超过最低数额的部分划分为可投资储蓄,而会员可动用可投资储蓄中的 40% 投资于各种特准股票、证券、单位信托等。

5. 在其他方面,新加坡政府还根据国民的具体需求,制定实施了诸如"特准教育计划""家庭保障计划"等,进一步发展和完善了中央公积金计划。从 1994 年开始,根据社会和经济发展的新形势,新加坡政府开始针对原先实行的计划加以改进,继而推出了各种计划的补充计划,以更好地满足国民的各种生活需求。值得一提的是,从 2004 年开始,新加坡政府为解决日益严重的人口老龄化问题,相继提出了一些应对计划,并于 2007—2008 年间开始正式实行。这些计划主要包括:

第一,于 2007 年国庆期间(8 月 9 日)宣布提高公积金回报率,同时制定了一套改变过去 50 年公积金固定利率模式的新的利率制度——将部分存款利率同金融市场债券利率挂钩,并与同等风险或期限的金融产品挂钩。这样,公积金账户的利率是 10 年期新加坡债券收益率外加一个百分点。同时,公积金账户的首 6 万新元也可多享有一个百分点。

第二,2008 年 2 月开始实行公积金终身入息计划。该计划主要是为在 2008 年年龄为 50 岁及以下的会员设立,只要他们在 55 岁时账户存有至少 4 万新元,就可在其有生之年,每月领取 610 新元。

第三,提高了领取公积金的最低年龄。到 2012 年,公积金领取的最低年龄由 55 岁提高到 62 岁,到 2018 年则延长至 65 岁。为了缓冲这项政策对年长者的冲击,新加坡政府给予 50 ~ 57 岁的会员一笔 3% ~ 5% 的红利,叫作"Deferment Bonus"。同时,政府还设立了一项自愿延后红利,即"Voluntary Deferment Bonus",用于鼓励现年 54 ~ 63 岁的会员延后领取其公积金账户内的最低存款。会员每延后一年,可获得高达 600 新元的红利,延后提取公积金者最多可获得的红利高达 1 500 新元。从新加坡中央公积金制度下的各种具体计划中我们可以看到,它围绕会员基本生活的各个方面逐渐发展起来,涵盖了会员基本生活保障涉及的绝大部分领域。

(二)新加坡中央公积金制度的主要特点

1. 广覆盖,高积累,强制封闭集中。中央公积金的归集、使用、管理严格依照《中央公积金法》执行,所有新加坡公民和永久居民、雇员的公积金由雇员和雇主各负担一半。会员缴存的住房公积金按规定分为三个账户:普通账户、保健账户和特别账户(后又增加退休养老账户)。由于会员年龄的差异和资金积累、消费需求的不同,其存款在各类账户的分配也各有不同,各类账户的使用方向和提款比例也有所不同,分别用于购房、医疗、子女教育、本人退休后的养老和应急。中央公积金的存款利率受到政府管制,不得低于2.5%,其中,特别账户和退休养老账户的利率比普通账户存款利率高出1.25个百分点,而且这部分利息收入免征所得税。对违反公积金法令及拒缴、迟缴公积金的单位或雇主,通过稽查部门抽查和雇员举报加以监督,逾期缴交按月计以1.5%罚款,并可通过司法部门以法律手段强制执行。强有力的法律保障使中央公积金制度的覆盖人数占新加坡总人数的85%以上,中央公积金余额甚至比新加坡一年的财政收入还高。政府通过中央公积金制度筹集的大量资金实行多样化投资、封闭的资本市场环境、低成本的集中管理模式,不仅使社会保障水平有了大幅度的提高,减轻了政府的福利负担,还成为推动经济高速、稳定发展的资本供给来源。

2. 运行调控灵活,优化资源配置。中央公积金缴交率根据经济发展和员工工资收入水平、企业劳动力成本及公众对公积金的评价等因素,实行动态管理,不断调整,以达到既反映国民收入状况,维护员工的利益,又对经济发展起宏观调控作用的目的。1955年中央公积金制度实施之初,缴交率为10%;1984年增加到50%;1997年,为应对亚洲金融危机,保障经济健康发展,将缴交率下降到22.5%;1999年又调回到40%。缴交率的动态调整照顾了雇主与雇员的缴交能力,缴交面不断扩大,运行顺畅。政府还把缴交率作为调控经济的手段,经济景气时提高缴交率,扩大住房消费,进而促进货币回笼,防止通货膨胀的发生或强化;经济萧条时,政府降低缴交率,降低企业成本,扩大投资,刺激生产和消费需求。

采用完全积累制的中央公积金结存额高、偿债周期长、稳定性强,有利于政府集中使用于长期投资,从而社会资本积累的速度较快,规模水平较高。在社会总储蓄中,中央公积金结存额占1/3左右,其中80%用于购买政府的有价证券,并有少量投资于短期证券。在保证安全性、收益性的前提下对住房、公共事业、教育、基本建设进行投资,促进了基础产业和公共事业的发展,实现了一定意义上的资源优化配置。

3. 制度安排创新,多元化综合保障。在中央公积金制度建立初期,中央公积金除支付会员提取和各项贷款外,闲置资金主要用于购买政府债券。随着资金量的扩大,为满足人们不同生命周期的消费偏好,政府灵活地做出改进,除了住房保障外，中央公积金通过保健计划、家庭保障计划和退休计划、投资计划等来实现对会员及家人利益的保障，最终形成以公积金制度为基础，以各种保险计划为补充的多层次、多功能国家社会福利保障体系。

4. 机制科学高效，兼顾供给与需求。在中央公积金制度下，每个人的保障待遇与其个人账户上的存款直接挂钩，从而弘扬了自食其力、自力更生的社会基本价值观，而且由于多数的公积金计划都涉及一家三代人，进一步增加了家庭凝聚力，为社会的稳定奠定了牢固的基础。中央公积金制度与"居者有其屋"计划相结合，使新加坡成为世界上解决居民住房成绩最卓著的国家之一。在新加坡，住房的供给和分配体系较为独特，80%以上的住宅都是由政府建屋发展局统一计划、统一兴建、统一定价，并有偿分配给国民，85%的国民享有公共组屋，其中93%为产权房。政府一手控制购房储蓄资金，一手控制住房建设和住房价格，两者相匹配，形成了福利主义和计划经济色彩浓厚的普遍性住房保障制度。

三、对新加坡中央公积金制度的评价

新加坡中央公积金制度是一个具有高强制性和高集中性管理的社会保障制度。政府利用其高度的社会控制能力，强制性地使国民必须为自己的未来生活进行预防性储蓄和投资，从而在很大程度上降低了政府社会福利开支，同时也为公共设施建设和资本市场发展提供了大量资金。显而易见，中央公积金制度在促进社会稳定和增进国民福利方面发挥了重要作用，从而增强了国家的凝聚力，也有利于社会安定。当然，中央公积金制度也存在一些弊端。但无论如何，中央公积金制度已经成为世界上政府主导型社会保障制度的典范。

（一）新加坡中央公积金制度的作用

经过50多年来的发展壮大，新加坡中央公积金制度取得了显著的成效。

首先，中央公积金制度推动了适应本国国情的社会保障体系的发展和完善，为国民提供了多样化的社会保障。独立以后的新加坡通过中央公积金制度的强制性储蓄，为公积金会员提供了包括养老、医疗、住宅、投资等各方面的生活保障，而政府不必支付巨额的社会福利费用，避免了因社会福利支出剧增引起的财政赤字。与此同时，新加坡中央公积金制度又以其不断适应社会变迁的灵活性，较好地适应了人们不断变化的需求。50多年来，新加坡政府在坚持这一宗旨的前提下，推行了一系列完善公积金制度的新举措，不断调整放宽对公积金用途的限制，使公积金成为国民终生的缜密财务计划，满足了多层次的社会保障需求，从而为国民提供了多样化的社会保障制度。

其次，中央公积金制度促进了社会稳定并且增进了国民福利，从而增强了国家的凝聚力。新加坡在推行公积金制度的过程中，通过实行各种提高公积金资产价值的计划，引导和鼓励会员将公积金储蓄投资于股票、房地产业等，真正参与到国家的发展过程中。同时，政府还积极把更多的由政府管理的资产直接转让给人民，以促进这一目标的实现。通过这些措施，一方面可以使国民更自主地管理自己的公积金储蓄，得到更多的福利，另一方面也使国民对国家的发展有了很强的责任感，与国家的繁荣有了直接的利害关系，使国家的凝聚力大大增强，有利于社会安定。

再次，通过强制性的公积金储蓄，为国家经济建设和发展提供了大量资金，有利于政府搞好宏观经济调控。新加坡的国民储蓄率在世界各国中处于领先地位，公积金制度的自我积累机制不仅减少了政府的社会福利开支，而且通过长期稳定地积累，为本国的经济发展提供了大量资金。政府利用这些长期可靠、来源稳定的资金来进行公共基础设施建设，形成了一个"高储蓄—高积累—高增长—高就业—高储蓄"的良性循环，使新加坡的经济与社会都得到了迅速发展。此外，由于政府还可以根据经济发展的情况，通过调整公积金缴交率、公积金存款利率等来引导个人消费，抑制通货膨胀，以保持国家资本市场的稳定性，促进经济的健康发展。

最后，中央公积金制度最大程度上实现了社会保障与激励机制的兼容，对提高国民素质，培养自力更生、艰苦创业精神有显著的作用。新加坡社会保障的指导思想是以鼓励国民自食其力为主，其目的在于通过社会成员的自我积累来实现自我保障。因此，中央公积金制度具有强烈的激励机制，它把国民个人的努力程度与本人公积金存款以及其所享受的待遇紧密地联系在一起，鼓励国民通过提高技能、努力工作来获取更高的收入和更多的公积金。这种个人完全积累的模式避免了通过代际转移方式解决人口老龄化时期的养老问题，减轻了政府的压力。①

（二）新加坡中央公积金制度的弊端

1. 过度储蓄导致需求萎缩和消费膨胀失衡。新加坡的公积金储蓄已大大超过其能够在国内做再投资的限度，而政府又不允许国民动用公积金用于社会消费，如果不能将国内无法投资的资本转移到国外，必然造成资本过剩，人为地限制国内消费的扩大又导致需求萎缩，这成为新加坡经济衰退的原因之一。随着劳动力人口的老龄化，20 年内多数会员将要退休并一次性领用公积

---

① 王韬："新加坡的中央公积金制度"，《中国软科学》，1997 年第 2 期，第 88 ~ 90 页。

金,如不加以调整,由此产生的消费膨胀压力会造成新的社会和经济问题。

2. 缺乏互助共济,拉大收入差距。个人公积金账户上积累额的多少完全取决于收入水平和积累时间,易造成两极分化,影响社会公平的实现,特别是对年轻成员和低薪雇员的保障水平较低。中央公积金制度实行强制的完全积累基金制,具有收入再分配的反帕累托性质,缺乏横向收入分配的社会互助共济功能,进一步拉大了收入分配差距,而且难以提供突发事件的生活保障,因此引发了对中央公积金制度能否提供公平有效的社会保障的争议。

3. 影响经济竞争力,应对老龄化受到挑战。中央公积金制度建立在雇员享有高工资的基础上,由于缴纳的公积金摊入成本计算,必然会加大产品成本和经营成本,减少企业盈利空间。另外,中央公积金结存的巨额款项由建屋发展局集中投资于商业楼宇和酒店,导致商业地产过度膨胀,影响了新加坡的经济增长和国际市场竞争力。

虽然中央公积金制度能有效引导居民购买养老保险、公共住房、医疗保险、教育等政府公共产品,但由于缴交率过高,阻碍了多层次养老保险出台,而且公积金投资购买各种证券存在风险,使养老保险的安全系数和保障水平受到影响。近年来,随着新加坡人口老龄化、家庭规模缩小和医疗费用上涨等问题凸显,单纯的中央公积金制度已难以满足新加坡人的养老需求。

四、新加坡中央公积金制度对我国住房公积金制度的启示

(一)我国住房公积金制度与新加坡中央公积金制度的差异

尽管我国住房公积金制度是借鉴新加坡中央公积金制度的成功经验而建立的,但在具体执行上却有很多不同之处,主要表现在以下几个方面:

首先,公积金制度的建立目的不同。1955 年,新加坡政府决定建立公积金制度时,其经济发展处于非常低的水平。当时,新加坡人均国民收入仅为 1 100新元,折合约 680 美元,且失业率达到 13.5%,社会保障体系极度缺乏。因此,中央公积金制度建立之初,目的就是解决绝大部分国民的养老问题。[①]直至 1968 年开始推行“居者有其屋”计划,中央公积金才逐渐扩展至住房、医疗、养老等各个方面。

而我国在 1991 年建立住房公积金制度之初,就已经明确指出该制度的建立目的在于解决城镇居民的住房问题。可见,我国的住房公积金制度是为住

① Central Provident Fund Board: Take Charge, Plan Early, Secure Your Retirement, CPF Annual Report 1999. Singapore, 1999.

房制度改革服务的,是住房制度改革的重要步骤,有明确而长期的目标性。[①]

其次,公积金制度的地位和作用不同。新加坡中央公积金制度经过 50 多年的发展,已经远远超出了其原有的养老范围,逐步扩展到医疗、教育、住房、保险、投资等社会生活的各个方面。可以说,它不仅是社会保障体系的一个重要组成部分,更是新加坡的一项基本社会制度,对其经济、社会等各方面的发展都有着不容忽视的作用。而我国的住房公积金制度仅限于住房保障制度方面,并且由于许多因素造成的缴存率偏低的情况,使其保障的绝大部分还只是职工住房的较低水平。同时,由于有限的保障覆盖率,住房公积金在短期内还不可能成为全国绝大多数居民的全部住房资金来源,这在很大程度上限制了住房公积金制度对我国经济、社会等各方面的影响。尽管从长远来看,住房公积金将对储蓄市场和资本市场产生越来越大的影响,但目前而言,其作用并不能与中央公积金制度相比。

最后,公积金制度的运作过程不同。依照新加坡《中央公积金法》的规定,雇主须在规定时限内向中央公积金局缴存公积金。而中央公积金局在收到雇主缴存的公积金后,除留足必要的会员支取提款外,其余资金都会用来购买新加坡国家债券。通过这种形式,国家将发行债券回收的资金再转换成政府各项专用基金。在住房方面,新加坡政府以贷款给建屋发展局住房发展基金的形式来支持建屋发展局的住房建设个人购房抵押贷款。

而在我国,在中央与地方关系、中央银行与地方银行关系等诸多因素的影响下,不可能像新加坡那样由政府来给予贴息。因此,我国的住房资金流程相对简单,主要由单位或个人将公积金缴交至各地住房公积金管理中心,然后再由住房公积金管理中心对住房资金进行运营。可见,在我国,国家财政和中央银行并没有直接介入住房公积金的流程。

(二)新加坡中央公积金制度的经验和我国住房公积金制度的不足

可以说,合理的制度安排和严格的法律规定是新加坡中央公积金制度成功运行的基本前提。新加坡中央公积金制度之所以能在其社会保障体系中成为支柱性力量,很大程度上是因为新加坡政府从该政策制定初期开始就依据本国实际,并着眼于整个制度体系做出整体的规划安排,然后再辅以各子系统的相互协调。从一开始的根据实际国情需要将中央公积金集中应用于解决养老问题,到 1968 年经济起飞后把中央公积金扩展至住房保障,直至后来的运

① 华伟:《房地产经济学》,复旦大学出版社 2004 年版。

用于医疗、教育、投资等方面，这些都是远期规划与近期协调的结果。与此同时，中央公积金制度一直有完善的法律体系和严格的执法规则作为其坚实基础。在1955年新加坡政府推行中央公积金制度的同年，国会就通过了《新加坡中央公积金法》。该法通过严谨的条文对中央公积金的机构设置、职能分工、公积金缴存与提取、资金使用、违法运作等事项从法律角度予以了明确清晰的规定。无论是政府、中央公积金局，还是雇主、雇员，在法律上均有严格的权利与义务规定，任何机构和个人均不得例外。严格的立法规定使中央公积金制度具有了法律意义，既强化了政府机构的责任感，也增加了国民的信任感。

立法先行，还需执法严格。中央公积金局主要通过稽查部门的抽查和雇员的举报来对违反公积金法令，拒缴、迟缴公积金的雇主加以监督。一般而言，对超时缴交的雇主会进行相当于月息1.5%的罚款，如果继续拖延或拒缴，则会由司法部门以法律手段强制执行。正是因为有了强大的法律保证，中央公积金制度才能50多年来充满生机地发展与完善，成为新加坡社会保障体系中最重要的一环。

反观我国的住房公积金制度，由于一开始定位不清、产权不明，直接导致住房公积金制度在很大程度上未能真正实现其原定的公平效应。通过归纳新加坡中央公积金制度运作的良好经验可以看到，尽管其实际责任是为政策目标服务，并享有政府提供的各种诸如贴息之类的优惠政策，但归根结底还是具有明晰的法人治理结构。而我国的住房公积金管理中心是隶属于地方政府部门的事业单位，既不是政府机构，也不是政策性金融机构或会员制的法人实体，这就使住房公积金管理中心处在了一个相当尴尬的位置。一来，它没有针对公积金运作过程中出现的问题及时制定有效政策的实际权力；二来，它也没有针对公积金运作过程中出现的违法现象进行执法监督的法律权力。尽管在《住房公积金管理条例》中赋予了住房公积金管理中心一定的执法处罚权，但在实际运作中缺乏相应的配套执法手段，再加上地方行政的干预，往往最后的处罚无法落到实处，或即使处罚也达不到执行的预期效果。这些都在很大程度上影响了住房公积金制度的长期发展。

同时，由于我国的住房公积金管理中心隶属于地方政府部门，也大大增加了在公积金方面腐败行为发生的可能性。除了政策制度安排上的不合理，法律定义的模糊不清也同样影响着住房公积金制度的发展。

一方面，缺乏统一的最高立法使住房公积金制度长期处于相关法制不健全、多方政策重叠甚至冲突的状态。目前与住房公积金管理相关的法规，除国务院颁布的《住房公积金管理条例》外，主要还有建设部（即现住建部）、财政部、中国人民银行、国家税务总局等部门发布的一些相关规范性文件。尽管这些文件没有《住房公积金管理条例》的法律效力高，但它们在实践中对各地住房公积金管理起着实际的作用。这些文件大多是各部门针对《住房公积金管理条例》中没有明确规定的一些政策空白，各自根据住房市场的形势变化和住房公积金监管的需要而制定出台的，因此不免具有应急性、片面性、不稳定性。不同部门或不同时期出台的这些规范性文件常常相互矛盾甚至发生冲突，给住房公积金管理造成很大不便。

另一方面，住房公积金争议的救济途径不清晰。2004 年 9 月，国务院新闻办公室公布的《中国社会保障状况和政策》指出："中国政府从国情出发，积极致力于社会保障体系的建立和完善，中国的社会保障体系包括社会保障、社会福利、优抚安置、社会救助和住房保障等。"因此《劳动法》所调整的劳动关系范畴中包括了影响住房分配的住房公积金制度，它规定了劳动者享有享受社会保险和福利的权利。因此，从这一方面可以看作是把住房公积金纳入了劳动争议仲裁受理的范围。而《住房公积金管理条例》则明确规定：职工个人缴存的住房公积金和职工所在单位为职工缴存的住房公积金，属于职工个人所有。省、自治区人民政府建设行政主管部门会同同级财政部门以及中国人民银行分支机构，负责本行政区域内住房公积金管理法规政策执行情况的监督。按照这一规定，又可以理解为因为住房公积金并没有作为职工工资福利纳入劳动行政部门监督管理范围，故可以认为住房公积金的争议不属于劳动争议仲裁受理的范围。显而易见，这种矛盾的说法不利于住房公积金制度的运行，严重影响了我国住房公积金制度的发展。

（三）我国住房公积金制度的改进思路

结合新加坡中央公积金制度的政策及立法经验可以看出，我国政府在政策性住房金融体系发展中还是应以市场化导向为主，同时还要配合以特定的制度安排和政策调控。由于住房政策关系到百姓的切身利益，政府应采取积极干预型的调控政策，充分利用宏观政策工具，调节住房金融体系运行中的非均衡状态，消除市场有时"失灵"的现象，尽量使政策安排服务于特定的公共目标，从而通过政策性住房金融体系来解决中低收入人群的住房问题。因此，当前要更好地发展我国的住房公积金制度，需要从以下几个方面加以改进：

第一，住房公积金的性质要定位清晰，产权明确，将住房公积金管理中心这一政策性住房金融机构从"行政化管理"转变成"法人化治理"。这样的政策制度安排既使住房公积金具有一定的融资能力，区别于财政资金运作，又使其具有了政府信誉担保，享有政府政策优惠，不同于一般商业性金融活动。这样，住房公积金才能够更好地为政府的住宅政策目标服务。与此同时，只有产权明晰的法人治理结构才有可能系统地建立起一个规范的，包括会计、审计、信息披露、内部风险管理和外部监督机制在内的健全管理体系，从而避免"人治"管理状态下的各种弊端，提高总体运作效率，更好地发挥其融资增值的功能。

第二，要建立完善的法律法规系统，为发展住房公积金制度以及将来建立更多更好的政策性住房金融体系提供坚实的法律基础和过硬的制度保障。我国住房公积金立法的本意在于明确规定职工及用人单位缴存住房公积金的义务，有效维护职工享有住房公积金的权益，使广大职工和用人单位真正受益于住房公积金制度。目前，国务院的《住房公积金管理条例》是具有相当法律权威性的行政法规，因此应该严格按照其具体规定，依法管理住房公积金。同时，还必须通过加强住房公积金的执法力度来保证住房公积金的规范运作。因此，不仅要尽早出台与《住房公积金管理条例》相配套的具体处罚实施规定，还要设立专门的行政执法监督机构，对住房公积金管理过程中出现的违法违规现象进行落到实处的处罚。除此之外，从新加坡中央公积金制度的经验中也不难看出，统一的最高立法对我国住房公积金制度的良性发展是十分必要的。我国由于中央与地方、地方与地方间的复杂关系，使统一的公积金立法更显得尤其重要。只有统一的立法，才既能避免各部门之间法规的相互冲突，缓和全国各地区因为经济发展不平衡而引起的各种矛盾，使住房公积金制度真正做到有法可依。

第三，进一步健全住房公积金制度的决策机制。结合新加坡中央公积金制度的先进管理经验不难看出，只有建立起统一的住房公积金决策机构，形成科学、民主的决策机制，才能从根本上解决住房公积金运作过程中的各种违规现象。因此，建立健全住房公积金决策机构，完善决策机制，是加强住房公积金管理的当务之急。根据国务院《关于严禁在住房公积金管理机构调整工作中发生违纪行为的通知》（以下简称《通知》）的要求，目前各地已经相继成立了住房公积金管理委员会。《通知》要求，作为住房公积金制度决策机构的住房公积金管理委员会，应该统一行使住房公积金使用和管理的决策职能，因此，切实落实管委会的组成和运作问题是十分重要的。这就要求严格按照《住房公积金管理条例》中的规定选聘管委会委员，以保证管委会由能够充分代表各方参与人意志的人员组成，从而切实维护各方利益，确保住房公积金的安全运行。此外，管委会还要根据本地实际情况建立严格的规章制度和工作流程，坚持管委会工作的独立性，在决策时贯彻少数服从多数的表决原则，并实行责任追究制度。

第四，需要加强规范住房公积金的管理机构。针对当前大多数地方的公积金管理机构隶属于当地不同部门或与相关部门合署办公，造成管理成本偏高，难以对住房公积金实施有效管理和监督的现实情况，应明确规定各地住房公积金管理中心直接隶属于当地市一级政府，将其属性定义为非营利性、独立的事业或政府单位，不得再挂靠任何部门，也不得投资、参股或者兴办各类经济实体。同时，还应适当地撤并或调整住房公积金管理机构，建立统一的住房公积金管理中心。这样不但不会再出现权责不明确的情况，也能很好地按照"统一决策、统一管理、统一制度、统一核算"的原则来进行住房公积金的运作。

第五，积极构建住房公积金管理中心的直接管理模式。当住房公积金缴存到公积金管理中心以后，职工和住房公积金管理中心事实上就形成了一种债权关系，由于最终要对债权人承担责任，因此，住房公积金管理中心必须成为单独的核算主体。采用直接管理模式，一来，在归集过程中可以将公积金管理中心与承办银行的关系简化成中心与公积金储户的关系，节约归集费用，减轻政府协调压力；二来，由于住房公积金管理中心掌握了详细的相关资料，熟悉公积金各项业务，这样可以更好地增强住房公积金中心的独立性，减少不必要的行政干预；三来，因为住房公积金管理中心是非营利性机构，直接管理模式能够使其在不断发展壮大住房资金的同时，有效保障住房资金运用的安全性、流动性和效益性。更重要的是，住房公积金管理中心是受政府委托并代表政府行使住房公积金归集、管理、使用的职能部门，由管理中心自行归集、统一管理，可以保证住房制度改革的权责一致、目标一致。因此，住房公积金管理中心直接管理模式可以提高管理、运用公积金的主动性和灵活性，强化政策与实际执行情况的融合，保证专款专用和防止公积金违规使用。这种职能明确、责任清楚的管理模式，宏观上便于管理，微观上便于操作，不仅符合住房公积金管理程序和科学化管理目标的要求，而且能够提高整个系统的管理水平。

第六，建立充满活力的用人机制。创新和完善住房公积金管理机构的人事制度，重点应该放在以下几个方面：一是推行全员聘用制，建立用人与择岗的双向选择以及竞争上岗机制；二是建立中层以上干部的聘任制度，打破地域界限，形成平等竞争、择优选拔的领导干部选任机制；三是建立一套符合专业岗位、管理岗位要求的岗位管理制度。

第七，完善各方面的外部监督机制。住房公积金制度的外部监督主要来自于自上而下的行政监督、相关工作部门的同级监督以及社会各界的舆论监督。首先,按照《住房公积金管理条例》的相关规定,“建设部会同财政部、中国人民银行负责制定全国性的住房公积金发展规划和政策制定,对省、自治区和直辖市的住房公积金的建立及日常工作进行领导和监督;各省(区)人民政府建设行政主管部门会同财政、中国人民银行分支机构负责贯彻执行国家住房公积金管理的有关政策规定,对本区域内住房公积金管理法规、政策执行情况的监督。”这也就要求各级监督单位必须层层落实住房公积金制度的行政监督工作。

从 2004 年 5 月起,我国开始实行由建设部(即今住建部)、财政部、中国人民银行和中国银监会印发的《住房公积金行政监督办法》,首次建立住房公积金通报制度,定期或不定期通报住房公积金管理法规、政策贯彻执行情况以及存在的问题。同时要求各地设立专门的监督检查机构,对住房公积金使用情况和管理人员履职情况进行检查,从而形成国家、省(自治区)、设区城市三级联通的住房公积金监督管理信息系统。这一监管系统能有效提高各地公积金管理的效率和水平。各地住房公积金管理中心还要接受管委会以及同级财政、审计、中国人民银行分支机构、银监会等部门的监督。其次,应该建立起多渠道、多形式的社会监督机制,以增加住房公积金管理和使用情况透明度,发挥舆论监督的作用。住房公积金管理中心应该通过建立住房公积金信息查询系统以及定期向职工发放对账单等方式,主动接受职工监督。与此同时,要充分运用先进的科技手段,对公积金实行网络化管理,以保证数据的一致性,从而使住房公积金实现良性循环。目前,已有不少地区开通了住房公积金网站和社会投诉电话,及时公开住房公积金有关信息,为社会监督提供了必要条件和有效途径。

总之,只有理顺职能关系,明确性质定位和法律地位,坚持现代化管理的理念,遵循行政决策与具体实施相分离的原则,才更有利于住房公积金事业朝着健康的方向发展,建立起符合我国社会主义市场经济体制要求的住房公积金制度,为构建和谐社会做出更大的贡献。

复习思考题

1. 简述住房公积金的基本特征。

2. 我国目前的住房公积金制度有哪些问题?

3. 通过借鉴国外的住房公积金制度,我国的住房公积金制度可以从哪些方面加以完善?

【案例分析】

多地公积金贷款余额告急:推出"公转商"救火

国内楼市成交持续火爆,不少城市的公积金贷款余额已经"囊中羞涩"。近日,杭州、徐州、合肥等城市的住房公积金管理中心向外界直言"余额告急",其中,杭州、徐州宣布推出"个人住房公积金转商业贴息贷款业务",以缓解公积金贷款猛增的压力;合肥推出公积金贷款"轮候制",根据每月资金归集、提取等综合因素制订每月放贷计划,实行总量控制。

"'公转商'是借用商业银行资金支持自住需求",中原集团研究中心一名分析师对《第一财经日报》记者表示,由于公积金"封闭运行、自行放款"的性质,很多城市在楼市交易持续火爆的情况下不得不紧缩公积金贷款或延长办理周期,以此来延缓部分入市需求。

日前有报道称,南京江宁板块一楼盘已经拒绝购房者使用公积金贷款,原因是公积金吃紧,放贷速度较慢。

"权宜之计"花样百出

日前,徐州市住房公积金管理中心宣布,从7月底开展"个人住房公积金转商业贴息贷款业务",公积金管理中心与受托银行合作,将公积金贷款转由受托银行发放商贷,在个人偿还商贷期间,对因商贷利率和公积金贷款利率不同产生的利息差,由公积金中心逐月补贴给借款人。徐州市住房公积金管理中心相关负责人称,今年以来,徐州市住房公积金提取和贷款总量迅猛增长,在一定程度上影响了住房公积金贷款的正常发放。无独有偶,杭州也将于9月实施同样的举措。杭州市住房公积金管理中心方面表示,去年以来,杭州公积金中心个人住房贷款和提取业务规模持续增长,造成资金运行压力加大。目前,已出现公积金贷款放款轮候,新受理的公积金贷款客户的放款预计要有较长时间的等待的情况。

而早在7月初,公积金余额不足的合肥就已经采取了"轮候制"来缓解压力。合肥市住房公积金管理中心称,当公积金贷款资金不足时,公积金中心将按"轮候制"确定贷款发放时间,实行总量控制。在"轮候制"下,公积金中心每月可贷额度将固定,一旦放完,申请市民将要排队等候下月指标。一位熟悉公积金运行的业内人士表示,"公转商""轮候制"等都是缓解燃眉之急的权宜之计,楼市低迷时,公积金过度结余会造成资源浪费,楼市火爆时,又容易出现余额不足的情况,因此,建立合理的公积金存贷机制,加大对公积金风险的管控才是长远之计。

在部分城市公积金余额告急背后,是这些城市楼市持续火爆的事实。以杭州为例,2013 年上半年,杭州主城区共成交新房 23 051 套,仅次于 2009 年上半年,二手房成交 18 593 套,同比增长 89%。其实,早在年初,北京、苏州、东莞等城市就已经收紧了公积金政策,官方公布的原因或为配合调控,或为"保持公积金均衡持续运行"。业内人士分析,后者表述的背后就是部分城市公积金余额不足的事实。而如今,杭州、徐州、合肥等城市的表态显然更直接,就是因为缺钱。

多地公积金放贷额创新高

上半年,房地产市场回暖,加之新"国五条"催生二手房成交集中爆发,个人住房公积金贷款增速明显。官方发布的数据显示,今年 5 月,上海市公积金个贷金额达到 72.39 亿元,这一数字创造了公积金个贷业务开办以来月度放款的最高纪录。1 ~ 6 月,上海新房和二手房交易面积为 556 万平方米和 1 371 万平方米,分别比去年同期增长 56% 和 126%,上半年上海累计发放公积金个贷 333.80 亿元,同比增长 115.31%,同样为历史新高。温州市住房公积金管理中心数据显示,上半年,温州共发放住房公积金贷款 33.52 亿元,已超过 2012 年全年公积金贷款总额;郑州市上半年共发放住房公积金贷款 19 亿元,同比增长 100%。德佑地产交易按揭部总监杨永俊介绍,尽管放款数额创下新高,但目前上海公积金个贷政策未变,放款也正常,只不过上半年短期出现过放款速度减缓的情况。一位不愿透露姓名的业内人士介绍,6 月份的时候,上海公积金管理中心对外的口径是"审批从严",但受其影响放款速度放缓成为不争的事实,不排除公积金短期资金紧张的可能性。

杨永俊告诉本报记者:"公积金贷款的金额是根据缴存比例来定的,整体的额度是经过合理配置的,不像商业银行会有一些如调用等自主经营行为,所以一般情况下,公积金较少出现余额不足的情况,如果不足的话,官方会提高审批的门槛。"同策咨询研究中心总监张宏伟分析称,公积金贷款额度可根据当地房价和归集资金,在许可范围内进行政策微调。"如果当地公积金管理中心出现资金紧张,可适度收紧并提高贷款门槛;资金宽裕了,则可能适当放松。"值得关注的是,此前也发生过住房公积金被挪用而导致余额不足的情况。例如,吉林通化就出现了 11 亿元公积金被有关人员通过"贷款前移""造假骗贷""增加管理费"等手段挪用的情况。

(资料来源:《第一财经日报》,2013 年 07 月 29 日第 5 版)

问题:结合材料分析并讨论:

1. 上述案例中公积金管理出现了什么问题?产生该问题的原因是什么?
2. 你对我国未来公积金制度的发展有什么建议?

【实训练习题】

实训内容:调查公务员与企业职工住房公积金制度的差异。

实训目的:理解住房公积金制度设计的目的。

实训流程:

(1)6~8人一组,查阅和收集不同性质单位公积金制度的相关资料。

(2)分组调研,走访当地住房公积金管理中心、房地产中介机构或者银行。

(3)了解和分析公积金制度在不同性质单位的差异,并撰写调研报告。

DI 第十一章 SHIYIZHANG 房地产保险制度

房 地 产 金 融

【本章学习目标】

1. 掌握房地产保险的基础知识(定义、种类、特点及作用);
2. 熟悉房地产保险的运行要素及运作原理;
3. 了解发达国家房地产保险的发展情况及成功经验。

【关键词】

房地产保险;财产保险;房地产保险主体;赔偿原则

第一节 房地产保险概述

一、房地产保险的定义

俗语云:“天有不测风云,人有旦夕祸福。”日常生活中总有一些不可预见的事件,其中一部分甚至会给我们造成重大的财产损失和人身伤害。为了尽可能降低不可预见事件给人们带来损失和伤害的程度,保险业孕育而生。保险在我国的发展历史十分悠久,远古时期中国就出现了用保险形式保护财产和生命的做法。随着时间的推移,社会上的保险品种不断丰富,中国保险监督管理委员会(以下简称“保监会”)发布的《2016 年全国各地区原保险保费收入情况表》显示,2016 年,我国原保险保费收入[①]总计 30 959.1 亿元,其中,财产保险费为 8 724.5 亿元,占全部保险额的 28.18%。

近年来,我国房地产业发展势头迅猛,给国民经济带来了极大的促进作

---

① 原保险保费收入为本年累计数。

用，但是由于在房地产商品建造、销售、使用的各个环节中存在诸多风险，保险业的介入能够有效规避风险或减轻风险所造成的损害，这些风险主要包括：①自然风险，即由于自然因素的不确定性给房地产带来的风险，如地震、洪涝等；②经济风险，即由于经济形势发展的不确定性造成的房地产投资风险，包括市场风险、通货膨胀风险、利率风险、汇率风险等；③经营风险，即由于开发商因开发项目经营管理不善导致预期收入水平不能实现，或不足以补偿经营费用的可能性；④技术风险，如新技术、新材料的运用，旧设计及材料淘汰等；⑤社会风险，即因个人或群体的故意破坏或不良行为而使房地产遭受损失的可能性。此外，还有政治风险、政策法规风险等。房地产保险就是针对这些风险给予补偿和保障。

房地产业与保险业同为第三产业的第二层次，是现代中国经济体系中两个具有巨大发展潜力的行业。这两个行业在发展过程中有着许多可以相互配合、相互促进的因素，随着我国经济城市化的发展及住房制度改革的基本完成，购买住房已成为每个家庭中最大的消费支出，很多家庭穷其毕生积蓄购买住房，却往往因为信息不对称等多种原因承担着很大的风险，并且现在社会上也屡屡出现各地房屋质量纠纷，产品的衍生服务严重匮乏，销售产品而没有后续服务，消费者的合法权益得不到保障等报道，这些问题的存在使房地产业与保险业最直接的联系纽带——房地产保险在房地产经济运行中的地位日益提高，并成为房地产经济健康运行不可或缺的重要方面。

房地产保险属于广义的财产保险范畴，是保险这一独特的风险处理手段在房地产经营中的运用，是指对房地产从设计、生产到销售、分配、使用的整个生产、流通和消费过程中，在每个环节上可能发生的意外损失所采取的经济补偿。具体来讲，就是保险公司通过收取保险费的方式订立保险合同，对被保险人在房屋设计、建筑、安装、销售、使用过程中，由于自然灾害和意外事故对房屋造成损毁或招致的损失及由此带来相关利益的丧失或责任；或由于设计人员的过失、疏忽，按照法律应负的民事赔偿责任；或在销售过程中由于信用风险所导致的损失；或由于社会、道德等因素造成与房地产商品有关的损失而给予的经济补偿。

二、房地产保险的种类

房地产保险按风险潜在损失所涉及的客体即保险对象的不同可以分为房地产财产保险、房地产质量保险、房地产人身保险、房地产产权保险、房地产信用保险等。由于房地产财产风险和信用风险危及的对象主要是财产与人身两类，广义上来说，房地产保险按保险对象的不同，可分为房地产财产保险和房地产人身保险，且以房地产财产保险为主。

（一）房地产财产保险

住宅已逐渐成为中国居民拥有的价值最高的家庭财产，在目前的工资水平下，一套住宅可能要经居民整个一生或几代人的积累，一旦发生重大的灾害事故，可能使一家人的心血毁于一旦，所以房地产财产保险无论对居民个人还是对整个社会来说都极其重要。房地产财产保险是以房屋及其附属设备和室内装修材料等为保险标的的保险，投保人可以是团体、法人、自然人等，根据投保主体的不同，又可分为企业房产保险和居民住房保险两种。

在居民住房保险中，根据住房的性质，又可分成商品住宅保险和自购公有住房保险。商品住宅保险是为购买商品住宅的人提供的使其在所购住宅遇到意外损失时能及时得到经济补偿的险种。自购公有住房保险是对居民因房改建而购买原居住的公房的险种。两种险种的责任相同，在因自然灾害而造成保险财产损毁以及为防止灾害蔓延或因抢救、保护等措施而造成保险财产的损失，保险公司负责赔偿，保险费由双方按规定约定。开办居民住房保险既是保险公司自身实力的展现，也是带动其他家庭保险飞速发展的良好动力。

（二）房地产质量保险

《2016 年全国消协组织受理投诉情况分析》①结果显示，2016 年，中国消费者协会共受理消费者投诉 653 505 件，其中，有关质量问题的有 270 990 件，占投诉总量的 41.47%。在这一类投诉中，有关购房、装修等的投诉同比上升不少。由于装修材料品牌众多，质量参差不齐，消费者反映有时在正规大市场中购买的产品质量也难以保证，购买的材料有害物质和辐射严重超标。此外，有些销售商利用消费者专业知识缺乏的情况，推销质次价高的产品，甚至以次充好，欺骗消费者，从中获利；有些装修公司与销售商勾结，陪同消费者购买装修建材后，再到销售商处提取回扣；有的装修公司在工程中粗制滥造，外挂公司众多，层层转包，装修质量没有保障。上述一系列行为的存在严重损害了消费者的合法权益，不利于和谐社会的构建。

房地产质量保险是一种由房地产开发商向保险公司投保质量险，当商品房在保险责任规定的质量标准内发生质量问题，可直接由保险公司向购房者承担赔偿责任，这样既确保了购房者的利益，又提高了开发商的信誉，保险公司亦可以借机扩展业务。

---

① 中国消费者协会，http://www.cca.org.cn/web/xfxx/picShow.jsp? id=60897。

房地产质量保险按保险险种性质的不同，可分为房屋质量损害保险、房屋质量责任保险和房屋质量保证保险。

1. 房屋质量损害保险是一种以房屋为标的的第一方财产保险，主要以业主为投保人，以业主和房屋后继权利人为被保险人。

2. 房屋质量责任保险是一种以房屋质量民事责任（对房屋质量保险而言基本是指合同责任）为标的的第三方保险，并以房屋质量责任人为投保人和被保险人。

3. 房屋质量保证保险是一种以房屋质量合同责任为标的的第三方保险，并以房屋质量责任人为投保人，以房屋权利人为被保险人。

另外，以法律是否强制要求投保为依据，房地产质量保险可分为强制房地产质量保险和非强制房地产质量保险。国外实行强制房地产质量保险的国家或地区主要有法国、西班牙、芬兰、沙特、加蓬、喀麦隆、刚果、马里、摩洛哥、中非、突尼斯等；实行非强制房地产质量保险的国家或地区主要有比利时、英国、日本、美国和加拿大多数地区、科威特、塞内加尔、阿拉伯联合酋长国等。我国先后颁布了《建设工程质量管理条例》《安全管理条例》等法律法规和技术标准，使房地产质量安全事故逐年减少，但质量缺陷仍然普遍存在，为房地产质量保险的发展提供了一定的生存空间。

（三）房地产人身保险

房地产人身保险是指房屋被保险人遭受因房屋造成的意外伤害而死亡或永久致残，由保险人支付保险金额的险种。房地产人身保险主要包括建筑工程团体人身意外伤害保险和房屋贷款寿险。

1. 建筑工程团体人身意外伤害保险。该保险的承保人为在建筑施工现场从事管理和作业，并与施工企业建立劳动关系的人员，在从事建筑施工及与建筑施工相关的工作，或在施工现场或施工期限指定的生活区域内因遭受意外伤害导致死亡或身残时，保险人依合同约定给付保险金。该保险的投保人为被保险人所在的施工企业或对被保险人具有保险利益的团体，被保险人为在建筑施工现场从事管理和作业并与施工企业建立劳动关系的人员。

保险金额由合同双方约定，但同一保险合同所承保的团体中每个被保险人的保险金额应一致。保险费可以按被保险人的人数或按建筑工程项目总造价或建筑施工总面积计算，并一次缴清。

2. 房屋贷款寿险。房屋贷款寿险是以贷款购房者为被保险人，以其死亡作为给付保险金条件的一种定期寿险。在合同有效期内，被保险人身故，保险人按保险事故发生时的保险金额给付保险金，保险合同终止。年龄在 18 ~ 55

周岁，身体健康，符合中国人民银行《个人住房贷款管理办法》规定的贷款条件，贷款期限届满后年龄不超过70周岁者，均可作为被保险人；被保险人本人或对其具有保险利益的人都可作为投保人。该保险的保险期限与被保险人和贷款人签订的个人住房贷款合同期限相同。保险金额采取变额方式确定，从而使保险金额始终与尚未偿还的贷款额相等。即第一年的保险金额为贷款人提供给被保险人的贷款本金，随着贷款的逐年偿还，保险金额逐年降低。保险费的交付可以选择趸缴或年均缴的方式，在年均缴费的方式下，缴费期限与保险期限相同。

（四）房地产产权保险

《中国律师网络行为调研报告》显示，律师在专业领域投放网络广告营销宣传方面，排名前五的专业分别为婚姻家庭、房产纠纷、合同纠纷、交通事故和债务债权，分别约占整体广告投放比例的9.1%、7.8%、7.2%、5.0%和2.9%。[①] 而因产权证书的登记、撤销、变更等产生的纠纷已成为目前房地产纠纷中的热点和难点问题。

房地产产权保险是指由投保人一次性支付给保险人一定金额的保险费，保险人签发保险单，承诺如果房地产产权存在产权报告中应记载而没有记载的瑕疵和纠纷，并因此给被保险人造成损失时，保险人负责消除产权瑕疵，解决房地产产权纠纷，或者由其在保险金额范围内给予赔偿的保险。房地产产权保险是在保险人与被保险人之间建立的具有担保性质的赔偿合同关系。

房地产产权保险从保险人收到投保申请书开始，保险人收到申请以后，开始对拟交易的房地产产权进行调查，弄清存在的产权瑕疵和纠纷，判断产权瑕疵和纠纷的风险，再决定是否可以给予房地产产权保险。调查的内容包括两大方面：一是与产权权属状况直接有关的事项，主要是对产权备案资料进行书面查验，如产权在每次交易后是否被政府审核通过，是否存在对产权的诉讼，是否存在附属物或地役权的影响，是否属于判决执行范围等，一般情况下，要查验50年内的房地产产权情况。另一个是与房地产产权相关的债权债务状况，如是否存在应缴未缴的税费、是否有负债等。无论保险人最后是否决定承保，调查阶段的费用皆由申请人负担，因为他们本来就要向买方保证产权明晰，不存在权利瑕疵和纠纷。一般情况下，如果投保人取消了产权交易，其依然要支付查验费。根据产权查验反映的情况，查验人或者保险人要拟定一份初步产权报告（Preliminary Title Report），报告上要注明产权交易的卖方是否是

① 比特网，http://www.chinabyte.com/353/12738853.shtml.

唯一的产权人，以往产权人的名单、每次交易的时间和效力，以及过去和现有的产权负担情况等，完整反映调查出的所有产权信息。

如果保险人同意承保，则会出具一份产权保险承约书(commitment)，写明产权状况、拟保险范围、除外责任、在办理保险手续之前要解决的法律问题以及与产权相关的法律文件。该承约书基本反映了即将签发的保单的基本内容。一般情况下，1/4 的产权查验会发现存在产权瑕疵和纠纷，保险人、律师和其他中介机构要协助投保人将发现的问题解决掉。保险人要协助投保人消除产权调查中发现的瑕疵和纠纷，之后产权交易人才能凭借承约书进行产权交易。所有人产权保险手续在买卖合同正式签订或备案后办理，贷款人产权保险手续在抵押贷款合同签订并办理抵押登记后办理。保险人会引导和督促整个产权交易的过程。保单签发之后，产权保险开始生效。保险单上要注明产权备案情况(record title)，保险单要到各地保险主管部门备案。在房地产价值下降时，可以调低保险金额，然后更新保险单或者重新办理手续，这样可以节省保险费；在房地产价值上升时，也可以投保升值附加险。

(五)房地产信用保险与信用保证保险

信用保险与保证保险是相伴相生的两种不同的法律制度，二者都是在债务人不能按时履行债务时为债权人提供法律上的保障，使其合法权益能够得到有效的救济。凡权利人要求保险人担保债务人或买方信用的保险，属于信用保险；凡被保证人根据权利人的要求，由保险人担保被保证人信用的保险，属于保证保险。尽管二者有严格的区别，但通称信用保证保险。在西方国家，住房信用保证保险非常发达，在保险市场与房地产市场上都占有重要地位。我国目前已经在办理住房抵押贷款的银行相关部门开展住房信用保证保险业务，一般与住房抵押贷款手续的办理同步进行，可以有效避免贷款人无法还清贷款造成的损失。

如果住房信用保证保险主要保障的是银行的信用风险损失的话，那与住房信用保证保险密不可分、彼此互补的一种保险业务——住房抵押贷款寿险则是保障购房者的利益，是保险公司向借款人提供的保额递减式的人寿保险，在保单有效期内，若出现被保险人死亡或丧失劳动能力的情形，则由保险公司代替偿还所欠的贷款余额，这种保险的保额每年递减，以与借款人的贷款本金余额相称。保险公司按信用保证保险条款，在购房者连续三个月无法按贷款合同规定还本付息而代为还贷，一段时期之后，保险公司要向借款人追偿代付的欠款和利息，如果购房人无力偿还债务，则保险公司有权处置抵押房产。

三、房地产保险的特点

房地产保险属于财产保险范畴，是财产保险的一个类别。但是，由于房地产独特的性质以及管理上的因素，使房地产保险与其他财产保险险种相比，具有自己的特点。

（一）保险标的的房屋相关性

就房地产的物质构成而言，无非包括两大类财产，即房屋与土地。在我国目前的条件下，土地由于其无风险的特点，不能作为财产保险的标的参加保险。因此，在房地产保险中，能够作为房地产保险标的的只有房屋财产本身以及与房屋相关的各种利益与责任。这决定了房地产保险与其他财产险种的差异，也决定了房地产保险承保、理赔业务的特点。

（二）保险种类的多样性

房地产业是从事房地产开发和经营的行业，其内容非常广泛，包括土地的开发经营、房屋的建造、房屋的出售和出租、房屋的维修以及房产的管理等。在房地产经营管理的全过程中，除土地开发这一环节不具备保险条件以外，其他环节都存在一定的风险，都有可能由于各种自然灾害或意外事故造成经济上的损失。因此，在房地产保险业务中，针对房屋的保险种类较多，这给房屋关系利益人选择保险范围提供了较大空间，从而能使被保险人在房屋建造、经营、管理各不同时期都能将风险转嫁给保险人，以保证房地产保险业务的顺利开展。

（三）保险主体的广泛性

保险主体是指参加保险这一民事法律关系并享有权利和承担义务的人，简言之，为订立保险合同的双方当事人，即保险人（保险公司）与被保险人。根据保险条例的有关规定，凡是与保险标的有法律上可以主张的利益的人，都可以作为保险合同的保险主体之一，与保险人签订保险合同。根据可保利益原则，上述与房地产开发、经营、管理过程有关的管理部门、企业单位或个人，只要与房屋（在建的与完工的均包括在内）有着法律上可以主张的利益，都可作为房屋的投保人或被保险人向保险人投保房地产保险，从而成为保险合同的当事人，即保险主体。房地产保险的功能主要有转嫁房地产商品开发、经营及使用过程中的意外风险；分散部分与房地产商品有关人员的职业责任；减少房地产交易中因违约等造成的损失。

四、房地产保险的作用

房地产保险是整个社会保险不可缺少的重要组成部分。房地产保险通过对房地产领域因自然灾害和意外事故造成的属于保险责任范围的损失提供经济补偿或资金支付,对房地产业的发展和完善发挥着十分重要的作用。

(一)推动住房制度改革,解除房屋购买者的后顾之忧

住房制度改革涉及财政、金融、建筑等诸多领域,其中也包括保险,给城镇居民房地产保险业带来了新的发展。房地产保险业的新发展又适应了住房制度改革的需要。城镇居民住房制度改革将改变过去住房构成单一公有的模式,把住房这个大商品引入消费市场。改革的一个重要目标就是采取各种优惠政策,鼓励个人购房,减轻国家财政压力,促进房屋建设、使用、管理的良性循环,从而解决城镇居民住房难的问题。房地产保险为房屋消费者在购买房屋、入住以及使用的各个环节都提供了保障,给购房者带来了充分的安全感。贷款购买房屋时,消费者可同时购买房屋抵押贷款保险来补偿因不能及时还款造成的损失;房屋产权保险可有效地避免购房后的房屋产权之争;房屋质量保险为入住后的房屋质量问题提供了有力的保障。因此,房地产保险能够为房屋消费的各个环节保驾护航,解除房屋消费者的后顾之忧。

(二)推动房地产业的稳定发展

房地产业属于资金密集型产业,资金需求巨大,自 1998 年以来,中国房地产企业融资规模持续增长,但自有资金不足,过度依赖银行进行贷款,又会产生金融性风险,房地产保险正是适应房地产业的发展需要而产生。房地产保险业是房地产金融业的重要内容,房地产保险通过经济补偿的方式,能够转嫁房地产投资经营者的经营风险,保证房地产经营者的利润以及房地产经营活动的顺利进行,为房地产业的发展提供必要的资金补偿,保证房地产业资金的正常周转,从而促进房地产市场资金的融通。

此外,在现代经济生活中,不论是房地产投资、储蓄、贷款,还是房地产抵押、信托、典当,以及房地产证券的发行和流通,在运行过程中都有可能发生意想不到的危险,而保险的特有机能保证了各个环节的正常运作和相互衔接,从而促进房地产市场的规范运行。

(三)开拓保险业的发展空间

随着房地产业的发展,人们对房地产保险的需求增加,由此导致房地产保险业务量的急剧增加。保险公司在保险费的收取和补偿之间有一个时间差,这就形成了一笔可观的闲置资金,保险公司可以用来进行投资,使暂时闲置的保险基金在运转中增值,支援国家的经济建设。保险公司还可将少量的资金用于房地产业投资,推动房地产业的发展,促进房地产业资金的良性循环。中国不动产研究中心数据显示,2006 年至 2009 年年底,已经有大约 10 家中资和

外资保险公司以自用名义投资房地产市场,购买的办公写字楼面积达 120 万平方米,合计投入资金 200 亿元。2009 年 4 月,中国太平洋保险公司涉足房地产市场,投资购买了北京金融街的丰盛大厦,合计投资 22 亿元;2009 年 8 月,中国平安保险公司借助平安信托与金地集团签订房地产合作协议,9 月,又与绿城集团签订合作协议,合计投资房地产市场 400 亿元。同年 12 月,中国人寿投资购买远洋地产 9. 34 亿股新股,持股比例达 16. 57%,合计投入资金 58. 19 亿港元,成为该公司第二大股东。蓝鲸保险对年内保险机构不动产投资梳理总结显示,截至2016 年 11 月初,年内已有超 10 家保险公司参与不动产投资,总金额已超千亿,约 1 123 亿元人民币。《证券日报》报道,2017 年 3 月以来,中国平安、国华人寿、恒大人寿、渤海人寿四家险企合计约 95 亿元投资地产领域。保险机构通过各种途径,实现保险资金的合理配置和保险公司资产负债相匹配,同时也能够极大地提升其发展空间及竞争力。

(四)完善中国社会保障体系,防灾防损

房地产保险是对自然灾害和意外事故造成的损失实行经济补偿。房地产保险的建立和实施使难以预测的风险转化为有保障的补偿。房产一旦出险,可以保证投保人获得与风险损失相应的经济补偿,使被破坏了的房产得到重建,从而实现生产的恢复和发展。社会保障的动态延伸也是保险功能的延伸。所以,构建中国房地产保险市场有助于保障社会再生产的顺利进行,有助于减少社会财富的损失,有助于维护社会的安定和完善中国社会保障体系。

而保险公司从企业经营管理和自身经济利益出发,必然要关心保险标的的安全,积极进行防灾防损工作,以降低赔付率。房地产保险在条款办法、费率确定、赔款处理和安全优待等方面,处处都体现了防灾防损精神,注意引导和督促被保险人加强对保险房产的维护,减少社会财富的损失。此外,保险公司还运用自己处理危险的经验和专门知识,指导房地产经营者进行风险管理,向被保险人提供防灾咨询,并进行安全检查。一旦发现问题,及时提出建议,督促被保险人采取措施消除隐患。同时,保险公司还从保险费中提取一定比例的防灾基金,资助有关部门增添防灾设施,开展灾害研究。

第二节 房地产保险的运行

一、房地产保险的运行要素

(一)房地产保险参与者

1. 房地产保险人。房地产保险人是与房地产投保人订立保险契约、收取保险费和在房地产出险后负责赔偿的人或机构,如房地产保险公司或承办保险业务的银行等金融机构。

房地产保险人的义务有:在约定的保险事故发生后,承担赔偿责任,支付按照合同规定并进行调查后审定的损失费,即保险赔偿,又称理赔;当保险事故发生后,保险人应该立即履行对投保人承担的义务,查勘现场,并根据损失的实际情况核算确定经济补偿金额并予以赔偿;积极开展保险房地产的防损工作,及时检查房地产可能发生的危险隐患并予以消除。

房地产保险人的权利有:按照合同收取保险费,这是保险人最基本的权利;保险人有要求房地产投保人按合同履行义务的权利;有适当灵活使用保险金的权利。

2. 房地产投保人、被保险人或受益人。

(1)房地产投保人。房地产投保人是指对保险房地产具有保险利益、与保险人订立保险契约,并交纳保险费的人。房地产投保人可以是法人,也可以是公民自然人。房地产投保人必须是被保险房地产的所有人或经营管理人,或者是对被保险房地产有利害关系的人。

房地产投保人具有以下义务:按期如数交纳保险费;被保险房地产一旦出险,如实向保险人报告发生危险的情况;在房地产保险中,投保人应当及时维护被保险房地产的安全,并接受保险人对房地产安全的监督和合理建议,切实做好安全防灾工作;房地产保险范围内事故发生后,投保人应及时通知保险人;当事故发生时,投保人应积极采取措施,防止损失扩大;如果投保人将房地产出售或转让给第三方,当保险责任范围内的自然灾害和不幸事故发生而造成经济损失时,如按合同规定,需要通知保险人的,应及时通知。投保人有权按保险契约向保险人索赔,获得约定的保险赔偿。

(2)房地产被保险人或受益人。房地产被保险人是指受房地产保险合同保障的人,他们以其拥有的房产为保险标的,在保险事故发生后,享有保险金请求权。被保险人可以与投保人为同一人。被保险人只能是有生命的自然人。

《保险法》第18条指出,受益人是指人身保险合同中由被保险人或者投保人指定的享有保险金请求权的人。投保人、被保险人可以为受益人,由这一法律条文可以判断出房地产保险受益人及其概念仅存在于房地产人身保险中。

《保险法》第23条明确规定:"保险人收到被保险人或者受益人的赔偿或者给付保险金的请求后,应当及时做出核定;情形复杂的,应当在30日内做出核定,但合同另有约定的除外。保险人应当将核定结果通知被保险人或者受益人；对属于保险责任的，在与被保险人或者受益人达成赔偿或者给付保险金的协议后10日内，履行赔偿或者给付保险金义务。保险合同对赔偿或者给付保险金的期限有约定的，保险人应当按照约定履行赔偿或者给付保险金义务。”第42条规定：“被保险人死亡后，有下列情形之一的，保险金作为被保险人的遗产，由保险人依照《中华人民共和国继承法》的规定履行给付保险金的义务：①没有指定受益人，或者受益人指定不明无法确定的；②受益人先于被保险人死亡，没有其他受益人的；③受益人依法丧失受益权或者放弃受益权，没有其他受益人的。受益人与被保险人在同一事件中死亡，且不能确定死亡先后顺序的，推定受益人死亡在先。”

3. 房地产保险中介人。房地产保险中介人的概念是由保险中介人引申而来。保险中介是保险市场精细分工的结果，是指介于保险经营机构之间或保险经营机构与投保人之间专门从事保险业务咨询与招揽、风险管理与安排、价值衡量与评估、损失鉴定与理算等中介服务活动，并从中依法获取佣金或手续费的单位或个人。

保险中介人的主体形式多样，主要包括保险代理人、保险经纪人和保险公估人等，其出现和发展解决了投保人或被保险人保险专业知识缺乏的问题，最大限度地帮助客户获得最适合自身需要的保险商品。保险代理人是指根据保险人的委托，在保险人授权的范围内代为办理相关保险业务，并依法向保险人收取代理手续费的单位或者个人。保险经纪人是指代表被保险人在保险市场上选择保险人或保险人组合，同保险方洽谈保险合同条款并代办保险手续以及提供相关服务的中间人。保险公估人是指依照《保险法》《保险公估机构管理规定》等法律法规，经中国保监会批准设立的，接受房地产保险当事人委托，专门从事保险标的的评估、勘验、鉴定、估损和理算等业务的单位，在我国通常被称为保险公估机构。中国产业调研网发布的《中国保险中介行业现状调研分析及发展趋势预测报告（2016年版）》显示，截至2014年年底，全国共有保险专业中介机构2 546家，同比增加21家。其中，保险专业代理机构1 764家，保险经纪机构445家，保险公估机构337家。全国保险专业中介机构注册资本261.6亿元，同比增长16.8%。2014年，全国保险公司通过保险中介渠道实现保费收入16 144.2亿元，占2014年全国总保费收入的79.8%，同比下降0.5%。

（二）房地产保险基金

房地产保险基金是房地产保险人为了补偿保险事故所造成的财产损失或人身伤亡所引起的经济需要，是向房地产投保人收取保险费而集中起来的一种社会后备基金，是专为应付意外事故的损失而做经济补偿之用的特殊资金。房地产保险基金的建立是保险人履行赔偿义务的重要物质基础，是房地产保险业务经营的必要条件。

房地产保险基金来源于房地产保险费，而缴纳保险费数额的多少取决于房地产保险金额、保险费率和保险期限。保险金额是指房地产保险人承担赔偿或给付保险金责任的最高限额。它既是保险人赔付的依据，也是计算保险费的基础，一般是通过对保险房地产的估价确定的。在房屋财产保险中，房屋保险金额不得超过被投保房屋的保险价值（即投保房屋的实际价格），如果超过保险价值的，超过部分无效。如一幢价值200万元人民币的别墅，若投保200万元，则是全额投保，投保150万元则是部分投保，假如在一次意外事件中，该别墅在原来的基础上受损70%，则前者可获赔偿140万元（200×70%），后者可获105万元（150×70%）的补偿，投保金额超过200万元的，按照最高限额200万元赔偿。

保险费是房地产投保人为请求保险人对其保险的物业及利益承担保险风险而支付的与保险责任大小相适应的价金。保险费率是指按保险金额计算保险费的比例。房地产保险费一般以千元为单位，即每千元房屋保险金额缴纳若干元保险费，它根据具体的保险范围、保险责任及保险险种来确定。房地产保险期限是指房地产保险合同的成立和终止时间，即保险合同从生效日到终止日的区间。在这一区间内发生的保险事故，保险人负经济责任。为了确保房地产保险合同的效力，投保人和保险人双方在订立房地产保险合同时，必须对期限达成协议，在房地产保险合同中载明。房地产保险期限一般以一年为期，此外也有长期保单和短期保单。

（三）房地产保险合同

《保险法》第10条和第11条分别规定："保险合同是投保人与保险人约定保险权利义务关系的协议"，"订立保险合同，应当协商一致，遵循公平原则确定各方的权利和义务。除法律、行政法规规定必须保险的外，保险合同自愿订立。"办理房地产保险，应由投保人与保险人签订保险合同。房地产保险合同一般包括以下几个方面的内容：

1. 保险人的名称和住所；

2. 投保人、被保险人的名称和住所，以及人身保险受益人的名称和住所；

3. 保险标的；

4. 保险责任和责任免除；

5. 保险期间和保险责任开始时间；

6. 保险价值和保险金额；

7. 保险费以及支付办法；

8. 保险金赔偿或给付办法；

9. 违约责任和异议处理；

10. 订立保险合同的日期。

二、房地产保险的运行原理

(一)房地产保险的运行原则

1. 因地制宜原则。由于位置的固定性，房屋不可能像其他商品一样随意移动。又由于不同区域地形、地貌的复杂性以及周边环境的差异性，每宗房地产之间也必然存在差别。房地产的不可移动性和个体差异性决定了对房地产商品的保险必须采取因地制宜的原则。即使房屋是采用同样的设计、结构、材料、高度等，也会因建造时间、施工技术和房屋周围气候、地质条件的不同而相去甚远。不同地区的房屋所面临的各种风险具有很大差异。比如，建造在狂风、洪水等多发地带的房屋就比在其他地区的房屋所面临的自然风险大得多，那么，对这些易发生灾害地区的房屋的保险赔偿频率就大。因此，在保险金额和保险费率上，都要针对这些地区特别设定。这就体现了房地产保险采取因地制宜原则的必要性。

2. 与房地产业务相结合原则。房地产保险同房地产的建造、销售、使用过程息息相关，在每一个环节中都可以依靠保险来补偿其可能遭受的损失，保障投保人自身的利益。房屋的建造、销售、使用过程大体上是具有连续性的，因此，房地产保险一般是伴随着这些过程同时产生，也就是同相应房地产保险种类结合在一起的。比如，在办理房屋抵押贷款业务的过程中，大多数银行已经将房屋抵押贷款保险的业务包含在内，即办理了房屋抵押贷款业务，也就等于同时购买了房屋抵押贷款保险。今后，房地产保险业务进一步扩大，像房屋质量保险与房屋产权保险等也应成为房地产商或居民在房屋买卖过程中必须办理的业务，这些业务都将同房产交易业务同时办理。

3. 可保权益原则。可保权益原则要求被保险人对所投保的保险标的拥有可保权益。这项原则是财产保险特有的原则。拥有权益是指某人对一项财产具有某种法律承认的权利或利害关系，它具有客观存在性。即假如财产安全，他就能得益，反之，如果财产遭受损毁，他便会蒙受损失。只有对财产具有这种利害关系，被保险人才能将财产投保，也唯有如此，保险人才会接受投保，这种可就此进行保险的权益就叫可保权益。

例如,某人自己有一所房屋,若房屋安全,他就可以居住,还可以通过出租、变卖房屋来得益。如果房屋被损毁,他便无法居住,还要另行花钱买屋,经济上就受到损失。正是因为他对他的房屋存在利害关系,他才考虑房屋的安全,将房屋投保财产保险;而保险人也正因为他对这一房屋存在利害关系,具备了可保利益,才给他以保障,允许他进行保险。只要该人对该财产具有法律上承认的利害关系,那么,他对该项财产就具有可保权益。

投保财产保险的人在保险事故发生时或在保险合同成立时,对保险标的必须具有可保权益,否则保险合同无效。

4. 赔偿原则。财产保险合同是赔偿性质的合同,当被保险人的财产发生保险责任范围内的灾害事故而遭受损失时,保险人应按合同所规定的条件进行赔偿,在履行赔偿责任时,应遵循以下几项原则:

(1)赔偿金额有一定限度。赔偿金额的确定分三种情况:

一是以实际损失为限。保险人对被保险人损失的赔偿应以实际损失为限,被保险人不能得到超过其实际损失的赔偿。

二是以保险金额为限。保险金额为被保险人与保险人双方共同约定的保险人赔偿最高金额的限度,赔偿金额只能低于、等于保险金额,不能高于保险金额。

三是以可保利益为限。例如,在受押财产发生保险责任范围内的损失时,只能得到相当于其借出款项的赔偿金。

(2)保险人对赔偿方式可以选择。保险人的赔偿意图是使被保险人在遭受损失后,经过补偿恢复到他在发生损失前的经济状态。保险人可以选择货币支付或修复原状或换置的方法来补偿被保险人的损失。

(3)被保险人不能通过赔偿得到额外的利益。财产保险的赔偿原则是对损失进行补偿,而不能使被保险人通过补偿来获得更多的好处。对此,各国的法律都有所规定,具体体现在对权益转让的规定和重复保险的规定上。

5. 公平合理原则。公平合理原则是指签订保险合同和遇损理赔都要从投保人和保险人应得的利益出发,双方协商一致,公平合理。

公平合理原则的贯彻在确定保险费率时就应该认真执行。公平是指被保险人的保险费负担基本上应该按照保险标的危险大小来确定;合理是指保险费率的档次划分、净费率中的附加费率、业务开支费用的第二附加费率以及保险公司的积累和利润都要恰当。公平合理原则还表现在费率制定应能保证保险公司具备相应的偿付能力。费率制定过高会加重投保人的负担;过低则会影响保险人的偿付能力,也会使被保险人的经济保障建立在不可靠的基础上。

公平合理的保险费率在相当时期内保持相对稳定有利于投保人和保险人的经济核算。公平合理的保险费率也有利于保险防损工作的开展，既可减少赔款支出，也可减少社会物质财富的损失。从长远来看，经过一定时期，还能使保险费率标准相应降低，形成更加公平合理的保险费率。

（二）房地产保险的投保与承保

房地产保险的投保与承保是房地产保险运行的起始，投保与承保的过程就是房地产投保人与房地产保险人订立保险合同的过程。具体程序如下：

(1)填写投保单。房地产投保人向房地产保险人申请保险时，先填写一份保单，作为房地产保险人接受投保并签出保险单的依据。投保单的主要内容有：投保人的名称、投保日期、保险标的的名称和数量、保险责任的起讫时间和保险金额等。

(2)签发保险单。房地产保险人在收到投保单后，要逐项审核，现场查勘，当保险人认为一切符合保险条件时，就可以向房地产投保人签发保险单，表示对投保事项的承保。

(3)收取保险费。房地产保险人根据保险标的的保险金额、保险期限和保险费率计收保险费，房地产投保人按保险合同的约定支付保险费。房地产投保和承保也可以通过保险经纪人和保险代理人等提供订立保险合同等中介服务，并依法按佣金的中位来收取保险费。

（三）房地产保险的风险管理

房地产保险的风险管理是指在房地产保险经营活动中，对各种风险加以识别和衡量，对风险实施有效控制，并妥善处理风险造成的损失，期望以最小成本来获取最大安全保障的管理活动。对已经承保的风险加以控制，目的是规范保险人承担的赔偿责任，防止道德风险，防止投保人在投保后不关心保险标的的安全管理，促使被保险人进行防灾防损。

保险人必须做出计划安排，建立并落实防灾安全责任制、各种防灾检查和监督制度，有效避免灾害事故的发生，减少保险标的的损失。

（四）房地产保险的索赔与理赔

1. 房地产保险的索赔。索赔是指房地产被保险人或受益人在保险标的遭受损失后，按保险单有关条款的规定向房地产保险人要求赔偿损失或给付保险金的行为。房屋财产保险的索赔程序如下：

(1)发出出险通知。在损失发生时，被保险人要及时通知房地产保险人。

(2)被保险人应尽力施救。保险事故发生时，被保险人有责任尽力采取必要措施，防止或者减少损失，并保护好现场。

(3)提供索赔文件。保险事故发生后,被保险人应当向房地产保险人提供其所能提供的确认保险事故的性质、原因、损失程度等有关的证明和资料,主要有保险单、产权证、出险证明书、损失鉴定书和受损财产清单等。如果该损失是由第三方造成的,被保险人还须出具权益转让书。

(4)领取赔偿金。保险赔偿金额经双方确认,被保险人按保险合同规定的期限领取赔偿金。

2. 房地产保险的理赔。理赔是指房地产保险人按照房地产被保险人提出的索赔要求,处理有关保险赔偿责任的工作。房屋财产保险的理赔程序是:

(1)立案编号,现场勘查。

(2)审核单证。审核的内容主要有:保险单是否有效,损失的原因是否属于保险责任,受损财产是否在保险财产范围内,有关损失、费用的单据是否真实有效,施救费用开支是否合理等。对不属于保险责任的,应当向被保险人发出拒绝赔偿通知书。

(3)损失核赔,即确定保险标的的实际损失,计算赔偿金额。

(4)给付赔偿金。保险赔偿金额经双方确认,房地产保险人按保险合同规定的期限支付赔偿金。

(5)代位求偿权的取得。当保险财产发生责任范围内的损失是由第三方责任造成的,房地产保险人在向被保险人做出赔偿后,应向被保险人取得相关权益转让书,取得代位求偿权。

在房地产人身保险期限内,发生保险责任范围内的事故时,由被保险人或受益人凭保险单及必要证件向保险人申请保险金给付。经保险人核实后,即按规定付给保险金。如涉及第三方责任问题,保险人不享有向第三方追偿的权利。

最后,房地产保险索赔还有时效问题,按照《保险法》第 26 条的规定,人寿保险以外的其他保险的被保险人或者受益人对保险人请求赔偿或者给付保险金的权利,自其知道保险事故发生之日起 2 年不行使而消灭。人寿保险的被保险人或者受益人对保险人请求给付保险金的权利,自其知道保险事故发生之日起 5 年不行使而消灭。此外,被保险人领取赔偿也有时效,一般由保险人规定。

第三节　发达国家房地产保险的发展

发达国家房地产业发展历史悠久,对房地产的研究非常完备、系统。它们的市场经济高度发达，金融体系、法律法规都比较完善，保险业发展历史较长，保险业务和经营手段成熟。发达国家的房地产保险业繁荣，在房地产业的一级、二级市场均发挥了很大的作用，还建立了专业的房地产保险企业，政府主要通过法律和经济手段对房地产保险进行管理来完善。例如，美国的住宅抵押市场是当今世界上最发达、最完备的住房金融市场，它在很大程度上要得益于美国的住宅抵押贷款保险体系。德国、日本等国家房地产保险的发展也都顺应了本国国情，各具特色。通过对国外房地产保险发展简况的了解，可以为我国房地产保险市场的发展提供借鉴。

一、美国房地产保险的发展

美国房地产保险业务发达，对房地产市场起着重要的作用。美国房地产保险是房地产金融的重要组成部分。美国独立后，为适应西部开发和建设开放性现代化国家的需要，很早就允许不动产的自由买卖，不动产交易规则和产权登记制度是美国不动产管理的重要内容。在市场经济体制下，美国联邦政府通过抵押贷款担保、住房补贴等经济手段，间接地介入住宅建设，政府很少建房和拥有住房。因此，美国制定的房地产法规主要围绕自有住房进行，包括帮助中低收入者获得住房、业主与租户的权利保护、共享产权公寓的管理等方面。同时，专门立法为特别需要帮助的家庭提供政府支持，如《无家可归者资助》《老人住宅法》等，并且美国政府直接向低收入者提供住房政策支持。在美国，买卖和拥有房屋的人都离不开保险，在物业交易中，产权保险是最基本的环节。拥有房产之后，房主必须办理屋主保险和住户保险。美国现代房屋保险主要有产权保险和房屋保险，这两种保险又各有几种不同的险种，构成了完整的房地产保险体系。

（一）美国的产权保险

在产权保险出现以前，美国房地产主要依赖产权摘要（Abstract of Title）和律师意见书（Attorney's Opinion）保障房产产权的真实性。律师在意见书里表明产权调查的结果，包括房产所有权以及可能影响产权完全实现的担保物权、债权等。1868 年，宾夕法尼亚州最高法院对 Mark Watson 诉 Charles H. Muirhead 案的判决让人们感觉到现有的保护房地产交易的措施已经不足以防御风险，预感到这一市场需要的保险公司更顺势推出产权保险业务。1874 年，世界上第一个产权保险公司——费城不动产产权保险公司（The Real Estate Title Insurance Company of Philadelphia）成立，这家公司后来演变为现在的联邦土地业权保险公司（Commonwealth Land Title Insurance Company），是美国

Land America 金融集团(Land America Financial Group,简称 LFG)下的一家保险公司。1876 年 6 月 19 日,费城不动产产权保险公司签发了全球第一份产权保险保单,产权保险正式诞生。

早期的产权保险公司大多由银行的产权保险部和信托公司组成,这使贷款银行更积极地在贷款程序中要求借款人购买产权保险,但从属于银行和抵押机构的特性也导致产权保险部门在银行倒闭时受到连累。于是,美国的州开始立法要求产权保险业与银行、抵押机构分离,新的产权保险公司发展成独立的实体。19 世纪 50 年代以后,房地产投资热潮来临,产权保险公司与抵押贷款机构等实体建立起合作关系,产权保险迎来了真正的发展机会。19 世纪 80 年代,纽约、华盛顿、芝加哥、洛杉矶等城市均推出了产权保险业务。20 世纪初,随着住房抵押贷款的发展,产权保险逐渐成为贷款人发放贷款的前提条件。20 世纪 70 年代,产权保险公司因再抵押担保市场的扩大而获得壮大的机会,产权保险成为最主要的产权担保方式。现在产权保险几乎已经成为所有土地交易的产权担保办法,美国房地产保险高度发达,产权保险公司的业务成为整个房地产交易的核心。

美国产权保险的基本特点是:①房地产产权保险有效期从投保开始到物业产权下一次移转变更时为止,在此期间,产权保险不得转移。②房地产产权保险对租户与房东的权益部分或其他琐细权责等并不负有责任。③房地产产权保险费通常按保险物业的价值确定,一般为物业价值的 0.075%,保险费一次付清。④产权保险公司的账单上有数种由买主和卖主支付的税金。买主支付贷款税,纽约市税率为 1.5%,其他地方一般为 1%。卖主支付印花税、地产转移税,印花税率为 0.4% 左右;地产转移税率,房价 50 万美元以下的为 1%(纽约)。⑤产权保险公司一般还收取相关服务费,如记录费,第一页付 10 美元,其余每页付 1 美元。

(二)美国的房屋保险

美国的房屋保险主要包括以下几种形式:

1. 屋主保险。屋主保险只对屋主日常居住的房屋有效,拥有多处房屋的屋主,除对其住所购买房屋保险外,其他房屋只能买火灾保险或是房东保险,换句话说,一个人只可以买一个屋主保险。但是有一个例外,国会议员因公务需要在首府和自己的州均有居所的,可以买两个屋主保险。

2. 住户保险。住户保险包括基本住户保险、全面住户保险、特别保险、租户保险、综合保险、共有公寓住户保险、老旧房屋保险等,种类繁多。住户保险的范围包括除水灾、地震、战争、核能意外等灾害之外的各种灾害和意外损失,各种保险的具体规定需要向保险经纪人及保险公司了解。

3. 地震险。投保地震险可在一般保险条款下列出包括地震险,或专门设立投保地震险一项。地震险通常排除在大多数的保险条款之外。美国加利福尼亚州的法律规定,保险业者必须提供地震保险,美国房地产有70%的地震险是在西岸的加利福尼亚州售出。一栋价值20万美元的房屋,每年的地震保险费约需400~600美元,几乎相当于屋主正常的普通房屋保险费。但是在地震极少发生的地区,地震险的保险费则相对便宜。

经过不断的发展,美国房地产保险市场已逐步走向成熟,房地产保险体系也日益完善,在极大程度上考虑到了房屋在设计、修建、经营和使用过程中的各种风险因素,并且在险种的开发和应用上体现了普通公众意识,迎合了广大投保人的利益需要。

另外,在保险体系的构建上,美国政府的监管和调控发挥了重要作用。美国由非营利性的政府机构和私营商业保险公司共同构成住房抵押贷款保险体系。一方面,非营利性的政府机构,如联邦住宅管理局和退伍军人管理局积极为广大借款人提供担保,有力地增强了金融机构的贷款信心。此外,美国政府还成立了专门的联邦储备保险公司,为金融机构提供存款保险,降低了这些金融机构的风险。另一方面,私营的房地产保险公司同样参与竞争,它们凭借更为宽泛的保险范围,更加灵活的合约履行方式,在政府政策和法律的保障下迅速发展,现已成为美国住房抵押贷款保险体系的主力军。美国这种政策性和商业性保险相结合、共同分担风险的模式,使其能够有效应对住房抵押贷款中可能存在的各类风险。

二、德国房地产保险的发展

(一)德国的房屋保险

德国房地产保险的基本作用就是让倒掉的房子重新建起来。在意外发生后,保险公司所偿付的款项能够确保房主在原地盖起一座同样的新房。不论损害的房屋和设施有多旧,保险公司都应当按照新房价格赔偿。在德国,房屋保险并不是强制性的,可以由房主自主决定是否投保,但德国的房主大都选择购买保险。另外,通过银行贷款购买或建造的房屋,银行一般都要求房主必须入保。目前,德国绝大多数的住房都有保险,即使在重大灾害之后,德国的家庭也完全可以做到“灾后不受损”。除了一般的房屋意外灾害险,德国房地产保险实际上多种多样、五花八门,涉及范围非常广泛。比如,比较少见的房主责任险也是一种德国家庭必备的保险项目,一旦房主或房屋部件引起意外,如从阳台掉落的物品伤及行人，或房主忘记扫雪导致路人摔伤，房主责任险都将负责赔偿伤者的医疗费、康复费、护理费乃至精神损失费等。在德国，虽然根据房屋和险种的不同，保费计算标准相当复杂，但房主为房屋保险所缴纳的保费并不算昂贵，总体上一般家庭住房每年的保费约为“再造房价”的5‰左右。

（二）登记责任赔偿保险机制

根据1900年颁布的《地产登记法》，德国由专门设置的登记机构负责对房地产的权利取得和处分实行申请登记制度。登记部门设在州地方法院下属的基层法院，其登记为要件主义，是权利登记制。完善的房地产登记制度是房地产保险有效运行的前提条件。

由于德国登记制度的独特性，登记责任赔偿分为两部分：一是登记机关的错误实行国家赔偿，但登记机关的登记人员有失误要追究其责任。因此，登记人员一般都购买10万欧元的职业责任保险。如果登记机关自己发现了登记错误，可以主动纠错，并注明撤销。二是为防范公证员工作失误而造成的风险，公证员一般都购买义务性的职业责任保险，保险金额一般为30万欧元，保险费为1 900欧元。此外，还有公证员协会提供的团体险，保险金额一般也为30万欧元。另外，还有大的律师事务所额外提供的保险。除此之外，地方各公证员协会还建立了联邦信誉基金。若公证员对当事人造成损害，当事人可到法院起诉，法院判决后根据保险范围由保险公司支付，但保险公司随之会提高该公证员的保险费；若属公证员自身责任而非保险公司的责任，则由联邦信誉基金赔偿。

以上做法增强了消费者参与房地产保险的积极性，推动了房地产保险市场的发展。

三、日本房地产保险的发展

作为房地产发展较快的亚洲国家，日本的房地产保险市场实行低费率的房地产保险制度，房地产贷款保险费率不到0.5‰，远低于我国5‰的费率水平，办理程序也简便快捷。同时，日本的房地产保险市场得到了政府的支持。在出现房地产泡沫和经济衰退的情况下，政府采取措施抑制房价增长过猛，使房地产保险市场到较快恢复。

日本从1982年开始建立住宅性能保证制度。日本住宅性能表示制度（我国叫作住宅性能认定制度）和日本住宅性能保证制度一起构成了《住宅品质确保促进法》的主要内容。《住宅品质确保促进法》于1999年由日本参议院和众议院一致表决通过，根据该法第88条和日本《民法》的规定，新建住宅的卖主对住宅负有10年的性能保证责任，这是强制性的。《住宅品质确保促进法》第90条规定，在新建住宅承包合同或新建住宅买卖合同中，卖主对于住宅瑕疵及其他住宅隐藏瑕疵也可以设定20年以内的保证责任，这是约定性的。日本住宅性能保证制度是确保住宅质量和性能的一种运作机制，由于从法律上规定了开发商必须对住宅质量提供10年长期保证，当住宅出现了保证书中列明的质量问题时，可通过保险机制保证消费者权益，从而消除了消费者对住宅质量和性能的不信任感，有利于消费者放心购房。

现在日本住房融资保险主要采用团体信用人寿保险（以下简称"团体信用寿险"），这种保险是以金融机构作为投保人，以债务人或者其连带保证人作为被保险人与保险公司签订的一种团体人寿保险合同的保证保险商品。当被保险人（债务人）死亡或高度伤残而无能力清偿债务时，保险公司基于保险商品所提供的信用或保证而向投保人即金融机构（债权人）支付保险金。

团体信用寿险的优点在于：当债务人或其连带保证人遭遇意外时，保险公司根据保险合同的规定，能通过保证条款代替债务人及其连带保证人偿还分期付款的债务，从而能够确保债务人的生计安定。与此同时，亦能够确保作为投保人的金融机构回收其对债务人或其连带保证人之分期偿还的债务。

四、发达国家房地产保险的成功经验

（一）房地产保险险种众多、齐全

美国房地产保险险种包括了房屋保险、产权保险、抵押贷款保险、委托保险、从业人员人身保险、交易保险等十几种险种，而且在险种的开发和应用上体现了普通公众意识，即在险种的选择、设计上迎合了广大投保人的利益需要。因此，房地产保险对投保人有很强的吸引力，房地产保险现已成为美国人生活中不可或缺的一部分。

（二）建立了十分完善的住宅抵押贷款保险体系

以美国为例，首先，政府凭借实力雄厚的国家信用积极牵头，实行双管齐下的保险策略，一方面，联邦住宅管理局和退伍军人管理局积极为广大借款人提供担保，有力地增强了金融机构的贷款信心；另一方面，联邦储蓄保险公司（专门从事住宅金融保险业务的公司）同时也为金融机构提供存款保险，保证居民储蓄的安全，有力地吸引了资金向住宅抵押市场流动，保证了资金的来源。其次，私人住宅抵押保险公司在政府政策和法律保证下蓬勃发展，现已成为美国住宅抵押贷款保险体系中的重要成员。

（三）政府调控和监管到位

政府调控与监管是抵御外界不利因素影响、促进房地产保险市场的发展、解决住房保障问题的关键所在。在次贷危机中,美国房地产保险公司尽管遭受了巨额承保损失,股票价格普遍下滑,但整体的运营仍相对较好。美国房地产保险之所以最终能成功抵御次贷危机的影响,与政府行为紧密相关。一方面,保险业监管制度完善并对私营的按揭保险业实行特殊的要求;另一方面,在准备金计提上,要求计提意外准备金,使保险机构在遭遇金融危机时可以用意外准备金支付赔款,以免造成过多损失。在产品经营上,要求私营保险机构实行单一产品线的经营模式,不能涉及其他保险领域,以避免损失的扩展及利益冲突的发生。此外,政策的及时调整使市场恢复对房地产保险的信心起到了非常重要的作用。虽然美国房地产市场房屋成交量在金融危机时受到影响,但在房地产保险等因素的保障和支持下,仍得到了快速恢复。

复习思考题

1. 简述房地产保险的特点与作用。
2. 论述房地产保险人的主要权利和义务。
3. 简述房地产保险的运作原理。
4. 试述房地产保险索赔与理赔的区别与联系。

【案例分析】

17 家险企现身 28 只地产公司前十股东

中国人寿、中国平安、安邦保险、太平洋人寿、泰康人寿、富德生命人寿、前海人寿、珠江人寿等险企均与房企开展不同形式的合作。

在地产公司涉足保险业的同时,保险业也在跨界地产业。《证券日报》记者据同花顺 iFinD 及地产公司公告信息统计发现,目前,共有 17 家险企现身 28 只沪深地产股前十大股东。

从目前的情况来看,保险公司进军房地产主要有两大途径:一是通过债权、股权投资的方式介入房地产;二是通过购置商业地产、物业获取租金回报,为运营这些自用物业,这类险企通常设立房地产子公司。

从保险公司对房地产业债权、股权的投资形式来看,尽管国家逐步放开险资在房地产领域的投资限制,但根据《保险资金运用管理暂行办法》与《保险资金投资不动产暂行办法》的规定,保险公司不得直接从事房地产开发建设,不得投资开发或者销售商业住宅,这意味着险资更多是以投资者的角色分享房地产行业的成长收益。尤其是近年来,险资布局房地行业愈发明显,从幕后的财务投资角色现在已走向台前合伙人角色。

股权投资方面，统计显示，金地集团成为最受险资追捧的地产股，其前十大股东中，保险公司最多。数据显示，金地集团的前十大股东名单中，有7个为保险资金账户，涉及保险公司包括富德生命人寿（账户列第一、六、八大股东）、安邦人寿、安邦财险、天安财险、华夏保险。公开资料显示，富德生命人寿曾在2013年的1月25日至2014年4月21日先后四度举牌金地集团，最终成为第一大股东。

另外，万科A的第四大股东与第十大股东均为前海人寿；新湖中宝的第五大与第八大股东分别为前海人寿与国华人寿；金融街的第二大与第三大股东分别为安邦旗下的和谐健康与安邦人寿；凤凰股份的第二大与第六大股东均为前海人寿。

从保险公司来看，天安人寿、前海人寿、华夏保险、国华人寿、安邦保险等公司均现身4家以上不同房地产公司的前十大股东；中国人寿现身南国置业与鲁商置业的第八大股东与第九大股东；泰康人寿分别现身南京高科、阳光股份、蓝光发展的第六、七、八大股东；阳光人寿与阳光财险分别为京投银泰的第四大股东与第九大股东。

此外，港股市场地产股中，中国平安为碧桂园第二大股东；新华保险为方兴地产第二大股东。同时，根据安居客的监测，目前中国人寿、中国平安、安邦保险、太平洋人寿、泰康人寿、富德生命人寿、前海人寿、珠江人寿等险企均与房企开展不同形式的合作。如保利地产于11月6日宣布与太平人寿签署合作协议，将围绕健康养老产业展开跨界合作。

（资料来源：中国资本证券网，2015年12月1日）

问题：结合材料分析讨论：

1. 为什么保险企业会想要入股房地产公司？
2. 险企入股房地产公司会给双方带来什么影响？

【实训练习题】

实训内容：阅读材料并回答以下问题：保险的原则是什么？保险公司是否应该赔偿杨某？并说明理由。

2016年1月，杨某按照单位规定购买了一套公房，为此，同年8月，杨某向保险公司投保了家庭财产保险，其中包括20万元的住房保险金以及家用电器、家具等其他财产的保险金10万元。2017年5月2日，杨某又购买了一套自住商品房。与此同时，杨某向房地产行政主管部门提出出售已购的公有住房，并得到批准。经朋友介绍，杨某将房屋卖给了周某。6月8日，周某将房款一次性付给杨某，双方约定6月20日去房地产交易部门办理过户手续。由于周某经济能力有限，没有对房屋进行重新装修就入住了。不幸的是，6月12日，由于电器短路起火，家用电器等财物与房屋受损严重。

事故发生后，杨某向保险公司提出索赔。理由是：火灾属于家庭财产保险的责任范围，失火属于保险事故；保险事故发生在保险公司合同有效期内，房屋虽然卖出，但是未办理过户手续，所有权并未发生转移，房屋仍属于杨某，杨某对房屋具有可保权益。

保险公司认为不应该赔偿，理由是：杨某已经将房屋卖出，他对发生事故的保险房屋已没有可保利益，所以，他与保险公司签订的保险合同已经没有效力。退一步说，即便杨某对房屋有可保利益，也会因为在其房屋转卖后没有在合同规定的时间内通知保险公司而丧失索要赔偿的权利。

（资料来源：豆丁网）

实训目的：通过分析材料，理解房地产保险的重要性。

实训流程：

(1)4~6人为一组，查阅相关法律和分析上述案例。

(2)每个小组交一份讨论报告。

DI SHIER ZHANG 第十二章 房地产金融风险管理

房　地　产　金　融

【本章学习目标】

1. 掌握房地产金融风险的基础知识(概念、类型及特点等);

2. 掌握房地产金融风险的衡量指标;

3. 熟悉房地产金融风险的形成机制;

4. 了解世界房地产金融风险发展概况,掌握我国房地产金融风险的现实状况及规避途径。

【关键词】

房地产金融风险;风险形成机制;风险管理;风险规避

第一节　房地产金融风险概述

房地产金融作为一种专业性很强的金融服务项目,是房地产业发展不可替代的重要支持和保障因素,房地产金融需要协调好资金来源少与资金投放量大、资金来源分散与资金投放集中、资金来源短期性与资金运用长期性之间的矛盾,一旦矛盾处理不当,便会引发严重的金融风险甚至金融动荡。掌握房地产金融风险的基本知识,学习先进经验,有效防范房地产金融风险,不仅是房地产业和房地产金融业稳定和发展的要求,而且对整个金融业和国民经济的稳定与发展也至关重要。

一、金融风险与房地产金融风险

全国虚假财务报告委员会下属的发起人委员会(The Committe of Sponsoring Orgnizations of the National Commission of Fraudulent Financial Reporting,简

称 COSO 委员会)在《企业全面风险管理框架》中将风险定义为环境因素(如战争、法律法规的变化、公司重组、不断变化的市场和竞争)对任何一个企业在经营时都能产生的不确定性。根据《新帕尔格雷夫经济学大辞典》的有关词条,金融风险是指在金融体系中由于不确定性因素或者信息不完全而导致的资本在流通中的价值或者收益损失的可能性。概括来讲,金融风险就是存在于金融体系中的不确定性和信息的不完全。克罗凯特(Crockett)认为,金融风险源自于金融资产价格的异常波动,经济体系中众多金融机构资产负债状况恶化,导致金融机构应对经济冲击时表现出脆弱性,进而对宏观经济的运行产生严重影响。

房地产金融风险是指经营房地产金融业务的相关机构在房地产项目投资、开发、经营等一系列过程中,由于决策失误、管理不善或是客观环境变化等原因导致的资产、收益或信誉受损的可能性。从广义的角度来看,房地产金融风险不仅指单个涉及房地产金融业务的项目和金融机构面临的风险,还包括房地产金融体系的风险。金融业务、金融机构之间往往相互联系、相互依存、相互影响、相互制约,风险一旦产生,连累效应明显。具体而言,房地产金融风险主要包括以下表现形式:

第一,房地产价格暴涨暴跌。房地产价格暴涨暴跌是房地产金融市场风险最表层的现象。房地产价格包括土地价格和房屋价格两部分,二者均容易表现出价格大幅脱离价值的情况,因而会使房屋开发者和购买者付出更多的资金,承担更高的风险,市场供求关系也会扭曲。

第二,房地产投资过度。房地产开发投资是否合理,与宏观经济运行及金融业风险的高低密切相关。我们可以使用房地产投资增长率与 GDP 增长率的比值衡量房地产业扩张的程度。当一国房地产投资远高于经济增长率时,说明房地产市场资金充裕,融资能力较强,融资渠道多样化,但是流动性过剩引发投资性购房的风险也大大增加。

第三,房地产贷款膨胀。当银行等金融机构为房地产开发企业和个人投资者放宽贷款标准、增加房贷额度时,就要警惕房地产金融风险的发生。从世界各国的经验来看,银行大量资金进入房地产业是导致金融泡沫的直接诱因。

中国房地产金融经过几十年的发展,逐渐形成了一套以商业银行贷款为主,房地产基金、住房储蓄银行、住房合作社等为补充的房地产金融体系。由于中国房地产开发对银行贷款有着较强的依赖,因此,中国房地产金融风险集中表现为银行贷款风险。

二、房地产金融风险的类型

根据不同的标准，可以将房地产金融风险划分为不同类型。不同类型的房地产金融风险，其产生根源、形成机理、特征、发展趋势和影响后果等各不相同，因此需要建立不同的风险预警机制。从不同的角度对房地产金融风险进行分类，有助于全面、深刻地认识各类房地产金融风险，并有针对性地采取防范、化解措施，取得良好的效果。

按照房地产金融风险产生的根源，可以将其划分为自然风险、社会风险、经济风险、政治风险、技术风险五种类型；按照房地产金融风险的状态，可以将其划分为静态风险和动态风险两种类型；按照房地产金融风险的性质，可以将房地产金融风险划分为信用风险、市场风险、流动性风险和政策法律风险四种类型；按照借贷主体的不同，房地产金融风险可分为开发商信贷风险、商业银行信贷风险和个人信贷风险。从贷款的具体类型上对房地产金融风险进行分类，可分为土地市场贷款金融风险、开发贷款金融风险和个人贷款金融风险。本节主要根据巴塞尔银行监管委员会(Basel Committee on Banking Supervision，简称巴塞尔委员会)1983 年的《银行国外机构的监管原则》(又称巴塞尔协定，Basel Concordat)和 1988 年的《巴塞尔资本协议》(*Basel Accord*)的相关规定，把房地产风险分为系统风险和非系统风险两大类。

(一)系统风险

系统风险(Systematic Risk)，又称整体性风险或不可分散风险，即由整个宏观经济变动引起的风险。房地产金融的系统风险是一种全局性风险，由于政治、经济、社会心理等宏观因素的影响，导致系统内部运作失调，整个房地产市场持续低迷，房地产价格暴跌，使为房地产提供资金融通服务的全体金融机构遭受损失的可能性加大，致使房地产金融系统出现“多米诺骨牌”①式崩溃。系统性房地产金融风险爆发后，银行可能面临开发商和个人贷款者的普遍违约风险行为，即便采取各种资产保全措施，但由于价格暴跌和市场低迷，仍然要承担巨额的损失，这是金融机构开展房地产金融业务所承担的最大风险。

1. 政策和制度风险。房地产业是国民经济发展的重要支柱，受投资政策、金融政策、产业政策、房地产管理政策和税收政策的影响和制约。政策和制度风险(Policy and System Risk)是指由于国家或地方政府有关房地产业的各种政策、法律和制度的变化给投资者造成损失，导致还款能力下降，或由于政策、

---

① 在一个相互联系的系统中，一个很小的初始能量就可能产生一连串的连锁反应，人们称之为“多米诺骨牌效应”或“多米诺效应”。

制度的不完善，使贷款者权益受损的风险。

2. 市场风险。市场风险（Market Risk）主要是指房地产市场的不确定性，给房地产开发商、购买者、房地产金融服务提供机构带来损失的风险。形成房地产金融市场风险的主要原因是房地产市场的波动。在经济高涨、流动性过剩时，房地产价格不断上扬，会使房地产金融机构对房地产市场持较为乐观的态度，从而发放大量的贷款，资金将会持续不断地流入房地产市场，进一步推高房价。如果这种趋势不能得到控制，一旦房价持续背离长期均衡价格，就会进一步导致房地产泡沫破灭，作为抵押的房地产，其价格将急转直下，大幅缩水，使房地产金融机构出现大量的坏账，很难收回贷款，容易导致市场风险，严重的将引发大规模的金融危机。

（二）非系统风险

非系统风险（Non – systematic Risk），又称个别性风险或可分散风险，它是与外部环境无关的风险，主要是为房地产行业提供金融服务的单个企业的风险。非系统风险主要包括四种类型：信用风险、流动性风险、操作风险以及利率风险。

1. 信用风险。信用风险（Credit Risk），又称违约风险，是指借款人未能履行双方约定的义务而造成经济损失的风险，即借款人不能履行还本付息的责任而使金融机构的预期收益与实际收益发生偏离的可能性，它是金融风险的主要类型。在房地产金融方面，主要是指由于房地产开发商或按揭贷款人违约，不愿偿还、延期偿还或无力偿还债务本息，从而给商业银行带来损失的可能性。一般来说，此类违约风险分为两类：一是主动违约风险，是指债务人在利益的驱使下主动停止还贷或延长还贷期限而形成的违约；二是被动违约风险，是指债务人因受到某种客观原因的影响，如自然灾害、战争、社会动乱等不可抗力因素或是收入下降或失业等社会原因造成其无法按期、足额还款所形成的违约。

2. 流动性风险。流动性风险（Liquidity Risk）是指金融机构无力为负债的减少或资产的增加进行有效的资产负债结构安排，即当金融机构流动性不足时，它无法以合理的成本迅速增加负债或变现资产获得足够的资金，从而影响了其盈利水平。流动性风险的危险性较大，严重时会造成金融机构清偿能力急剧下降，极端情况下会导致金融机构资不抵债。房地产金融中的流动性风险一种是原发性的风险，主要是指在银行的资产结构中，中长期贷款比例过高，形成“存短贷长”的现象，同时又缺乏及时融入现金的手段和渠道，很容易形成这种风险。另一种流动性风险则是由信贷风险导致的，例如，在房地产金融市场，资金借贷基本上都是以房地产做抵押的，一旦发生信用风险，作为抵押品的房屋就成为金融机构的资产，如果房价大幅下跌，银行手中的房屋也难以出售，最终使银行缺乏现金来应付提款等需要，形成流动性风险。

3. 操作风险。操作风险（Operational Risk）主要是指金融机构在日常业务中由于业务制度不健全，业务流程不规范，因人为失误、企业欺诈、同业竞争环境恶劣及自然灾害等情况所导致蒙受损失的可能性。我国房地产金融的操作风险主要是商业银行对房地产行业价格、信息等掌握不全面、不及时，缺乏对国家宏观调控政策和市场变化的敏锐观察力，导致对房地产市场和房地产企业及项目的判断分析能力不强，在一定程度上影响了银行对市场机会的把握和对风险的控制。上海浦东发展银行就曾因巨额房贷无法收回而成为“房东”，这足以成为我国房地产金融操作风险的前车之鉴。此外，房地产开发企业的高负债经营也隐含着巨大的财务风险。

4. 利率风险。巴塞尔委员会在1997年发布的《利率风险管理原则》中将利率风险（Interest Rate Risk）定义为：利率变化使商业银行的实际收益与预期收益或实际成本与预期成本发生背离，使其实际收益低于预期收益，或实际成本高于预期成本，从而使商业银行遭受损失的可能性。房地产金融利率风险主要有房地产开发商贷款利率风险和按揭贷款利率风险两种。受宏观经济调控影响，我国利率调整次数比较频繁，调整幅度也较大。利率的变化影响着房地产市场的需求以及房地产开发商的预期收益，而且房地产金融业务的期限一般比较长，利率变化更加频繁、幅度更大，利率风险也就更大。

除了上述风险，房地产金融中还有汇率风险、通货膨胀风险等其他风险。

三、房地产金融风险的特征

房地产金融风险作为金融风险的一种特殊形式，既有金融风险的一般特征，又具有不同于其他金融风险的特殊特征。具体来说，房地产金融风险具有以下几个特征：社会性、隐蔽性、扩张性和周期性。

（一）社会性

房地产金融行业以资金为经营内容，但是自有资金占全部资金的比重一般较小，绝大部分营运资金都来自存款和借入资金。因此，房地产金融业的特殊地位决定了社会公众与金融机构的关系是一种依附型、紧密型的债权债务关系。如果金融机构经营不善，无偿债能力，就会导致客户大量挤兑存款，导致金融机构倒闭和社会动荡，进而损害公众利益。金融机构不能清偿债务会给整个社会提供负面示范效应，造成整个社会经济秩序的混乱。

（二）隐蔽性

美联储主席本·伯南克（Ben Shalom Bernanke）曾说过：风险在破灭之前很难确定其存在性和暴露程度。信息经济学的观点认为，信息的不对称是诱发金融风险的主要原因。房地产金融机构与融资者之间存在严重的信息不对称，而房地产金融机构对融资者了解的信息又是极不完全的，因此，房地产金融风险具有很大的隐蔽性，并且由于信息不对称状况无法及时消除而在各金融机构中不断累积。

（三）扩张性

在房地产金融市场中，市场参与者之间存在细密交织的资金网络，随着资金的融通借贷，产生了大量的债权债务关系。另外，房地产金融机构同业之间还有着大量的业务往来，一旦房地产价格发生波动或是融资企业发生经营风险，均可能导致房地产金融机构经营中发生问题，在金融风险扩张性机制作用下，通过已形成的金融服务网络快速传递，往往会使整个金融体系运转不畅，进而引发金融动荡甚至诱发金融危机。

（四）周期性

房地产金融风险首先要受房地产行业的周期性影响。从供给的角度来看，房地产金融风险的周期性受房地产开发业景气程度的周期性影响较大，影响因素主要包括房地产建筑的周期性、土地供给的周期性以及开发商运营资金的周期性等。从需求的角度来看，房地产金融风险的周期性主要受房地产市场消费能力的周期性以及投机性的周期性波动影响。

货币政策对房地产金融风险的周期性也有很大的影响。房地产金融机构业务的开展受国家宏观经济政策的影响，尤其是货币政策的影响。货币政策总体上可以分为宽松期和紧缩期两种。通常情况下，若国家采取宽松的货币政策，放松对金融业特别是银行的管制，此时贷款就比较容易，金融风险不易被察觉。如果进入紧缩货币时期，严格的金融管制使银行等金融机构之间、金融机构与实体经济参与者之间的矛盾加剧，金融风险就可能显现。

四、衡量房地产金融风险的指标

国际上早已开发了复杂的风险计量模型，如风险价值模型（Value at Risk，VaR）、风险矩阵模型（Risk Matrix Model）等来衡量房地产金融风险，而指标法在衡量风险方面因具有简捷、方便等优势也被广泛运用，它是指综合运用各种统计指标，利用共体数字对现实社会经济总体规模及特征进行概括和分析的方法，一般说来，衡量房地产金融风险的主要指标包括以下几个：房地产不良贷款率、房地产贷款集中度、房地产贷款发放回收率和房地产投资投机需求率。

(一)房地产不良贷款率

房地产不良贷款率是指房地产不良贷款额与对房地产贷款总额之比。该比率越大,房地产金融风险越大,反之则越小。

$$q(t) \mid Q(t) > M \text{ 时}, P \to 1$$

$$q(t) \mid Q(t) \leqslant M \text{ 时}, P \to 0$$

其中,P 为违约发生概率;$q(t)$ 为第 t 时间房地产不良贷款额;$Q(t)$ 为第 t 时间房地产贷款总额;M 为第 t 时间评估的房地产不良贷款占房地产贷款总额的最高比例。当这个比值大于 M,违约概率越接近 1,发生房地产金融风险的概率就越大;反之,这个比值越小于 M,违约概率越接近 0,发生房地产金融风险概率就越小。

中国银监会发布的《中国银行业监督管理委员会 2016 年报》显示,截至 2016 年年底,我国银行业金融机构共有法人机构 4 399 家,资产总额 232. 3 万亿元,负债总额 214. 8 万亿元,不良贷款余额 2. 2 万亿元,不良贷款率为 1. 91% 。其中,商业银行 2016 年年末不良贷款余额为 15 123 亿元,不良贷款率为 1. 74% 。

(二)房地产贷款集中度

房地产贷款集中度是指对房地产贷款余额占银行发放总贷款余额之比。该比率越大,房地产金融风险越大,反之则越小。

$$Q(t) \mid R(t) > M \text{ 时}, P \to 1$$

$$Q(t) \mid R(t) \leqslant M \text{ 时}, P \to 0$$

其中,P 为违约发生概率;$Q(t)$ 为第 t 时间房地产贷款总额;$R(t)$ 为第 t 时间银行发放贷款总额;M 为第 t 时间评估的房地产贷款占银行总贷款的最高比例。当这个比值大于 M,违约概率越接近 1,发生房地产金融风险的概率就越大;反之,这个比值越小于 M,违约概率越接近 0,发生房地产金融风险概率就越小。

据中国人民银行初步统计,截至 2016 年年末,我国金融机构人民币各项贷款余额 112. 06 万亿元,全国主要金融机构(含外资)房地产贷款余额为 26. 7 万亿元,房地产贷款集中度相对较低。

(三)房地产贷款发放收回率

房地产贷款发放收回率是指对房地产累计发放贷款额与累计收回贷款额之比。该比率越大,房地产金融风险越大,反之则越小。

$$Q(t) \mid U(t) > M \text{ 时}, P \to 1$$

$$Q(t) \mid U(t) \leqslant M \text{ 时}, P \to 0$$

其中，P 为违约发生概率；$Q(t)$ 为第 t 时间累计发放房地产贷款额；$U(t)$ 为第 t 时间累计收回房地产贷款额；M 为第 t 时间评估的累计发放房地产贷款占银行累计收回房地产总贷款的最高比例。

（四）房地产投资投机需求率

房地产投资投机需求率是指房地产投资需求与房地产投机需求之比。该比例越小，房地产金融风险越大，反之则越小。由于投资需求和投机需求往往无法轻易分离开来，而且房地产的投资需求和投机需求常常可以转换，因此该指标的实际操作性不强。

$$C(t) \mid c(t) > M \text{ 时}, P \to 1$$

$$C(t) \mid c(t) \leqslant M \text{ 时}, P \to 0$$

其中，P 为违约发生概率；$C(t)$ 为第 t 时间房地产投资需求总额；$c(t)$ 为第 t 时间房地产投机需求总额；M 为第 t 时间评估的房地产投资需求与投机需求的最高比例。当这个比值大于 M，违约概率越接近 1，发生房地产金融风险的概率就越大；反之，这个比值越小于 M，违约概率越接近 0，发生房地产金融风险概率就越小。

投资性住房需求是由预期带动的，投资者相信投资房地产能够获得收益，就会源源不断地进入房地产市场。已往的历史经验与研究表明，影响房地产市场预期的有通胀、低息资金与税收。当一个市场被低息的货币泡沫掩盖，通胀居高不下，负利率节节上升，同时缺乏税收调节时，可以基本肯定，必然会出现虚拟经济泡沫，有可能出现在证券市场，有可能出现在房地产市场，也有可能出现在衍生品市场。如果没有出现虚拟经济泡沫，那么可以肯定，这个经济体一定出现了某种程度的崩溃，正处于修补的过程当中。如日本和美国房地产泡沫崩溃后，房价呈自由落体现象，下跌 30% 至 70% 不等。而在泡沫崩溃以前，在低息货币与高通胀的刺激下，即使租售比到了离谱的程度，投资者仍在源源不断进入房地产市场，因为他们被投资赢利的“血腥气息”所刺激。

第二节　房地产金融风险的形成机制

一、房地产金融风险的根源——房地产泡沫

“泡沫”一词由来已久，最早对“泡沫”的形容如 1636—1637 年发生在荷兰

的“郁金香热”、18 世纪巴黎出现的“密西西比泡沫”以及伦敦出现的“南海泡沫”事件等。《新帕尔格雷夫经济学大辞典》中查尔斯·P. 金德尔伯格（Charles P. Kindleberger）将“泡沫”定义为：“资产价格的持续上涨，连续的上涨使人们产生了资产价格会进一步上涨的预期，更多以利用资产差价牟利的投机者被吸引入场。价格的不理性及支撑条件的无法维系导致预期的变向和价格的暴跌，由此通常导致金融危机甚至经济危机。”这种界定形象地描述了泡沫产生、膨胀到破裂的全过程。诺贝尔经济学奖得主约瑟夫·斯蒂格利茨（Jeseph Eugene Stiglitz）教授给泡沫下的定义较简洁：如果今天价格上涨的原因是由于投资者相信明天他们会以更高的价格卖出去，而基本要素又不能调整价格，那么就存在泡沫。房地产资产被认为是现代经济中最容易形成泡沫的资产之一，而泡沫向房地产金融系统的转移和积累的过程就是房地产金融风险生成直至爆发的过程。因此，我们可以利用现代有关“泡沫”的经济理论对房地产金融风险的形成机制进行解释和分析。

伴随着前几年“房奴”“蜗居”等的热议，几乎所有人都切身感受到了房地产价格的上涨趋势。而继我国 2009 年年底一系列房地产调控政策出台后，2010 年 1 月 10 日，国务院办公厅发布《关于促进房地产市场平稳健康发展的通知》（即“国十一条”）；2010 年 4 月 17 日，国务院又发出《关于坚决遏制部分城市房价过快上涨的通知》（即“国十条”）；2010 年 9 月 29 日，国家出台巩固楼市调控成果措施（即“国五条”）；2011 年 1 月 26 日，国务院会议研究部署进一步做好房地产市场调控工作（即“国八条”），监管机构的“重拳出击”把众人的目光聚焦到了房地产泡沫及其潜在的金融风险之上；2013 年 3 月 1 日，国务院办公厅发布《关于继续做好房地产市场调控工作的通知》国办发〔2013〕17 号（即“国五条”），实行更加严格的“限价”“限购”标准，坚决抑制投机投资性购房，增加普通商品住房及用地供应，加快保障性安居工程规划建设；2014 年 9 月 30 日，中国人民银行、中国银监会联合下发《关于进一步做好住房金融服务工作的通知》（即“9·30 房贷新政”）大力支持个人贷款；2015 年，央行年内 5 次降息，一定程度上减轻了房贷压力，提供了相对宽松的贷款环境；2016 年，房地产政策前松后紧，前半年在经济下行压力和库存水平高企的背景下，房地产政策相对宽松，降准、降息、降税、降首付频繁上演，但从四季度开始，房地产政策逐步收紧，限购、限贷、限地，热点城市不断出台新政以控制房价、地价过快上涨；2017 年，房地产调控政策出台密集，截至 11 月底，已有超百城发布 150 余次楼市调控政策。

（一）房地产泡沫产生的条件

房地产泡沫经济和其他经济一样，都是在一定的宏观经济环境中、在一定的经济条件下产生。具体包括经济过热、金融创新与资产虚拟化、金融自由化、社会性投机心理等多方面的条件，其中，经济过热是房地产泡沫经济产生的温床，虚拟化的资产是形成泡沫经济的材料，金融自由化是触发泡沫经济的触媒剂，而社会投机心理是促使泡沫经济扩张的动力。

1. 经济过热。经济过热是经济高速发展国家的通病，经济过热的一个直接表现是总需求尤其是投资需求的持续增加，投资增长率处于高位，出现经济高增长率的同时伴随着高通货膨胀。

我国改革开放进程中一共经历了三次典型的经济过热。第一次经济过热发生在1982年，党中央提出“翻两番”的目标，随着改革的开始，经济发展迅速步上快车道。但在各地经济发展中普遍存在不顾当地客观条件，超能力进行经济建设的情况，尤其体现为固定投资的大规模膨胀，连续几年增速都超过20%甚至30%以上，使改革开放以来的第一次投资过热达到了顶峰，具体体现为固定投资增长大大快于国民收入增长；投资方向上轻重比例失调，生产性与非生产性投资比例不当；投资顺序上重新建，轻技改，超计划安排基本建设投资。

1988年9月底，国务院发出《关于清理固定资产投资在建项目、压缩投资规模、调整投资结构的通知》，并于10月份派出10个工作组赴全国各地进行检查，但宏观调控措施缺乏约束力度，一些本应列入基建计划管理的投资不受计划约束，大量预算外资金又未加控制，使预算外投资所占比重高达80.3%，计划管理指而不导，流于失控；加上财政改革、简政放权、“双轨制”价格改革等，使地方投资进一步加剧。根本原因在于，改革过程中，原先的全民所有制逐渐变成单位所有制或地方所有制，在发展的前提下，这些改革措施必定会刺激新的地方或单位进行原始资本积累，由此引发的大范围违规或超水平投资是引发经济过热的主因；而在改革过程中，土地改革造成的农村消费释放以及城市居民在步入市场化改革后消费的扩大又加剧了社会的总需求。由于中国没有资本市场分散这些居民投资去向，因此直接导致通货膨胀。

1989年，受国家宏观调控的影响，固定资产投资出现负增长，此后几年，固定资产投资增长一直很有限。1992年，邓小平同志南行时发表重要讲话，坚定了改革开放的方针，带动了各地新一轮的建设投资，固定资产投资速度达到了改革开放以来的最高点。1992年下半年，我国经济生活中出现了“四热”“四高”“四紧”“一乱”现象。“四热”，即开发区热、房地产热、股票热、集资热；“四高”，即高投资规模、高信贷投放、高货币发行、高物价上涨；“四紧”，即交通运输紧张、能源紧张、重要原材料紧张、资金紧张;“一乱”,即经济秩序混乱,尤其是金融秩序混乱。

我国国民经济的高速发展带来了居民收入水平和消费水平的提高,使全社会对房地产资产这类极耐用品的需求大大增加,由于供给增加缓慢,对房地产资产需求的增加将推动房地产价格的上涨,又引发了房地产投资回报预期的增强。这样,大量资金进入房地产市场,给房地产泡沫的产生提供了前提和基础。

2. 金融自由化。1973 年,美国斯坦福大学麦金农(Ronald I. Mckinnon)教授在其著作《经济发展中的货币、资本》(*Money and Capital in Economic Development*)一书中提出并论证了金融抑制理论,这一理论的核心是每个发展中国家的国内资本市场以及货币政策和财政政策是如何影响该市场的运作的。他认为,实际货币余额和物质资本的关系不是替代而是互补的,前者增加将导致投资和总产出的增加,为了使政策对货币体系的实际规模有实质性影响,私人部门对利率的反应必须是敏感的。另一位美国经济学家爱德华·S. 肖(Edward Stone Shaw)在其著作《经济发展中的金融深化》(*Financial Deepening in Economic Development*)一书中指出,通货和银行存款都是一种债务,金融体系是生产部门的服务部门,这种投入提供越多,越能够提高实际产出增长率。他们把政府当局通过对金融活动的强制干预,通过人为地压低利率和汇率、信贷管制与严格的外贸及外汇管制等手段,以牺牲金融的发展来换取经济自身的快速发展,从而导致金融发展与经济增长之间互相掣肘的现象,称为“金融抑制”。他们为此强烈指出,金融抑制是阻碍发展中国家经济发展的主要原因。不管出于什么样的良好动机,在最好的情况下,金融抑制顶多是一个拙劣的战略。而在一般情况下,它只是一个自我打击的战略。

麦金农和肖提出的金融抑制理论拉开了发展中国家金融自由化改革的序幕。金融自由化一般是指政府对金融系统管制的逐步放松,包括对国内金融系统管制的放松和本国金融市场的对外开放,即本国金融的自由化和本国金融的国际化。本国金融的自由化主要包括中央银行对商业银行的控制由以直接控制为主转变为以间接控制为主,放松对商业银行的贷款审查、规模控制和业务范围限制,允许设立多种形式的非银行金融机构等。这样,金融系统中运行的资金量将大大增加且运行速度也得到提高,同时大量游资一部分会形成实体经济投资,而相当部分将转变为虚拟资产尤其是金融机构拥有的虚拟资产,这也是出现经济泡沫的重要条件。

本国金融的国际化主要是指国际资本自由进出本国金融系统。在世界经济逐渐融合的今天，金融自由化及金融国际化是大势所趋。加快金融国际化，有利于吸引更多的直接投资和间接投资，促进经济发展。对发展中国家而言，一方面应当适应经济全球化和金融自由化的发展趋势而加入这一进程，以获得快速发展的机遇，另一方面也面临着金融自由化带来的一系列风险。其中，国际流动资本对本国金融系统以及国民经济的冲击是金融自由化带来的主要风险，而国内及国际资本的自由流动正是泡沫经济产生和发展的重要前提。

金融自由化理论虽然最初是针对发展中国家的“金融抑制”而提出的理论主张，但是随着世界经济形势的发展，20世纪70年代，发达国家在经历了石油危机、经济滞涨之后放松了金融管制，也走上了金融自由化的道路。实践表明，金融自由化对经济增长有促进作用，但是某种程度上也加剧了金融脆弱性。亚洲金融危机和2008年美国金融危机都是例证。

3. 资产虚拟化。资产的虚拟化是建立在虚拟资本的基础上的，虚拟资本的“运动”构成了虚拟经济，虚拟经济的存在使泡沫经济有了发展的温床，当资产泡沫形成了泡沫经济并且由于过度膨胀而破裂的时候，就可能引发经济危机。关于虚拟资本，马克思早在《资本论》一书中便对其做出了系统阐述。在《资本论》第三卷对国债的论述中，马克思这样写道：“不管这种交易反复进行多少次，国债的资本仍然是纯粹的虚拟资本；一旦债券不能卖出，这个资本的假象就会消失。然而，我们马上就会知道，这种虚拟资本有它的独特运动”①、“即使在债券——有价证券——不像国债那样代表纯粹幻想的资本的地方，这种证券的资本价值也纯粹是幻想的。这种证券被当作代表这种资本的所有权证书。这里决不排除股票也是一种欺诈的东西。但是这个资本不能有双重存在：一次是作为所有权证书即得资本价值，另一次是作为在这些企业中实际已经投入或将要投入的资本。它只能存在于后一种形式，股票不过是对这个资本所实现的剩余价值的一个相应部分的所有权证书。这些所有权证书不仅是国债券，而且是股票的价值独立运动，加深了这样一种假象，好像除了它们能够有权索取的资本和权益之外，它们还形成现实资本”②，另外，马克思在《资本论》一书中对证券和债券的价值运动做了如下总结：“只要这种债券的贬值或增值同它们所代表的现实资本的价值变动无关，一国的财富在这种贬值和增值之后，和在此以前是一样的。只要这种贬值不表示生产以及铁路和运河运输的实际停滞，不表示已开始经营的企业的倒闭，不表示资本在毫无价值的

① 马克思：《资本论》（第三卷），人民出版社2004年版，第527页。

② 马克思：《资本论》（第三卷），人民出版社2004年版，第529页。

企业上白白浪费，一个国家就绝不会因为名义货币资本这种肥皂泡的破裂而减少分文。所有这些证券实际上都只是代表已积累的对于未来生产的索取权或权利证书，它们的货币价值或资本价值，或者像国债那样不代表任何资本，或者完全不决定于它们所代表的现实资本的价值。”①同时，“在一切进行资本主义生产的国家，都有巨额的所谓的生息资本或货币资本采取这种形式。货币资本的积累，大部分不外是对生产的这种索取权的积累，是这种索取权的市场价格即幻想的资本价值的积累。”②此外，“随着生息资本和信用制度的发展，一切资本好像都会增加一倍，有时甚至增加两倍，因为有各种方式使同一资本，甚至同一债权在各种不同的人手里以各种不同的形式出现。这种‘货币资本’最大部分是虚拟的。”③

虚拟资本是衍生于实体资本并在实体资本运动过程中产生的以债权或所有权形式存在的资本，其具体形式一般包括股份公司的股票、国家发行的公债券、企业债券及各类权利凭证。理论上讲，虚拟资本必须与实体资本保持一定的比例关系，虚拟资本的变动应当以实体资本的变动作为前提和基础。只有两者的比例恰当而准确，它们才能互相促进、共同发展，从而带动整个国民经济的增长。但由于受人们对资产增值预期心理作用的影响，虚拟资本市场上的供求关系与价格往往呈现一种相互背离的趋势，使它的价格与它自身的实际价值相差甚远。这样就打破了虚拟资本与实体资本之间的平衡关系，使其正常联系出现裂缝，这个裂缝就表现为经济发展中的泡沫成分，而裂缝扩大时，便会导致实体经济的萎缩和“泡沫经济”的产生。

4. 投机行为。现代投资手段的日益增多使对外投资成为个人财富实现保值增值的重要手段，而现代经济的高速发展又使每一个投资者都形成了较高的看涨预期，同时各种投机活动的丰厚回报助长了人们获取高利的预期，因此，整个社会就形成了一种普遍的投机心理。

过度投机是美国经济学家海曼·明斯基(Hyman Minsky)和金德尔伯格(Charles P. Kindleberger)对资产价格波动性的解释，它强调市场集体行为的非理性导致的过度投机对资产价格的影响。房地产市场存在“花车效应”，即当经济的繁荣推动房地产资产价格上升时，幼稚的投资人开始涌向价格的“花车”，使市场价格上升更快，直至资产价格上升到完全无法用基础经济因素来解释的水平，最终市场预期发生逆转，而房地产资产价格崩溃。

---

① 马克思：《资本论》(第三卷)，人民出版社 2004 年版，第 531 页。
② 马克思：《资本论》(第三卷)，人民出版社 2004 年版，第 531 页。
③ 马克思：《资本论》(第三卷)，人民出版社 2004 年版，第 533 页。

亚洲金融危机后，中国的宏观经济表现之一为内需不旺，股市不振，企业的投资需求下降。但随着1998年国务院叫停了福利分房后，国内拥有盈余资金的企业和个人将资金逐渐投入到房地产市场。虽然房地产投资性需求的增加推动了房地产价格的增长，但投机行为却是导致房价急速上涨的主要原因。最典型的例子是温州购房团。2004年，仅温州地区就有近10万人从事房地产投资，其资金在1 000亿元左右。按照现在的房地产市场模式，只要交付购房款20%至30%的钱，即购房首付，其他的资金从银行贷款，就可以拥有一套完整的房产，按温州人1 000亿元的炒房资金，可以托起规模达3 000亿至5 000亿元的房地产市场，加上跟进的炒作资本，使部分地区的房价暴涨，而实际上银行承担了大部分风险。

除了上述原因外，房地产的不可移动性及其保值增值性以及政府部门的设租、寻租、贪污受贿行为以及规划不力等也是助长泡沫形成的原因。我国北海市曾出现的土地泡沫现象就与这些行为有很大关系。1992—1993年，在打造"第二个深圳"的感召下，北海市政府决策失误，认为北海资金不足但土地众多，于是以土地来"引凤筑巢"，结果导致炒地资金众多，房价飞涨。一块地皮在1992年年初只要5万元，到1993年年初已经炒到百万元，楼价以1 000多元/米^{2}飞涨到4 000~5 000元/米^2，最高时超过10 000元/米^2。1993年6月24日，中央发布《关于当前经济情况和加强宏观调控的意见》，给了北海市当头一棒，5个月不到，北海市依托房地产经济支持的繁荣景象轰然倒塌，土地降到8万元一亩都难以出手，楼价跌到500~1 000元/米^{2}还有价无市，一直到2005年，北海市都在消化此前的"烂尾楼"和空置房。

（二）房地产金融风险形成和爆发机制分析

1. 房地产泡沫形成的机理。在房地产经济波动中，房地产价格上升时，需求量减少，供给量增加；价格下降时，供给量减少，需求量增加。但是在房地产泡沫的形成过程中却相反。价格上升时，人们认为今后价格还要上升，需求量反而增加，房地产持有人惜售，供给量反而减少，这样就进一步刺激了房地产价格的上升。在泡沫破灭时，价格下跌，人们认为价格还要下跌，持有人纷纷抛售，反而增加了供应量，同时由于无人肯接手买入而需求量减少，这样就加剧了房地产价格的下跌。房地产泡沫的投机价格机制可用图12-1演示。

房地产价格上升后，房地产资产拥有人的资产价值随即上升，于是他会将房地产抵押给银行，获得银行贷款之后继续购买房地产，如此往复循环。而当银行信贷参与进来后，房地产泡沫便具有了一种自我膨胀的机制（如图12-2所示），尤其是在一个投机市场当中，这种膨胀机制尤为明显。投机市场中不仅包括个人投资者，甚至银行也积极参与炒作，那样便助长了泡沫的泛滥。若银行将房地产抵押贷款证券化，就会获得更多的资金放贷给投机者。流入房地产市场的资金就像雪球一样越滚越大。银行等金融机构和广大的房地产证券投资人在这种膨胀机制中一步一步陷入泥潭。

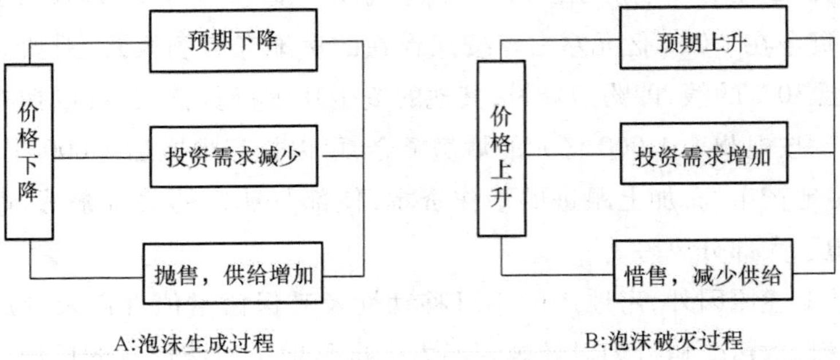

图 12－1　房地产泡沫的投机价格机制

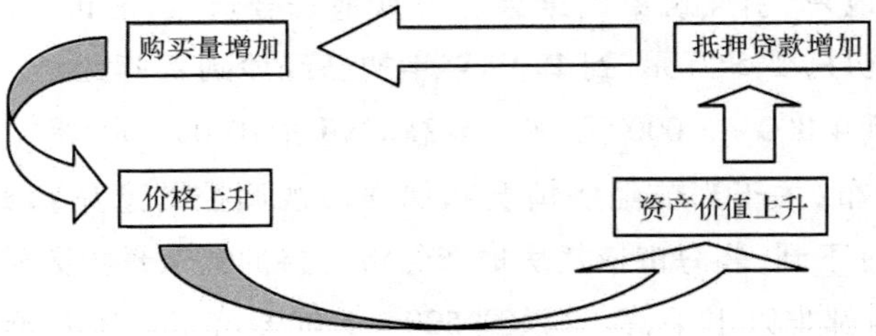

图 12－2　房地产泡沫的自我膨胀机制

房地产泡沫是一种典型的膨胀性泡沫，是指对房地产的过度投机需求而导致其名义价格高于实际均衡价格，致使名义价格与实际均衡价格之差与房地产规模形成膨胀性泡沫(如图 12－3 所示)

从图 12－3 可以看出，一定时间内房地产的实物供给量是一定的，为 S，当社会对房地产的正常需求为 d 时，实际的房地产财富值为 $P \cdot S$，此时房地产代表的财富没有泡沫存在。而当过度投机需求将需求曲线上推至 D 时，由于并没有增加相应的实际房地产需求，房地产资产价格将虚升至 P'来平衡增加的投机需求，于是产生大量的泡沫财富，即$(P'-P) \cdot S$ 区域中的财富全部是由于过度投机需求而虚升的泡沫性“财富”。另外，当房地产供给量固定不变，而投资需求不断增加时，房地产价格便会持续上升，泡沫也会不断膨胀。当房地产价格预期下降时，投机者便会撤出资金，需求下移至 d，导致价格下跌直至

P 的下方，$(P'-P)\cdot S$ 区域中的泡沫消解，而房地产市场上的泡沫如图 12－3 所示塌陷。

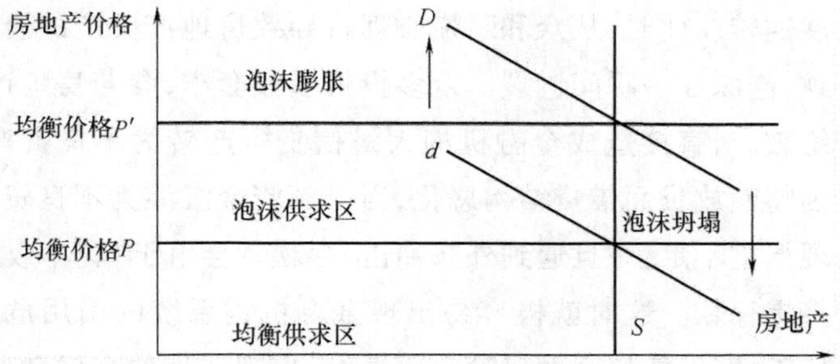

图 12－3　房地产投机需求引起的泡沫和塌陷

2. 房地产金融风险的爆发。房地产金融机构中的泡沫，即不良资产是房地产金融系统中的肿块，它影响着房地产资金的合理、顺畅流动。由于房地产经济波动周期较长，这种泡沫比较隐蔽，不易被发觉，而可能逐步积累，进而越来越大。当房地产金融系统中积累的泡沫压力太大时，系统运行的内在机制将以急性和突发性的方式来释放压力，消解房地产金融系统中的泡沫——不良资产，此时往往就促进了房地产金融风险的爆发。房地产泡沫膨胀破裂及房地产金融风险爆发的具体过程可以分为以下三个阶段：

第一阶段为房地产泡沫产生、膨胀的前期阶段。由于经济形势好转，房地产作为国民经济的先导产业而使房地产价格先期出现上扬趋势，于是市场对房地产资产的投资回报预期开始上升，吸引大量资金流入房地产金融系统。由于需求的增加，房地产价格被逐步推高，名义价格开始高于其内在价值，泡沫开始出现，并且随着价格的上升逐步膨胀。

第二阶段为房地产泡沫的加速膨胀、积累与转移阶段。随着市场上房地产价格上升预期的增强，众多企业和机构通过借贷使大量信贷资金进入房地产市场进行投机冲击，尤其是一些资金规模较大的机构投资者，利用已经形成或者将要形成的房地产资产作为抵押获取大量的金融机构借款，对准某一地区的房地产市场进行炒作，使需求大增而房地产价格被迅速拉升，房地产资产价格以更快的速度和更大的幅度偏离其内在价值，泡沫被一步步积累和吹大。并且由于金融机构贷款是以房地产市场价格为基础进行借贷的，在价格过分偏离内在价值时，泡沫成分被大量地转移给了金融机构。

第三阶段是泡沫迸裂和风险爆发阶段。当房地产价格被推向高峰，人们对未来的预期值将随时发生变化，促使其变化的原因可能来自于金融系统内部，也可能来自于金融系统外部。房地产泡沫经济延续的时间越长，人们对投机活动超额回报率的预期值就越高。如果这个预期值远远高于其他经济活动，当人们意识到这个趋势已经达到顶峰时，也许一个很小的事件就可以使人们的预期发展逆转。此时，从众和恐慌心理将导致房地产资产的全面抛售，房地产价格巨跌，泡沫在一瞬间迸裂。众多投机者被套牢，参与房地产投机的企业与机构纷纷破产，直接造成金融机构大量信贷资产转为不良资产。而金融机构本来就因超额放贷而借贷结构恶化，当巨额资金沉淀为不良资产时，其周转资金将出现严重不足，一旦遇到外来冲击，存款者会由于"花车效应"而纷纷到金融机构挤提存款。这时就极容易出现金融机构系统的信用危机，再加上金融风险的传染性，可能使金融风险全面爆发，出现严重的金融动荡甚至更加恶劣的金融危机。

二、房地产金融风险的宏观监测体系

金融企业在历次房地产泡沫中受伤颇深，但由于房地产行业的高风险、高回报（对房地产开发企业的贷款利率一般高于中国人民银行基准利率10%～30%）的特点，以及政府在房地产行业管理中以房地产做贷款抵押的服务职能不断完善，使各家商业银行极为重视房地产金融。如何把握市场发展动态，既拓展市场获得收益，又有效地防范房地产金融风险，一直是房地产金融企业研究的热门话题。

防范房地产金融风险应从一般风险管理程序出发，包括风险分析、风险管理决策和风险管理信息反映三个环节，其中，风险分析是风险管理决策的基础和前提，而只有建立一套完整、科学的房地产金融风险监测指标体系，才有可能运用多种监督分析方法对房地产金融风险做出进一步的量化分析。

对房地产金融风险宏观监控指标的建立，一是基于房地产商品生产和销售过程中容易产生资金风险的几个环节；二是基于选取一些能直观反映风险前兆的指标，部分为国际上常用的指标，如房价收入比，部分为金融企业的内控指标。

借鉴国内外对房地产市场周期和房地产泡沫预警的研究成果，结合我国现行房地产市场的特点，可以将房地产金融风险宏观监控指标分为以下几大类：一是房地产发展阶段指标；二是房地产供求状况指标；三是房地产市场价格指标；四是房地产投机程度指标。

（一）房地产发展阶段指标

房地产发展阶段指标主要是从房地产市场发展周期的角度考察房地产行

业的发展速度与宏观经济发展速度之间的关系。房地产业周期按照国际及国内研究，通常划分为失调——复苏——繁荣——衰退——萧条几个环节，每个环节房地产金融所面临的风险程度不一。该类指标异常主要出现在房地产波动周期中的活跃期。

房地产发展阶段指标可分为发展速度指标和结构指标两部分。反映发展速度的指标主要包括房地产投资额增长率/*GDP* 增长率、房地产投资额/*GDP*、地价增长率与 *GDP* 增长率比较指标；反映结构的指标主要包括房地产销售总额/*GDP* 和房地产贷款余额/商业银行贷款总额等。①

1. 房地产投资额增长率/*GDP* 增长率。通过房地产投资额增长率与 GDP 增长率的比较分析，对房地产增长速度与全社会经济增长速度的快慢进行比较。

房地产投资额增长率与 *GDP* 增长率的比值在房地产复苏和繁荣阶段前期会高些，可达到 2 ~4，之后逐步平稳，达到发展高峰出现滑落，比值落至 1 以下，这表明房地产行业处于衰退期或萧条期。

2. 房地产投资额/*GDP*。该指标用于判断房地产市场是否存在由于对未来房价预期过高而出现的投资过热现象，继而引发未来的价格飞涨和大量空置。根据典型国家的房地产泡沫经验，该指标值在 10% 以内属于合理范围，10% ~15% 属于泡沫预警，超过 15% 则说明房地产开发投资泡沫显现。

3. 地价增长率与 *GDP* 增长率比较指标。房地产泡沫实际上是由土地泡沫（地价泡沫）和房地产商品销售的超高利润两大因素形成。因此，比较地价增长速度与 *GDP* 增长速度，可以考察地价增长是否与经济发展速度相适应。

土地价格的泡沫程度是反映整个房地产市场泡沫的一个重要指标，该指标比值越高，说明泡沫成分越大。指标的判断可以结合当地的市场历史数据综合分析，从预警的角度考虑，该比值不应超过 2。

4. 房地产销售总额/*GDP* 值。房地产行业作为拉动国民经济发展的重要产业，房地产销售总额在 *GDP* 中的占比可以反映出其在国民经济不同阶段发展的冷热程度。在次贷危机爆发之前的 2006 年，美国新房销售占 *GDP* 的比例为 2.4%，如果加上当时的二手房销售，占比为 14.1%。我国商品房销售额占 *GDP* 的比例从 2000 年的 3.6% 增加到了 2016 年的 15.81%，这一数据已经达到美国在次贷危机爆发前的峰值。

5. 房地产贷款余额/商业银行贷款总额。房地产泡沫的形成很大程度上

① 某指标增长率 = 指标当年值/（指标上年值 - 1）× 100%

依赖于信贷杠杆的推动。无论是投资还是投机，获得一定数量的资金是前提条件，通过对该指标变动情况的分析可以预测房地产经济活动的非正常变化。该指标除了对房地产贷款增长速度与全部贷款增长速度的快慢程度起到预警作用之外，还可作为测算房地产贷款占全部贷款余额何时会达警戒值的一个预测指标。

根据1997年爆发的东南亚经济危机前后资料，危机爆发的国家该指标值达到30%～40%。根据我国的实际情况，对该指标的分析应着重考察变化趋势，从房地产贷款的角度分析房地产市场的走势。我国房地产企业大多资金实力不强，房地产开发对银行信贷依赖性强，加之个人住房贷款处于迅速发展阶段，因此该指标值相对会较高，但应在20%以下为宜。

（二）房地产供求状况指标

房地产泡沫的破裂首先表现为房地产商品价格的大幅下降，供求失衡是产生泡沫的重要原因。供求关系分析指标主要是通过比较过去年度房地产投资与销售额以及生产量和销售量，分析供求双方力量及发展趋势，因此，该类指标反映的是房地产商品的市场价格与其价值的偏离程度，从而得到出现泡沫破裂的可能性。

房地产供求状况指标主要包括市场供应增长率/市场吸纳增长率和出清时间。

1. 市场供应增长率/市场吸纳增长率。该指标主要反映房地产市场中新增供给增长速度和实际销售增长速度之间的相对关系。市场供应增长率是指该时期竣工房地产面积与上期相比的增长率；市场吸纳增长率是指该期销售的房地产面积与上期相比的增长率。

在实际操作中，一方面可通过市场供应增长及市场吸纳增长趋势来分析判断房地产发展速度、供求变化情况及走势；另一方面，该指标也反映了房地产市场供求双方的力量对比，通过比较分析，可以对房地产市场走势做出基本判断。

2. 出清时间。该指标主要反映房地产市场上供给和需求的相对力量，以及市场消化空置量的能力。这些空置量包括刚刚建成正在销售的物业、长期空置无人问津的物业以及处于转手过程中尚未寻找到新的买主的物业。空置量的多少可以反映市场上供过于求的程度。

在实际操作中，我们通过出清时间的计算，可以分析市场供求状况和前景。如果出清时间较长，则供给相对过剩。较长的出清时间意味着供给方的预期销售时间会比较长，这样会给供给方造成较大的压力，迫使其降低价格。

反之,较短的出清时间意味着供不应求,供给方的预期销售时间较短,往往会逐步提高价格。

(三)房地产市场价格指标

房地产价格是否合理以及是否出现远离其实际价值的情况是对房地产市场是否出现泡沫及泡沫程度最直观的表现,也是当前房地产市场对房地产商品的需求是否能成为有效需求的一个重要判断指标,即属于泡沫预警指标。选择的指标包括房价收入比和实际价格/基础价值。

1. 房价收入比。房价收入比是某个住宅市场上某个指定时期内销售住宅的自由市场价格中位数(或平均数)和该市场上家庭年收入中位数(或平均数)的比值。房价收入比反映了居民家庭对住房的支付能力,比值越高,支付能力就越低。

通常市场对该指标的判别是采用世界银行的口径3~6,但基于我国的实际国情及房价收入比计算口径的不同等原因,房地产金融企业在使用该指标时可适当予以调整。

2. 实际价格/基础价值。该指标主要反映的是当前房地产商品价格与其未来收益折现后价值的偏离程度,用以判断房地产商品市场价格的投机程度。当两个指标偏离程度过大时,则表明出现泡沫的可能性较大。基础价值中房地产商品的收益可采用房租综合指数或住宅租金指数测算。

(四)房地产投机程度指标

房地产市场发展高峰期,各类资金向高利润率的房地产行业云集,是形成房地产市场供求非正常失衡的主要原因之一,因此,资金投机的程度也是反映房地产泡沫的一项重要指标。该类指标包括反映银行资金投机程度的指标和反映消费者投机程度的指标,主要有住房抵押贷款增长率/居民平均家庭收入增长率、每月贷款还本付息额/家庭每月收入额和房地产贷款增长率/贷款总额增长率。

1. 住房抵押贷款增长率/居民平均家庭收入增长率。由于房地产商品价格较高,故个人对房地产市场投机需求的膨胀很大程度上依赖于信贷杠杆的推动,与信贷规模具有同步扩张、互动发展的特点。因此,这一指标从微观的角度反映了房地产泡沫的发展程度,该指标值越大,说明投机程度越高。

2. 每月贷款还本付息额/家庭每月收入额。这一指标的比例越低,对职工家庭月收入的要求就越高。按照中国人民银行对商业银行按揭贷款的规定,借款人每月还贷额不得高于家庭月平均收入的50%,但由于各区域发展情况的差异,对这一指标合理范围的界定并不统一。

3. 房地产贷款增长率/贷款总额增长率。对房地产金融企业来说，该指标的使用及判断应结合房地产发展阶段中“房地产贷款/商业银行贷款总额”这一指标来进行分析，当房地产类贷款在银行全部贷款份额中占比较小或房地产市场发展处于周期发展阶段的上升初期时，房地产贷款的增长速度可适当高于全部贷款总额的发展速度，以保证银行信贷资金结构合理，并向高收益的行业倾斜。但当房地产贷款在全部贷款中的份额达到或接近适当份额时，或者房地产市场处于调整阶段时，就应适当放慢房地产贷款的增长速度。

具体风险监测指标详见表 12－1：

表 12－1　房地产宏观金融风险指标[①]　　单位：亿元

指标		指标的计算	参考值
房地产发展阶段指标	房地产投资的 GDP 弹性	$\frac{\text{房地产投资额增长率}}{GDP\text{增长率}}$	复苏和繁荣阶段前期可达到 2～4，衰退状态或萧条期比值落至 1 以下
	房地产投资率	$\frac{\text{房地产投资额}}{GDP}$	15% 以下表明风险可控
	土地价格的 GDP 弹性	$\frac{\text{地价增长率}}{GDP\text{增长率}}$	比值不超过 2
	金融相关比率	$\frac{\text{房地产销售总额}}{GDP\text{值}}$	8%
	房地产的金融深化度	$\frac{\text{房地产的贷款总额}}{GDP\text{值}}$	不高于 20%
房地产供求状况指标	市场供应的需求弹性	$\frac{\text{市场供应增长率}}{\text{市场吸纳增长率}}$	——
	出清时间（以空置商品房率代替）	$\frac{\text{空置商品房数量}}{\text{前三年竣工的商品房数量}}$	不高于 10%
房地产市场价格指标	房价收入比	$\frac{\text{商品房价格}}{\text{家庭年收入}}$	3～6
	价格偏离度	$\frac{\text{实际价格}}{\text{基础价值}}$	——

① 张健：《财富承续：房地产金融实务》，上海财经大学出版社 2007 年版，第 142 页。

续表

指标		指标的计算	参考值
房地产投机程度指标	抵押贷款的收入弹性	$\frac{\text{住房抵押贷款增长率}}{\text{居民平均家庭收入增长率}}$	——
	还贷收入比	$\frac{\text{每月贷款还本付息额}}{\text{家庭每月收入额}}$	不高于50%
	房地产贷款的银行贷款总额弹性	$\frac{\text{房地产贷款增长率}}{\text{银行贷款总额增长率}}$	——

说明:房地产金融风险各类宏观监测指标内容众多,本表在对上文文字分析进行总结后做了相应扩展。

第三节　房地产金融风险的管理与规避

一、世界房地产金融风险概况

由房地产金融风险引发的经济危机历史上并不少见,早在20世纪初的美国就已经出现了房地产泡沫,其泡沫的破灭一定程度上导致了20世纪30年代的世界经济危机。在此后的几十年中,全世界爆发了若干次或大或小的由房地产金融风险引发的金融危机(如表12-2所示)。

表12-2　世界房地产金融风险爆发简况

时间	地点	原因	资料	影响
20世纪20年代	美国佛罗里达	房地产泡沫破灭	1925年,迈阿密市出现了2 000多家地产公司,7.5万人口有2.5万名地产经纪人,地价成倍的增长	泡沫破灭,激化了当时美国的经济危机,最终导致20世纪30年代的世界经济大危机
1987至1991年	日本	房地产泡沫破灭	1991年最高峰时平均地价比1985年增长61.5%,其中商业地价增幅达80.9%,东京、大阪等城市地价增长达302.9%	影响持续时间长,经济长期低迷,1992—2004日本的实质年均GDP增长率不足0.3%

续表

时间	地点	原因	资料	影响
1996至1998年	泰国	房地产泡沫破灭	1992—1996年,泰国曼谷建成了76万套新住宅,其中15万套空置无用,到1997年,闲置住宅85万套,办公楼的空置率达21%	曼谷商业区的房屋价格下跌22%,部分地区房价下跌超过30%,是亚洲金融危机的导火索
1995至1998年	马来西亚	房地产泡沫破灭	首都吉隆坡1995年住宅租金和价格分别上涨了55%和66%,各种房价指数都有大幅度增长,至1998年,写字楼空置率达到25%	引发金融危机,房地产平均交易量下降,房地产泡沫破灭
1995至1998年	中国香港	房地产泡沫破灭	从1989—1997年,香港房地产价格上涨3倍多,其房地产贷款占贷款总额比重为48%	泡沫衰退,房价暴跌,至1999年3月,房地产价格与金融危机爆发前相比下降了6成
2007至2009年	美国	房地产价格下跌导致次贷危机	2005年8月,房价达到历史最高点,其后,由于美联储不断的加息进行控制,以及市场的悲观预期,房价开始大幅下降,泡沫破灭,引发大批次级贷购房者无法偿还贷款	爆发全球金融危机,金融机构损失惨重,经济遭受重创
2011年	韩国	房地产价格下跌导致储蓄银行停业	2011年2,月韩国8家储蓄银行被金融委员会勒令停业,造成大规模的银行挤兑。	——

在历次波及范围较广、较典型的金融危机中,我们不难总结出一些共性,即大都是由于结构上的不合理造成投机市场。这里主要是指房地产市场与证券市场的非预期发展,再加上近年来金融业的高速发展,最终由于多种机制作用而形成泡沫经济。随着经济的发展以及金融政策和环境的放开,金融创新日新月异,资金不再受限于一个国家或地区,流动范围较为自由,更能够敏感地捕捉到利润的存在,这样就不可避免地为泡沫的形成创造了条件。随着各国房地产业的崛起,以房地产为基础的商品日渐增多,房地产行业投资占社会固定资产投资总额比重持续增加,因此,房地产商品的波动必然会对整个社会造成较大影响。

二、我国房地产金融风险现状

（一）房地产政策波动大，系统性风险陡增

我国房地产行业经历了30多年改革开放对土地改革的步步推进，伴随着社会主义市场经济体制的建立与完善而同步发展，目前俨然已经成为拉动我国国民经济不可或缺的最重要的支柱行业之一。但是由于我国房地产业起步较晚，经济体制建设尚不完善，市场经济成熟度不高，房地产行业的波动情况显得较为突出，房价虚高、供需矛盾大、住房供应结构不合理、百姓购房压力增大等现状严重影响了房地产行业的健康、稳定发展，进而影响到国民经济的整体运行以及社会的和谐稳定。针对以上问题，同时为了加强对房地产市场的引导，及时解决房地产市场运行中的各种矛盾，努力实现房地产供需的基本平衡，切实稳定住房价格，促进房地产市场持续、健康、稳定的发展，近年来国家出台了一系列宏观调控政策。随着我国政府政策调控水平的逐渐提高，在取得一定成绩的同时也必须看到当前我国房地产调控中仍然存在很多问题，如多种调控政策组合运用的时机、调控节奏、幅度、着力点的把握水平不高，调控政策对市场的影响分析不足，调控的随意性较大，调控成本较高，调控成效不明显等。

2006年4月至2012年5月，银行利率共进行了19次调整，平均每调整两次存款准备金率就进行一次利率调整。在存款准备金率和利率大幅调整过程中，对利率敏感的房地产市场必然会受到紧缩政策和利率水平上升的影响。一方面，对房地产开发企业来说，提高利率会增加其融资成本和融资难度，造成房地产企业资金紧张，甚至是资金链的断裂。另一方面，对贷款购房者最直接的影响就是还贷压力的增加。无论是房地产企业资金链的断裂，还是贷款购房者违约，其最终结果都会导致银行不良资产的增加和银行经营风险的加大。

（二）房地产价格高位运行，市场风险突出

由于房地产行业的平均利润率在相当长的时间内都将大大高出一般行业，追逐高额利润的本能将促使投资资金和投机资金不断涌向房地产行业。房地产投资的持续升温使局部地区和部分中心城市房地产投资增幅过大，土地价格和房价持续上涨。从2004年开始，部分大城市房地产市场价格开始上涨，出现地区性的房地产热，而后这种房价上涨势头一直扩大到更多的中小城市。

房地产价格在供需规律作用下出现的小幅度上扬或下降是市场经济中的

正常现象。在发展中国家,尤其像中国,房地产价格伴随经济的增长适度上涨是正常的,也是符合宏观经济发展形势的。但是,地价和房价的过快上涨,甚至脱离整个经济体系的上涨,则潜伏着危险,会逐渐形成房地产价格泡沫。房价持续快速大幅度上涨,一方面可能是由于房地产业开发周期长,供给相对滞后,市场供给相对有效需求不足,而房价的快速上涨又导致投机需求增加,进一步恶化市场供需状况,形成恶性循环,造成房地产价格与其价值相背离;另一方面可能是由于国内经济结构和收入分配的不合理,造成投机和炒作的机会,导致地价虚涨,房价虚高。在中国,尤其是大中城市,近年来人口数量剧增,住房的刚性需求大,房地产商恶意捂盘,房价居高不下,大部分消费者期待房价有所调整,持币观望,在一定程度上形成僵持局面。不论是何原因导致的房价不合理上涨,都会增加房地产市场的不确定性,并通过融资渠道最终积聚在金融领域,从而对金融体系的稳定造成不利影响。

(三)房贷市场无序竞争,信用风险明显

目前,我国的信息传递机制不完善,还未建立个人信用制度,对个人资质评估缺乏统一、客观的标准。银行因为对贷款购房者的资信状况、收入水平、已有资产等缺乏详尽了解,使银行在与贷款购房者之间的对策博弈中居于信息劣势。而且在激烈的市场竞争下,一些银行过度迎合客户需求,开始放松业务办理条件,贷前审查流于形式,贷中向客户提供不合理的便利,贷后疏于跟踪管理,为不良个贷的增长埋下了隐患。为了争夺市场份额,银行在个人房贷方面纷纷推出刺激消费的新品种,如"房贷通""循环贷""气球贷"等,银行之间竞相压低住房抵押门槛,形成无序竞争,既加大了银行的经营成本,也给银行带来了极大的信用风险。一是一些不良房地产开发商、房产中介、评估机构等相关利益者串谋,高估房价、虚构交易,套取、骗取银行房贷资金;二是由于没有对借款人实行信用等级细分管理,一些住房抵押贷款的申请人信用极低,甚至连"次级信用"也没有,几乎都能从银行获得贷款;三是存在用假收入证明等虚假文件到银行进行虚假住房抵押、套贷、骗贷等现象,并且假住房抵押贷款规模也非常可观。

三、我国房地产金融风险的防范

(一)研究房地产市场发展趋势,防范系统性风险

成立房地产市场研究中心,负责与房地产相关的宏观政策面、金融政策面、资金面、国际资本、市场动态等信息的收集捕捉,并定期或不定期地对房地产业进行调查,获取真实信息,定期提供给管理层进行决策参考;密切关注房

地产市场的发展动态,加强市场分析与调研,把握房地产市场发展规律,根据房地产发展的总体情况和各地区的局部实际情况,适时调整房地产金融业务的经营方向和策略,避免出现政策导向上的失误。

(二)建立房地产金融风险的监测与预警机制

加强房地产金融的风险监控力度,提高风险监控的管理水平。首先,要建立和完善房地产金融监控体系,加强对房地产开发企业风险水平和房地产贷款质量的评估,以及房地产金融产品的风险监控。其次,建立房地产金融风险突发事件应急预案,有效应对可能存在的风险突发事件。针对可能存在的房地产金融风险突发事件,进行科学的应急预案设计,第一时间防范和控制房地产金融风险。最后,要积极开展"房地产贷款业务风险压力测试",模拟在房价下跌或者其他政策改变的情况下给银行带来的压力,提防住房信贷危机因素的累积。各银行应进一步健全房地产信贷风险管理的长效机制,在业务拓展与风险控制之间取得平衡,未雨绸缪,避免危机到来时手足无措。

(三)采取有效措施,切实稳定房价

对房地产金融市场宏观调控的目标主要聚焦在降低房价上涨速度和房地产贷款比例两个问题上。第一,要控制土地涨价幅度。由于土地的稀缺性,土地升值是必然趋势,而高地价与高房价又有着不可回避的关联性,因此要把地价的涨幅控制在 GDP 增幅以内。第二,适度扩大供给,加大中低价位住宅的建设力度。国家调控应该将更多的注意力放到社会上的中低收入群体,着重增加大众住房的土地供应,加快普通商品房特别是中低价位房的建设。第三,及时、全面地公布房产信息,引导公众心理预期。很多投机者在房地产市场中盲目买进,很大程度上是受某些开发商和某些媒体炒作与宣传引导所致。因此,政府要加强房地产市场信息的统计和公示,正确引导房地产企业的开发投资方向。

(四)加快信用风险管理人才队伍建设

目前,专业人才短缺是我国金融机构在应用国际先进信用风险评估方法上面临的一大瓶颈。因此,为了提高信用风险管理质量,必须尽快培养一批高素质的专业风险管理人才。另外,国内高校以及金融机构应加强与国外金融及研究机构的交流,积极引进具备丰富专业知识、掌握先进风险管理技能的高级人才,努力提升我国大型金融机构的信用风险管理水平,增强其抵御信用风险的能力。

(五)健全与房地产金融相关的法律法规体系

市场经济是法制经济,任何经济活动都应该在法律规定的范围内进行,

房地产金融尤其必要。国家应该完善房地产金融的法规和制度，规范其行为，完善现行的法律法规，确定房地产金融的法律地位，如在《商业银行法》《合同法》《建筑法》《公司法》《民法》《反不正当竞争法》等法律法规条文中新增有关开办房地产金融业务的条件的法律条文，用法规的方式约束规范房地产开发商及个人的金融行为。除此之外，政府还应继续建立健全有关房地产信贷的法律法规，如制定《个人购房抵押贷款管理法》《房地产开发企业贷款管理法》《住房贷款保险法》等。针对在房地产资金筹集、融通、借贷各环节的经营行为中出现的问题，修改现行的法律法规，以确定房地产信贷的法律地位。

复习思考题

1. 简述房地产金融风险的特点。
2. 如何衡量区域房地产金融风险？
3. 试述房地产业金融风险的形成原因。
4. 试述目前我国房地产金融风险的表现。

【案例分析】

韩国房地产金融风险

2011 年 2 月 17 日，韩国金融服务委员会（Financial Service Commission，FSC）宣布，韩国资产规模最大的储蓄银行——釜山储蓄银行及旗下的大田联合储蓄银行因资产流动性不足被勒令停业 6 个月。两天后，釜山储蓄银行下属的中央釜山储蓄银行、全州储蓄银行、釜山第二储蓄银行以及韩国宝海集团下属的宝海（Bohae）储蓄银行 4 家储蓄银行也被勒令停业①。短期内有 8 家储蓄银行停业，造成储户的恐惧心理，韩国釜山市多家储蓄银行出现了挤兑危机，韩国民众在短短数天内从韩国 19 家大型储蓄银行取走了 1 456 亿韩元。

出现这种情况的原因是多方面的：

表面上，这些储蓄银行被勒令停业，主要由于其总负债高于总资产，造成银行本身资金流动性严重不足，如被勒令停业的釜山储蓄银行，它是韩国资产规模最大的储蓄银行，拥有 3.74 万亿韩元（约合 34 亿美元）资产。然而现在其资本充足率只有 5.13%，负债资产为负 216 亿韩元，约合 1.26 亿人民币，釜

① 资料来源："多家银行被勒令停业，韩国银行陷房地产危机"，《广州日报》，2011 年 02 月 26 日。http://chengdu.aifang.com/news/2011-02-26/71659.html。

山第二储蓄银行负债也达到125亿韩元,约合7 300万人民币,而大田联合储蓄银行的资本充足率居然是-3.18%,远低于韩国金融委员会设定的1%的下限。国际上,资本充足率须达到8%才能被视为安全。这表明两家银行已经没有能力确保存款人和债权人不受损失。银行的呆账坏账不断增加,银行的流动性紧缺,是韩国金融服务委员会勒令其停业的主要原因。

而深层次上,这些银行的亏损与韩国的房地产金融密不可分,韩国房地产市场近两年持续低迷,银行利率持续增加(从2010年至2011年1月,韩国先后3次加息,1月12日,韩国宣布加息25个基点至2.75%,借贷成本大大增加),买房人还贷压力增大,直接导致银行坏账增多,亏损加剧。1997年亚洲金融危机之后,为了拉动经济增长,韩国政府放宽了公寓转让限制,韩国金融服务委员会把资本充足率超过8%的银行划入所谓"88俱乐部",并放松了对"88俱乐部"内各银行贷款额度的审查。此举虽然成功搞活韩国房地产市场,却助长了房地产投机,从此一发不可收拾。2001—2006年,韩国房地产价格以每年10%的速度增长,韩国国税厅对首尔等9个地区的调查显示,2000年1月到2005年6月的五年半时间内,上述地区的公寓平均售价上涨了2.8倍,而同期韩国国内生产总值平均每年仅增长4%~5%。2008年全球性金融危机爆发之后,房地产业大受打击。2010年年末,韩国房价与最高时相比已经跌去了五分之一。[①] 首尔江南地区、盆唐新城、果川和龙仁市各楼盘的售价与2006年11月相比,最大跌幅达16.74%。[②]

韩国的储蓄银行是资产规模较小、门槛较低的银行,主要通过用较高的存款利率吸收存款资金,再将资金以较高利率贷放给资质不好、评级不高的企业与个人。由于市场竞争的加剧,加上房价不断上涨的利益驱动,这些在竞争中处于不利位置的储蓄银行在盲目扩张中大量增加房地产贷款,放宽贷款条件。以釜山储蓄银行为例,房地产贷款占其贷款总额逾70%。[③] 房价下跌之后,房地产抵押贷款出现违约,自然出现了大量的呆账坏账。

问题:结合材料及世界房地产金融风险爆发情况,分析并讨论:案例中韩国房地产金融风险的诱发因素及其对我国的启示。

---

① 资料来源:"都是房地产泡沫惹的祸,韩国银行如何度过'挤兑潮'",《半月谈》,2011年2月23日。http://www.banyuetan.org/hqkd/jjfy/110223/30168_1.shtml。

② 数据来源:环球视野,http://www.globalview.cn/ReadNews.asp? NewsID=24178。

③ 数据来源:"储蓄银行停业恐慌揭示韩国金融监管不足",《财讯》,2011年3月1日。http://content.caixun.com/NE/02/g9/NE02g9uu.shtm。

【实训练习题】

实训内容:阅读材料并回答问题:

(1)海南省几轮房地产泡沫产生的原因。

(2)如何吸取海南省房地产泡沫破灭的经验教训?如何防范房地产金融风险?

1988年,海南成为一个独立的省份。一时间,全国各地的投机商和炒房客蜂拥而入。中国历史上最大的房地产泡沫就此产生——最后,一个总人口不过655.8万的海岛上冒出了两万多家房地产公司,热火朝天地炒地皮、炒楼花,不少项目被反复抵押多次,大量项目甚至不存在。

1993年6月,中央治理经济过热,银根全面紧缩,海南房楼市顿时被釜底抽薪。当年,海南房价从顶峰时期的7 500元/米^{2}下跌47%,1994年下跌13%,1995年又跌去了10%,银行坏账飙升60%。最终,一个在全国仅占0.6%人口的海南省,留下了占全国10%的积压商品房,全省"烂尾楼"高达600多栋、1 600多万平方米,闲置土地18 834公顷,积压资金800亿元。海南处理烂尾楼前后用了差不多20年时间。

不过,2010年1月,海南国际旅游岛批复之后,投机潮又卷土重来,不少房价几个月就涨了三四倍甚至五六倍。国际旅游岛并非一两年就能建起来,但房价却透支了十年!2011—2015年,暴涨的项目价格直接腰斩。部分项目直到现在都没有回到2010年的价格,比如凤凰岛,最高炒到8万/米^2,现在也就5~6万/米^2。

2016年房地产市场回暖以后,海南楼市又迅速活跃起来。易居房地产研究院《2017年楼市50强城市排行榜》显示,2017年,海口成交均价涨幅达50%,三亚新建商品住宅成交量增幅96%,均位列全国第二。2017年,海南商品成交额同比上涨82%,这其中大部分是外地的炒房资金。

(资料来源:腾讯财经网)

实训目的:加深对房地产泡沫和房地产金融风险产生与管控的理解。

实训流程:

(1)3~5人一组,查阅海南省房地产泡沫以及政府实施的相关政策和应对措施。

(2)每小组交一份调查报告。